周珩帮 著

起於刀筆

漢代掾史藝術創作

中華書局

图书在版编目(CIP)数据

起于刀笔:汉代掾史艺术创作/周珩帮著. —北京:中华书局,2024.1
ISBN 978-7-101-16399-5

Ⅰ.起… Ⅱ.周… Ⅲ.官制-研究-中国-汉代 Ⅳ.D691.42

中国国家版本馆 CIP 数据核字(2023)第 202972 号

书　　名	起于刀笔:汉代掾史艺术创作
著　　者	周珩帮
封面题签	言恭达
责任编辑	葛洪春
责任印制	陈丽娜
出版发行	中华书局
	(北京市丰台区太平桥西里 38 号　100073)
	http://www.zhbc.com.cn
	E-mail:zhbc@zhbc.com.cn
印　　刷	河北新华第一印刷有限责任公司
版　　次	2024 年 1 月第 1 版
	2024 年 1 月第 1 次印刷
规　　格	开本/920×1250 毫米　1/32
	印张 16½　插页 5　字数 450 千字
印　　数	1-1500 册
国际书号	ISBN 978-7-101-16399-5
定　　价	98.00 元

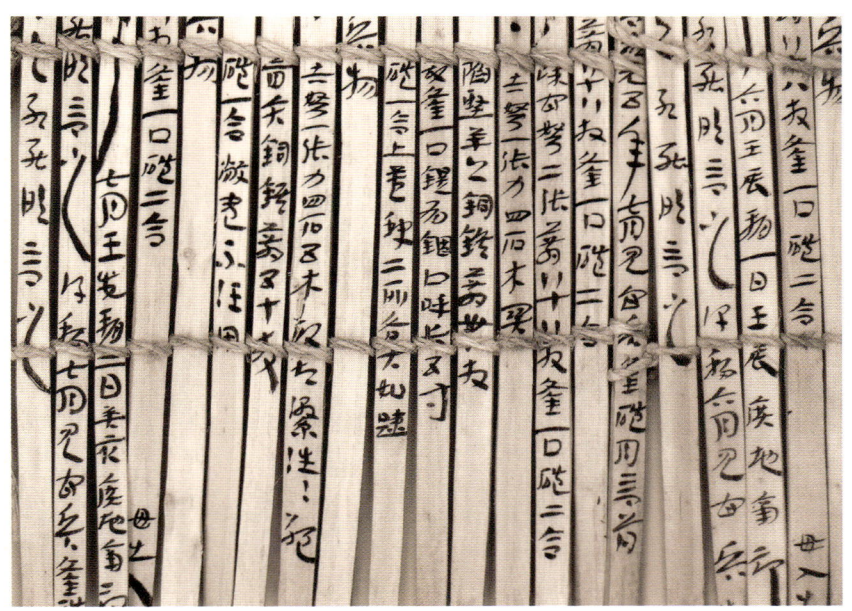

永元器物簿（局部）

仓啬夫张场印　　司马史印　　横野大将军莫府卒史张林印　　有秩狱史富纳

刘毋智印章　　刘毋智　　侍其繇　　霍贺之印

上：传世汉代掾史所用印章；
下：墓葬出土汉代官吏所用印章

和林格尔1号墓前室南壁甬道门所绘幕府东门（局部）

神木大保当墓门楣画像石

李成、王晓《读碑窠石图》轴(摹本)

张宣致稚万书

目 录

序 …………………………………………… 言恭达　1

绪　论 ………………………………………………………… 1
第一章　汉代掾史艺术创作的制度源流 ………………… 21
　　第一节　汉代掾史的职官源流 ……………………… 21
　　第二节　汉代职官制度中的掾史 …………………… 40
　　第三节　汉代掾史与艺术传统的沿革 ……………… 61
第二章　文牍奏记与书法印章的日用 …………………… 83
　　第一节　文书的类型、生成与体式 ………………… 85
　　第二节　边塞掾史文案劳顿的五种观察 …………… 97
　　第三节　掾史文案取用的书体与风格 ……………… 127
　　第四节　文件签封与官私印章 ……………………… 179
第三章　赞勋述己与碑祠刊立的主事 …………………… 199
　　第一节　纪颂师长功德的碑刻 ……………………… 200
　　第二节　掾史称述自身的碑刻 ……………………… 244
　　第三节　工史协作与书刻风格 ……………………… 262
　　第四节　属吏身份与图像呈现 ……………………… 284
第四章　修身问学与音乐诗文的雅作 …………………… 319
　　第一节　汉代掾史艺术修养的分层 ………………… 320

第二节　汉代掾史的音乐诗文修养 …………… 325
　　第三节　汉代掾史的艺术理论著述 …………… 354
　　第四节　才艺世家与艺术流派的形成 ………… 389
第五章　汉代掾史的司艺、游艺及影响 …………… 409
　　第一节　两汉掾史与士的关系 ………………… 409
　　第二节　汉代掾史的司艺与游艺 ……………… 433
　　第三节　汉代掾史司艺与游艺的影响 ………… 467
结　论 ………………………………………………… 499

主要参考文献 ………………………………………… 505
图版出处 ……………………………………………… 517

序

言恭达

得益于考古新发现,中国艺术史,尤其是早期艺术史的很多篇章,正在变得丰厚。近几十年来,有关这些新发现的文化类型、作品断代、形式风格、材料技术、艺术群体等的研究,已经取得不少成果,然而,要将它转化为一部完整的、可以与魏晋六朝紧密衔接的"中国早期艺术史",依然任重道远。这不仅是因为新的材料与问题持续涌现,出土材料、传世文献与已有成果间的往复求证仍需深入,而且因为,现有艺术史学科体系,还面临两个挑战:其一,已经严重西化的学术思维和学科话语,不断加剧对材料、问题和现象的学科肢解,即便以"跨学科"加持,其实质,仍然是现代学科的分化路径,既不能融通以达历史真相,也难逃西方中心主义视角的作祟。其二,礼乐制度是中国早期艺术发生发展的内核,也是中国古代艺术的底色,与之相关的王官百工、创作行为、造物观念、艺术思想等,往往溢出自"美的艺术"发展而来的学科概念与范畴,当我们面对巨量"无名氏"的实用性"作品",以类型、分期、分区来叙述时,往往会丢失其内核,淡化作品背后"人"的行为模式及其异同,导致作品意义阐释趋于表层化或扁平化。

上述两大挑战,都指向中国艺术史体系的历史溯源与现代建构问题。其关键,是基于礼乐文化原境,整体而动态地考察中国早期艺术的各类现象,寻绎其源流与内理,进而观照魏晋及其后的艺术发展,从对象及其文化原境出发,实现理论的建构,而不是从既有理论出发的按图索骥。正是在这个意义上,古人治学用力较多的文献校理、职官考述、史地考辨、编年、目录等,既是治学者必资参用的方法,也是早期艺术史研究得以畅行的一个个桥基。

与魏晋及以后相比,先秦、两汉的文学艺术具有浓厚的王官制度色彩。傅斯年先生就曾说,中国文学发端于官,佐助政治的官文,一度为名篇之大端,以至魏晋六朝仍有绵延,而官文的作者,正是与王官密切的"史掾"(包括先秦史臣,秦汉、魏晋的掾史)。史掾、清客、退隐、江湖客,是中国古代文人的四类职业或角色,四者各具特征,又彼此出入或交错,构成"四角形的关系":史掾和隐士皆为士阶层,区别在于官宦之进出;清客和江湖客多属方士,区别在于有无府主(傅斯年《中国古代文学史讲义》,上海:上海古籍出版社,2012,第45—51页)。毋庸置疑,这个判断同样适用于中国早期艺术,不仅甲骨、金文、音乐、简牍、碑刻、玺印等大宗材料出自四类文人,而且,各类器物、建筑等,往往也由其主成或监理。所不同的是,先秦和秦汉时期的艺术家,除了四类文人,还有官属的百工及民间的工匠,百工为各级史臣统领,民间工匠又和方士一样可进出官府。这样,我们可以把傅先生所说"四角"关系,引申为彼此交错的"六角"关系,而先秦史臣和秦汉掾史,无疑是早期文学艺术最重要的一个创作群体。

目前,先秦史臣、秦代掾史的史料有限,且断续不一,而两汉掾史不仅史传有载,见于出土简牍、石刻、玺印的也日益丰富,各类型间又可互补。故将两汉掾史作为研究对象,聚焦其艺术创作问题,就是一个合理的选择,特别是,它能从三个方面推进中国艺术史的研究:首先,这一视角基于早期艺术的王官制度底色,通过勾勒早期文人群体(或知识阶层)的艺术创作,可追溯艺术制度、观念、形式、功能等,如何被礼乐文化形塑、层积与更新,找到先秦、秦汉、魏晋艺术传统相沿而成的内核;其次,在文学艺术诸门类互动并生的语境中,尽可能贯通传世文献和出土材料,将已经打散或肢解的各门类艺术作品,与其共有的"作者"联系起来,整体地阐述一个群体的创作素养、创作风貌及观念取向,还原"艺术创作"的原初意义;再次,以相互交错的"六角"关系为视野,考察掾史与中枢公卿、地方长吏、各级官工、隐逸方士、民间工匠等的社会文化关系,依据不同的创作情境,阐述其协作模式与特征,更为清晰地勾勒汉代艺术创作的层次与维度。

这样,两汉掾史的艺术创作,便在汉代王官与师儒、个体与群体、时代与地域等多视域下展开,这一特殊群体艺术生产的日常化、制度性和稳定性,以及内在于汉代审美意识变迁的个性自在与游艺风气,也便得到彰显。借此,我们才能理解汉代掾史实务工作背后存真求美的努力,如何托举起汉代艺术的丰碑大碣,如何在传承先秦礼乐文化的同时,流化为魏晋时期"返朴归真""澄怀观道"的审美理念和生活理想。

入读东南大学以前,珩帮博士便已沉浸汉晋简牍、敦煌西域文书有年,对汉唐之间官吏戍卒、知识阶层、僧侣群体的相关艺术现象有所关注,在河西走廊、天山西陲的生活和工作经历,又加深了他的历史体验,促动思考视野的拓展,因此,可以敏锐地抓住上述问题,并将其呈现在博士学位论文中。他格外注意简牍、碑刻材料的考古复原与断代研究,用一年多的时间整理汉史、汉简、汉刻中的掾史案例,力图避免空泛臆说。他将汉代掾史艺术创作的情境与模式,区分为日用、主事、雅作三大类,使现象和问题的阐述落到实处,避免了随意或无效比较,同时又能辩证分析,前后观瞻,将其视为中国古代知识阶层艺术创作的三个基本模式,不仅凸显了汉代掾史艺术创作的历史承启意义,也为我们理解中国古代文人艺术创作的源流提供了新思路。

古代史籍多以"刀笔吏"蔑称掾史,近现代研究者又多持精英意识,致使这一重要群体被长期忽视。因此,研究汉代掾史的艺术创作,也是对早期艺术史模糊地带的一次勘察,是从"边缘"凝视"中心"、从"底层"求证"精英"的一个努力。珩帮博士的研究表明,汉代艺术的发展,乃至其后艺术传统的形塑,都与这个被忽视的大多数人有关。书刀和毛笔是简牍时代知识分子的工具,也是知识生产、人文创造的象征。在此意义上,"起于刀笔"意味着对早期艺术创作文化原境、人文意义的揭示,也暗含对历史上有名或无名艺术家的尊重,更是立足中国古代艺术史的视野,对诸门类艺术并生关系的表达,对两汉掾史四百多年间无声、持续而厚重的精神劳动及其历史贡献的肯定。

承前启后的两汉艺术波澜壮阔。它的历史场景中,既有留名巨匠,也有无名掾史,还有失载颇多的工匠;既有文学、绘画、书法、印章、雕塑和器物,还有形式多样的乐舞和建筑;既有中国艺术内在精神的包容开创,还有人伦日用的多彩篇章,以及区域、主体、门类间的交互关联。如今,我们只能凭借部分遗存遥思追怀,实现民族艺术精神的古今交接。当然,这也正是艺术史研究的意义所在。随着新出材料和后续研究的推进,模糊地带亦将逐步清晰,为中国艺术史的书写筑牢桥基。珩帮博士感念在兹,勤于厚积,耕耘笃实,我坚信,他能在相关领域或论题上取得更丰厚的成果。

是为序。

壬寅立秋于抱云堂

绪 论

一

通常我们认为,中国古代艺术的自觉,或艺术家的独立,晚至秦汉魏晋时期,且各门类艺术成熟期不一。粗略而言,诗文、音乐、书法等早熟于先秦,最晚至两汉之际,便有一些见诸史册的名家,而绘画、雕塑等,则要略晚。造成这种差异的根本原因,并非工匠职能分化有早晚,而是从事艺术创作、使用和收藏艺术作品、阐述艺术价值及意义的人,主要是知识分子。尽管,我们可以将诸门类艺术推溯至三代,但要说它们进入自觉、系统的发展,必须经历一个创述兼备的加工过程,只有在知识阶层的参与下,诸门类艺术才能从不自觉的实用状态,走向自觉的审美言说。

先秦时,上层文官执掌文字、书写和教育,围绕王政,诗、乐、书列入六艺而成制度,册书、作颂、制乐、采诗、造器等活动得立传统,始有文学、音乐、书法早熟之机。随着春秋战国以来文化教育权力的下移,尤其是秦汉皇权统治的加强,上自中央,下至地方,政府机构执掌文书类工作的官吏极大扩充,作为先秦史官的分化群体,两汉各级掾属、令史、书佐等,成为传承先秦诸子思想学说、运用"六艺"技能、参与文化艺术教育和创造的重要力量。

这个重要群体或力量,就是本书所说的"掾史"。

图 I.1：甲骨文"史"字

从词源上看,"掾",音同"缘",四声,小篆写作 𢪃,《说文·手部》:"掾,缘也。从手,象声,以绢切。"① 《广韵》:"掾,官名,以绢切。"② 《集韵》:"掾,俞绢切,《说文》:'缘也。'一曰官名。"③ "掾"的本义是佐助,《玉篇·手部》:"掾,与绢切,公府掾史也,又曰太尉属。"④ 宋戴侗《六书故》:"秦汉官皆有掾与属。《汉书音义》曰,正曰掾,副曰属。"⑤ 清朱骏声《说文通训定声》:"掾,本训当为佐助之谊,故从手。"⑥ 概言之,"掾"为历代属官的统称。"史",疏士切,甲骨文写法如图 I.1。《说文》:"史,记事者也,从又持中。中,

---

① [汉]许慎撰,[宋]徐铉校定《说文解字》卷一二上,北京:中华书局,1963,第 252 页下。
② 周祖谟校《广韵校本(附广韵四声韵字今音表)》4 版,上册《宋本广韵》卷四,北京:中华书局,2011,第 412 页。
③ [宋]丁度等编《宋刻集韵》卷八,北京:中华书局,1989,第 163 页。
④ [南朝]顾野王《宋本玉篇》卷六,影印张氏泽存堂本,北京:中国书店,1983,第 116 页。
⑤ [宋]戴侗撰,党怀兴、刘斌点校《六书故》卷十四,北京:中华书局,2012,第 320 页上。
⑥ [清]朱骏声《说文通训定声》卷十四,北京:中华书局,2016,第 749 页下。

正也。凡史之属皆从史。"① 据王国维等先生的研究,中为盛算之器,又为盛策之器,而书策由史掌之,主藏书、读书、作书。② 由此,"史"的本义有二:一是古代的文职官员,主职于为王记言、记事,掌星历、册命等,如《尚书·金縢》:"二公及王乃问诸史与百执事。"③《周礼·春官·占人》:"凡卜筮,君占体,大夫占色,史占墨,卜人占坼。"④ 二是古代官府的佐吏,《周礼·天官·序官》:"府六人,史十有二人。"郑玄注:"府,治藏;史,掌书者。凡府、史,皆其官长所自辟除。"⑤ 朱骏声《说文通训定声》:"史,记事者也,从又持中,会意中正也。《周官》有大(太)史、小史、内史、外史、御史、女史,其属又各有府史、胥徒史,主造文书者亦称史。凡府史,皆其官长所自辟除。"⑥ 此外,由"史"的职能,还引申为历史、历史典籍、画师之义;由"史"的职业特征,衍生为(文辞)虚浮之义;由"史"的职业氏族继承制度,变为姓氏。合观两者,"掾史"就是由各级长官辟除、以文职为主、佐助行政运行的属吏的统称。

---

① [汉]许慎撰,[宋]徐铉校定《说文解字》卷三下,北京:中华书局,1963,第65页上。
② 王国维《观堂集林》卷六,石家庄:河北教育出版社,2001,第131页。"中"的释义,郑玄、阮元均认为是举行射礼时盛算之器;容庚、陈梦家认为盛算之器又可作盛策之器;马叙伦认为中为"聿"之异文,亦即"笔"的初文;劳榦认为是弓钻或弓钻之形。详见周法高主编《金文诂林》卷三,香港:香港中文大学出版社,1975,第1752—1773页。
③ [汉]孔安国传,[唐]孔颖达疏《尚书正义》卷十三,北京:北京大学出版社,2000,第401页上。
④ [汉]郑玄注,[唐]贾公彦疏《周礼注疏》卷二十四,北京:北京大学出版社,2000,第763页上。
⑤ [汉]郑玄注,[唐]贾公彦疏《周礼注疏》卷一,北京:北京大学出版社,2000,第9页上。
⑥ [清]朱骏声《说文通训定声》卷五,北京:中华书局,2016,第174页上。

从社会结构上看,汉代掾史是汉代金字塔型社会结构的中下端,是文化高顶的底基或支撑体,亦如依傍百姓生息的土壤、向上输送营养的树根。他们占据汉代官吏的80%以上,却因德行才能良莠不齐,成为帝王、长吏、百姓和史家詈责、蔑视的"大多数"。史籍中,带有贬斥色彩的"俗吏""刀笔吏""小吏""酷吏"等称谓,大多指向掾史,即便入载史册者,也是升摄高位或步踵硕学的极少数,大部分则行迹不显,不闻于史。

然而,在汉代察举和职官制度的支持下,这一群体进一步打破先秦贵族或有爵者世袭为官的局面,很多平民子弟从郡县掾史步入仕途,而后,或秉办官事权能在握,或成长为新的地方大族富甲一方,或世代为官位高秩厚,或跻身儒林著书立说,成为不断冲击文化艺术创造特权的群体,成为历史车轮的牵动者之一。由于掾史队伍的扩增,两汉艺术创造者和受教育者较之先秦大大增加,整个艺术主体文化程度大面积提升,创造力、资源、权力,由朝廷向地方扩展,各类掾史参与、促动艺术实践的面向更为多样,主体角色也日益分化:诵习六艺,以之登科,又职在文案,便先天地成为诗、文、赋、书法、印章的创造者;以吏为师,又教授晚进,便成为艺术的教育者和接受者;侍奉长吏业师,为之勒铭筑室,树德赞功,同门捐资,躬身佐助,又为艺术创作的监管和参与者;修身治学,著述典艺,是为艺术理论的传承者和阐发者。举凡几种角色,既有历史先声可循,也有汉代新的特征,且影响及于后世。

本书即以任职于两汉中枢各部、王侯属国、各州郡县乡,由长吏辟用的掾史属佐为对象,借助简牍、碑铭、诗赋、箴颂、画像石、画像砖、墓室壁画及艺术论著等,研究这一主体职司文艺、据仁游艺的各种艺术活动和现象,从艺术创作角度考察他们与公卿长吏、儒林学士的关系,探析其创作模式、情境和特征,从而确认两汉掾史之于中国古代艺术主体分化、艺术创造力提升、门类艺术衍生、经典作品累积、艺术风格演绎、艺术观念承启、艺术流派形成等诸方面的影响或意义。

二

论及"两汉掾史",我们往往会遭遇一些先入之见:一些粗知汉史者,沿袭部分古代史家眼光,或不能体察史家著述的意图、方法和情境,唯史册见信,给历史名人套上神秘光环,视掾史为不入流的"俗吏",不断将历史化约为无细节、无情境、无变化、不见"小人物"的概念,唯恐谈论名人掾史经历,会减弱他们的光彩,所知、所见和所论,不但局限于历史名人,而且不屑于文字和出土文献中史实的深入察验;也有人固守精英文化成见,将掾史与文学艺术名家截然二分,或将掾史与"士"对立起来,既不顾历史上两者身份区分、体认、重合、转换的诸多现象,也无视历史学领域相关论题的新成果,无视两汉掾史投身艺术创作,并有大量相关作品传世的事实,甚至将掾史诸艺术活动,划入"民间"范畴,步入画地为牢、陈陈相因、自相矛盾的困境;还有人想当然地将"掾史"看作一个永远处居下层的官僚群体,未曾认识到两汉四百余年间,该群体在政治、社会、文化诸领域发生的历时性变化,不能体察掾史个体职官和地位变化的复杂与多样,面对同一时期的人物时,为历职掾史的艺术名家给出天赋、天才等托辞,找出教育、家族、机遇等客观因素,却不能以此理解文艺才能不载史册的掾史,并考察两者之间的关系。此类俗见,多流于口谈,限于业余,无需赘言,然形诸笔端、归于学术,则一无可取。为明确本书所论汉代"掾史"的含义,在此还需申述以下三点:

1. 汉代"掾史",是史籍,尤其是出土文献所见的原用名词,就本书研究对象而言,也是覆盖面较大、例证最丰富的职官称谓,且褒贬色彩较少,社会文化分层意味较弱,以其相对中性的特征,本书通用该称谓。

2. 相关称谓的区分和使用。与"掾史"相近的称谓或概念,可分五类:①史籍中的"文法吏""文吏",这两个称谓,在执掌文书、治狱等实务工作方面,与"掾史"所指基本重合,但两者不含掾史与儒生的互动及重合问题,也不能指明两汉"文法吏"和"儒吏"并驱发展与相互转化的潜在趋势,因此,书中除作为概念进行辨析外(见第四章),只在引论和综论时使用;②"俗吏""刀笔吏""小吏"等称谓,多见于史籍,含有明显的贬斥色彩,书中除引述外,不予通用;③史籍统称的"吏",是一个含混的用语,有时指掾史或属吏,有时与"士"对应,分别指官吏和儒士(见第五章的辨析),因不能明确对应本书研究对象,除一般性综论,书中亦不通用;④后世泛称的"佐吏",即佐助长官之吏,包括掾史和各级丞、尉。丞和尉的秩次,虽与公府掾相差无几,但两个职务由中枢统一任命,而与守、令、长同属"长吏",故本书仅在论证掾史职官性质时使用;⑤"中下层文官",泛指各类执掌文职工作、官秩不高的臣工,包含长吏自辟和朝廷任命的官员,由于这个概念覆盖面过大,且不利于表述个体和群体职官的流动,书中亦区别使用。

3. 汉代掾史,本是活动于不同时期、不同地域的,出身、才能、经历等互有差别的无数个体,在职官、社会、文化上,又构成一个相对意义上的群体或阶层。对他们的观察,本书强调整体和动态视野,即:一方面,看到他们在社会结构、经济能力、文化资源等方面的相对稳定性,另一方面,兼顾个体和群体因时因地的变动性。就此,本书在三种认识下展开:

第一，既考虑掾史个体职官、地位的变化，也宏观地把握各时期掾史群体的特征和发展趋向，将个性与共性相结合，阐释对象及其意义。书中所及一些早期历职掾史，而后升任公卿长吏或侍从帝王的文艺名家，既有掾史任上的作品，也有创作年代不确知的作品，还有升迁后的作品，取例时，尽量以掾史任上的作品为主，但也适当引述了后两类。这是因为，一方面，没有个体青年时期拜师为掾、学习技艺的经历，后两类作品也便无从诞生；另一方面，名家才艺的展示，艺术创造的实现，需要师长、宗亲、同僚、友朋的支持和互动，而由掾入仕的早期经历，是此类机遇的起点（见第四章）。同时，掾史的艺术创作，大多基于其职务行为，当职务中断以后，官文书檄、应制诗赋等创作活动便受到影响，但他们的艺术才能并未因此丧失，况且，师友宗亲的社会交游驱动仍在，个人显才言志的动力尚存。故离职后掾史（尤其是儒吏）的艺术创作，在其掾史职务的基础上展开或延续，且往往也转化为终生行为。换言之，掾史职务，及职务性创作活动，是个体创作才能获得、创作活动持续的一个节点，我们无法将名家名作置入社会真空中，截去源头，只看近流，或单论职务行为，不计职务行为的前因与后果。

第二，必须打破掾史和"士大夫"的二分意识，在汉代社会文化环境中，将两者联系起来考察，客观对待掾史群体文化修养的分层现象，注重不同层次间的互动与互生；同时，应该认识到，在汉代受教育率相对不高的情况下，占汉代官吏人数80%以上的掾史（见第一章），是知识分子的大多数，而名儒大吏只是少数，一定程度上，大部分掾史的文化艺术水平，代表一般和普遍状态，少量修养较高的掾史及其他硕学名家，代表较高层次。本书的主旨，是汉代艺术普遍情境、模式和水平的寻绎，原因在于，既不夸大名家效应，也不抹杀掾史所为，历史地阐释两者关系，才能有效解决各群体创作之所据、名家之所出、典范之所成、传统之所依的问题。

　　第三，史籍和出土文献中与掾史相关的各类材料，无论何种形态与价值，原本是相互联系的，因此，应该在分析文献生成情境、功能和意图的基础上，进行整体考察。本书反对艺术研究中以审美高下、价值大小、"作者"声名区分并阐释史料的主观做法，反对历史阐释的标准游移，而是强调史料异同和关联的探究，重视文献背后"人"的活动、情境和心理的追寻。

三

　　"艺术创作"是一个历史性的概念。在古代，人们通常以"创"表述圣贤智者的人文开启之功（如《周礼》："知者创物，巧者述之。"①《汉书》："礼仪是创。"②），由"作"的产生、兴起之本义（如《周易》："圣人作而万物睹。"③），引申为文学艺术的创作（如《论语》："述而不作。"④）；合为"创作"二字，所指对象则包括文字、礼仪、建筑、器物、律令等，且明代以前并未广泛用于艺术。如苏轼文章中的两例：《广州东莞县资福禅寺罗汉阁记》："堂以是故，创作五百，大阿罗汉。"⑤为佛阁塑像的创作；《与程正辅七十一首·四》：

---

① [汉]郑玄注，[唐]贾公彦疏《周礼注疏》卷三十九，北京：北京大学出版社，2000，第1241页。
② 《汉书》卷一百下《叙传下》，北京：中华书局，1962，第4250页。
③ [魏]王弼注，[唐]孔颖达疏《周易正义》卷一，北京：北京大学出版社，2000，第20页下。
④ [魏]何晏注，[宋]邢昺疏《论语注疏》卷七，北京：北京大学出版社，2000，第93页上。
⑤ [宋]苏轼著，孔凡礼点校《苏轼文集》卷十二，北京：中华书局，1986，第397页。

"向在中山,创作松醪,有一赋,闲呈录,以发一笑也。"① 指松醪酒的酿造。"创作"二字用以指称艺术创造活动,明清以后渐多,如:

  然亦有能创作,不能摹者。摹临胜自运,乃其常耳。(明孙鑛《石田临黄鹤山樵图》)②
  花光惠崇,喜用王洽泼墨法写湘江山水,极有神韵。二米实祖述之,非创作也。(明汪砢玉《跋文徵明〈横塘诗意〉》)③
  魏晋以来,元常、士季及王世将、逸少、子敬辈,始创作小楷。(明张萱《八分隶楷辨》)④

这三个例子中,第一例是泛指,将艺术创作与临摹相对应;第二、三例是狭义,仅指某种艺术样式或风格的开创。无疑,若取其狭义,则不仅"艺术创作"的范畴急剧缩小,而且艺术史只能成为独创性大家的连缀,甚至一些与米芾一样的名家,也会受限于门槛。

通过上引材料,我们还可重审并勾勒"艺术创作"的其他内涵:

1. 艺术创作是人们把握和体认世界的行为。古代用来描述艺术创作的词汇,是暗含行为过程的"作""赋""制"等,⑤ 与之相

---

① [宋]苏轼著,孔凡礼点校《苏轼文集》卷五十四,北京:中华书局,1986,第1590页。
② [明]孙鑛《书画跋跋》卷三,载《中国书画全书》第三册,上海:上海书画出版社,1992,第973页上。
③ [明]汪砢玉《珊瑚网》卷十五,载《中国书画全书》第五册,上海:上海书画出版社,1992,第1125页上。
④ [明]张萱《疑耀》卷三,四库全书本,台北:商务印书馆,1986,第856册,第212页上。
⑤ 周宪《走向创造的境界:艺术创造力的心理学探索》,南京:南京大学出版社,2009,第67页。

关的唱和、应制、酬答等行为,也是艺术创作活动的一部分。粗略而论,艺术家与他人之间的社会关联,是这些活动的主要情境,围绕艺术创作,作品的呈现、鉴赏、著录、收藏等,是随之发生的结果。人们借此认识或把握世界,进而以其进行身份、地位、修养、才能、趣味等的区分和体认(见第五章)。尽管,今天我们只能参照部分作品和史料来考察古人艺术创作,但也必须看到遗存作品背后已经消散的人及其精神行为,即通过"有"来探寻"无"。① 当然,这种"无"也应该有相应的边界,至少我们要把它限定在人们围绕艺术作品,把握、体认世界的精神行为之内,否则,凡日用人伦都将纳入创作范畴。

2. "艺术创作"的主要成果,是艺术作品,是含有审美因素的可感形式。我们知道,审美是艺术之为艺术的重要特征,但在古代,艺术往往兼具实用功能,有时,实用性甚至是创作的先导,而审美性才是附属特征,只是时过境迁,发生了功能的转换。不过,它的前提,依然是被今人审视的"作品",在当时已经包含某种可供阐释的审美潜质。钱钟书先生曾指出:"古人屋宇、器物、碑帖之类,流传供观赏摩挲,原皆自具功能,非徒鉴析之资。人事代谢,制作递更,厥初因用而施艺,后遂用失而艺存。"②

3. "祖述"和"独创"是艺术创作的两种互存方式。历史上,"独创性"的艺术巨匠屈指可数,但从事和促成艺术创作的人很多,他们可归为"述"者或"祖述"者。如果忽视巨匠以外的艺术活动,我们便不能切实体察名家所由所为,也很难对各时期艺术的普遍面貌有客观认识。这也是国外学者反思艺术"独创性"问题的

---

① 沈亚丹《当代艺术学研究中的实证主义及其困境》,《文艺争鸣》2011年第6期。
② 钱钟书《管锥编》,北京:中华书局,1979,第539页。

原因。① 古代文献描述艺术时,多用"作"而较少用"创作",无疑也包含古人对该问题的深刻理解。换言之,艺术创作有传承和独创的取向差异,前者使艺术传统得以延续,后者使艺术传统向前发展,两者在艺术史上相互依存、不曾偏废,在历史阐释中亦不能主观。

这样,本书尝试性地将"艺术创作"概括为:各历史时期的人们,运用物质和技术,呈现含有审美因素的可感形式,以把握和体认世界的行为。这个界定力图涵括上述核心内容,在国内外"艺术"定义的成果上,② 对国内"艺术创作"通行定义加以修订,③ 意在将那些艺术史不可回避的"混沌"类型,尤其是独创性不强、审美状态较弱、最初不着意于审美的作品,也纳入到创作范畴中加以

---

① Richard Shiff. *Originality*. See: Jonathan Harris: *Art History:The Key Concepts*. London and New York: Routledge, Taylor & Francis Group, 2006. pp.145—158;(英)理查德·沃尔海姆《艺术及其对象》,刘悦迪译,北京:北京大学出版社,2012,第78—89页。

② 20世纪70年代以来,国外出现了艺术的功能主义定义(functionalist definitions)、体制性定义(institutional definitions)、历史性定义(historical definitions)及混合定义,几个类型互有侧重,各有切近"艺术"含义的部分,但目前还没有达成一致。近年国内艺术学学科建立后,确定一个兼顾历史和当下、贯通本土和外域、涵括诸艺术门类的"艺术"定义,也成为国内学者的共识。诸家文献、观点及评述参见(新西兰)斯蒂芬·戴维斯《艺术诸定义》,韩振华、赵娟译,南京:南京大学出版社,2014;(美)诺埃尔·卡罗尔《今日艺术理论》,殷曼楟、郑从容译,南京:南京大学出版社,2010;徐子方《艺术定义与艺术史新论——兼对前人成说的清理与回应》,《文艺研究》2007年第7期;陆正兰、赵毅衡《艺术不是什么:从符号学定义艺术》,《艺术百家》2009年第6期;刘悦笛《当今西方艺术定义与非西方的挑战——兼论一种全球艺术定义的可能性》,《文艺研究》2013年第7期。

③ 通常界定为:艺术家使用相应的材料和语言,借助艺术形象,经过体验、构思、传达,形成艺术作品的一种审美创造活动。

讨论。

从社会阶层或主体身份上说，汉代艺术创作群体不外帝王嫔妃、各级官吏、各类工匠、平民处士等几大类。两汉掾史属于各级官吏，他们的艺术创作，既是汉代行政的一部分，也是社会运行和文化生活的一部分，潜在地可将平民处士、上层官吏及民间工匠连接起来。正因如此，考察汉代掾史的艺术创作，便可在更为整体的视野中考察中国古代知识阶层艺术创作的情境与模式。

宏观上，本书分日用、主事、雅作三个创作情境，解决汉代（及其后）知识阶层艺术创作中"审美状态"的差异与表述问题（第二至四章）。通常，人们把汉晋简牍书迹，视为书写者"不自觉"状态下的产物，不归入"艺术创作"范畴，但又将一些文本充列"艺术作品"用以观摩研究，或者笼统视其为"艺术史料"。事实是，被人看作自觉创作的历代名作，如钟繇《荐季直表》、王羲之《兰亭序》、颜真卿《祭侄文稿》等，同样出自日用，有着意文字而无意书写的审美特征，亦经由"艺术史料"转为"作品"（无非出自前人之手眼）。近世以来，汉简、汉刻、汉画、汉砖、汉雕等出土材料，不断扩展汉代艺术的范围，既然艺术史研究已经关注了这些"作品"，也必须将其划归不同类型的"创作"，否则，我们的概念、对象、方法和阐释结果，终将彼此抵牾。本书认为，审美状态的显隐与自觉性，要根据创作情境区分对待，其应有之义是：不同艺术门类，意味着不同的创作主体及协作方式，暗含不同层次的审美需要；作者有时代性，审美修养有高低；作品有内容、材料、功能、语言等类型差异；一件"作品"中共存的形式语言，还有审美表达的主次或先后，只能区别而论。除却工匠创作范畴，就汉代知识阶层的艺术创作而言，上述三种情境，基本可涵括各类关联"作品"的产生，简要来说：（1）在"日用"情境下，艺术创作依托个体，多以应用文字表达为紧要，以书法修养为内助,短时完成,取其简便,审美状态之于文相对外显,之于书则相对内含;(2)在"主事"情境下,艺术创作集合书者、工匠、主事者、参与者,以艺术形式(碑、阙、雕刻、绘画等)的综合展示为紧要,兼有工匠的审美和主事者的审美,用时较长,力求宏伟,审美状态整体趋向外显;(3)在"雅作"情境下,艺术创作是主体有意为之,有求新求美的倾向,为典型的创作行为。当然,三种情境也彼此关联、促生和交融,但在历史阐释时,我们应该考察原境的相对差异与关联。

四

由于汉代掾史政治地位低下,对该群体的研究,历来不受重视。大体上,古代史家有所记述,也主要见存于职官制度,而又以公府掾为焦点;现当代研究者借助出土材料,亦重在职官职能的考辨,仅在考察简牍书者时略有涉及,至于对该群体艺术创作的综合考察,目前还没有见到。

汉代掾史职官的记述,可见于《汉书·百官公卿表》,佚名所作《汉官》,王隆著、胡广注《汉官解诂》,卫宏《汉旧仪》,应劭《汉官仪》,蔡质《汉官典职》,蔡邕《独断》,及《后汉书·百官志》、《宋书·百官》、《晋书·职官志》等,其中,又以《汉官》《汉旧仪》《后汉书·百官志》载录掾史秩次、人数、职能等史料较多。其后,杜佑《通典》、李昉《太平御览》、郑樵《通志》、马端临《文献通考》等列叙职官,即以之为基础,又参合史传而成。除中枢府部掾史佐吏外,杜佑《通典》首次对秦汉以至唐代州、郡、县掾史予以综论,并分类考述掾史职官名实,这一做法,又为《太平御览》《文献通考》等沿用,唯各书或侧重史例,或侧重源流。同时,陶宗仪、纪昀、孙星衍、黄奭、王仁俊等，又曾辑合东汉诸书中散断职官史料，而以孙星衍《汉官六种》最为齐备，可为本书研究提供便利。借助上述文献，近现代学者所作两汉政治史、行政史、职官沿革史等，也有对掾史职官职能的论述，其职官体系既已明释于唐宋，且掾史所占篇幅较小，此处不再赘述。

依据出土材料对掾史职官的研究，主要有两个方面：一见于金石学著述。从宋代欧阳修《集古录》、赵明诚《金石录》、洪适《隶释》和《隶续》，到乾嘉学派著述，都有零星涉及，其中，释录全面的《隶释》对论题开展最有帮助，其余诸家多侧重史实考据，对碑阴掾史列名关注不够。二见于简牍学著述。近世以来，随着汉代简牍的大量出现，与之关联的掾史群体渐受重视，对其职官分层选任等始有系统考察，王国维《流沙坠简》初创其绪，陈梦家《汉简缀述》得成系统，其后，谢桂华、李均明、刘军、李振宏、孙英民、罗仕杰，及日本永田英正、大庭修、纸屋正和等诸先生，都有相关论题的阐述。与本论题直接相关的居延掾史属佐，有李均明、刘军《居延汉简居延都尉与甲渠候人物志》，李振宏、孙英民《居延汉简人名编年》，及罗仕杰《夏侯谭生平、籍里及其相关研究》《居延汉简甲渠候官掾人名整理及任期复原》《居延汉简甲渠候塞部燧候长、候史人名整理及任期复原》《居延汉简甲渠候官令史、尉史人名整理及任期复原》等论著先后加以整理，即便诸家对个别人物及职官的考订或存分歧，但我们对居延掾史的分布、人数、人名、任期、来源等，已有深入认识，可为本书写作提供历史基础。

有关掾史与文化传统的讨论，也有两条线索：一是以汉代名儒官低位卑而道高德隆为题，散见于刘攽、苏轼等人的杂帖尺牍中。其后，徐天麟《东汉会要》、马端临《文献通考》等，多立足于两汉史实，以崇尚汉代士人风范的心理，对掾史与士夫的重合、历职掾史之于政统和道统的意义,都有精要的考辨。二是基于礼乐文化传统所作的阐述:或在注解先秦诸经和汉官著作时,将汉代掾史与先秦元士联系起来(如《汉旧注》);或取意于文化教育,将秦汉吏师合轨的制度与西周官师合一之政贯通起来。后者以章学诚《文史通义》对六艺传统脉络的一系列论述为代表。章氏虽未述受教育主体扩展下移问题,也未着意于掾史阶层,但他揭示了先秦官史和府史的关系,指出秦汉六艺教育是对西周传统的制度性恢复。由于掾史是史官的延续,又是汉代六艺教育的授受者,则章学诚的认识,也涵括两汉掾史。

此后,承前启后的两汉士人,一直是一个研究热点,尽管影响较大的论著多不及掾史,但暗含其文化传统。钱穆《国史大纲》指出秦代平民政府出现的历史变化,将西汉昭、宣、元、成四代,看作士人政府出现的时期,认为士族政治在东汉得到加强。徐复观《两汉思想史》揭示了士集团在春秋以来不断扩展、在两汉政权中体验专制压力而不断反抗的特征,依据对个案的深入研究,徐先生也勾勒了汉代思想家传承先秦政治文化理想,解决现实问题的诸多努力,其间所涉及的多位研究对象,亦在本论题之内。在出版稍早的《中国艺术精神》中,他还揭示了士人借助艺术修身养性、据仁游艺的内在线索,并寻绎其儒家和道家思想渊源。同样,着眼于"道统"和人文传承的连续性,余英时《士与中国文化》勾勒了先秦以来士阶层的兴起、发展线索,对士阶层的政治文化理想、性格、行为模式有进一步的研究。为我们理解两汉掾史政治文化性格提供切实参照的是阎步克《察举制度变迁史稿》和《士大夫政治演生史稿》,阎先生以汉代文吏、学士为主要研究对象,既揭示其变迁,也观照其连续性,有关两者之间的分化与融合,各自取法的法家和儒家传统,及其与汉代政治、文化关系等问题的考察,与本书所论掾史直接相关。

葛兆光《中国思想史》没有讨论本书对象，但是，化用福柯（Michel Foucault）的思想和方法，该著确立的两个理念是本研究的出发点：一是重视古代思想文化中一般的、普遍的层面与对象，以之作为精英思想家赖以存在的土壤或基础；二是将文献、出土材料及各种现象勾连起来，作综合考察。

此外，文青云《岩穴之士：中国早期隐逸传统》对汉代隐士心理和文化动因的揭示，唐长孺《魏晋南北朝隋唐史论》对东汉大姓名士与魏晋门阀制度的分析，王永平《汉晋间社会阶层升降与历史变迁》对汉晋社会阶层的流动，及官宦、大族、儒生等群体的讨论，以及许结《张衡评传》、邓桂姣《汉代扶风班氏家族文化与文学研究》等成果，可为我们讨论汉代掾史的儒生化倾向、升迁隐退心理、世家大族形成等问题，提供理论参照和具体案例。

对两汉掾史书刻作品、书刻活动的研究，迄今尚处于泛论阶段，且主要围绕简牍和石刻而展开。有关汉碑和汉简的书者，历史上曾有两种倾向：一是托名大家的精英意识。宋元及以后的金石学家，时常把汉碑托名蔡邕等名儒，就出于这种心理。以至近世，王国维先生《流沙坠简》将文字关涉窦融的简例，看作窦融的手笔，亦属不严谨的推断。① 二是根据署名和书刻制度，结合具体案例，还原为掾史属佐。启功先生在《汉〈华山碑〉之书人》《记汉〈刘熊碑〉兼论蔡邕书碑说》二文中，对历代轻视佐吏、托名大家的做法已有申述。② 范祥雍先生《略论古竹木简书的书法》也将简牍的作者归为佐史。③ 后一种观点目前为学界共识，裘锡圭先生的《文字学

---

① 王国维、罗振玉撰，何立民点校《流沙坠简》，杭州：浙江古籍出版社，2013，第 37—38 页。
② 启功《启功丛稿》，北京：中华书局，1981，第 245—255 页。
③ 范祥雍《略论古竹木简书的书法》，《书法研究》1981 年第 3 期。

概要》,丛文俊、华人德、王镛、沃兴华、王晓光等先生的书法史著作,李均明、富谷至等先生的简牍学著述,赵平安先生《秦西汉印章研究》等均有论及,增进了我们对汉代令史书佐征辟、职能、文字与书法修养、书刻活动、书迹风格等的认识。

随着石刻文学、简牍文献学的发展,汉代掾史诗文创作的研究,在元代以至近代的金石义例之学基础上有所推进。叶程义《汉魏石刻文学考释》分杂记、碑志、颂赞、哀祭、箴铭、传状、诏令、序跋、奏议、辞赋、诗歌、论辩十二类,考述汉魏碑刻中的文体与创作,并从辞令、谋篇等方面与经籍和名篇有所比对;何如月《汉碑文学研究》将两汉厚葬风气、孝悌观念、墓祀习俗、留名心理、社会政治等看作碑铭刊立的内在动因,并对碑文体式、主要作家、文学特征、文化意蕴有系统阐述。尽管如此,汉代掾史在石刻文学中的身影依旧显得模糊,值得从不同角度深入。此外,简牍材料中掾史所作诗赋,仅有敦煌汉简《风雨诗》、尹湾汉墓《神乌赋》等极少案例,其中,《神乌赋》最受关注,经过裘锡圭、[1] 万光治、[2] 伏俊琏 [3] 等先生的研究,该赋可确认为郡掾史所作,是我们讨论汉代掾史文学创作的第一手材料。

汉代画像石和墓室壁画中的"属吏"题材,则是另一种情况。它们的直接创作者是营建和装饰墓穴的工匠,间接创作者是墓主家族和门生故吏。尽管学界对画像石、墓室壁画的属吏题材已有

---

[1] 裘锡圭《〈神乌赋〉初探》,《文物》1997年第1期。
[2] 万光治《尹湾汉简〈神乌赋〉研究》,《四川师范大学学报(社会科学版)》1997年第3期。
[3] 伏俊琏《俗赋研究》,北京:中华书局,2008,第187—188页。

相对系统的论述,①但却没有将此类图像的生成与掾史的社会和文化原型联系起来进行考察。

总之,研究两汉掾史的艺术创作,还有不少问题有待展开,如:如何在主体层面上将出土和传世的各类作品进行综合考察?掾史艺术创作有哪些类型和层次?依次分担何种角色?各类型、角色之间是什么关系?掾史与工匠如何协作?掾史与公卿、地方儒生是什么关系?掾史艺术创作之于汉代政治、社会、文化有何意义?其历史作用是什么?本书试图在前人研究基础上回答这些问题。

五

由于汉代掾史既是文化艺术创造主体之一种,又是职官之一类,故论题开展,首先要借助史籍和出土史料,梳理其职官源流,对该群体的来源、选拔、分布、规模、职能、地位等进行描述,并初步阐述掾史艺术创作与先秦史官司艺传统的联系。进而,分日用、主事和雅作三种情境,将三个情境分别对应于该群体的三种职能(行政职能、社会职能和文化职能)、艺术创作的三类功能或意图(文牍奏记、赞勋述己和修身问学),阐述其创作类型或模式,即:从简牍书迹和印章史料方面,考察其日常工作情境下书法印章的应用与锤炼;从碑刻题铭和属吏图像方面,探讨他们处世立身过程中主事创作的情况与特征;从修养较高的掾史遗存诗赋、著述及其他史料方面,分析他们雅好文艺、传承传统的风气与意义。鉴于三种情境本身难以割裂,且诸门类亦彼此互生,论题最后要在整个汉代,乃至先秦到魏

---

① 如:蒋英炬、杨爱国《汉代画像石与画像砖》,北京:文物出版社,2001;杨爱国《幽明两界:纪年汉画像石研究》,西安:陕西人民美术出版社,2006;黄佩贤《汉代墓室壁画研究》,北京:文物出版社,2008,等。

晋隋唐的历史视野中展开,其中,两汉掾史与士人的关系,先秦司艺和游艺传统在两汉的复兴、扩展,及其对后世的影响,司艺与游艺的关系,是几个重点问题。全书逻辑和结构,可用图 I.2 来表示。

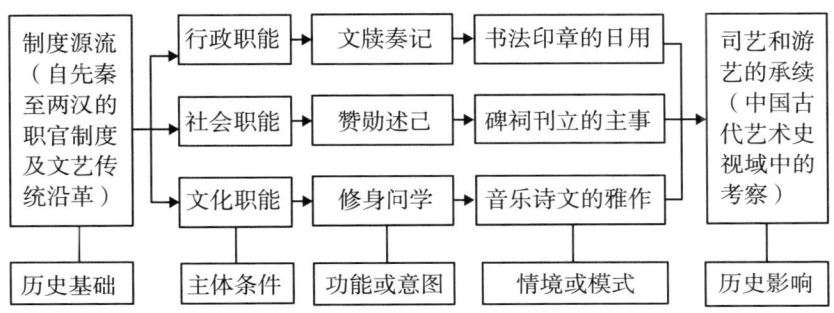

图 I.2　本书逻辑和结构示意图

本书力图表明,被称为"刀笔吏"的汉代掾史,恰恰是中古时期艺术发展最重要但也最易被忽略的主体。自春秋战国以降,礼乐制度瓦解,贵族特权下移,士阶层获得文化教育机遇,成为六艺传统的继承人,但他们无职官、无恒产、无宗族,只能游转于王侯,尝试以道统引领政统。随着秦代,尤其是两汉取士用人制度的改革,知识阶层重新掌官握权,他们既有恒产和宗族,也获得深入践行道统和政统的条件。汉代掾史是四百余年间基数最大的官僚和知识群体,亦身处艺术古今承变的关键期。他们一方面职司文艺,通过侍弄言语刀笔、监管文艺机构、督察人才培养,佐助政统的运行;另一方面又传承儒家据仁游艺的理念,借艺术修身,以学问为尚,通过艺术创作、批评和著述,将游艺观念和行为,贯通到个体生活和汉代政治文化中,实现道统对政统的制约。从西汉初的文法吏,到西汉晚期以后的儒吏,经过四百多年的艺术实践,两汉掾史不仅带来艺术创作主体的扩展,也使得艺术创造力得以提升,且通过作品、观念、制度、风气的延续,深刻影响魏晋南北朝以至后世艺术的发展。

第一章　汉代掾史艺术创作的制度源流

要深入讨论汉代掾史艺术创作诸问题,必须先就其职司文艺的历史传统进行溯源。这一问题指向两个方面:一是在先秦至秦汉职官制度中厘清掾史的形成、分类、规模和职能;二是确认他们传承和持守的艺术传统。虽前者归于政治统治,后者倚于艺术创作和作品,但两个问题的阐述,都要基于职官制度,故先叙其职官源流,再议其艺术传统。

第一节　汉代掾史的职官源流

严格来说,作为官名的"掾",起自秦汉。《史记·滑稽列传》记战国时魏国邺令西门豹的故事,有"邺三老、廷掾常岁赋敛百姓"①之句,常被看作"掾"的早期例证。但由于"掾"这一称谓及其史实,大量存录于秦汉及以后的典籍中,而现有先秦典籍和出土文献中,暂时又没有其他"掾"的例证,因此,这段话中的"廷掾",很可能含有司马迁以今述古的因素。② 不过,与"掾"类似的历代长吏

---

① 《史记》卷一百二十六《滑稽列传》,北京:中华书局,1959,第 3211 页。
② 学界也以此段作为魏国县三老存在的例证,从这个角度而言,其间或有疑问。有关汉代"三老"的讨论,见邢义田《天下一家:皇帝、官僚与社会》,北京:中华书局,2011,第 440—443、483—488 页。

之属官，不仅自有源流，且十分复杂，本篇难以详述，故此处仅择取与秦汉"掾史"职司接近的属官加以略述。

先秦职司文艺或关乎文艺的，主要是史官。根据甲骨、金文文献，再稽核典籍，我们可以把先秦的史官分为两个部分：一是高级史官，任职于王廷，多为世袭，权力较大，数量较少，可称为"官史"或"史臣"，其事散见于卜辞和彝器铭文；二是低级史官，任职于中下层行政机构，由长官选任，权能较小，人数稍多，后世称为"文吏"。两者职能区别显著，但又有一个共同点，即均与文字事务相关。只是前者有出土文献可资印证，探究已多，后者只能凭借典籍和零星资料推测，难以问津。而汉代掾史的前身，不是前者，恰恰是后者。然而，无论职权，抑或文艺创造能力，低级史官都离不开高级史臣确立和持守的礼乐制度，章学诚《文史通义》说：

> 或问《周官》府史之史，与内史、外史、太史、小史、御史之史，有异义乎？曰：无异义也。府史之史，庶人在官供书役者，今之所谓书吏是也。五史，则卿、大夫、士为之，所掌图书、纪载、命令、法式之事，今之所谓内阁六科、翰林中书之属是也。官役之分，高下之隔，流别之判，如霄壤矣。然而无异义者，则皆守掌故，而以法存先王之道也。①

因此，追溯"小吏"的源头，绕不开对史臣的描述。同时，一些高级史官或会世袭中断、人员飘零，一些低级史官也可能迁升于王廷。春秋以降政治格局的变化，使史官的既有结构渐趋松散，在权力重

---

① [清]章学诚著，叶瑛校注《文史通义校注》卷三，北京：中华书局，1985，第230页。

组过程中,艺术创作的主体相应发生位移。随着秦汉中央集权制度的推行,最终,两者分层界限不断淡化,作为中下层官僚的汉代掾史,参与艺术创作的面向增大,其案例,才能为今人管窥。

一、先秦的官史

《汉书·艺文志》所说"古之王者世有史官,君举必书,所以慎言行,昭法式也。左史记言,右史记事,事为《春秋》,言为《尚书》,帝王靡不同之"①,便指先秦官史。

卜辞中,商代史官名为尹、多尹、乍册、卜、多卜、工、多工、史、吏等,是宰、宗、史、祝、士、卜六类职官之一,与《礼记·曲礼下》"天子建天官。先六大,曰大宰、大宗、大史、大祝、大士、大卜,典司六典"② 大体相合。据陈梦家先生的研究,其官名和职能可分类概括为:

> 主持文书册命:尹,多尹,又(右)尹,乍(作)册;
> 典掌礼器音乐:工,多工,我工;
> 职掌筮卜星算:卜,多卜;
> 承担祭祀事宜:史,北史,卿史,御史;
> 职在边防邦交:御史(吏),大史(吏),我史(吏),上史(吏),东史(吏),西史(吏)。③

---

① 《汉书》卷三十《艺文志》,北京:中华书局,1962,第1715页。
② [汉]郑玄注,[唐]孔颖达疏《礼记正义》卷四,北京:北京大学出版社,2000,第151页上。
③ 陈梦家《殷虚卜辞综述》,北京:中华书局,1988,第517—520页。《殷虚卜辞综述》列史类官名24个;《甲骨文职官人物通检》列史类官名28个,增女史、小史、𢀛河史、南史等数个,另白(伯)纼史、白纼或即"尹"。(转下页)

由于主持祭祀颂辞的"祝",负责筮、占、医、舞雩的"卜",又常与"史"一同出现,因此,陈梦家先生把以上文职官员,与代表商王高级官吏的"臣正"、负责军事征伐的"武官"对应起来,统称为"史官",或称为"卜史"①。官史大多采用世袭制,彝器铭文中的"史父乙""史父丁""史父己""史父辛""史父庚"等,都是史官或作册者,②只铭"史"字的青铜器,又有七十余件,或可表明史官父子相承的事实。商人有祖宗崇拜,信奉神秘的天神,担任史官的,正是负责祭祀与沟通祖宗神灵的"僧侣贵族",③他们是有文字传世以来,中国第一批知识人和思想者,④也是中国书法和文学最早的创作者。商人每年举办复杂的祭祀活动,以礼器、舞蹈、音乐等敬奉先祖、愉悦神人,形成礼乐制度,卜辞中不仅有鼓、磬、笙、龠、庸、

(接上页)由于卜辞"史""吏""事""使"写法相同,诸家对一些官名的释读似有出入,如:归入《通检》"王史""立史"条下的材料,"史"大多似应释为"事"或"吏";东史、西史释为"史",北史释为"吏",并有职能区分,《综述》佐证材料嫌少(胡厚宣先生将三者考为边防职官);《甲骨文合集》3297—3300、18377 几个"女史"案例涉事人物相同,《合集释文》存"女事""女史"两种读法。参见胡厚宣《甲骨学商史论丛初集》,济南:齐鲁大学国学研究所,1943,第 63—64 页;胡厚宣《甲骨学商史论丛二集》,济南:齐鲁大学国学研究所,1943,第 118—119 页;饶宗颐主编《甲骨文职官人物通检》,香港:香港中文大学出版社,1995,第 195—200 页;胡厚宣主编《甲骨文合集释文》,北京:中国社会科学出版社,1999,第 03297—03300、18377 号。

① 陈梦家《殷虚卜辞综述》,北京:中华书局,1988,第 503—522 页;陈梦家《商代的神话与巫术》,《燕京学报》1935 年总第二十期。商代职官分类有按《礼记》《周礼》者,也有按现代分类法的,不赘。
② 姜亮夫《国学丛考》,杭州:浙江大学出版社,2008,第 444 页。
③ 陈茂同《中国历代职官沿革史》,天津:百花文艺出版社,2005,第 7 页;陶希圣《中国政治思想史》上册,北京:中国大百科全书出版社,2011,第 13—14 页。
④ 葛兆光《中国思想史》第一卷,上海:复旦大学出版社,2001,第 20 页。

丰、韶等乐器,也有相应的隶舞①、庸舞、韶舞等史实,② 其间,史官是重要的协作者和记录者。

商代史官人数不多,当以"尹"为长,除此以外,我们对商代史官的具体分级、人数配置所知有限。③ 卜辞中,留有姓名的卜人有120多人,留有姓名的"史"很少,其原因,一方面是占卜围绕贞人展开,④ 史官之"占墨",只是观察占卜征兆的过程,兆序结果虽在卜辞之内,其人名则往往从略;另一方面,史官主职,是君王言行记录、诏告和册命,制度性署名不显,《尚书·商书》所录君王、名臣讨论王政的17篇文献,当出自史官手笔,然其名亦不载。⑤

西周沿用商代尹、乍册、史、卿史等史官称谓,且职能趋于完备。彝器铭文中的史官,可分为四类:(1)大史及其属僚(大史寮),主职文书起草、公卿册命、史书编著、典籍管理、历法推定、祭祀主持,可见者8例;(2)内史尹及其成员(作册内史、作命内史、内史友),主职文书起草和公卿册命,也参加军事、外交、经济管理等活动,金文现存周王内史29例,多在西周中期,又有诸侯内史2

---

① 陈梦家先生考证,商代用于求雨的隶舞,演变为春秋时期的代舞,由九代又变成九辩,楚辞九歌为九辩舞之歌。见陈梦家《商代的神话与巫术》,《燕京学报》1935年总第二十期。
② 裘锡圭《甲骨文中的几种乐器名称——释"庸""丰""韶"》,见《裘锡圭学术文集》第一卷,上海:复旦大学出版社,2012,第36—47页。
③ 卜辞中有零星材料,如:己未卜,古,贞我三史使人。……/贞我三史不其使人(合集00822正);壬辰卜,宁,贞立三大史。六月。(合集05506);乙亥(卜),□,贞立二史,出□舟。(合集05507)。但也有释为官名的,见饶宗颐主编《甲骨文职官人物通检》,香港:香港中文大学出版社,1995,第200页。
④ 陈梦家《殷虚卜辞综述》,北京:中华书局,1988,第14—17、202、503—522页。
⑤ [汉]孔安国传,[唐]孔颖达疏《尚书正义》卷八、卷十,北京:北京大学出版社,2000,第226—316页。

例;(3)御史、中史、书史、省史、豉史、緷史、濒史、佃史,材料不多,职能并不完全清晰,据研究,大致主掌文书档案、司法、统计等;(4)简用以上三种的"史",材料近百条,留有姓名的几十人,职能上是前三类的综合,且同期同名者的官名使用有简有略,如:《扬簋》(前899—前891)、《王臣簋》(前884)、《蔡簋》(前877)、《四年兴盨》(前874)、《谏簋》(前873),均与史官"𣪘"(敖)相关,然官名有"内史史""内史""史"之别;① 西周早期《史𧻬卣》和《省史𧻬祖丁尊》两者人物、铭文接近,官名亦有简略差异。② 此外,《周礼》中还有掌王后礼仪和内宫之治,书内令的"女史"③;有"掌邦国之志,奠系世,辨昭穆",在祭祀、会同、军旅等事宜中辅佐大史的"小史"④;有"掌书外令,掌四方之志,掌三皇五帝之书,掌达书名于四方。若以书使于四方,则书其令"的"外史"⑤。

---

① "𣪘",释文有作岂、先、年、失、敖等字者,此处从刘钊、何景成意见,释为敖,见中国社会科学院考古研究所编《殷周金文集成释文》第三册,香港:香港中文大学出版社,2001,第380、403、415—416、477—478页;何景成《西周王朝政府的行政组织与运行机制》,北京:光明日报出版社,2013,第130—133、254—255页;陈絜、李晶《夆季鼎、扬簋与西周法制、官制研究中的相关问题》,《南开学报(哲学社会科学版)》2007年第2期。诸器年代均在孝、夷、厉王的前后,定年尚有争议,此处主要用"断代工程"意见,见夏商周断代工程专家组编《夏商周断代工程:1996—2000年阶段成果报告·简本》,北京:世界图书出版公司,2000,第20—33页。
② 张亚初、刘雨《西周金文官制研究》,北京:中华书局,2004,第26—36、76—83页。
③ [汉]郑玄注,[唐]贾公彦疏《周礼注疏》卷八,北京:北京大学出版社,2000,第233页上。
④ [汉]郑玄注,[唐]贾公彦疏《周礼注疏》卷二十六,北京:北京大学出版社,2000,第821—822页。
⑤ [汉]郑玄注,[唐]贾公彦疏《周礼注疏》卷二十六,北京:北京大学出版社,2000,第835—836页。

总体而言,较之殷商,西周高级史官人数有所增加,内廷与外廷的结构已较为清晰,国史、祭祀、政令、外交、文字、教化等职能有所分化。但其大宗,都是受王册封的史臣,类似于周王的顾问,有主掌天官、不问民事的传统,地位尊崇,人数不多,以世袭为业,并非后世所说的"文吏"。① 这种情况,一方面有利于文化技艺的传承,同时又导致权力的垄断,《诗经·小雅·十月之交》在风刺王者时,列举了七个谄佞朋党:"皇父卿士,番维司徒,家伯维宰,仲允膳夫。聚子内史,蹶维趣马,楀维师氏,艳妻煽方处。"② 其中担任内史的聚氏之子便为其一。

春秋战国时代,周王史臣的地位随着礼乐崩坏而下降,金文中奉制册命的例证大大减少;相反,诸侯国史官在建制完备、人员扩增的同时,地位上升,自作器增加,甚至作器用于媵嫁(《郑大内史叔上匜》等)。至此,自殷商以来史臣职掌文化大权的格局一定程度上被重组,而此前由王者史官持守的文物典章制度,转而沉淀于各分封诸侯邦国,史官流散。《史记·太史公自序》说:

> 昔在颛顼,命南正重以司天,北正黎以司地。唐虞之际,绍重黎之后,使复典之,至于夏商,故重黎氏世序天地。其在周,程伯休甫其后也。当周宣王时,失其守而为司马氏。司马氏世典周史。惠襄之间,司马氏去周适晋。晋中军随会奔秦,而司马氏入少梁。
>
> 自司马氏去周适晋,分散,或在卫,或在赵,或在秦。其在

---

① 李零《西周金文中的职官系统》,见《李零自选集》,桂林:广西师范大学出版社,1998,第112—118页。
② [汉]毛亨传,[汉]郑玄笺,[唐]孔颖达疏《毛诗正义》卷十二,北京:北京大学出版社,2000,第848页上。

卫者,相中山。在赵者,以传剑论显,蒯聩其后也。在秦者名错,与张仪争论,于是惠王使错将伐蜀,遂拔,因而守之。错孙靳,事武安君白起。而少梁更名曰夏阳。靳与武安君坑赵长平军,还而与之俱赐死杜邮,葬于华池。靳孙昌,昌为秦主铁官,当始皇之时。蒯聩玄孙卬为武信君将而徇朝歌。诸侯之相王,王卬于殷。汉之伐楚,卬归汉,以其地为河内郡。昌生无泽,无泽为汉市长。无泽生喜,喜为五大夫,卒,皆葬高门。喜生谈,谈为太史公。①

此段的首句,还见于《国语·楚语下》②。李零先生指出,重、黎"绝地天通"的故事,暗含着史官文化发展脉络:出自上古民巫,而又凌驾于其上的官史,代表着文化正统,在三代以前,就出现过两次被破坏与重建的过程,其间,民间巫史都是对抗性因素。③ 到公元前9世纪时,司马氏始任周史,前后达两百多年,公元前7世纪下半叶,家族分散至晋、卫、赵、秦各国。在汉初司马氏重掌太史职之前,这个史官家族的成员,担任过诸侯国相、剑法传授者、将领、幕僚、主铁官、市长、五大夫等职务。司马氏只是西周以来官史系统的一支,但这个例子说明,春秋战国时期官史传统遭遇新一轮破坏,史才沉沦,地位不再,加上群雄争霸中新势力的成长,文化艺术传统也相应而变,在此背景下,士、府、史等新兴社会阶层才浮出历

---

① 《史记》卷一百三十《太史公自序》,北京:中华书局,1959,第3285—3286页。
② 徐元诰撰、王树民、沈长云点校《国语集解》卷十八,北京:中华书局,2002,第512—516页。
③ 李零《西周金文中的职官系统》,见《李零自选集》,桂林:广西师范大学出版社,1998,第113—114页。

史的水面。

二、先秦的低级属吏和史员

据《周礼》,西周公、卿、府、部各有属吏"士""府""史""胥""徒"。除关键机构由大夫担任长吏,大部分机构由不能出封的低级贵族士(上士、中士、下士)领导,①属员中,府掌藏文书,史主造文书,胥为什长,徒给徭役,举凡各类由宰夫总领。《周礼·天官·宰夫》说:

> 宰夫之职,掌治朝之法,以正王及三公、六卿、大夫、群吏之位,掌其禁令。叙群吏之治,以待宾客之令,诸臣之复,万民之逆。掌百官府之征令,辨其八职:一曰正,掌官法以治要;二曰师,掌官成以治凡;三曰司,掌官法以治目;四曰旅,掌官常以治数;五曰府,掌官契以治藏;六曰史,掌官书以赞治;七曰胥,掌官叙以治叙;八曰徒,掌官令以征令。②

府、史主掌文书,为低级文吏,掌官叙和官令的胥和徒亦当通文墨,由是,府、史、胥、徒可以看作先秦的低级文吏。依《周礼》,在不含冬官的三百多个行政机构中,士的总人数达到3120人(上士391人,中士1416人,下士1313人),府477人,史1058人,胥1112

---

① 郑玄注《周礼·大宰》说,宰、卿、大夫、士,均由王简策任命,为王臣,但士不得出封;府、史、胥、徒不得王命,由官长自辟除,非王臣。见[汉]郑玄注,[唐]贾公彦疏《周礼注疏》卷一,北京:北京大学出版社,2000,第8—9页。
② [汉]郑玄注,[唐]贾公彦疏《周礼注疏》卷三,北京:北京大学出版社,2000,第77—78页。

人,徒12240人,总计18000有余,依其规模推算,在《周礼》著述者心目中,西周中下层官僚和属员,将有两万左右。在古代,《周礼》一度托名于周公,视其为西周制度的反映,但目前学界大多认为,《周礼》成书于春秋乃至战国,它反映的职官制度,既不能代表西周的全部,也不能代表春秋战国的实情,但又不能说纯属捏造。只能说,《周礼》是春秋战国著述家,依据部分西周和西周以降的职官制度,构想出的一个理想体系,不仅以上数据不能当真,就是职司巨细的职官设置,也需谨慎对待。然而,就掾史,或中下层文官的源流而论,其间又有值得重新检视的内容:

1. 属官的行政需求和实际存在是事实,自公卿至士,皆"转相副贰"①,"各有徒属职分,用于百事"②,只不过因时因地有名称和规模的差异。公元前710年,晋国大夫师服评论晋国内乱时说:"吾闻国家之立也,本大而末小,是以能固。故天子建国,诸侯立家,卿置侧室,大夫有贰宗,士有隶子弟,庶人、工、商,各有分亲,皆有等衰。是以民服事其上,而下无觊觎。今晋,甸侯也,而建国,本已弱矣,其能久乎?"③"士有隶子弟",意味着"士"辟用子弟为属吏的事实。同时,这段文字又见出,公元前8世纪初的诸侯大夫尚持守礼乐制度,则《周礼》所述的职官制度和理念,也必有一定的依据。

2. 以上属吏均有其他零星材料可证:士,可见于西周晚期《鲁士商臤簋》(集成4110、4111)、《鲁士商臤匜》(集成10187)等;而

---

① [汉]郑玄注,[唐]贾公彦疏《周礼注疏》卷一,北京:北京大学出版社,2000,第8页下。
② 《汉书》卷十九上《百官公卿表第七上》,北京:中华书局,1962,第722页。
③ 杨伯峻《春秋左传注》第三版(修订本),北京:中华书局,2009,第94—95页。

府、史,或即《国语·鲁语下》的"庶士",注者或解作庶人为官者,或解为下士,或以为即府、史之属;①《荀子·正论篇》在叙王者出行仪仗时,依次列出三公、诸侯、大侯、大夫,接着是"小侯、元士次之,庶士介而夹道,庶人隐窜",王先谦注"元士"为上士,注"庶士"为军士。②按其等级,元士、庶士,指的就是《周礼》所述的士、府、史,《后汉书·百官一》引《汉旧注》论汉代掾史秩禄时直言:"故公府掾,比故元士三命也。"③而后世所谓的"胥吏",显然也来自《周礼》。④

3. 由于士、府、史由长吏选任,因此,士与卿、大夫便有世族关系,常为邑宰,或为家臣,府和史又是士的"隶子弟",彼此连属。春秋战国时期,贵族封建制度向官僚组织的集权国家发展,贵族武士军队发展为农民军队,贵族特权日渐瓦解,而保护平民的法制开始建立。⑤在此过程中,士逐渐兴起并转化为知识阶层,⑥低级贵族、庶民阶层上升为文化知识的主体之一,这是文化艺术创造权力由王廷向下扩展,使艺术创作的面向多元化,使艺术逐渐摆脱贵族特权的重要前提。

---

① 徐元诰撰,王树民、沈长云点校《国语集解》卷五,北京:中华书局,2002,第198页。《尚书》中"庶士"常与"御事"连用,解为治事众士,是掌事的卿大夫及士,为泛指,地位较高,与此处不同。见[汉]孔安国传,[唐]孔颖达疏《尚书正义》卷十一、卷十三,北京:北京大学出版社,2000,第321、409等页。
② [清]王先谦《荀子集解》卷十二,北京:中华书局,1988,第335—336页。
③ 《后汉书》志第二十四《百官一》,北京:中华书局,1965,第3558页。
④ 臧知非、沈华《分职定位:历代职官制度》,长春:长春出版社,2005,第229—232页。
⑤ 严耕望《中国政治制度史纲》,上海:上海古籍出版社,2013,第35—36页。
⑥ 余英时《士与中国文化》2版,上海:上海人民出版社,2013,第1—55页;李向平《西周春秋时期士阶层宗法制度研究》,《历史研究》1985年第1期。

4. 先秦思想文化均围绕王政展开,而王官之学,又统摄着文化艺术传统的建立(详见第三节)。更重要的是,汉初恢复礼乐制度时,汉儒凭借的,就是对《周礼》等典籍所载西周传统的理解和阐释,因此,无论这些职官虚实几何,在汉代统治者和官僚看来,都是可供不断回溯、征引的依据或标准,故而深刻影响汉代艺术创作的主题、题材、功能等诸方面。

诚然,春秋以后,士及其子弟为官、为学的个体情况千差万别,但就社会机构、文化地位、选官来源、主要职能而言,我们可以将其与秦汉掾史连接起来,将士、府、史、胥、徒,看作秦汉掾史最切近的源头:一部分士、府转化为秦汉各级公府的掾;一部分史、胥、徒,转化为各机构的令史或书佐,且彼此有升迁和连属关系。

除上文所述,金文文献中还有一些中下层属官和史员的资料,但绝大部分不是来自彝器,而是实用性的兵器或工具,主要见于战国,如:

《楚王酓忎鼎》:冶师史秦佐苛塍为之/冶师盘野佐秦忎为之(集成2794)

《五年龏令思戈》:五年龏令思左库工师长史䣆冶数近(集成11348、11349)

《王三年马雍令戈》:王三年马雍令史吴武库工师夷……(集成11375)

《十四年武城令戈》:啬夫史默冶章敊(撻)剂(集成11372)

《三年壶》《十三年壶》:左使车啬夫孙固工上(集成9692、9693)

这些例证中出现的啬夫、史、佐等官吏,负责武器冶炼、库藏等事务,与《周礼·冬官》中的"攻金之工"①等相近,从官名和职能而论,已与秦汉特殊生产部门的掾史相类,因工具讲求尺寸和质量,存录的职官和人名,意在标注生产责任,属于作者的制度性署名。他们与秦汉掾史的不同之处在于,一些隶属百工的史员,或存在世袭的情况,其地位、来源和文化层次,也与后来通过功劳、察举等途径任职的秦汉掾史不同。

战国古玺中,也有一些官名和职事可以看作汉代掾史的前身,如:"计官之玺""伍(五)官之玺""行士之玺""修武鄢吏",其中,"计官""伍(五)官"或为汉代"上计掾""五官掾"的前身;"行士"指掌事小吏;"鄢吏"可释为"县吏"(修武为地名),与汉代县属掾史相类;"昌□长事""右军□事"中的"事",通"史"或"吏",亦为接近者;"大车之玺""长金之玺""左廪之玺""左邑余子啬夫""公啬夫"等,则可与金文中的职官和部门彼此印证;"军计之玺"的使用者,应为军队中职掌上计的属吏,又与居延汉简中的"上计掾"类似(图1.1)。② 这些例证还约略反映了战国时代中下

---

① [汉]郑玄注,[唐]贾公彦疏《周礼注疏》卷四十,北京:北京大学出版社,2000,第1284页上。
② 上引诸例,《古玺汇编》标号为:计官之玺(0137—0140),伍官之玺(0135—0136),行士之玺(0165—0167),修武鄢吏(0302),昌□长事(0301),右军□事(0350),大车之玺(0222),长金之玺(0223—0224),左廪之玺(0227),军计之玺(0210),左邑余子啬夫(0109、0110),公啬夫(0112)。见故宫博物院编《古玺汇编》,北京:文物出版社,1981,第23—24、28、38、58、61页;部分封泥见孙慰祖《上海博物馆藏品研究大系·中国古代封泥》,上海:上海人民出版社,2002,第20—39页。释文、断代参见中国玺印篆刻全集编辑委员会《中国玺印篆刻全集》上册,上海:上海书画出版社,1999。以上存疑的是"伍(五)官之玺","五官"或泛指五种官职,也可能是一个官名,尚无定论。参见肖毅《古玺所见楚系官府官名考略》,《江汉考古》2001年第2期。

图 1.1　战国玺印属吏四例。自左向右为：行士之玺、修武县吏、左邑余子啬夫、军计之玺。

层属吏职能的多样性，其中涉及的金属冶炼、军事辅佐、财政统计、粮仓管理、水利交通建设等，都延续到汉代。

总体上，秦汉掾史的职官源头，最晚推溯到春秋战国时期，当切近史实。现有的出土文献，还不能完全证实《周礼》所述商周中下层职官的虚实。但我们知道，职官制度本身自成体系，其间虽有官名和职能的变化，然而，大的框架一般是连续的。而甲骨、金文都与王侯公卿相关，用来求证地位低下的属吏，便有缘木求鱼之憾。春秋战国的玺印虽有零星信息，却又大多出自墓葬，仅能证实部分机构和官名的存在。在这个意义上，我们只能借助《周礼》就士、府、史几类属吏的记载，获得大致认识。

三、秦代的掾史

在秦统一六国以前，诸侯各国形成了大同小异的职官体系，但都离不开西周、春秋制度的基础。[1] 在诸侯争霸进程中，秦人最终得胜，得益于不断改革，其中，两项措施对中下层文官影响最大：第一，率先于公元前 7 世纪初设县，至迟于公元前 5—前 4 世纪之际，完成由郡统县的改革（除畿内诸县由内史统辖，边郡之县皆统归于郡），由是，帝王凭借中央行政机构和地方的郡守、县长（令）层层管

---

[1] 严耕望《中国政治制度史纲》，上海：上海古籍出版社，2013，第 40—41 页。

理,郡县长吏由帝王任免,各级行政机构中佐助长吏的掾史,也逐渐在人数、资格、奉禄等方面形成制度,在汉灭秦以前,这个制度至少已运行较长时间,可以说,汉代职官制度的基础,是战国晚期秦国奠定的。第二,秦孝公任用商鞅实行变法,其措施,除编造户籍、普立县制以外,还着力于政治上剥夺贵族特权,强化王权,又以军功大小封爵施禄,经济上废井田,开阡陌,促动下层社会的生产。① 商鞅变法的成功,一方面使法家治国理念在秦国扎根,掾史的选任标准,便在基本文化素养的基础上,有了通晓律令的要求,这一原则,又为西汉所沿用;另一方面,变法的举措,造成贵族阶层瓦解和平民阶层上升之机,从而为身处社会文化中下阶层的掾史的兴起提供了条件。

出土文献中,有关秦代掾史的最好例证,来自1975年发现于湖北云梦睡虎地的一座小型墓(十一号墓)。墓主名喜,于秦昭王四十五年(前262)生,秦始皇三年(前244)他19岁时,被选为史,次年除为安陆狱史,两年后,即公元前241年,任安陆令史,第二年正月,又转任鄢令史,这个职位他历职稍久,至公元前235年,始任鄢地狱掾,转年,他又从军参战,大概一直到秦始皇二十八至三十年(前219—前217),于44或46岁时离世。② 喜的一生,不仅见证了秦王统一全国的过程,且身为楚地小吏,努力精熟秦政律令,践行为官法度,像许多无名的底层官吏一样,为秦政权的建立和巩固献力献身。他曾继承父辈(或同为低级文吏)的国史兴趣,将自

---

① 严耕望《中国政治制度史纲》,上海:上海古籍出版社,2013,第37—39页;严耕望《中国地方行政制度史·秦汉地方行政制度》,台北:"中研院"历史语言研究所,1979,第2—4页。
② 有关《编年记》书写者及喜可能的卒年,参见丛文俊《中国书法史·先秦、秦代卷》,南京:江苏教育出版社,2002,第347—348页。

己的经历和所知的秦王大事（前306—前217），逐年续写、记录下来。公元前219年，秦始皇二次东巡，途经安陆，喜以后人难以体验的心情，于此年之下，仅写"廿八，今过安陆"六字。① 入葬时，这份《编年》和喜平生收集的一些文档，一同被置入棺内，其中，有五种司法文献（《秦律十八种》《效律》《秦律杂抄》《法律答问》《封诊式》），一份文书（《语书》），两种《日书》，和一份《为吏之道》，共十种。综合这些秦代律令摘抄（图1.2），再据新出的《里耶秦简》，我们可以将秦代掾史的建制简述如下：

1. 掾史是县、都官、郡和群官的属吏（置吏律158），常被称作"令史""令史掾"，或"吏""佐""史"等。郡守或太守下设丞和尉，尉下有司马，均有掾史；县守或县令的属官有丞（或县啬夫）、尉或司马、司空、士吏、库啬夫（秦律杂抄）等，其属吏即有啬夫令史、司空佐史、司马令史掾之分。都官和县受内史管约。②

2. 掾史的任免，始于每年十二月初一，三月为期，属吏死亡和职位空缺而需要补充时，随时进行；掾史行使权力自正式任命开始，未上任私自行权的依法论处（置吏律159、160）。

3. 佐、史选任，以有爵者为主，须具备书写和计算能力，通晓律令，年龄在三十岁以上，未成年和无爵的人不能任用（内史杂

---

① 相关讨论见邢义田《天下一家：皇帝、官僚与社会》，北京：中华书局，2011，第8—9页。
② 睡虎地秦墓竹简整理小组《睡虎地秦墓竹简》，北京：文物出版社，1990。所引简例，均标其文献所在或序号，不再单独标注。有关睡虎地秦简所见职官问题，见［日］工藤元男著，［日］广濑薰雄、曹峰译《睡虎地秦简所见的秦代国家与社会》，上海：上海古籍出版社，2010，第22—69页；里耶秦简职官情况，参见黄海烈《里耶秦简与秦地方官制》，《北方论丛》2006年第6期。

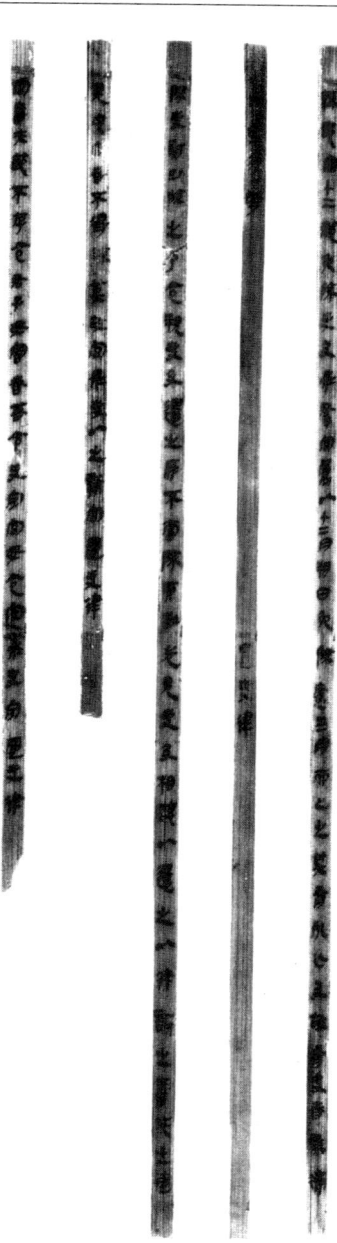

图 1.2 秦《置吏律》(157—161),前 244—前 217 年,长 27.8 厘米,云梦睡虎地 11 号墓出土。

190）；① 原有一定地位、能书，但曾遭审处者（下吏），及负责候望敌情的刑徒、司寇不能任用（内史杂 191—193）；凡撤职而又任用为吏的，罚二甲（秦律杂抄·除吏律）。

4. 秦代掾史已形成相当规模，据《里耶秦简》J1（8）1136—1137，关涉某事的洞庭郡或迁陵县吏员，有1789人之多，其中又有"吏凡百四人，缺卅五人，今见五十人"的统计，J1（8）145等为佐吏日常勤务记录，人数不少。此外，从里耶秦简看，秦代文书草拟、制作、签写、邮驿的制度和体式，已较为完备，初步奠定了汉代各机构的丞、啬夫、掾、令史、书佐等分工协作、职掌文书的格局。②

5. 掾史的主要职权：协助长吏，通报并执行法令，管理辖区农田、人口、畜牧、工程、交通、手工业等；监禁百姓私自卖酒（田律12），监理钱、布的通用（金布68）；征收赋税，派遣徭役和兵卒；管理下属员吏；管理符、券、玺及文书的存档、移交及安全（内史杂197、198，行书183、185）；清点、登记、上报官方粮草、车马、武器、工具、畜禽、衣物等的出入与损耗（效律等）；处理辖区内各种司法纠纷等。③

6. 掾史权限：县啬夫调任他处，佐吏留任原处，不得带走；啬夫（因公）离岗，由干练的有爵者代理公事，佐史无权代理（置吏律161）；监郡御史属吏出差，按爵位获得粺米等伙食供应，上造以下到无爵的官佐、史等，为粝米等伙食供应（传食律）；一位都官有秩吏或分支机构的啬夫，按佐史10人为标准配备厨师（养）、牛车和

---

① 根据《传食律》，似乎无爵者也有任佐史的情况；任选条件，依据《内史杂》等材料反推而得。
② 湖南省文物考古研究所《里耶秦简》，北京：文物出版社，2012，释文第18、61页；王焕林《里耶秦简校诂》，北京：中国文联出版社，2007，第220—223页。
③ 睡虎地秦墓竹简整理小组《睡虎地秦墓竹简》，北京：文物出版社，1990，释文第170页。

看牛人,人数不足者与佐史共用,佐史较多者每15人享受配额(金布律72—75);不是史的儿子,不能在学室学习,违者论处(内史杂191);掾史有弟子,但将弟子从簿籍上除名,或保举任用不当,或役使超过法度、笞打,罚一甲,打破皮肤的罚二甲(秦律杂抄);伪造官啬夫之文书和玺印的,定其罪为"伪写印",凡吏弄虚作假,罚责外撤职不再录用;拆开伪造文书而未发觉的,罚二甲(法律答问55—59);自佐、史以上的官吏,有用驮运马匹和看守文书的私卒进行贸易牟利的,加以流放(秦律杂抄),等。

　　睡虎地秦代法律文献虽不完整,但却足以说明,秦代职官设置和行政运行,是以法律作为保障的。它一方面巨细无遗地规定了掾史的选任资格和所负职责,界定了种种情形下他们的权利和义务,仅县属粮仓的管理,便细化到交接责任、事故责任、文书格式等具体情形,以达到"同官而各有主也,各坐其所主"(效律18)的目的。其结果,是秦王在制度上实现了对中下层官吏的宏观调控,使他们成为帝王与黔首最紧要的中介者,从而逐渐在社会结构、政治运行、文化生产等方面,上升为一个重要的群体。《汉书》《后汉书》便载有刘邦从起事到建国所依赖的秦代地方掾史十余人。另一方面,秦代源于皇权、归于皇权的"法治"观念,已在各地根基牢固。睡虎地出土的《为吏之道》,是统治者根据当时的礼制文献,编成的官吏守则,有"五善""五失"之说,首要的,便是"中(忠)信敬上",善待百姓、勤恳务实、理事有度、恭敬谦让、公私分明,是他们应有的职业素养。[①]与此类似,岳麓书院收藏、出土地不明的秦简中,也

[①] 睡虎地秦墓竹简整理小组《睡虎地秦墓竹简》,北京:文物出版社,1990,释文第167—168页。

有一份《为吏之道》,① 表明该守则的通行程度。

综合地看,无论秦代行政事务,还是文化传统,都从此前的礼乐制度,向礼与法的兼备发展。而负责具体公务的掾史,不仅是礼与法的运行者,也是传承者,汉初草创律令的萧何最为典型;至于承秦风气,学习刑名律令而显著于两汉的人物,则济济相接,其务实、重法的取向,也奠定了汉代早期政治、文化的基本色调。

第二节　汉代职官制度中的掾史

在秦代的基础上,两汉职官制度更为完备,有关掾史的建制与沿革,既有《汉书》《后汉书》《汉官六种》等史籍可供参考,也有简牍、碑刻和印章予以证实。相对而言,史籍存其体系,出土文献则较为零碎。现将两者结合,对两汉职官制度中的掾史加以概述。

一、分职层序

从两汉朝廷到地方,掾史不仅有任职机构的差异,也有秩禄、权能等方面的区分,本着这几个因素,可将其分为中枢机构掾史和郡国所属掾史两个层次。

1. 中枢机构掾史

包括丞相/司徒、御史大夫/司空、太尉/大司马、太傅、大将军、太仆、大鸿胪、大司农、廷尉、少府等所属的掾史。汉代中枢,以"三公"(司徒、司空、太尉/司马)为要,有时又含大将军、太傅,合称"五府"。在不同时期,三公或五府的权力有消长变化,但总体

---

① 朱汉民、陈松长主编《岳麓书院藏秦简·一》,上海:上海辞书出版社,2010,第27—37页。

第一章 汉代掾史艺术创作的制度源流

上,三公或五府是汉代皇权运行的臂膀,任职于这些中枢机构的掾史,既是皇帝、公卿政令的直接执行者,也是他们的耳目。史籍中,三府掾的职权领域涵盖内廷与外廷:对内,可参加朝会,向皇帝或执事者陈情供状、荐举贤良、提出建议,也时常协助司法案件的查验,或协助三公及其他机构,参与典章文物制度的修订;对外,他们常作为使者,巡察州郡治理的优劣,褒举或参劾二千石长吏及其掾属(即出部督州刺史),代表朝廷落实州郡灾荒赈济、促农就耕等政策,① 或作为皇帝的特使,收集吏民言论。②

秩禄上,中枢机构掾史可分为几个梯级:西汉初、中期,有六百石、比六百石、四百石、三百石、二百石、百石之分;到东汉,《汉官》等所述主要是六百石、四百石的掾属③(即泛称的"公府掾"或"三府掾")和二百到百石的令史/廷史、御属、文学,以及四科(德行、明经、明律令、能治剧)、假佐、书佐、学事等。公府掾分布在五府;其次,是五府的二百石或百石令史和御属;再次,是五府下属及其他执事机构的百石及以下属员。掾史的秩禄,还与其权能直接相关:公府掾可以参加朝会,白事于公卿,二千石长吏初除,也要到丞

---

① 如和帝十六年(104)"夏四月,遣三府掾分行四州,贫民无以耕者,为雇犁牛直"(《后汉书》卷四《孝和孝殇帝纪》,北京:中华书局,1965,第192页),桓帝九年(155)"司隶、豫州饥死者什四五,至有灭户者,遣三府掾赈禀之"(《后汉书》卷七《孝桓帝纪》,第317页)。
② 如发生在东汉党锢时期的"举谣言"。见《后汉书》卷六十七《党锢列传》,第2204页。
③ 据《汉官》,谒者员吏三十人,二人为公府掾,秩六百石;李贤引应劭《汉官仪》注《后汉书·光武纪》《梁冀传》说,司徒府掾属三十一人,秩千石;令史及御属三十六人(第28、179页)。则司徒府掾秩次与长史相同,其间或有丰秩的情况,但更可能是讹误(见[清]孙星衍辑,周天游点校《汉官六种》,北京:中华书局,1990,第122、124页)。此处述普遍情形。

相东曹掾属那里"拜部",而百石史属则不能白事,①可以看作公卿及府掾的助手。中枢机构掾史层序中,公府掾职权最高,历史影响也最大,载诸正史的很多历史人物,都曾任职公府掾。其中,又以西汉丞相府、东汉太尉府东西曹掾为首,其分职有:

> 西曹主府史署用。东曹主二千石长吏迁除及军吏。户曹主民户、祠祀、农桑。奏曹主奏议事。辞曹主辞讼事。法曹主邮驿科程事。尉曹主卒徒转运事。贼曹主盗贼事。决曹主罪法事。兵曹主兵事。金曹主货币、盐、铁事。仓曹主仓谷事。黄阁主簿录省众事。②

尽管各时期有员数的增减,但较之其他机构和郡、国,中枢机构的公府掾保持着相应的人数优势:掾属24—30人左右,令史、御属22—36人左右。五府掾史的数目,主要见于佚名所著的《汉官》③、东汉初卫宏《汉官旧仪》、应劭《汉官仪》等,这些著作多有佚文,在晚期著作引注前著的过程中,又出现一些彼此不合之处,一方面可能反映的是不同时期的建制情况,另一方面,或因著述各有侧重,常载机要掾史,而省略中枢机构的小吏,故汉官诸篇中五府掾史属佐的人数,有很大的缺失。据卫宏《汉官旧仪》,武帝元狩六年(前117),丞相员吏总数为382人,除史、少史、属外,还有书佐

---

① [汉]卫宏《汉官旧仪》,见[清]孙星衍辑,周天游点校《汉官六种》,北京:中华书局,1990,第36页。
② 《后汉书》志第二十四《百官一》,北京:中华书局,1965,第3559页。
③ 东汉末应劭曾为《汉官》做注,则原书应在汉献帝以前完成。

20人，规模庞大，①但《汉官》《汉官仪》中，仅存五府掾史属、令史、御属三类的人数，而不载四科、书佐等的员数。无论怎样，掾史人数比重，既是公侯诸卿政治权利的诉求，也是帝王借助礼制，布控、平衡、运行权力网络的必要手段。例如，建武十七年（41），光武帝之子刘苍、刘英同时由公进爵为王，光武为体现优爱，为刘苍配置掾史40人，位在三公上；楚王刘英生母无宠，国小贫弱，待遇稍次，后来他私置诸侯王公将军，僭越礼法，永平十三年（70）被举谋反时，牵累掾史达500余人，死徙数千。②

在两汉，为帝王起草、下达诏书的，主要是六百石的侍御史和尚书，两者各有史员，前者有持玺和侍书，后者又有数曹，分职二千石、庶民、外交事宜。较之先秦，太史的秩次和地位，已大为降低，仅主职于天文历算，而公府掾的职能领域则变得宽泛，因此，汉代艺术创作的诸多层面，都与他们有所牵连。

2. 郡国所属掾史

两汉职官配置，郡与国基本相同，县又与郡同例，故掾史的分布，便可分为三类：郡国府治所领掾史，属国都尉、边郡农都尉、关都尉等所领的掾史，县府、都尉所属掾史。两汉郡、县体例变化不大，但属国都尉、农都尉、关都尉等则置减频繁，此处仅能叙其大概。据《后汉书·百官五》：

> （郡国）岁尽遣吏上计。并举孝廉，郡口二十万举一人……（郡国及都尉）皆置诸曹掾史。本注曰：诸曹略如公

---

① [汉]卫宏《汉官旧仪》，见[清]孙星衍辑，周天游点校《汉官六种》，北京：中华书局，1990，第37页。
② 《后汉书》卷二《显宗孝明帝纪》、卷四十二《光武十王列传》、卷八十一《独行列传》，北京：中华书局，1965，第117、1428—1429、1433、2682页。

府曹,无东西曹。有功曹史,主选署功劳。有五官掾,署功曹及诸曹事。其监属县,有五部督邮,曹掾一人。正门有亭长一人。主记室史,主录记书,催期会。无令史。阁下及诸曹各有书佐,干主文书。

（县、道、邑）丞各一人。尉大县二人,小县一人。本注曰:丞署文书,典知仓狱。尉主盗贼。凡有贼发,主名不立,则推索行寻,案察奸宄,以起端绪。各署诸曹掾史。本注曰:诸曹略如郡员,五官为廷掾,监乡五部,春夏为劝农掾,秋冬为制度掾。①

除功曹史、五官掾、督邮掾、主记室史、正门亭长、廷掾、劝农掾、制度掾以外,史籍和出土文献中,还有诸多属于郡国、都尉的掾史属佐,如:主簿、上计掾、议曹掾、奏曹掾、贼曹掾、决曹掾、安集掾、兵曹掾(兵马掾)、仁恕掾、文学掾、督铸钱掾、仓曹掾、都水掾(水曹掾)、河堤掾、将作掾、道桥掾等,还有户曹史、贼曹史、集曹史、士曹史、客曹史、尉曹史、从事史等;居延简牍中又有较为特殊的督烽掾、塞曹、戍曹、监渠掾等。② 举凡各类,不仅印证了郡国"诸曹略如公府曹"的说法,也以其分职巨细,表明汉代郡、国、县掾史职能的多样性。其中一些称谓接近的,当为同事异名现象。依据上述引文,名为"曹"的掾,应属"诸曹",而名为"史"的,应属"阁下",但从碑刻题铭中看,两者具体称谓并不十分严格。此外,《百官志五》所说郡国"无令史",偶有例外,例如《孙叔敖碑》(160年)有"令史许松",《巴郡太守张纳碑》(187年)有"户令史垫江宋

---

① 《后汉书》志第二十八《百官五》,北京:中华书局,1965,第3621—3623页。
② 陈梦家《汉简缀述》,北京:中华书局,1980,第120—124页。

第一章　汉代掾史艺术创作的制度源流　　45

宣"，①但并不普遍；县和侯国均有令史，郡国不设；同样，从居延汉简可知，郡守掾属有卒史；都尉下属依次有主官掾、掾、属、令史、尉史、书佐、候史、隧史；都尉所领的令史，还有尉令史、司马令史、千人令史之分；县、邑、道等有啬夫及佐史。这些曹掾和史属中，功曹、主簿地位稍高，频见于史籍和出土文献；上计吏在东汉地位上升，凭借每年"岁尽遣吏上计"的制度，他们往往作为地方代表，向帝王公卿传达郡县吏治民情，许多历史人物命运的浮沉，甚或军政方略、律令改革，也离不开他们的进言。②

各时期，郡国掾史的数量很大，但失载很多。据《汉书·百官公卿表》，建平二年（前 5），西汉官吏自佐史至丞相，凡 120285 人，③又据《通典》，东汉初官吏约占当时总人口的 0.3%，比西汉时期的 0.22% 有所扩充，④总数为 152986 人（含：文武官吏内 1055 人，外 6512 人，计 7567 人；诸色职掌人内 14225 人，外 131194 人，计 145419 人），其中"诸色职掌人"指内廷的令史、御属、从事、书佐、待诏、骑吏、假佐，以及外郡的书佐、假佐、亭长、乡有秩、三老、游徼等。⑤以此推算，则外郡、国、县、乡掾史属佐约占官吏总数的

---

① 叶程义《汉魏石刻文学考释》，台北：新文丰出版公司，1997，第 307、1370 页。
② 如：上计掾段恭进言民间怜惜庞参之冤（《后汉书》卷五十一《李陈庞陈桥列传》，北京：中华书局，1965，第 1691 页）；长沙上计掾举荐范式（《后汉书》卷八十一《独行列传》，第 2678 页）；汉中上计掾陈包对策变乱（《后汉书》卷八十六《南蛮西南夷列传》，第 2843 页）；沛相上计掾陈晃建言修历法（《后汉书》志第二《律历中》，第 3037 页）等。
③《汉书》卷十九上《百官公卿表第七上》，北京：中华书局，1962，第 743 页。
④ 统计过程和数据见刘戟锋主编《社会科学概论》，长沙：国防科技大学出版社，2001，第 227 页。
⑤ [唐] 杜佑撰，王文锦等点校《通典》卷三十六，北京：中华书局，1988，第 990—991 页。

85.76%，其中大部分是百石及以下的掾佐。当然，这个比率仅是一个参考。两汉时期的行政机构，尽管有光武帝时的减省，但其员吏数目，至少在武帝朝、西汉末、东汉后期都出现过膨胀。同时，各州郡掾史属佐的具体配置，多不知详，仅《汉官》载有东汉京城一地的数目：

> 河南尹员吏九百二十七人，十二人百石。诸县有秩三十五人，官属掾史五人，四部督邮吏部掾二十六人，案狱仁恕三人，监津渠漕水掾二十五人，百石卒吏二百五十人，文学守助掾六十人，书佐五十人，修行二百三十人，干小史二百三十一人。
>
> 洛阳令秩千石，丞三人四百石，孝廉左尉四百石，孝廉右尉四百石。员吏七百九十六人，十三人四百石。乡有秩、狱史五十六人，佐史、乡佐七十七人，斗食、令史、啬夫、假五十人，官掾史、干小史二百五十人，书佐九十人，修行二百六十人。①

按例，外郡、县掾史属佐的员数，当少于河南尹和洛阳令，秩次趋近或略低，在二百至百石及以下。② 如《礼器碑》中执掌孔庙礼器的卒史秩百石；居延汉简中的鄣候比六百石，塞尉二百石，候长、士吏比二百石，卒史、关啬夫、主官掾、主官令史、令史、啬夫、尉史、候史、亭长、司马令史、关佐等，都是百石、斗食及以下的员吏。③

郡国掾史的数目与秩次，出土物中记载详细的，见于江苏连

---

① ［汉］佚名《汉官》，见［清］孙星衍辑，周天游点校《汉官六种》，北京：中华书局，1990，第 8 页。
② 陈梦家《汉简缀述》，北京：中华书局，1980，第 104 页。
③ 陈梦家《汉简缀述》，北京：中华书局，1980，第 135—147 页。

云港尹湾六号汉墓出土的《集簿》(YM6D1)和《东海郡吏员簿》(YM6D2),为西汉晚期东海郡用于上计的郡府、都尉及38个县、邑、侯国、铁官、盐官的吏员情况,总数为2202人(YM6D1写为2203人)。其中,郡府员吏27人,都尉员吏12人;下辖:令7人,长15人,相18人,丞44人,尉43人,有秩30人,斗食501人,佐史和亭长1181人(YM6D1写为1182人),侯家丞及门大夫等324人;各县和侯国中,员吏最多的107人,最少的22人,人员配备的一般规格,粗略地说,是令史2—4人,大县5—6人;狱史1—3人,大县4—5人;官佐4—6人,大县7—9人;乡佐1—3人,大县4—5人,人数差别的主要原因,是基层的亭长数量相差悬殊,尤其是小县和侯国,仅治有数亭。秩次上,因县的大小而略有差异。①

此外,居延简牍所见佐吏的人数,一定程度上可以增加我们对边郡都尉员吏数目的认识(为方便叙述,下文所用简例,缩写为JL,并统一标注序号):

JL1:59·40　祭长史君,百石吏十二人,斗食吏二人,佐史八十八人,钱万二☐

JL2:161·5　出赋钱八万一百,给佐史八十九人十月奉。

JL3:214·76　最凡吏百石以下七十四人。(A)/最凡七十人。(B)

JL4:265·27　·右佐史七十人。其四人病,/六十六人不上功,☐

---

① 相关研究见谢桂华《尹湾汉墓所见东海郡行政文书考述》,载连云港市博物馆、中国文物研究所编《尹湾汉墓简牍综论》,北京:科学出版社,1999,第22—45页。

JL5：EPT51·529　佐史五十六人

JL6：EPT51·607　☑以食佐史八十九人，积千八十四月十一日☑

JL7：EPT59·181　出钱十五万四千二百，给佐史八十九人，积二百五十七月禄。

JL8：286·10　甲渠官吏侯以下百七人。祭□将军一月禄用钱十万八千八百五十。

JL9：271·22　吏员百八人。其二人候、尉不食。　百四人，见。☑/二人有劾系。

JL10：EPT52·376　最凡候以下吏百八人。

JL11：EPT53·120　给候以下吏百六人，人一月☑

JL12：EPT59·177　最候以下吏百八人

JL13：EPT59·226　最候以下吏百七人　用大黄布千三百

JL14：387·15　凡吏八十一人，用谷百七十石。

JL15：EPT40·6B　最凡吏九十七人……

JL16：EPT5·47　五凤四年八月奉禄簿/候一人六千。令史三人，二千七百。/尉一人，二千。尉史四人，二千四百。凡□……☑/士吏三人，三千六百。候史九人，其一人，候史拓有劾，五千四百。□☑

JL17：EPT51·193　出钱三千六百……初元年三月乙卯，令史延年付第三部吏六人二月奉钱三千六百。

JL18：EPT51·359　初元三年二月……吏卅九人……卒六十九人……·凡吏卒百八人，用谷三百卅九石三斗，其百六十九☑……

JL19：EPT59·164　第四部吏九人。候长一人，卅五。/佐史八人，人廿八。·凡二百五十九。

JL20:504·7　　凡吏百卌四人,十二万四千三百。

JL1—JL19出土于A8(破城子),因此可反映甲渠候官员吏的情况:(1)JL1表明候官下属百石吏、斗食吏、佐史的秩次分层;(2)JL2—JL7,是佐史的规模,在56—89人之间,又以89人例证最多;(3)JL8—JL15,是甲渠候官吏员总数,包含候、尉、百石、斗食、佐史,在81—108人之间,又以108人见多;(4)JL16—19,是甲渠候及各部吏员的一些具体数目,从JL16可知,五凤四年(前54),甲渠候有令史3人、尉史4人、士吏3人、候史9人,合候长、尉共21人;从JL17可知,初元元年(前48),第三部吏为6人;从JL18可知,初元三年(前46),吏39人,卒69人(当为甲渠部卒数目);从JL19可知,第四部候长1人,佐史9人;(5)除JL13为新莽时期简,其余简例都在西汉中、后期,因此,常态数目当反映的是一般规模。总起来说,甲渠候官吏员的一般编制为:比六百石的鄣候1人;二百石的塞尉1人;百石的士吏、部候长12—13人,① 掾1—2人;斗食令史3人左右;斗食以下的佐史89人左右(含尉史4人左右,候史10人左右,隧长67人左右),吏员总数106—108人左右,卒员240—300人不等。② 上述简例中,人数少于这个数目的,当是依据具体事项统计的结果,各时期各部候也有人数的浮动。

最后一例JL20,出土于A35(大湾),则肩水都尉府员吏约在144人左右。

以目前的研究可知,汉代额济纳河流域至少有居延、肩水两个

---

① 陈梦家先生将部候和士吏列为比两百石。见陈梦家《汉简缀述》,北京:中华书局,1980,第144—145页。
② 李均明《汉代甲渠候官规模考》(上、下),载中华书局编辑部《文史》,北京:中华书局,1992,三十四辑第26—29页,三十五辑第91页。

都尉府,前者辖居延候官、殄北候官、卅井候官、甲渠候官、广地候官,后者领肩水候官、橐他候官、仓石候官、庾候官,此外,还有居延属国、居延城、金关、索关等城驿,都尉和城邑还有仓库,其掾史属佐当超过千人,而这仅是汉代张掖郡一个地区的数字,至于张掖郡府、张掖都尉府及下属县、驿道的佐吏,则只能借助零星资料稍加推想。73EJT30:29—30(图1.3)是约地节三年(前67)张掖郡主

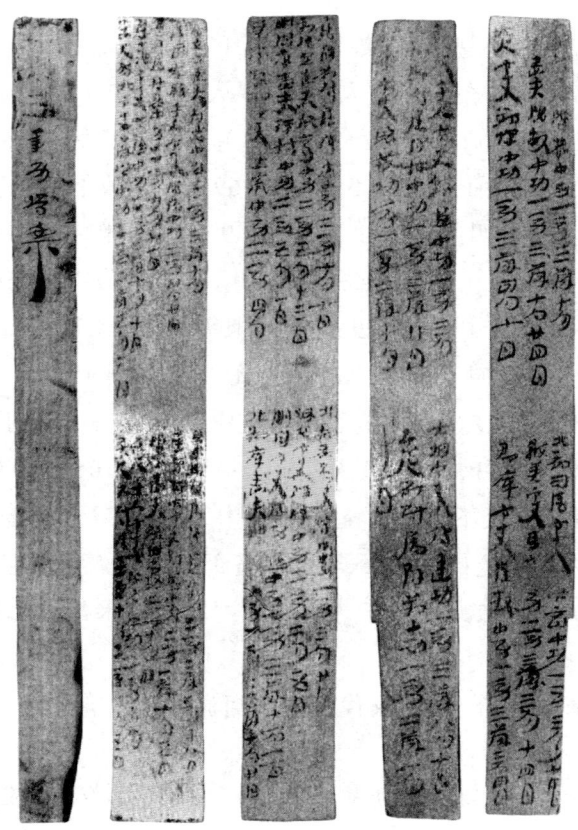

图 1.3　张掖郡掾吏功劳案(残)。编号:73EJT30:29,30,108。约前67年,长23厘米,宽2.5—1.8厘米。1974年出土于肩水金关遗址。

持的一次全郡掾吏考绩结果的残片,现残存29人,涉及郡、县、都尉、库、置等十余个机构,佚失的部分当更多。①

　　从文献生成语境上说,正史、简牍、碑刻中存名的掾史,只能各自反映汉代掾史分职层序的一个方面:(1)出自正史的掾史,是当时和后世公认的历史名人,其中,少部分终职于郡县,大部分历职于中枢机构,在职权、秩禄、才艺、社会影响方面,不仅是中枢机构、州郡掾史属佐的代表,而且是符合著史者观念、以不同方式进入历史视野的典型。(2)居延简牍所见的案例,主要是西汉武帝征和(前92—前89)年间,至东汉初、中期,大约百余年间戍边都尉下属员吏的一部分,可以看作汉代边郡属吏的最细分支。由于很多烽隧和一些城障遗址还未见出土物,故现知掾史的年代分布并不均匀,表明还有一部分员吏及其相关文书是佚失的;尹湾汉墓简牍反映的东海郡吏员,反映了一郡之内各级官吏的分布,数据十分详细,是我们了解西汉中后期郡县掾史建制的切片,然皆为掩名于史的人物。(3)碑刻中所见的案例,介于以上两者之间,其中少量的传主和参与者是公卿,可与正史互证,大部分碑刻是各地郡县长吏及掾属所为,而将一些史籍不载的历史人物浮出水面。无疑,已有材料无法呈现汉代掾史的全部面貌,但作为几个可以互缀的块面,它们又能彼此补充,将载之于史、湮灭于世、偶见于世的历史个体,置于各自生活的时空环境中,透射与艺术创作相关的不同层面,并经由个性见出共性。

　　当然,上述中枢机构掾史和郡国所属掾史的分层是相对的。史书中的一些案例,常借助迁除,在两个层次间流动,然大多数下

---

① 图版与释文见甘肃简牍保护研究中心等编《肩水金关汉简(三)》中册,上海:中西书局,2014,第173页。有关该简的年代与复原,参见笔者博士学位论文第348—349页。

层佐史,或终生在一地担任小吏,没有转升中枢的机遇。

二、辟除升迁

据《后汉书·百官志》:"汉初掾史辟,皆上言之,故有秩比命士。其所不言,则为百石属。其后皆自辟除,故通为百石云。"[①] 由于掾史经公卿及郡县长吏辟除,且个体情况各不相同,因此,掾史任职的制度,并不像公卿长吏那样严格,但也有一些基本的特点,可以通过居延汉简和史籍粗略归纳出来。

1. 选任标准

居延简牍所见掾史属佐的选拔和考核,以"史"为主要标准,无论文官还是武官,要求被选者符合"(治官民)颇知律令"、"能书会计"(书写、计算能力)、"文"(掌握文书办公的程序)三个标准。如:

JL21:192·25　书佐䚫得万年里赵通,已得代奉。正月辛未除,见……年廿三,长七尺四寸。能书会计,治……

JL22:214·57　☐,年廿八,富,史,有鞍马弓楗,愿复为候史,☐

JL23:306·19　肩水候官候史大夫尹财劳二月廿五日。能书会计,治官民,颇知律令,文。年廿三岁,长七尺五寸。䚫得成汉里。[②]

[①]《后汉书》志第二十四《百官一》,北京:中华书局,1965,第2559页。
[②] 除征引简例外,还有EPT3·3、EPT6·107、EPT50·10、EPT50·14、EPT52·36、EPT52·333、EPT59·104、EPT65·59、13·7、35·16/137·13、37·57、49·9、57·6、89·24、179·4、212·7B、225·30、73EJT23:1016、73EJT26:88A等。武官批评标准除"文"外,还有"武",如562·2。

这些标准源自秦代官制,以实用为先,"文毋害"是一个基本前提。尽管目前没有发现汉初对佐吏爵位限制的律令,但仅从居延简牍录有爵里的案例来看,无爵的士伍(或五士)2人,一级的公士1人,二级的上造5人,五级的大夫3人,八级的公乘17人,有爵位的知识分子仍然优先。同时,佐史的籍贯,只有4人来自内郡,其余案例,以张掖郡居延、觻得、昭武等县为主;从任职年龄看,最小的21岁左右(如范弘、夏侯谭),大多在25—35岁之间,一部分任职到50—60岁;他们历职的时间,少的2—3年,很多超过10年,最多的有30年以上。① 以往,人们常把居延简牍的书写者,当作罪谪戍边的刑徒,实际上一种臆测。应该说,即便其父祖最初是戍边的流民,到他们任职时,居延地区已经有了相应的社会文化基础,而他们相对完整的受教育经历和持续的刀笔工作,是我们阐释居延简牍书迹的重要前提。

居延百石以下佐吏的选任标准,也适用于中枢机构及内郡中下层佐史,东汉王隆著、胡广注《汉官解诂》说:"假佐,取内郡善史书佐给诸府也。"② 擅长书法的佐史,便是大部分汉代简牍和碑刻的书写者。

但从史书来看,中枢机构和郡县掾史的选任,并不强调"善史书"的一面,而更多着墨于人物的德行和学养,其中,通晓经律、为吏积功、遵循孝道、仁义有闻、才艺卓越、风度不凡等,都是促成被选的条件,尤其是德行、明经、明律、决断,本身是汉代四科选士的标准,加之公卿、长吏又以纳士为荣,像王莽任大司马时"聘诸贤

---

① 以上数据详见笔者博士学位论文附录四。
② [汉]胡广《汉官解诂》,见[清]孙星衍辑,周天游点校《汉官六种》,北京:中华书局,1990,第18页。

良以为掾史"①,张纯任大司空时"选辟掾史,皆知名大儒"②,大将军窦宪将"班固、傅毅之徒,皆置幕府,以典文章"③,其例颇多。同时,由于掾史由公卿长吏自行辟除,因此,其中有很大一部分,是通过宗族、同僚、师生、姻亲等连属关系而上任的。概言之,自武帝罢百家、尊儒术以后,"以名取人"和"以族取人"便逐渐成为与察举、积功、课试并行的入仕途径,即便史书所见的"自荐"者,也要在贤孝、才能的基础上依托某种门径,④而凭借声名和族荫者日益增多,在相互连系中,导致士族政治的形成。⑤结果是,像西汉一些历史人物——如朱买臣、萧望之、翟方进之父等——出身寒微,通过好学,得以选任,并使家族步入世宦冠服行列的机遇已大为减少。在这个意义上,西汉掾史是战国以降冲击先秦贵族文化艺术特权的接力者,而东汉掾史则是权力下移后的受益者。不过,借由四科和儒学的推行,汉代掾史儒生化趋势逐渐增强,他们身处官列,学习的是先秦诸经,持守的传统六艺,好古、尚古、敬古、畏古、言古的风气很浓,⑥因此,将他们看作汉代艺术发展进程中承古寓新的实践者或更为恰当。

---

① 《汉书》卷九十九上《王莽传》,北京:中华书局,1962,第4041页。
② 《后汉书》卷三十五《张曹郑列传》,北京:中华书局,1965,第1195页。
③ 《后汉书》卷二十三《窦融列传》,北京:中华书局,1965,第819页。
④ 史书中偶有自荐的例子,如:魏勃少时"欲求见齐相曹参,家贫无以自通,乃常独早扫齐相舍人门外",才得成心愿(《汉书》卷三十八《高五王传》,北京:中华书局,1962,第1995页);再如:王尊少时牧羊,"窃学问,能史书。年十三,求为狱小吏"(《汉书》卷七十六《赵尹韩张两王传》,第3226页),虽未知何以求成,但以其年龄论,亦需相应门路。
⑤ 阎步克《察举制度变迁史稿》,沈阳:辽宁大学出版社,1991,第45—56、80—91页。
⑥ 李零《铄古铸今:考古发现和复古艺术》,北京:生活·读书·新知三联书店,2007,第8页。

2. 升迁模式

据《汉官六种》,中枢机构公府掾升迁模式大略如图1.4。即:丞相和太尉府的东西曹掾,由四科辟除(或由公卿直接选任),其迁升路径一般是巡行州郡任刺史,或迁除为地方的长、令及相关机构的丞,或迁为侍御史,或试为博士;东西曹掾及其他中枢机构的府掾,迁侍御史,试博士,迁为中郎,此后可任诸侯相或郎中令,进而除为谏大夫;刺史巡行郡国,向御史或相关机构举荐地方人才,被举者便任职于中枢部门,升迁体例与三府掾大致相同(虚线部分)。中枢机构的书佐,除为斗食令史,进为侍御史令史。①

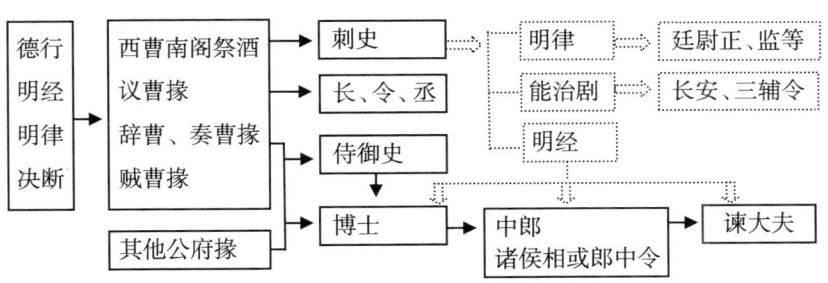

图1.4 汉代公府掾迁除的一般模式

郡国掾史的迁除,一般亦遵循自下而上的原则,由县小吏迁为县功曹或主簿,由县吏升为郡国府掾。不过,公卿长吏既有自辟掾史的权力,则灵活性很大,虽多数时候沿用体制,但在被选者社会名誉、人情纽带等因素的影响下,往往有破格选用之举,掾史便出现跳跃式迁除。史书中便有直接从县吏迁升五府掾的,有在五府间平调任职的,有从五府掾除为州郡掾史的,也有在政治斗争中自

---

① [清]孙星衍辑,周天游点校《汉官六种》,北京:中华书局,1990,第36、38、58、88、129、132等页。

高位离职而后任郡县掾史的，还有终职于五府或郡府掾的，个体情况各有差别，不再赘举。

借助尹湾汉墓《东海郡下辖长吏名籍》（YM6D3—4），我们大致可了解西汉中后期官吏升迁的一般路径和模式。据研究，木牍共录145名东海郡员吏，因故空缺和漫漶难辨25人，残存120人的信息。这120人的迁除途径分六种：

（1）因功迁（由年资升迁，即如图1.3所示功劳考绩）共74人。存65人完整信息。65人原有秩次六百石至百石，又可分：朝廷郎官5人（侍郎1人，郎中4人），公卿属吏5人（御史有秩2人，太常、卫尉、大司农属各1人），地方官吏55人（内郡县邑长吏8人，侯国官吏19人，郡府属吏11人，基层少吏14人，边郡官吏3人）。升迁后，千石2人，四百石长吏4人，三百石长吏8人，比三百石14人，二百石37人。这一类型占总数的61.7%。

（2）以察举迁，即以廉、秀材、方正任职，共21人，原有秩次多在四百石及以下。其中，以廉除16人，分朝廷官吏5人（丞相府从史1人、属2人，相书佐2人），地方官吏11人（县邑长吏4人，太守掾史4人，都尉属1人，县尉1人，亭长1人），升迁后，四百石长吏7人，三百石长吏7人，二百石长吏2人；以秀材迁者3人（县令1人，刺史从事史2人），由六百石升千石，或百石升六百石，升迁幅度最大；被举方正的2人（宗室子1人，丞相属吏1人），升迁亦有跳级。该类占总数的17.5%。

（3）以捕斩盗贼不道除，共11人（捕斩群盗5人，捕亡徒3人，捕格不道3人），原秩次为百石少吏。其中内史丞1人，刺史从事1人，啬夫1人，督盗贼1人，游徼1人，亭长6人，升迁后二百石7人，三百石2人，四百石1人，千石1人。该类占总数的9.2%。

（4）以请诏除，共5人。其中朝官属吏2人，郎官3人；迁除后三百石4人,四百石1人。该类占总数的4.2%。

（5）以军吏、国人补,共3人。2人为军吏十岁,1人为诸侯国人。占总数的2.5%。

（6）因故贬职或降级的6人。占总数的5%。

可以看出,原任职中枢的掾史和郎官,尤其是三府属员,及具有举荐权的刺史的下属,在升迁中有很大的优势;郡守掾史又次之。比例上,自中枢到郡县,历任掾史的至少45人(还有一些可能省却了早期经历),升迁后,任掾属的近40人。此外,贯彻县级长吏不用本郡人的原则,东海郡长吏的籍贯,分布地达96个县、邑、国,依次以相邻的豫州、兖州、徐州、京畿地区为多,边郡则无一人。同时,官吏升迁与其籍贯还有一些对应关系,如临淮郡与丹杨郡籍贯的官吏秩次稍高,而颍川郡官吏秩次普遍稍低。[①] 其间或有郡县政治实力与人情纽带等诸多因素。

居延掾史属佐的迁除反映边塞军政机构的情况,他们的迁除路线一般是:候史→尉史→令史→主官令史→掾,另有职务的兼行和调授,如隧长、亭长、候史、城仓令史可平调等,[②] 但跳跃到郡府或中枢机构的鲜有其例。这个现象,一方面是汉代张掖郡人口、文化基础局限造成的,另一方面也能表明,大多数处居下层的郡县佐吏,受个人学识、社会声誉、人情关系等的拘囿,无法获得察举机遇,终其一生,谋得斗食或百石的为多。

[①] 相关研究参见李解民《〈东海郡下辖长吏名籍〉研究》,载连云港市博物馆、中国文物研究所编《尹湾汉墓简牍综论》,北京:科学出版社,1999,第46—75页。

[②] 陈梦家《汉简缀述》,北京:中华书局,1980,第67—68页。

三、社会地位

掾史属佐,是两汉行政系统的底基。较之普通平民,各郡、国、县的掾史,身在公府,权能优渥,经济稳固,家族蒙荫,是地方上财富和权力的代表,社会地位不算低下。因此,多方谋求或维持这一职位,尽在情理,上文 JL22 中谋求候史的无名氏、73EJT30:28 中谋求斗食的张宣(图 5.9),便是其例。而已身居掾史的,也以此为荣,且有更多诉求,如《巩义诗说七言摩崖题记》(图 1.5):

> 诗说七言甚无忘,多负官钱石上作,掾史高迁二千石,掾史为吏甚有宽,兰台令史于常侍,明月之珠玉玑珥,子孙万代尽作吏。①

明确表达了希冀姓"于"的掾史、兰台令史、常侍,迁升二千石、子孙世代为吏的愿望。

然而,倘若从儒士和公卿角度来看,任职掾史并不令人艳羡。按理,解褐为掾,是官员升阶入仕的基本途径,其间,个人谋生、功名利禄追求、公卿的感召力等,都是不可忽视的动机或因素;同时,社会变革、政治斗争、个人出身等诸多因素,使得掾史为官之初,甚至在为官之前,便在文化基础、社会地位、职位优劣等诸方面拉开了差距。因而,有人身在官位而心慕山林,像翟方进、郑玄一样满怀鄙夷,"不乐为吏"②;有人费尽周折获此职位,或像东汉原涉一

---

① 徐玉立主编《汉碑全集》第六册,郑州:河南美术出版社,2006,第 2218—2219 页。
② 《后汉书》卷三十五《张曹郑列传》,北京:中华书局,1965,第 1207 页。

第一章　汉代掾史艺术创作的制度源流　　59

图 1.5　巩义诗说七言摩崖题记。拓本,东汉末,摩崖刻,40×70 厘米,河南巩义市西北 7.5 公里石窟寺崖壁。

样,企图通过公府辟除得到生存庇护;① 而有的则将其视之为折辱自己或他人的行为:

　　　学生桂阳刘常,当世名儒,素善于(袁)著,(梁)冀召补令史以辱之。②
　　　(赵)温从车驾都许。建安十三年,以辟司空曹操子丕为掾,操怒,奏温辟(忠)臣子弟,选举不实,免官。是岁卒,年七十二。③

————

① 《汉书》卷九十二《酷吏传》,北京:中华书局,1962,第 3717 页。
② 《后汉书》卷三十四《梁统列传》,北京:中华书局,1965,第 1184 页。
③ 《后汉书》卷二十七《宣张二王杜郭吴承郑赵列传》,北京:中华书局,1965,第 950 页。

这两个案例,分别代表了儒士入职为佐史、公卿子弟任职为掾时,时人秉持的一种成见。更多的时候,汉代儒士和公卿,乃至历史著述家,将掾史称为"俗吏""刀笔吏""小吏",以体现自身政治、文化的优越感。但是,史书中的无数案例表明,公卿子弟实际上多任职为掾,至东汉中晚期,内臣宦官子弟亦争先任职诸曹,虽有李固等人的反对,①但持续几十年,并未因此改变。延熹五年(162)杨秉上书说:

> 内外吏职,多非其人,自顷所征,皆特拜不试,致盗窃纵恣,怨讼纷错。旧典,中臣子弟不得居位秉执,而今枝叶宾客布列职署,或年少庸人,典据守宰,上下忿患,四方愁毒。……②

可见,无论任职掾史在儒士或公卿眼中如何不齿,实则,他们的子弟或门生,常基于各种利益,充任于各部门,并且在政治斗争或联盟中,彼此连带,倚重大吏,托请长者,寻攀师宗。这种现象之普遍,一方面导致东汉"三府掾属专尚交游,以不肯视事为高"③"三府辟吏,多非其人"④等痼疾,促成党派阴影的笼罩;另一方面,还濡染了汉代艺术创作的世俗门派色彩,为之赋予潜在的社会文化动力:由于党阀、师门、宗族等关系,两汉掾史之于他们的长吏、业师,虽有一定程度的人身自由,可去留随意,但又受约于社会伦理

---

① 《后汉书》卷六十三《李杜列传》,北京:中华书局,1965,第 2075—2076 页。
② 《后汉书》卷五十四《杨震列传》,北京:中华书局,1965,第 1772 页。
③ 《后汉书》卷四十六《郭陈列传》,北京:中华书局,1965,第 1548 页。
④ 《后汉书》卷四十五《袁张韩周列传》,北京:中华书局,1965,第 1533 页。

义务——日常交往"见礼如师弟子状"①,长吏危难之际挺身图存,长吏亡故以后躬身服义,乃至为之兴资筑墓修祠、撰文树碑,呈现为地域性或群体性创作现象(见第三、四章)。

第三节　汉代掾史与艺术传统的沿革

从职官源流上看,两汉掾史是一个具备政治史传统、在汉代社会结构中相对稳定、同时又不断变动的群体或阶层。在四百多年的发展中,这个阶层一方面以庞大规模稳固着两汉政治、文化的底基,推动汉代社会文化的发展;另一方面,他们与汉代公卿、地方长吏、儒林名士的师徒、故吏、宗族关系,又促成资源和权力的世代层积,令社会生产和分配的天平向自身利益集团倾斜,从而不断冲击、形塑阶层的边界与轮廓,甚至引发社会危机。在这个意义上,掾史及其家族,便属于包华石(Martin J. Powers)所说汉代新兴的"中产阶级"(middle-income)或"学者—官吏阶层"(a new class of scholar-official)。包华石认为,这个阶层为汉代艺术带来一个重要的开端,即"没有官爵,甚至没有职位的地方地主,开始委托制作大型纪念物,受其委托制成的作品,与贵族艺术不同,它无意于赞助人世袭身份的宣扬,也无意于宫廷趣味的模仿。确切地说,它提倡与严酷现实迥异的理想,这种首次出现于中国的艺术类型,是批判的和修辞性的"②。他将这一系列变化的动力,看作中产阶级对

---

① [汉]卫宏《汉官旧仪》,见[清]孙星衍辑,周天游点校《汉官六种》,北京:中华书局,1990,第36、39页。
② Martin J. Powers. *Art and Political Expression in Early China*. New Haven: Yale University Press, 1991. P.2.(按,本书尚无中文译本,书中引文均由笔者自译。)

宫廷艺术趣味的持续反叛,在此过程中,视觉艺术首次变成他们批判社会的实用工具,新的艺术主题和风格也便随之而生。①

不过,从两汉掾史群体来观察,一些此前既有的艺术传统——政治伦理功能与礼仪制度,工、史分层协作方式,艺术知识和技能的"以吏为师",在汉代仍保持着相对的连续性。这种连续性,不仅见于帝王、大吏、掾史或儒生对先秦艺术传统的追述或效法,还表现为,东汉末期以前,艺术主体的分工、艺术的核心观念、著述家对艺术门类和主要功能的体认等,并没有发生根本性转变。当然,这三个方面也分别出现了诸多量的变化,但这种变化,与其说是新兴阶层主动的反抗,莫如说是在政治制度变迁中礼乐制度进一步松动,艺术制度和功能从实践层面出现自下而上的易位,况且,这种变化,并非始自汉代,其成果,也到东汉中晚期才真正显现出来。为了宏观上勾勒汉代掾史与早期艺术传统的关联,本节略述其延续和变化的因素。

一、政治伦理功能与礼乐制度的松动

无论何种复杂的艺术现象,都离不开创造和使用它的人。创造和使用各类艺术的人,我们称为"艺术主体"。艺术主体既有个体出任的情况,也有群体担当的例子,无论哪种,自发生之初,艺术便具备个体情志意趣表现和集体意志传达两重功能。《毛诗序》所说"诗者,志之所之也,在心为志,发言为诗。情动于中而形于言,言之不足,故嗟叹之,嗟叹之不足,故永歌之,永歌之不足,不知手之舞之、足之蹈之也。情发于声,声成文谓之音",是从艺术个体层

---

① Martin J. Powers. *Art and Political Expression in Early China*. New Haven: Yale University Press, 1991, P.3,8,17,30.

面论诗、歌、舞的同源异名现象及其个体功能;①《尚书·尧典》所述"帝曰:'夔,命汝典乐,教胄子,直而温,宽而栗,刚而无虐,简而无傲。诗言志,歌永言,声依永,律和声。八音克谐,无相夺伦,神人以和。'夔曰:'於! 予击石拊石,百兽率舞'"②,是帝、典乐官、胄子各任其职,神、人乃至"百兽"共领其乐,艺术创作体现原始国家意志的例子。同时,个体是隶属于社会的,因此,即便是个体完成的诗歌,最终也为了"上以风化下,下以风刺上"③,在统治者倡行、采诗官辑录、民众传诵、后人刊抄、学者研读等多层次主体参与后,变成集体意志的产物。

先秦时期,艺术的集体意志以国家政治伦理需要为核心,具体表现在:艺术家服务于君王,艺术作品是君王统治的辅助手段,艺术创作及其环境围绕王政制度而构建。如此立论主要有两个原因:第一,传世文字典籍和出土史料中有关艺术的部分,都与国家统治密切相关。而传说中上古"家有巫史"的时期,以及三代时期边缘部落及彼时个体创作的艺术,或缺少证据,或缺乏体系性,或最终归并于先秦艺术的大传统。④ 第二,先秦艺术的创作主

---

① 孔颖达正义:"在心为志,出口为言,诵言为诗,咏声为歌,播于八音谓之为乐,皆始末之异名耳。"见[汉]毛亨传,[汉]郑玄笺,[唐]孔颖达疏《毛诗正义》卷一,北京:北京大学出版社,2000,第 7—9 页。
② [汉]孔安国传,[唐]孔颖达疏《尚书正义》卷三,北京:北京大学出版社,2000,第 93—95 页。
③ [汉]毛亨传,[汉]郑玄笺,[唐]孔颖达疏《毛诗正义》卷一,北京:北京大学出版社,2000,第 15 页下。
④ 关于公元前 5000—前 1000 年间中国文化的多样并存,参见张光直《论"中国文明的起源"》,《文物》2004 年第 1 期;李学勤《失落的文明》,上海:上海文艺出版社,1997,第 78—113 页;罗森《推翻假设重看古代中国的艺术与文化》,见罗森《中国古代的艺术与文化》,孙心菲译,北京:北京大学出版社,2002,第 13—19 页。

体,主要是王者官吏,他们掌管文字,引领文艺制度,职掌历史叙述,是艺术传统的塑造者。在典籍中,先秦君王、官史及附属史员,有一个共通的职责是"赞"。"赞"指佐助而成,据此,便有一个圣人赞神明、王者赞圣人、官史赞王政、御史赞冢宰的清晰的佐助系统,① 这是礼乐制度的内在逻辑,也是先秦艺术传统的内核。尽管王者官吏辅佐王政的各种手段,不全是艺术,但其大宗,诸如礼器、乐器、建筑、服饰、文字与书写等,便是早期艺术史的主要内容。

相传,古代唐、虞有三礼,夏、商、周有五礼,但真正对汉代及后世影响深远的,是周公旦摄政六年所制礼乐,后世将其归入《周礼》等书。② 西周礼乐是后世不断回溯的典范,其规模,可拿周成王顾命康王的礼仪活动为例:

> 越七日癸酉,伯相命士须材。狄设黼扆缀衣。
>
> 牖间南向,敷重篾席,黼纯,华玉仍几。西序东向,敷重底席,缀纯,文贝仍几。东序西向,敷重笋席,画纯,雕玉仍几。西夹南向,敷重笋席,玄纷纯,漆仍几。越玉五重,陈宝,赤刀、大训、弘璧、琬琰,在西序。大玉、夷玉、天球、河图,在东序。胤之舞衣、大贝、鼖鼓,在西房。兑之戈、和之弓、垂之竹矢,在东房。大辂在宾阶面,缀辂在阼阶面,先辂在左塾之前,次辂在右塾之前。③

---

① [魏]王弼注,[唐]孔颖达疏《周易正义》卷九,北京:北京大学出版社,2000,第380—381页;[汉]郑玄注,[唐]贾公彦疏《周礼注疏》卷二十六、卷三,北京:北京大学出版社,2000,第833—835、837、77—78页。
② [汉]郑玄注,[唐]孔颖达疏《礼记正义》,北京:北京大学出版社,2000,序第7—8页。
③ [汉]孔安国传,[唐]孔颖达疏《尚书正义》卷十八,北京:北京大学出版社,2000,第590—593页。

这个仪式包含丧礼和册命两部分,除准备木料制作棺椁,布置画屏、帷帐,象征成王平生所为,其余都用于册命:有布列于不同方位,由不同质料雕绘,按等级供群臣、诸侯、亲属等使用的凭几;有分列五层的先王重器,含各色玉器、天球、河图等;有音乐歌舞所用的服饰和乐器;有经过金、玉雕饰的大车等。凡所陈列,象征成王生时华国之事,表示对顾命的重视。可以说,与艺术相关的物质材料、形式、功能等,都成为礼乐制度的一部分。

但是,周公创设的这一制度在几百年后逐渐变得松动。公元前710年,鲁桓公从宋国拿回郜鼎,纳入大庙,鲁国史官以为"非礼也",大夫臧哀伯劝谏说:

> 君人者……衮、冕、黻、珽、带、裳、幅、舄、衡、紞、纮、綖,昭其度也。藻、率、鞞、鞛、鞶、厉、游、缨,昭其数也。火、龙、黼、黻,昭其文也。五色比象,昭其物也。钖、鸾、和、铃,昭其声也。三辰旂旗,昭其明也。夫德,俭而有度,登降有数。文、物以纪之,声、明以发之,以临照百官。百官于是乎戒惧,而不敢易纪律。今灭德立违,而置其赂器于大庙,以明示百官。百官象之,其又何诛焉?国家之败,由官邪也。官之失德,宠赂章也。郜鼎在庙,章孰甚焉?武王克商,迁九鼎于洛邑,义士犹或非之,而况将昭违乱之赂器于大庙,其若之何?①

历来被视为周公礼法持守者的鲁国,尚且已僭越制度,则礼乐制度的松动于此期已成大势。引人注意的是,臧哀伯在例举器物、图

---

① 杨伯峻《春秋左传注》第三版(修订本),北京:中华书局,2009,第86—90页。

像、声音、色彩等助益王政的手段时,还指出它对管理百官所起到的戒律所用,并认为"国家之败,由官邪也",这个认识,恰好可为春秋战国以来礼崩乐坏情境中权力向下位移作注。

春秋以后,新兴的低级贵族和平民,就在逐步挑战世袭贵族的权力。如司马迁的表述,"礼由人起。人生而有欲,欲而不得则不能无忿,忿而无度量则争,争则乱"①,而列国争霸亦出私欲之不满,争霸又需要人才支持,因功封赏便取代了血统传承,刑法律令等实用性政策更受青睐,以此,持有传统六艺知识的士阶层得以兴起。他们往往流转各地,或欲为王者之师,或著书立说阐发道统,或兴办私学传授文化。②期间,像颜回、子路、曾参、原宪、仲弓等出身寒门者,也获得"六艺"教育的机会。当孔子编订先贤典籍时,西周等级森严、"宰制万物,役使群众"③的礼乐制度已趋瓦解,刘歆回顾说:

> 周室既微而礼乐不正,道之难全也如此。是故孔子忧道之不行,历国应聘。自卫反鲁,然后乐正,《雅》《颂》乃得其所;修《易》,序《书》,制作《春秋》,以纪帝王之道。及夫子没而微言绝,七十子终而大义乖。重遭战国,弃笾豆之礼,理军旅之陈,孔氏之道抑,而孙吴之术兴。陵夷至于暴秦,燔经书,杀儒士,设挟书之法,行是古之罪,道术由是遂灭。④

秦代礼乐制度损益列国而成,汉代又袭用秦制。汉代缔造者

---

① 《史记》卷二十三《礼书》,北京:中华书局,1959,第1161页。
② 杨宽《战国史》,上海:上海人民出版社,2016,第498—499页。
③ 《史记》卷二十三《礼书》,北京:中华书局,1959,第1157页。
④ 《汉书》卷三十六《楚元王传》,北京:中华书局,1962,第1968页。

及功臣多出身布衣,延续的是秦代尊君抑臣之策,虽有汉初叔孙通的礼仪修订,景帝时晁错的刑律修订,①有新莽时期的着意复古,但除在历法、文字、典章、器物、图像、色服等诸方面,遵循先秦逻辑以外,礼仪制度的规范性和效用已大大降低。尤其是,汉代皇权运行依靠的是中枢机构、诸郡县的官吏,其间,权力资源的分配与各自的诉求,往往使皇权和官吏间并存顺应与对抗的关系,一定程度上,我们可以粗略地说,先秦时诸侯及其属僚的权力诉求,为汉代中枢机构、郡县所承袭(见图5.6)。也是在这个意义上,汉代艺术之于先秦艺术传统的延续与变化便变得清晰:

1. 文学、音乐、建筑、雕刻、绘画、工艺、书法等艺术的功能,仍以政治伦理教化为主线。从艺术创作的动机上说,围绕皇权运行而生的艺术,以宏大系统而居大宗,公卿、长吏及掾史传达政治伦理需求的作品开始增多,两者既有顺合,也有像包华石所说的对抗;由不为官的地方富豪主成的作品,承载一定的世俗文化色彩和宗教信仰内容,②但其内核依旧是达官富贵的观念,政治伦理教化意义暗含其中。

2. 汉代艺术创作既有维系政治文化等级的一面,也有松动其结构的一面。在稳定的社会结构层序中,艺术趣味、主题和风格,往往暗含社会等级和文化身份的区分。粗略来说,帝王使用或促成的艺术,与公卿、长吏、乡绅等使用或促成的艺术,有政治文化动机的重合,也有各自的差异。我们可以把与帝王和公卿相关的艺术,视为他们礼乐文化正统地位的传达,把与富绅相关的艺术,看

---

① 《史记》卷二十三《礼书》,北京:中华书局,1959,第1159—1160页。
② Martin J.Powers. *Art and Political Expression in Early China*.New Haven: Yale University Press, 1991.PP.50-58.

作其家族实力和财富的表述。但是,还应看到,自汉代帝王、公卿、掾史,到地方儒士与乡绅豪族,在文化权力分享的进程中,都参与了祠、墓、碑、刻等的委托制作,都要借用、改编既有的艺术主题和风格,而墓室壁画、画像石、画像砖、碑碣、墓阙等视觉形式,碑、铭、箴、书、记等文学类型,亦通行于各阶层。诚然,礼制的规约性没有消失,但合法性求证者在扩展和下移,尤其是,职司文化教育和知识生产的儒生和官吏,兼具承述道统、箴谏帝王、垂范乡党的多种意识,更有基于地方、宗族和个人的现实利益考量,规约于谁、何以规约的阐释便走向多元,相应的,艺术的形式和观念也便不断挣脱规约,通过艺术创作不断模糊阶层的界限。

3. 个体情志传达是汉代艺术集体意志的有力和声。汉代艺术的很多经典作品,都是帝王、公卿、长吏、掾属及地方大族集体意志的产物,但个体情志的传达潜滋暗长,个性化诉求的土壤和机制历时性层积,自西汉晚期以降,这一趋势日趋明显。其间,儒吏型的艺术家献力尤多。他们不仅借助文艺才能获得官职,也自觉贯彻先秦"六艺"教育宗旨,将书法、音乐、文学等看作修身科目,并投身艺术创作,至东汉中后期,载诸史籍的艺术名家成批涌现,部分家族文艺相传,又延绵而成艺术世家,引领艺术流派(见第四章)。艺术个体的自觉意义深远,它一方面使得艺术创作政治教化功能不断弱化,而个体情志传达的潜力不断提升,艺术家的自我体认日益清晰;另一方面,经典作品的累积,收藏品鉴风气的蔓延,使得艺术传统的衍化,由此前的礼乐制度属性,转向魏晋时期艺术家、艺术作品的审美品评、传习和阐释。

4. 观念崇古与实践取新是汉代艺术发展的一对矛盾范畴,也可看作汉代艺术的一个基本的特征。因前者,汉代艺术部分题材取自传统(如绘画中的圣人、先贤、孝子、义士、列女等),艺术创作的制度师法传统,艺术批评和阐释理念依托传统;因后者,新兴阶层借助艺术创作表达自身需求、求证合法性的努力持续不断,相应的,新的题材、主题和风格因用而生。由于授受经典的掾史,不但是文艺传统的阐释者之一,也是汉代艺术的创作者或委托人,因此,他们成为汉代艺术复古、求新两种取向的具体实施者或主成者。

如果说,先秦艺术与礼乐制度互为表里,官吏职守及艺术创作旨在"赞治",那么,汉代的艺术,则是个体意志不断充实,政治伦理功能逐渐位移甚至剥离的过程,也是创作者重塑艺术制度、重构审美谱系的过程。

二、工、史分层协作的拓展

与魏晋及以后艺术家的创作不同,先秦和秦汉的很多艺术作品,是由集体完成的,因而,"创作者"有制度层面的含义,也有具体作品实施层面的含义。《考工记》说:

> 国有六职,百工与居一焉。或坐而论道,或作而行之,或审曲面势,以饬五材,以辨民器,或通四方之珍异以资之,或饬力以长地财,或治丝麻以成之。坐而论道,谓之王公。作而行之,谓之士大夫。审曲面势,以饬五材,以辨民器,谓之百工。通四方之珍异以资之,谓之商旅。饬力以长地财,谓之农夫。治丝麻以成之,谓之妇功。①

---

① [汉]郑玄注,[唐]贾公彦疏《周礼注疏》卷三十九,北京:北京大学出版社,2000,第1236—1239页。

"六职"（王公、大夫、百工、商旅、农夫、妇功）中的前三者位在官府，后三者身居庶民。为官的王公，职在把握礼乐文化道统，具体到器物制作，是职掌造物理念和功能；士大夫居其官、领其职，是器物制作的监管者；百工负责取材造物，是具体实施者，《考工记》将其称为"一器而工聚"①。

不仅职业有分层，且各阶层是世袭的，《考工记》说："知者创物，巧者述之，守之世，谓之工。百工之事，皆圣人之作也。"② 无疑，职业分层及世袭制度，是礼乐文化的一部分。依据上文圣人赞神明、王公赞圣人等礼乐文化的逻辑，百工之事，最终归依于天道和王政。春秋时期，晋国乐官师旷为晋侯阐述助益王政的手段时便说："史为书，瞽为诗，工诵箴谏，大夫规诲，士传言，庶人谤，商旅于市，百工献艺。"③ 其中，史官主掌文书，乐官（瞽、工）职分诗、乐，百工各司技艺。相应的，凡用于"赞治"的文字、书法、音乐、舞蹈、礼器、建筑等的样式与风格，首先要体现王者正统或宫廷意趣，其次，在士大夫和工匠具体实施过程中，才会因时因地出现变体或异化。

在汉代，除简牍书写、辞赋文学等个体性稍强的门类外，纪念性的建筑、碑铭、雕刻、器物等，仍延续着士、史、工的分层协作：工匠具体制作，长吏、掾史、儒士为监管者、主事者、捐资者或记录者。由于汉代掾史连接官民，身份上与儒士和地方乡绅多有重合，故与工匠的协作也最为频繁。无论是地方官吏政治作为的宣扬，还是宗族风规的纪念，抑或是财富权力的争衡，两者的协作都促动了汉

---

① [汉]郑玄注，[唐]贾公彦疏《周礼注疏》卷三十九，北京：北京大学出版社，2000，第1248页下。
② [汉]郑玄注，[唐]贾公彦疏《周礼注疏》卷三十九，北京：北京大学出版社，2000，第1241页。
③ 杨伯峻《春秋左传注》第三版（修订本），北京：中华书局，2009，第1017页。

代艺术创作模式的多元发展,成为绘画、雕塑等门类艺术独立发展的前提之一。

汉代工、史协作主要有两种类型:

1. 官府组织,工官或掾史监作,工徒、役卒和徒隶实施。中枢少府、将作大匠等执事机构的运作便属此类。各时期,工官名目和人数大体稳定,如:东汉少府员吏34人(四科1人,二百石1人,百石5人,斗食4人,佐3人,骑吏6人,学事13人,官医1人),多是监管和协调少府将作的掾史。少府下辖机构中,还有具体执事的掾史,如:主管御纸笔墨、尚书用物及封泥的守宫令,有员吏69人;主管近池苑囿的钩盾令,有吏从官40人,员吏48人;掌器械织绶等的考工令,有员吏109人。① 在官方组织的工程匠作中,掾史主要承担监察职责,以《洛阳桥右柱铭》(135年)为例:

> 阳嘉四年乙酉壬申,诏书以城下漕渠,东通河、济,南引江、淮,方贡委输,所由而至,使中谒者魏郡清渊马宪监作石桥梁柱,敦敕工匠尽要妙之巧,攒立重石,累高周距,桥工路博,流通万里云。河南尹邳崇隗、丞勃海重合双福、水曹掾中牟任防、史王荫、史赵兴、将作吏睢阳申翔、道桥掾成皋卑国、洛阳令江双、丞平阳降监掾王腾之、主石作右北平山仲,三月起作,八月毕成。②

在这个为期半年的造桥工程中,中谒者马宪是敕令传达者和总指

---

① 《后汉书》志二十六《百官三》,北京:中华书局,1965,第3592、3596、3581页。
② [宋]洪适《隶释》卷二十,见《石刻史料新编》第一辑09册,台北:新文丰出版公司,1977,第6950页下。

挥,河南府长吏是副指挥,具体施工则由河南府掾、洛阳长吏和县掾协调推进,其中,专司其事的河南府水曹掾、将作吏、道桥掾等数人,应承担方案设计、费用和人员调度,而真正在现场监督石作的是监掾王腾之,完成石作的是来自右北平的山仲。

从务工性质和身份上说,官府役使的工匠有官属工徒和临时集结的役卒、徒隶几大类。官属工徒是长期职业性雇工,汉代雕塑、石刻、壁画、工艺器物中的很多精品出自其手,都城、苑囿、道桥等将作工程,也离不开他们的建造。不过,仅有少量良工名匠在石刻、器物上留下名字,作为纪念或用以明确责任人,如西汉龙渊宫鼎、承安宫鼎和右丞宫鼎:

> 龙渊宫铜鼎,容一斗五升,并重十斤。元朔三年工禹造,守啬夫掾成、令光、尉定省。
>
> 承安宫铜鼎,容一斗,具盖,并重十斤二两。甘露元年工让造。
>
> 承安宫铜鼎,容一斗,重十四斤。甘露二年安长丞福、掾禄、守令史宣、工世造。第五。
>
> 右丞宫铜鼎,容二斗,并盖重廿四斤。甘露二年安长丞福、掾禄、守令史宣、工世造。第一。①

四件器物中,后两件均由同一机构掾史、工徒完成,仅存其名的禹、让、世,为官属工徒,有司掾史虽在造器署名中,但并不参加铸冶,而是承担监管人或质检员责任,即第一例中的"省"。此类案例多

---

① 四器释文俱见容庚《秦汉金文录》卷一,北京:中华书局,2012,第185页。

见于出土器物,而史籍见载很少。① 传晋代葛洪辑录的《西京杂记》,在描述西汉宫殿园囿之富丽,传摹帝王后宫日用起居器物时,曾略及一些工匠的名字与工种,如:为高祖营建新丰的匠人胡宽、为天子制笔的官吏路扈,善以龙蛇等装饰椽桷、灯具、香炉的丁缓、李菊,元帝时被弃市的画工(善人物的毛延寿,善牛马飞鸟的陈敞、刘白、龚宽,善布色的阳望、樊育)等,② 寥寥可数。事实上,工徒数量十分惊人,仅公元 105 年阴皇后遣归的后宫老弱役卒,就有五六百人,③ 中枢其他机构、各郡国、都尉、关塞中的工徒数量更是难以统计。

役卒、徒隶是因事召集的工程苦力,规模庞大,他们或来自平民,或由刑徒、奴婢充任,如:汉惠帝三年(前 192)修建长安城时,先征用六百里内男女 14.6 万人,服役一月,随后,又征用来自诸侯王、列侯的徒隶 2 万人;④ 东汉永建六年(131)诏令修太学,历时 5 年,工徒数量也达 11.2 万人。⑤

工徒、役卒和刑徒的规模大于掾史,地位却远低于掾史。大多数情况下,他们是按部就班的代名词。在接受掾史监管与规训之际,创造性、自主性似乎与他们无关,但这些无名氏,却是汉代艺术集体意志的实现者之一,也是掾史职司成败、行政声誉的无声言说者。当掾史的监管走向政治暴力、制度性侵害时,工、史协作机制

---

① 《百官志》中,即便将作大匠,也仅言左、右校令各掌左、右工徒,不记人数。见《后汉书》志二十七《百官四》,北京:中华书局,1965,第 3610 页。
② [晋]葛洪集,成林、程章灿译注《西京杂记全译》,贵阳:贵州人民出版社,1993,第 5、29、38—39、44—45、62 页。
③ 《后汉书》卷十《皇后纪》,北京:中华书局,1965,第 422 页。
④ 《汉书》卷二《惠帝纪》,北京:中华书局,1962,第 89 页。
⑤ 叶程义《汉魏石刻文学考释》,台北:新文丰出版公司,1997,第 83 页。

就会面临危机,甚至爆发工徒和役卒的反抗,阳朔三年(前 22)颍川铁官工徒申屠圣等 180 人、永始三年(前 14)山阳铁官工徒苏令等 228 人的武力抗争,①就是这种协作模式的极端情况。

在工徒不足或技艺不逮时,官府也会临时从民间征召工匠,如光武帝封禅需要玉牒,就紧急调动泰山郡及鲁国石工以取青石,又"以印工不能刻玉牒,欲用丹漆书之;会求得能刻玉者,遂书"②。

2. 公卿、长吏或掾史私人雇工,由掾史监理匠作。以家族楼阙、墓祠、园囿及石雕、壁画装饰为代表。永元年间(89—105),权势显赫的窦宪、窦笃、窦景、窦瑰"四家竞修第宅,穷极工匠"③,协调、监管的便是四家府中掾史。较之地方富豪、掾史家族的匠作雇佣,掾史监理长吏家中事务时,承担更多义务性工作,其性质已与工官监作相近,不同处在于监管之外有时要主动或被动捐资,相关案例很多,第三章另论。

此外,工匠造物完成后掾史予以箴铭赞记,是与前两种类型有关但也不同的一种协作方式:没有明确的协作过程,但却有内在精神联系。这种协作围绕某类器物而展开,并不针对某件具体作品,具有随机性和不共时性,多见于汉代体物赋、器物箴铭。在器物成为文学书写对象之际,工匠及其劳作便悄然隐去,文学家对造物理念、工艺特征、器物品格的阐发,就与个人情感体验、现实诉求熔铸在一起,故这种协作,是一种虽言在此而意在他处的审美对话。东汉中后期,掾史撰写的体物赋和器物箴铭增多,反映了工、史协作从职官制度向个体精神领域的曼衍,对此,第五章将再加申述。

---

① 《汉书》卷十《成帝纪》,北京:中华书局,1962,第 314、323 页。
② 《后汉书》志第七《祭祀上》,北京:中华书局,1965,第 3165 页。
③ 《后汉书》卷二十三《窦融列传》,北京:中华书局,1965,第 818 页。

工、史协作的基础是汉代工匠的规模化和流动性。《西京杂记》载:"茂陵富人袁广汉,藏镪巨万,家僮八九百人。于北邙山下筑园,东西四里,南北五里,激流水注其内。构石为山,高十余丈,连延数里。养白鹦鹉、紫鸳鸯、牦牛、青兕,奇兽怪禽,委积其间。积沙为洲屿,激水为波潮,其中致江鸥海鹤,孕雏产𪃮,延漫林池。奇树异草,靡不具植。屋皆徘徊连属,重阁修廊,行之,移晷不能遍也。广汉后有罪诛,没入为官园,鸟兽草木,皆移植上林苑中。"①地方富豪攀附宫廷趣味的行为,即以地方工匠的职业规模为条件。就汉代碑刻和画像石、画像砖制作来看,两汉东西二京、四川、山东、楚地等,有较为齐备的工匠队伍,技术水平较高,可满足当地乃至外地官吏和富绅的雇工需求。他们在宫廷、地方富绅或官府间流动,工作面向较先秦更为多元。

如果说掾史职在"赞治",那么工匠则职在"顺人意",孔子说"良工能巧而不能为顺"②,"顺"即指满足雇主的要求,其前提,是"良工不示人以朴"③,即展现"巧"的一面。无论受哪个阶层雇佣,其创作,都是工匠程式和雇主意愿的综合。见于汉画的圣贤列女图像,也见于宫廷所用的屏风、宝琴等,④表明同类题材为不同阶层共用,又赋予不同意义的事实,而这种意义的实现,既与使用者的

---

① [晋]葛洪集,成林、程章灿译注《西京杂记全译》,贵阳:贵州人民出版社,1993,第100页。
② 《史记》卷四十七《孔子世家》,北京:中华书局,1959,第1931页。王肃集解说:"良工能巧而已,不能每顺人意。"
③ 《后汉书》卷二十四《马援列传》,北京:中华书局,1965,第828页。
④ [晋]葛洪集,成林、程章灿译注《西京杂记全译》,贵阳:贵州人民出版社,1993,第145、166页。

意愿和经济能力相关,① 也与工、史协作的模式与效能相关。

三、从"以吏为师"到学在官、民

从汉代社会文化结构上看,掾史群体是身居官府的知识分子。上文已述,掾史的选拔,除书写、讽诵、计算等基本的文化知识修养以外,若通晓六经或律令,甚至获得学术声誉,才艺卓越,更容易被辟除;同时,他们中的很多人,又是晚进者之师,通过教授门徒,巩固并拓展自己的政治和学术地位。这种传统亦源自先秦,章学诚说:

> 以吏为师,三代之旧法也。秦人之悖于古者,禁《诗》《书》而仅以法律为师耳。三代盛时,天下之学,无不以吏为师。《周官》三百六十,天人之学备矣。其守官举职,而不坠天工者,皆天下之师资也。东周以还,君师政教不合于一,于是人之学术,不尽出于官司之典守。秦人以吏为师,始复古制。而人乃狃于所习,转以秦人为非耳。秦之悖于古者多矣,犹有合于古者,以吏为师也。②

"以吏为师"的另一个说法是"学在王官",在文化知识一度被贵族垄断的时期,王官执掌贵族子弟道艺的传习,据《周礼》:

> 师氏,掌以媺诏王。以三德教国子:一曰至德,以为道本;

---

① Martin J.Powers. *Art and Political Expression in Early China*. New Haven: Yale University Press, 1991. PP.63-66.
② [清]章学诚著,叶瑛校注《文史通义校注》卷三,北京:中华书局,1985,第232页。

二曰敏德,以为行本;三曰孝行,以知逆恶。教三行:一曰孝行,以亲父母;二曰友行,以尊贤良;三曰顺行,以事师长。居虎门之左,司王朝。掌国中失之事,以教国子弟,凡国之贵游子弟学焉。

保氏,掌谏王恶。而养国子以道,乃教之六艺:一曰五礼,二曰六乐,三曰五射,四曰五驭,五曰六书,六曰九数;乃教之六仪:一曰祭祀之容,二曰宾客之容,三曰朝廷之容,四曰丧纪之容,五曰军旅之容,六曰车马之容。①

随着春秋以后地方诸侯势力的膨胀,王官之学逐渐分散到各地。到汉初,萧何草创律令,奉行的仍是先秦传统,只是接踵秦制,更重实用,以满足开国初的行政需求。《汉书·艺文志》说:"太史试学童,能讽书九千字以上,乃得为史。又以六体试之,课最者以为尚书御史史书令史。吏民上书,字或不正,辄举劾。"以此部分恢复"史官教学童书"的传统。②

出土简牍中,有很多汉代低级官吏授受文字书写的材料,数量最大的,是由斯坦因于1906—1908年发现于敦煌烽隧 T.VI.b（E93°14′, N40°09′）、直到近年才刊布的2398枚简牍,其中大部分是以《苍颉篇》为范本的习字简残片或削柿。通过同文简例书体和风格的比对（如"力讽诵昼夜勿置苟物",图1.6）,可发现不同书写者、不同范本或示范者形成的水平差异。这些简牍所在的凌胡隧,是大煎都候官的驻地,这批习字简,应是某一时期在候官驻

---

① [汉]郑玄注,[唐]贾公彦疏《周礼注疏》卷十四,北京:北京大学出版社,2000,第410—416页。
② 《汉书》卷三十《艺文志》,北京:中华书局,1962,第1720—1721页。

| 2467 | 3025 | 3175 | 3177 | 3565 |

图 1.6 "力讽诵昼夜勿置苟物"同文习字残简。约前 68—前 56 年间，1906—1908 年斯坦因发现于敦六乙烽隧，现藏英国国家图书馆。

地接受文字书写训练的小吏所为。① 与此类似的，是敦煌马圈湾出土的《苍颉篇》残简（79.DM.T7:26，图 1.7）、玉门花海烽隧出土的

---

① 汪涛、胡平生、吴芳思主编《英国国家图书馆藏斯坦因所获未刊汉文简牍》，上海：上海辞书出版社，2007，第 62—77 页等；裘锡圭、胡平生、张德芳、李均明、籾山明诸先生对其文本性质、书写内容、出土地点、文书形式等问题的考察，见该书 57—98 页；出土及年代等信息，见［英］斯坦因《从罗布荒漠到敦煌》，赵燕等译，桂林：广西师范大学出版社，2000，第 188—189 页。已刊简中署名的简牍数量很少，其中，候长"婴"，令史"偃""禹光""尊"，候史"长子仲""泽""孙毋忧"（广昌候史），书佐"遂昌""□□专"，卒史"山"等，都与文案工作有关，而专职凌胡隧文书的史和书佐，至少有六人，即使这些文秘人员不在同期任职，也还有其他烽隧的在职或待职书吏于候官驻地接受训练的可能。

第一章 汉代掾史艺术创作的制度源流 79

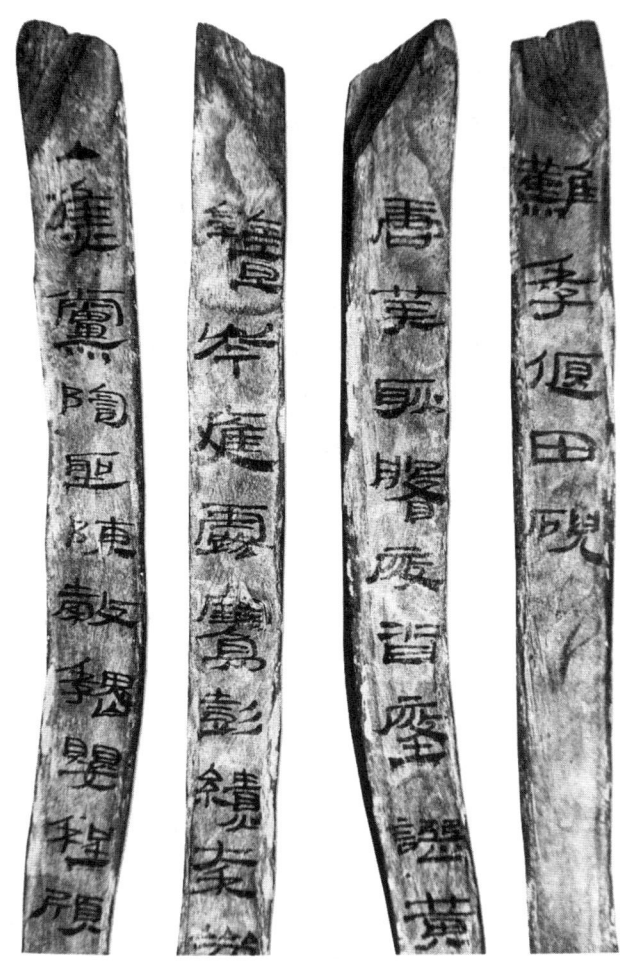

图 1.7 敦煌马圈湾《苍颉篇》习字觚(79.DM. T7:26,局部)。西汉早期,长 30 厘米,1979 年敦煌市马圈湾烽隧遗址出土。

《苍颉篇》残简(77.J.H.S:12—16)等。从居延、敦煌简牍看,一些从军的戍卒或低级官吏,可能在军队中接受识读书写训练,其中,秦代颁布又经汉代修纂的《苍颉篇》、汉元帝时史游所作《急就篇》,

及《九九决》等童蒙教材最为常见。①从边郡文化环境而言,上佳的《苍颉篇》或《急就篇》范本有限,无法满足基层文吏字书训练的摹本需求,故这些佐史的字书范本、书写评价,要依靠"能史"的上级或前辈。②当然,很多掾史属佐,如甲渠鄣候尉史史承禄、范弘等,在任职前即具备文化基础,因此,在军队接受字书教育的,只是一部分有待培养的佐史。

西北烽燧所见的习字简,反映的是边郡情况。在两京及其他内郡,学童诸生的受教育条件稍好。《礼记·学记》"家有塾,党有庠,术有序,国有学"③的教育架构,虽非汉代各郡所备具,但从汉武帝时起,家立塾、乡设庠、遂有序、县(邑、道)置校、郡有学、中央设太学的格局,在京畿及发达地区逐渐形成。《汉书·循吏传》载,郡学之兴始自文翁,为说明掾史与师学的关系,兹全引如下:

> 文翁,庐江舒人也。少好学,通《春秋》,以郡县吏察举。景帝末,为蜀郡守,仁爱好教化。见蜀地辟陋有蛮夷风,文翁欲诱进之,乃选郡县小吏开敏有材者张叔等十余人亲自饬厉,遣诣京师,受业博士,或学律令。减省少府用度,买刀布蜀物,赍计吏以遗博士。数岁,蜀生皆成就还归,文翁以为右职,用

---

① 居延汉简中有关《苍颉篇》的简例有:9·1、63·19、85·21、79·8、125·38、185·20、260·18、EPT50·1、EPT50·134、EPT56·27、EPT56·40等;有关《急就篇》的简例有:EPT5·14,EPT6·90、91、EPT48·49、54、78、101、115、152、154、EPT49·39、50,EPT51·90,EPF19·1、2、3、7,EPF22·731、9·2,169·1/561·26,336·14,N115等;有关"九九决"的简例有:36·5、271·20B等。
② 阜阳汉简整理组《阜阳汉简〈苍颉篇〉》,《文物》1983年第2期。
③ [汉]郑玄注,[唐]孔颖达疏《礼记正义》卷三十六,北京:北京大学出版社,2000,第1227页上。

次察举,官有至郡守刺史者。

又修起学官于成都市中,招下县子弟以为学官弟子,为除更徭,高者以补郡县吏,次为孝弟力田。常选学官僮子,使在便坐受事。每出行县,益从学官诸生明经饬行者与俱,使传教令,出入闺阁。县邑吏民见而荣之,数年,争欲为学官弟子,富人至出钱以求之。繇是大化,蜀地学于京师者比齐鲁焉。至武帝时,乃令天下郡国皆立学校官,自文翁为之始云。①

文翁选送到京师的十余人,出身于郡县小吏,学成归蜀后,担任郡中要职,有的还迁升为地方长吏;文翁设郡学以后,招收的是下县子弟,其中出色的学官子弟,不仅辅助文翁进行地方教化,部分人又迁补为郡县掾史。这种平民子弟接受教育,又充任地方掾史,同时变身为教化者的模式,频见于史志人物。可以说,汉代掾史的为学与为官,本身就是"以吏为师"传统的最大受益者。

官学以外还有私学,即通经名儒的开席讲授。仅汉史明载授徒数百或上千的,即如孟喜、萧望之、张禹、翟方进、龚胜、鲍宣、薛广德、范升、桓荣、郭躬、索卢、刘茂、王充、杜抚、杨仁、周泽、董钧、鲁恭、鲁丕、杨震、魏应、皇甫规、钟皓、李膺、马融、郑玄等。另外,汉代掾史视公卿长吏如师,其门派之繁杂、情形之普遍,难以缕举;至于史书不载的开席教授的儒士经师,当以万计。

从师资和教授内容而言,汉代民间私学与官学不无重合,但就升学途径、范围、受益对象而论,汉代私学较先秦要更为灵活多样,它为各地官吏子弟,尤其是平民子弟的就学和进仕,提供了社会基础。

---

① 《汉书》卷八十九《循吏传》,北京:中华书局,1962,第3625—3626页。

宏观而论，汉代吏师的官、民兼备，历史意义有三：第一，是汉代官吏整体文化修养提升的关键，为文官政治奠定基础。第二，知识分子参与政治，同时投身文艺创作，将政治伦理与个体修养相结合，得以从创作者、创作主题、创作观念、艺术风格等方面，逐步改变先秦贵族艺术传统。至汉末，艺术家从官吏和儒士中诞生，并将为官、为学的双重角色与责任，铺染为此后一千多年中士夫艺术家身份的基本色调。第三，汉代艺术创作所依从的社会环境及基本特征，尤其是艺术创作兼顾政治与学问的取向，创作者与长吏业师间谒请、扶携、树赞的风气，大吏儒士对个人艺术才能的重视等，是后世艺术创作环境和风气的渊薮。促成这种变化的"大多数"，正是身在曹阁、力追学问的掾史。

第二章　文牍奏记与书法印章的日用

汉代是简牍时代的晚期。然而,两汉原用简册实物,绝大多数都没有保留下来,现有出土材料中,能够反映汉代文书制度和规模的,当属居延简牍最为典型,本节即以之为主要案例,辅以其他遗址和墓葬出土的秦汉简牍书迹,考察两汉掾史的日用书写和印章使用。

自汉武帝太初三年至天汉四年(前102—前97),强弩都尉路博德奉汉武帝令,于额济纳河周边修筑汉塞,[1] 到昭、宣时期,现额济纳河流域、居延泽附近,已形成一个有相当规模的绿洲,最初的二十余万充边移民,[2] 一部分即陆续定居于此,并不断接纳新来者。全盛时期居延汉塞烽隧亭鄣,至少有300座以上,其全貌已不复得见。出土简牍中,留存名字的烽隧,至少250个,[3] 现今无人区已探

---

[1]《汉书》卷六《武帝纪》,北京:中华书局,1962,第201页;陈梦家《汉简缀述》,北京:中华书局,1980,第5页。
[2]《汉书·李广利传》云:"(太初元年夏)赦囚徒扞寇盗,发恶少年及边骑,岁余而出敦煌六万人,负私从者不与。牛十万,马三万匹,驴橐驼以万数赍粮,兵弩甚设……益发戍甲卒十八万酒泉、张掖北,置居延、休屠以卫酒泉。而发天下七科适,及载糒给贰师,转车人徒相连属至敦煌。"见《汉书》卷六十一《张骞李广利传》,北京:中华书局,1962,第2699—2700页。
[3] 陈梦家《汉简缀述》,北京:中华书局,1980,第7页。

明的遗址数量也有增加。① 大体上，依傍水源，烽隧以相对固定的距离（1300米左右），排列成彼此呼应的防线，城鄣或粮仓位于重要的据点，或水源物资供给便利之处，烽隧和周边农垦区彼此连接成绿洲，点缀着广袤的大漠，其环境，被吏卒形容为"地热多沙，冬大寒"（502·15A）。各部塞和烽隧，常依据地势，以土垒或夯土筑成，其名称，或因地势之利（如肩水、卅井、珍北、广地、甲渠），或含御敌之意（如橐他），或因机密之故编成序号。城鄣一般为各级长吏驻地，形制略大，有用于防守候望的鄣、用于吏卒生活作息的坞；烽隧大多仅设烽台和土房。防线要害处或铺沙，或锄松，为吏卒每日侦查足迹的"天田"。无论从军事战略角度看，抑或从建筑艺术而论，这些军事设施，都是边塞吏卒智慧的体现。

任职于居延都尉和肩水都尉、居延县、城仓等各机构里的掾属佐史，是这个移民社会里逐渐成长的地方知识阶层，其文案工作，是汉代繁忙、单调而又充满危险的戍边军政活动的一个部分，有效保障着边境军政的运营，也是维持其相对匮乏的物质和精神生活的途径。不过，他们在百余年中写就的文牍，绝大多数都遗失不存，重拾于流沙的残简（含20世纪上半叶陆续发现的"居延汉简"一万余枚，1949年后考古发现的"居延新简"两万枚②），只是极少的部分。现今可见的，以行政公文为大宗，包含少量的私人书信和典籍残片。从军政生活的实用性出发，这些文书遵循特定的体式

---

① 吴礽骧《河西汉塞调查与研究》，北京：文物出版社，2005，第132—169页。
② 历次出土考古报告见：Bo Sommarstrom, Folke Bergman. *Archaeological Researches in the Desen—Gol Region Inner Mongolia*.Stockholm: Statens Etnografiska Museum,1956；甘肃居延考古队《居延汉代遗址的发掘和新出土的简册文物》，《文物》1978第1期；徐苹芳《居延考古发掘的新收获》，《文物》1978年第1期。

和生成规律,在草拟、誊写和抄副过程中,产生正稿、草稿和副本,从而为书体的演变和风格演绎提供了契机。

这些寂寂无名的边塞文吏,是汉代书法的创造者之一。然而,残简出土以后,即便他们的刀笔功绩为今人观叹,但在具体讨论时,常被视为一个面目模糊的群体,其具体身份、年代多语焉不详。为此,笔者曾整理《居延简牍掾史属佐及其简例编年略表》,[①] 对其中例证相对丰富的文吏进行编年整理,初步确定了他们的任职机构、活动时间、相关简例,作为本书讨论的基础。同时,本书认为,要理解他们的简牍书写,必须对各类文书的生成过程和情境加以描述,并在边塞社会文化环境中,考察群体与个人的工作范围、分工方式、工作程序、任务轻重等细节,以寻找书体、风格演变的微观史境。

第一节 文书的类型、生成与体式

简牍文书类型的划分,有多种依据,此处用李均明、刘军先生《简牍文书学》的分类成果,即以简牍自身性质,分书檄、律令、案录、符券、簿籍、检楬六大类。[②] 无论如何划分,简牍文书的功能,往往是彼此联系的,其生成过程,一是遵循制度而行,二是本着实用而为,诸类别间,既有内容与形式的区分,又因人因事相互牵连。而各文书类型的生成与特征,不仅是文书行政的结果,也是进一步复原或集成的依据,同时,还是我们理解居延掾史简牍文书书写诸

---

① 参见笔者博士学位论文,第 345—394 页。
② 李均明、刘军《简牍文书学》,南宁:广西教育出版社,1999,第 172—179 页。

问题的前提。

一、文书的类型

1. 书檄类。是通行于各机构的公文,又分书、檄、记、传、致等,具体有:

书:以收发去向和涉事主体,可粗分为:朝廷下发的命书、诏书,和呈请朝廷批示的请诏书、变事书;中枢政令传达的官府下行书,用于公示的扁书,及疑难案件报送廷尉的奏谳书;地方各机构上呈的官府上行书;各机构间公文答复的报书,司法案卷移送的爰书、人员物品调拨用的调书;行政纪律管理方面,有训诫类的语书、检举违纪的举书、岗位考勤的视事书、病假申报用的病书、任命用的除书、丧假审批用的予宁书、值班报告类的直符书;个人经济债务方面有偿债担保书、债书等。

檄:分戒示用的警檄,执行处罚通告的行罚檄,以及太守、都尉府下发的府檄。

记:是官府间相对随意的公文形式,分府记、官记和私人通信用的私记。

传:指通行证,分公务用传和私事用传。魏晋后多称"过所"。

致:即通知书。

2. 簿籍类。即账簿和名册,又分簿和籍两种,前者以物为对象,后者与人名相关,① 所占数目最多。其中,簿的小类有:综合统计的集簿;定期汇报的月言簿、四时簿;账目盘点的校簿;烽隧武器登记与配备类的守御器簿、守御器负算簿、隧别被兵簿、鄣吏被

---

① [日]永田英正《居延汉简研究》,张学锋译,桂林:广西师范大学出版社,2007,第 256 页。

兵簿、部别被兵簿、兵完折伤簿；粮草统计用的官种簿、茭积簿、谷簿；官吏奉禄统计的奉禄簿；描述亭隧邮驿情况的亭间道里簿、传置道里簿；记录官吏财产的吏赀直簿；记录奉钱、粮食、盐、草料、器物、鸡犬、衣布等的出入簿；以日为单位，记录官吏戍卒巡视劳作的日迹簿、日作簿，及各类支用的计簿。

记录人名户口的籍，按工种有吏名籍、卒名籍、骑士名籍；按事项有记录粮食奉禄下发名单的廪名籍、隧别廪名籍、卒廪名籍、吏廪名籍、卒家属廪名籍、从者和私属廪名籍、吏奉赋名籍、吏未得奉及赋钱名籍；记录债务、赊贷的债名籍、负债名籍、贳卖名籍；记录戍卒官吏兵器衣物的衣物名籍、被兵名籍、折伤兵名籍；记录各类人员伤病、考勤、佣作的车父名籍、佣名籍、病名籍、休名籍、不在署名籍；记录官吏迁除、考核和功绩的吏换署名籍、吏除代名籍、吏射名籍、赐劳名籍、功劳墨将名籍、以令赐劳名籍；记录受罚人名单的适名籍、坐罪名籍；另外还有还食名籍、田租名籍、出入名籍、日作籍、驿马名籍、食器籍、瓦器籍等。

3. 律令类。为见存于简牍中的律、令、科、品、约等部分条文。律，有盗、贼、囚、捕、厩、金布类的残文；令，有功令、挈令、令乙、公令、戍卒令、赦令、赏令、祠社稷令、王杖诏书令、军令等；科品类的，有购赏科别、烽火品约、罪人入钱赎品等。居延汉简存录的汉律，不如睡虎地秦墓系统，但其中很多内容又前后关联。

4. 案录类。即各种兼含数据类的实录文书。其中，案有当食者案、功劳案；录有兵物录；此外还有从器志、器物记、名刺、邮书（过书）刺、邮书课、表火课、封缄发文记录、启封记录等。

5. 符券类。为各种契据或信券。其中，符有出入符、吏家属符、日迹符、警候符；券有债券、日迹券、先令券书（遗嘱）。

6. 检楬类。是用于封缄物品及文书的标签，分别有实物检

（楬）、文书检（楬）两类。

居延汉简中书契的名目，只有少量是今人据其性质命名的，大部分都为其原有称谓。它不仅反映了汉代公文之繁杂，也表明在继承秦代命书、恒书、爰书、语书、用书、诊书、计几大公文名目，及体式、用语、收发程序、邮驿传递、登记管理等的基础上，①已经更为成熟，且以更为细化的实用文体或范式固定下来。《文心雕龙·书记》说：

> 战国以前，君臣同书，秦汉立仪，始有表奏；王公国内，亦称奏书，张敞奏书于胶后，其义美矣。迄至后汉，稍有名品，公府奏记，而郡将奏笺。记之言志，进己志也。笺者，表也，表识其情也……原笺记之为式，既上窥乎表，亦下睨乎书，使敬而不慑，简而无傲，清美以惠其才，彪蔚以文其响，盖笺记之分也。
>
> 夫书记广大，衣被事体，笔札杂名，古今多品。是以总领黎庶，则有谱籍簿录；医历星筮，则有方术占试；申宪述兵，则有律令法制；朝市征信，则有符契券疏；百官询事，则有关刺解牒；万民达志，则有状列辞谚：并述理于心，著言于翰，虽艺文之末品，而政事之先务也。②

刘勰述源流，指出行政公文的政治伦理意义，将之看作国家各阶层

---

① 主要见于里耶秦简。参见陈治国《从里耶秦简看秦的公文制度》，《中国历史文物》2007年第1期；赵炳清《秦代地方行政文书运作形态之考察》，《史学月刊》2015年第4期。

② ［南朝梁］刘勰著，黄叔琳注，李详补注，杨明照校注拾遗《增订文心雕龙校注》卷五，北京：中华书局，2012，第342—343页。

意志传达的载体;同时,虽将其视为"艺文之末品",但也看重个体的创造力,认为"迄至后汉,稍有名品"。居延出土的诸类公牍,可证其体制应用,其中也有文辞优美的,只是整体水准和影响力不及名家名篇而已。

二、文书的生成

通常,"文书"指"发信人以向收信人传达自己的意思或其他情报为目的所作成的书檄。因此,严格来说文书应具备发信人、收信人、所传达的事项这三大要素"①,据此,不仅律令类不能列入文书,籍簿、案录、符券、检楬类有很多似乎也要排除在外。不过,各类文牍不仅在历史原境中是内在联系的,且籍簿、符券、案录等也是为了流通而作。可以说,边塞军政文书的生成过程,原本是互为依存的:

1. 从"籍"的备用到"簿"的形成。用于记录人名的籍,有预先制作、以备后用的情况,后期追加各类数据或其他情况后,便成为记录物品的簿(适用于包含机构和人名的簿、录、案等)。在此意义上,数量很大的籍簿类文书,是需要不断修订的文书附件。而没有机构、人名的籍簿,很可能是最原始的草稿。②

2. 逐层整理、定期呈报、邮驿签署和存档抄副,均形成文书。无论是自部候、候官到都尉,还是由都尉下发至部候,籍簿的制作,都处于不断修订的起点和终端:烽隧和部候的候史逐日记录,按月或按季将原始材料呈报于候官,经候官、令史、尉史等的整理,形成

---

① [日]永田英正《居延汉简研究》,张学锋译,桂林:广西师范大学出版社,2007,第266页。
② 有关籍簿类文书的关系与生成、传递、格式,参见[日]永田英正《居延汉简研究》,张学锋译,桂林:广西师范大学出版社,2007,第255—323页。

文书和附件,呈交都尉,由此,都尉得到下属吏员、戍卒、器物等的总籍簿,作为上报郡守的附件;同时,都尉府依据吏员等情况,制作名籍,用于奉禄支用、人员迁除、吏员考绩、衣食下发等的备用数据,成为下行文书附件的起点。其中,候官是行政文书制作的最基层机构。上文所举《张掖郡掾吏功劳案》残简(图1.3),可看作郡守下发,经由肩水金关抄录的文书附件。最后,太守府汇总都尉、各县的数据,上报朝廷,尹湾汉墓 YM6D1 和 D2,正是东海郡功曹史师饶整理的上计附件的抄本。①

同时,为了高效与安全,邮件的派送与签收,要由收发、传递机构逐一登记,形成邮书课和封署记录;因存档需要,简册又分类缀加标签,形成丰富多样的检楬;与文书和物品的管理类似,凡往来边郡关塞的人员及其物资,也要登记备录。

3. 文书经过逐层整理、存档和呈报,自然形成草稿、正稿和副本,显示文书生成的特定阶段——当然,也与特定的书写状态相关。按照惯例,凡正函,都传递给上级或下级,我们在同一或相邻出土探方中见到的,要么是各类数据的原始文件,要么是公文草稿,要么是副本。根据所涉事项、涉事人物及书写笔迹,以及草稿上特殊的留空(尤其是日期和发件人)、补写、画除,可以还原其中的一部分。

4. 多次书写。一些简例的同一个书写面上,有二次书写、补充书写的情况,显示为不同笔迹;还有利用旧简背面书写的情况,显示为不同性质的文书。

借助这些惯例,我们可以确定文书生成的次序或稿本状态,推

---

① 连云港市博物馆、东海县博物馆、中国社会科学院简帛研究中心、中国文物研究所《尹湾汉墓简牍》,北京:中华书局,1997,前言、第77—84页。

测其关系。此外,文书有相应的律令约束,如张家山247号汉墓《二年律令》除明确伪造、偷盗、丢失、毁坏文书的量刑以外(贼律一三、五二、五三),还有对书写失误的处罚规定:"□□□而误多少其实,及误脱字,罚金一两。误,其事可行者,勿论。"(贼律一七)①在制度约束下,必增加草拟的环节,且凡不合格的誊抄,也会被废弃。

三、文书的体式

包含内容体式和形式体式两方面。具体有:

1. 完整文书的内容格式。制作完成的文书,包含正函、邮件名称和附件。通常,完整的正函,由年号日期、发文机构和负责人、所述事项、收文机构或负责人、草拟人或签署人组成;有文件名的,或写在简册背面,或写在附件首或尾部,并有正函的附注;签署人,大多写在正函末尾或简册背部,有一人签署的,也有按秩次,由掾(啬夫)、属、令史、尉史、书佐依次签署的情况(一般两到三人)。而仅存正函的简例,既有可能是完整邮件各部分失散的面貌,也可能是仅需正函的"移文",事项简单,无需标题与附件。除上述基本要素外,正函中还有一些习语:上行文书,常有"敢言之""报""叩头""死罪"等敬语;代理上司行使职权的,注明"以私印行事";下行文书,用"承书从事""书到从事""如律令""以律令从事"等命令句;都尉府之间用"卒人"称呼;对候长、士吏及掾史,也用"坐前""卿"表示敬称。

2. 形制、版面、分栏与分行。不同性质的文书,使用不同的材

---

① 张家山二四七号汉墓竹简整理小组《张家山汉墓竹简[二四七号墓]:释文修订本》,北京:文物出版社,2006,第10、15—16页。

料,而材料又体现着特定的法度。史籍中,常将材料形制与文书类型相联系,如律令为三尺,典籍有二尺四寸、八寸,檄有二尺、一尺五寸、一尺二寸,策书为一尺一寸或一尺,符为六寸或五寸。①这些记载,大致上得到出土材料的印证。通常,完整的符券,长约14—14.6厘米,合汉六寸;居延通行的文书,以尺牍、尺简为多,长约22—23厘米左右,宽0.8、1、1.2、1.8、2、3.5厘米不等,又以1—2厘米最为常见;封存用的检楬相对自由,检3—11厘米不等,楬4—17厘米不等。按惯例,文书正函和附件用简相对讲究,用善札或善檄;而簿籍类文书,多用尺寸较宽的木牍,甚至用废弃简牍的背面。整体上,自汉至魏晋,简牍材料的形制,年代愈晚,尺度愈为松动。但就居延简牍而论,合乎汉尺的简牍仍为大宗。当然,由于善札有限,居延各候官烽隧也有材料制作,下文单论。

版面方面,除了多面书写的觚、部分封检文字见于封泥槽底部以外,居延简牍以单面书写为主,亦见两面书写的例子。一般标题抬头居简首,遇皇室、尚书等称谓提行另起。完整的简册,标题位于简首或简末,有时字体稍大;为清晰呈现,有时要逐项、逐事在简背或简首编码,或编制目录(尤其是律令类)。

凡正函,或以编绳处为约,分栏书写,或不分栏直接书写;籍簿类文书分2—8栏不等,8栏的如尹湾YM6D8A,7栏的如尹湾YM6D7A、居延220·18;居延籍簿文书2—4栏为多,超过10栏的多为历谱;除编绳外,栏界还用墨线或刻划表示。分行方面,正函多为两行或单行,籍簿类则相对自由。

3. 容字与留空。简牍每行的字数,典籍类相对稳定,而行政

---

① 参见王国维原著、胡平生、马月华校注《简牍检署考校注》,上海:上海古籍出版社,2004,第11—41页;李均明、刘军《简牍文书学》,南宁:广西教育出版社,1999,第93—94页。

文书则相对自由,容字多少往往取决于文函字数和材料情况,其中有随机调适的情况,也有材料相对宽裕时,根据习惯控制字距的可能。留空方面,除一些草稿空缺发件人、日期,还有以备编连的技术性留白。

4. 除文字以外,不同的文书,有相应的书体和书写规范,下文单论。

以上是汉代各级文吏记录、整理、编订、草拟公文的一般惯例。尽管,具体简例零散居多,生成的情境各异,但大致可依此进行一定程度的复原。现以署名"令史充"和"尉史充"的几枚简牍为例(图 2.1、图 2.2):

JL24:57·1　永光二年三月壬戌朔己卯,甲渠士吏强以私印行候事,敢言之。候长郑赦父望之不幸死,癸巳予赦宁,敢言之。(A)/令史充。(B)

JL25:EPT52·89　入麦小石百八石三斗。~五凤四年十二月丁酉朔戊申,甲渠尉史充,受左农左长佐宗。/候汉强临。

JL26:EPC·32　☐☐寿谓候长,写移书到,白报,毋留,如律令→/令史充。

JL27:EPT56·65　五凤五年三月丙寅朔甲午,甲渠鄣候汉强谓士吏安主,候行中,随书到,(A)/尉史充。(B)

JL28:160·15　三月丙戌,甲渠士吏强以私印行候事,下尉、士吏☐章、候长毋害等,承书从事,下当用者。/令史充。

JL29:甲附16　初元三年九月壬子朔辛巳,令史充敢言之。爰书☐/☐辟丈淳道㫄皆应令,即射。行候事塞尉☐☐

这六个简例分涉六事,简析如下:(1)从文字内容看,JL24、25、

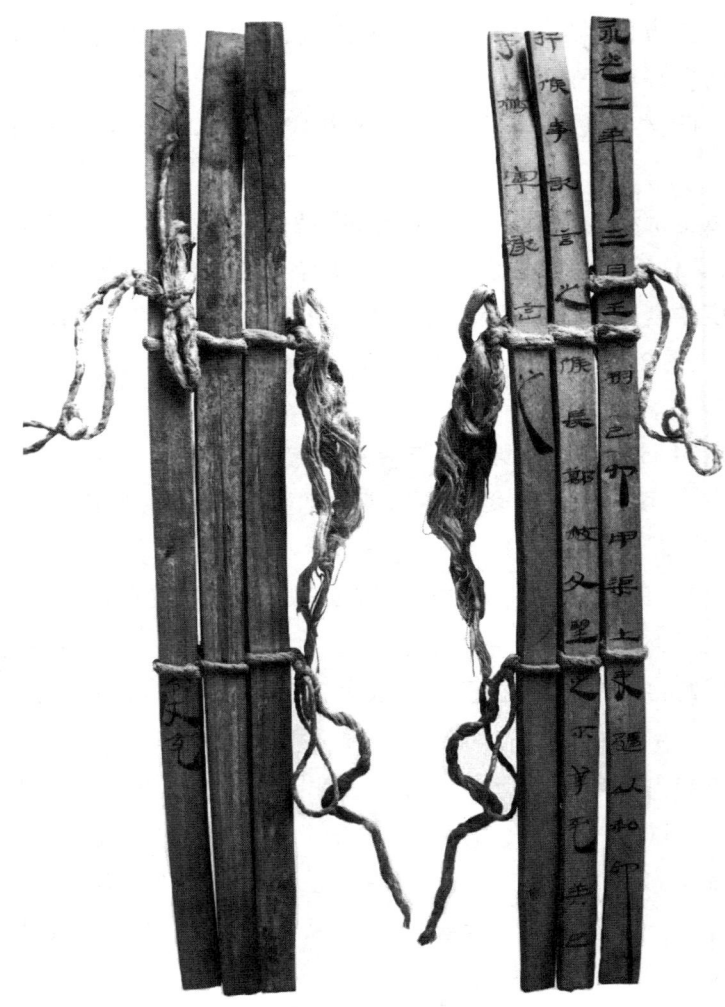

图 2.1　JL24（57·1）。前 42 年，甲渠候官令史充，23.2×3.0 厘米。

第二章　文牍奏记与书法印章的日用

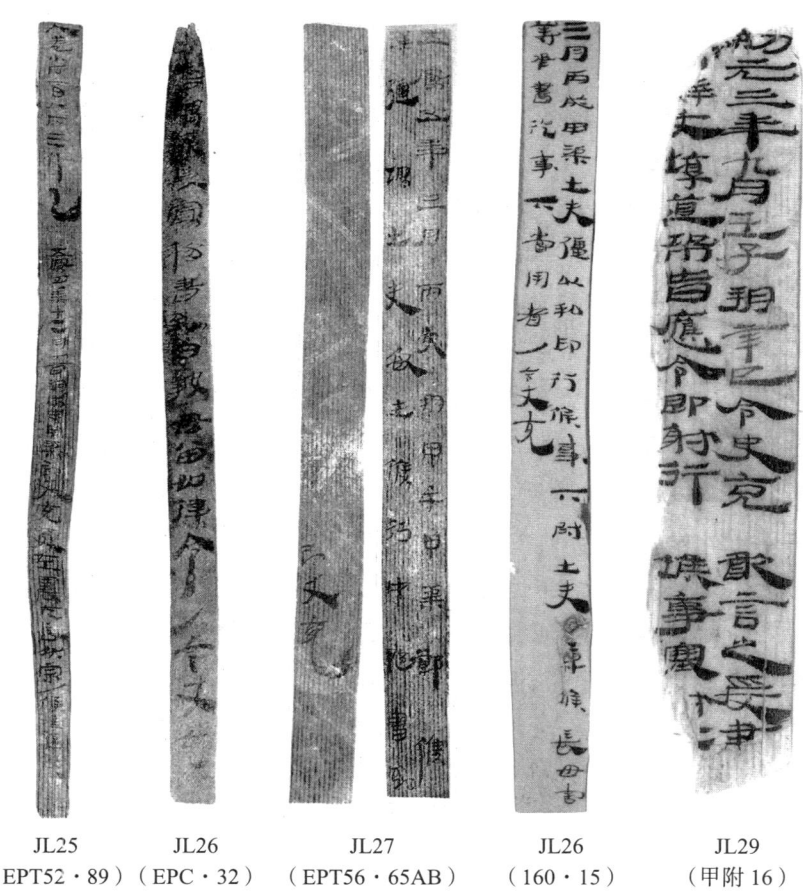

|JL25|JL26|JL27|JL26|JL29|
|(EPT52·89)|(EPC·32)|(EPT56·65AB)|(160·15)|(甲附16)|

图 2.2　JL25—29：与令史充、尉史充相关的简例。自左向右，EPT52·89 为 24×1.3 厘米，前 54 年；EPC·32 约 17×1 厘米，约前 48—前 39 年；EPT56·65 为 22.5×1.8 厘米，前 53 年；160·15 为 23.1×1.8 厘米，约前 48—前 39 年；甲附 16 残约 8.5×1.8 厘米，前 47 年。

26、27、28,是简要事项的通报或记录,没有附件,JL29 是安排公元前 46 年吏卒秋射事宜的文函,要求部隧打理场地和设施,以达到要求,随函呈报的,还有现今佚失的"爰书"。(2)从发文方向看,JL24、JL29 是上行文书,分别向上级说明员吏丧假事由,呈报秋射准备事宜,有"敢言之"等用语;JL26、JL27、JL28 是下行文书,向各部候传达政令,有"如律令""承书从事"等用语。这五枚简牍均用于传递,遵循通用文体格式。与之不同的 JL25,类似于粮食出入登记的收据,先写事项,再写时间和责任人,有表示勾兑的符号"~"。由于同期粮食出入不止一次,因此,我们还可以将它看作五凤四年(前 54)十二月甲渠候官粮食出入簿的原始数据之一。(3)从书写签署过程来看,JL24 是先书写,后编连,署名于第一简背部下端(图 2.1);JL27 仅用一简,函文在简正面,署名在背面;JL26、JL28 函文和署名均在正面。同时,六个简例,都是名"充"的尉史或令史书写的,但他仅在 JL29 中身兼责任人,其他简例中,责任人是秩次高于他的候长或士吏,他只负责文件草拟和签署(图 2.2)。(4)从收文者看,JL26 应为部候长,JL27、28、29 也是下发给甲渠士吏及部候的,因此都是留在甲渠候官驻地的草稿或正稿的副本。

最后,甘露到永光二年间(前 53—前 42),甲渠候官掾史中,各有一位尉史和令史简称"充",还有一位见于口粮发放簿上的令史"郭充"(26·21),有学者曾从签名或笔迹上区分他们,但本书以为,各文书有正稿和草稿之别,而廪名籍 26·21 很可能并非"充"所为,这种区分效用性不高。鉴于尉史和令史"充"签名笔迹有正体和草体之分,而草体签名笔迹又十分接近(图 2.3),加之各简例分布年代靠近,且自尉史升任令史符合情理,很可能,他们就是郭充。当然,限于材料,这只是推测。不过,这个有争议的例子可以充分说明,倘若抽离文书类型和生成情境,我们对书者、书体、风格等的阐释,也将大大失效。

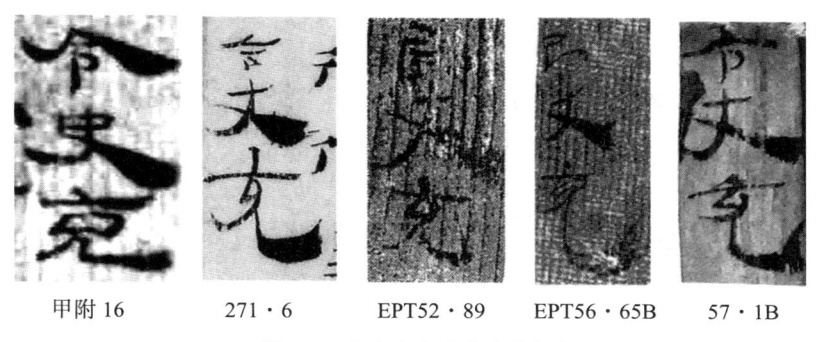

甲附16　　271·6　　EPT52·89　　EPT56·65B　　57·1B

图2.3　令史充和尉史充的签名

第二节　边塞掾史文案劳顿的五种观察

居延简牍书迹的规范或急就风貌,与掾史史书才能有关,更与其工作状态有关。在此,我们从五个方面,考察边塞掾史文案工作量,进一步状述边塞掾史日常书写的状态。

一、同一事项的关联文书

篇幅所限,此处仍用JL29中所及初元三年(前46)九至十月的秋射一事。有关这一年的"秋射",出自甲渠候官遗址的简例,还有三枚:

JL30:227·100　☐初元三年以令秋射☐
JL31:485·5　　☐☐初元三年以令秋射,发矢十二,中帟矢六
JL32:282·7　　初元三年十月壬子(应为壬午)朔辛巳,甲渠

　　　　士吏强敢言之。谨移所自占书功劳墨将名籍一编,敢言之。

其中,JL32是甲渠候官士吏(石)强(还见于JL24、27、28)[1]自行呈报个人功劳的申请书,JL29写于这一年的九月三十日,JL32书写于十月,具体日期是错误的(该月无辛巳日),但可以确定写于秋射完毕之后,既然是"一编",则还有缺失的部分;其余两枚,内容相似,且笔迹几乎相同(见图2.4),因此,两枚简牍或为一人书写,为同一事项的稿本。考虑到秋射后申报功劳的官吏不止一人,似乎还可将它看作一份被打散的简册中的两枚,因为两者的书写,都遵循功劳簿先写吏员名字和职位、中段留空、再接功劳考绩情况的格式。

　　通过这些线索,我们可以推定,在候官驻地,有关每年秋射活动的文书,至少便有通报、安排或动员的书檄,秋射考绩情况的案录,上报文书,部分吏员申请功劳的文书等,每个类型,经过草稿,形成正稿,并抄副用以存档。依照惯例,凡吏员调动或奖惩时,也要启用这些数据,将秋射功劳与平时的考勤结合起来,四年之劳积为一功,而变成官吏的功劳案,期间,候官存档的秋射功劳抄本、官吏任免的副本、往年的考勤记录,赋予功劳案法律效应。其纷繁复杂可见一斑。

　　同一事项关联文书的例证还有很多,下文多有涉及,不赘。

　　二、同一掾史的关联文书

　　文案书写者当中,甲渠候官主官掾夏侯谭的简例最为丰富,可复原的简册较多。夏侯谭约生于鸿嘉元年(前20),是居延鞮汗里人,爵位是公乘,他最初的经历不全,仅可推测,大约于20岁左右,

---

[1] 有关石强的考述,见笔者博士学位论文,第366—367页。

第二章　文牍奏记与书法印章的日用　　　　　　　　　　99

　　　　JL30　　　　JL31　　　　JL32
　（227·100）　（485·5）　（282·7）

图 2.4　JL30—32：初元三年（前46）秋射文书其他残简。282·7长约23厘米；485·5和227·100长约10厘米，放大。

他担任少吏,约居摄二年(7)前后(JL39),从令史干到主官令史(亦称主官掾),至建武七年(31)前后被弹劾见逐时,大约51岁,担任主官已有三十余年。有关他的纪年简例,大部分在新莽、光武初期。以下我们择取关键材料,分述如下:

1. 粮食、物资、奉禄等籍簿制作

JL33:EPT27·41　☐甲戌掾谭受第三隧长☐☐

JL34:EPT59·100　入粟大石廿五石。车一两。正月癸卯,甲渠官掾谭,受訾家茂陵东进里赵君壮,就人肩水里郅宗。(墨勾一圈)

JL35:EPT65·10　推木候长王宏, 十一月食一斛五斗。司。十月丙寅掾谭取。卩

JL36:EPF22·93　令史夏侯谭　四月食三石　四月辛亥自取

JL37:EPT65·24　主官掾记。告郅卿:王长、宣成、左隆食及得余谷凡八石。成、隆及王长妻/自言,府廪其食。隧长施刑所贷一石七斗,谭☐三斗凡二石偿。(A)成、隆、长妻自言,府不当十月食。仓督官为行出,还其食。与长妻、张令史/取。卿食二石,及张令史为与长妻一石,凡三石。长食☐☐有余谷,自廪。(B)

这五个简例,JL33为夏侯谭与下属部隧物资交接簿残片,JL34为百姓缴纳官粮的凭据,JL35、36是他自领或代领奉禄的记录,JL37是官吏还食情况的记录与说明。与他相关的同类文书,事涉粮食出入的,还有154·5、EPT7·4,有关奉禄发放或领取的,还有EPT65·8、EPT27·10,有关员吏还食账目的,还有EPF22·301等。

2. 各种书檄的草拟和抄副

JL38：EPT27·4　掾谭奏封。

JL39：2000ES9SF4·18　居摄二年正月乙酉朔甲辰,甲渠候放谓第□☒/到听书牒署从事,如律令☒（A）　正月廿日迹至二月廿四□□□　掾谭、令史☒（B）

JL40-1：EPF22·359　新始建国地皇上戊四年五月庚辰朔,甲沟候长隆以私印行候文书事,敢　（A）　掾谭、造史业、尉史宁。（B）

JL40-2：EPF22·360　言之,府移使者治所录曰:诏书

JL41：EPT59·79　☒正月丙午朔甲戌,甲沟掾谭敢言之,谨

JL42：EPF22·460　汉元始廿六年十一月庚申朔甲戌,甲渠鄣候获敢言之。/谨移十月尽十二月完兵出入簿一编,敢言之。（A）　掾谭。（B）

JL43-1：EPF22·370　建世二年三月癸亥朔壬申,甲□（A）掾谭。（B）

JL43-2：EPT65·43　□建世二年三月癸亥朔甲申,甲渠候　移殄北候官。当曲（A）掾谭。（B）

JL43-3：EPT65·44　建世二年三月癸亥朔,甲渠候 移殄北候官。当（A）掾。（B）

JL44-1：EPF22·45　建武四年五月辛巳朔戊子,甲渠塞尉放行候事,敢言之。诏书曰:吏三百石、庶民,嫁娶毋过/万五千;关内侯以下至宗室及列侯子,娉聚各如令。犯者,没入所赍奴婢、财物县官。有无?（A）　掾谭。（B）

JL44-2：EPF22·47　建武四年五月辛巳朔戊子,甲渠塞尉放行候事敢言之,府移使者□/所诏书曰:毋得屠杀马牛。

有无？四时言。•谨按部吏毋屠杀马牛者，敢□□。（A）掾谭（B）

JL44-3：EPF22•48　建武四年五月辛巳朔戊子，甲渠塞尉放行候事，敢言之。诏书曰：吏民/毋得伐树木。有无？四时言。•谨案：部吏毋伐树木者，敢言之。（A）掾谭（B）

JL44-4：EPF22•46　•甲渠言：部吏毋/犯四时禁者。

JL44-5：EPF22•49　•甲渠言：部吏毋犯/四时禁者。

JL44-6：EPF22•50　建武四年五月辛巳朔戊子，甲渠塞尉放行候事，敢言之。府书曰：吏民毋犯四/时禁。有无？四时言。•谨案：部吏毋犯四时禁者。敢言之。（A）掾谭（B）

JL44-7：EPF22•54　建武四年五月辛巳朔戊子，甲渠塞尉放行候事，敢言□。/谨移四月尽六月赋钱簿一编，敢言之。（简上沾染红色）（A）掾谭（B）

JL44-8：EPF22•55　建武四年五月辛巳朔戊子，甲渠塞尉放□☑/谨移正月尽六月财物簿一编，敢言之。（简上沾染红色）（A）掾谭（B）

JL45-1：EPF22•37　•甲渠言：部吏毋铸作钱、发冢、/贩卖衣物于都市者。

JL45-2：EPF22•38　建武六年七月戊戌朔乙卯，甲渠鄣守候　敢言之，府移大将军莫府书曰：奸黠吏/民，作使宾客，私铸作钱，薄小不如法度，及盗发冢、公卖衣物于都市，虽知莫谴苛，百姓患苦之。（A）　掾谭、令史嘉（B）

JL45-3：EPF22•40　•甲渠言：部吏毋/铸作钱者。

JL45-4：EPF22•51　建武六年七月戊戌朔乙卯，甲渠鄣守候　敢言之。府书曰：吏/民毋犯四时禁。有无？四时言。•谨案：部吏毋犯四（A）掾谭、令史嘉（B）

JL45-5：EPF22·52　时禁者，敢言之。
JL45-6：EPF22·53　建武六年七月戊戌朔乙卯，甲渠鄣候　敢言之，府书曰：吏/民毋得伐树木。有无？四时言。·谨案：部吏毋伐树木。（A）掾谭、令史嘉（B）

这些简例，我们初分为八组。其中，JL38是邮件的奏封，为掾史本职之一。JL39正面为公函，背面为日迹簿，性质、笔迹均不类似，当为两次书写、旧简利用的结果。JL40的两枚简，是某移书的残件，当有附件，夏侯谭是起草文书的主要负责人，与之不同，在JL41中，他是发文责任人，两者分别代表掾史佐助长吏和自行职权之事。JL42是公元26年第四季度的兵器出入簿，无疑有佚失的附件；JL43中的几枚为同月所写，JL43-1写于建世二年（26）三月初十，JL43-2和JL43-3写于同月二十一日①，为同一事项，均于责任人处留空，是书写两次的草稿，且笔迹不同，后者仅于简背写"掾"而不署名，但同期候官掾一般只有一位，则其书写者，或即夏侯谭（或为令史的代笔）。②JL44和JL45，是同日书写的文书，前者写于建武四年（28）五月八日，前六枚为诏书和府书的传达公函，后两枚为此年第二季度甲渠候官奉禄、财物情况的呈函，应有编册的簿书附件；后者写于建武六年（30）七月十八日，其中，JL44-3与JL45-6，及JL44-4、5、6与JL45-4（图2.5），为同一事项，或为

---

① 《集成》释为三月十二日，似有误。见中国简牍集成编辑委员会编《中国简牍集成·居延新简》卷三，兰州：敦煌文艺出版社，2001，第236页。
② EPF22·273AB有与甲沟鄣候（张）获同期的"掾常"，纪公元24年，鄣候获2年后复任甲渠候，与之同时出现的掾，即夏侯谭，此处当即夏侯谭。有关候官掾史的一般配置，见李均明、刘军《居延汉简居延都尉与甲渠候人物志》，《文史》第三十六辑，北京：中华书局，1992，第125—144页。

JL44-4	JL44-5	JL44-6	JL45-4	JL45-5
(EPF22·46)	(EPF22·49)	(EPF22·50AB)	(EPF22·51AB)	(EPF22·52)

图 2.5 JL44-4/5/6 与 JL45-4/5：部吏毋犯四时禁册（EPF22·46/49/50—52）。28 和 30 年；甲渠候官掾夏侯谭和令史嘉；长 22.9—23.3 厘米，宽 1.6—2.2 厘米。

相似政令重申的产物;① 版面上,两者均以编绳为栏界,JL45 中,凡发件责任人,都留有空缺,发件前,由责任人签名(如图2.5 中 JL44-6 第一行下端"塞尉放"之"放")或审阅,应是预先准备的草稿或副本;② 而 JL45-1 至 JL45-3,是同一文书的不同部分,分别代表标题和正文,标题前用醒目的圆点,JL44 和 JL45 中政令传达类文书,都依此惯例。

关于夏侯谭和令史嘉这两天的工作量,我们还可做进一步推测。首先,JL44 各简例书写潦草,应属草稿。再次誊写后,草稿、正稿两项相加,约书写六至八百字左右,若包含存档副本,则字数在一千左右,至少消耗 20—30 枚以上的简牍;其次,是 JL44-7 和 JL44-8 所说的两份佚失的附件:一个季度的赋钱簿和财物簿。依据同类籍簿,我们知道,赋钱簿简例一般有三种体式,第一种见(第一章)JL16、JL17,或录总钱数和总人数,或分秩次录总数,其余两种为:

JL46:EPT4·59　出赋钱六百,给万岁候长王凤十月奉☐③
JL47:EPT50·85　候史刑延寿,八月奉用钱六百☐④

---

① "吏卒毋犯四时禁书",还见于张掖库宰下发的 EPT59·160、161,时当新莽时期。
② 有关亲笔签名和副本的问题,见[日]富谷至《文书行政的汉帝国》,刘恒武、孔李波译,南京:江苏人民出版社,2013,第 175—183 页。
③《居延新简》(集成本)将该简与 EPT4·63、64、69 及 EPT5·169 集合为《赋钱出入簿》,涉及部候长、佐史、鄣卒和总数目。见中国简牍集成编辑委员会编《中国简牍集成·居延新简》卷四,兰州:敦煌文艺出版社,2001,附一,第 1 页。
④《居延新简》(集成本)将该简与 EPT50·74—75、81、84、86—88、148、157—157、191、216、234,EPT51·126、367,EPT52·20、43、129、230、255、256、402、423,共 25 枚残简集成为《吏奉钱簿》(中国简牍集成编辑委员会编《中国简牍集成·居延新简》卷四,兰州:敦煌文艺出版社,2001,附一,第 2 页)。据刑延寿等人,该簿约在永光(前 43—前 39)前后。

无疑,成编的赋钱簿,应有总目和分账,总目为第一种体式,分账为后两种之一。无论哪种,分账是一人一简;再按上文甲渠候官吏员 106—108 人左右计算,仅赋钱簿就需近百枚简牍(不包括鄣卒),书写上千字。至于财物簿,已有集成籍簿没有对应的名目,是否是库房余钱簿、衣物簿、兵器簿等的综合统计,还很难说。当然,用于呈送的赋钱簿和财物簿,或非同日制成,但是,各类籍簿的统计、誊写、校对和抄副,都要经过候官掾史之手,工作量不言而喻。

与夏侯谭相关的书檄类文牍,还有 EPF22·413、EPF22·334、EPF22·532、EPF22·186—210(《驹罢劳病死册》)、EPT68·136、EPT59·87、EPT68·56(空发件人)、EPT68·210(空发件人)、EPF22·506(有勾兑符)、EPF22·508(有勾兑符)、EPF22·652、EPS4T2·30、EPF22·379、EPF22·430(空发件人)等,涉及日常人、物、粮、文书、官马管理等各个方面,可以说,大量的公文和籍簿,是居延掾史每天的工作常态,尤其是行政管理相对严格的西汉和东汉初期。而月结性和季度性统计时,当格外忙碌。此外,他们还肩负以下任务。

3. 人员迁除、任免文书汇报

JL48:EPF22·250 建武五年四月丙午朔癸酉,甲渠守候 谓第十四(A)掾谭。(B)

EPF22·251 隧长孝,书到听书从事,如律令。

EPF22·252 第十四隧长李孝, 今调守第十守士吏。

EPF22·253 第十士吏冯匡, 斥免,缺。

EPF22·254 建武五年四月丙午朔癸酉,甲渠守候 谓第十守(A)掾谭。(B)

第二章　文牍奏记与书法印章的日用

EPF22·255　士吏孝,书到,听书从事,如律令。

EPF22·256　第十守士吏李孝,今调守万岁候长,有代,罢

EPF22·257　万岁候长何宪,守卅井塞尉。

JL49：EPT68·1　建武五年五月乙亥朔丁丑,主官令史谭敢言之。

EPT68·2　谨移劾状一编,敢言之。

EPT68·3　五月丁丑,甲渠守候博移居延,写移,如律令。/掾谭。

EPT68·4　甲渠塞百石士吏,居延安国里公乘冯匡,年卅二岁。始建国天凤上戊六年

EPT68·5　三月己亥除,署第四部。病欬短气,主亭隧七所,疕呼。

EPT68·6　七月□□除,署第十部士吏。□匡软弱不任吏职,以令斥免。

EPT68·7　建武五年五月乙亥朔丁丑,主官令史谭劾、移

EPT68·8　居延狱,以律令从事。

EPT68·9　·状辞:公乘,居延鞮汗里,年卌九岁,姓夏侯氏。为甲渠

EPT68·10　候官斗食令史,署主官,以主领吏、备盗贼为职。士吏冯匡,

EPT68·11　始建国天凤上戊六年七月壬辰除,署第十部士吏。案匡

EPT68·12　软弱不任吏职,以令斥免。

这两份简册,分别起草于建武五年(29)四月二十八和五月初

三，JL48是第十部士吏冯匡的免职状，也是第十四隧长李孝接替该职务的任职令；四天后，夏侯谭又在JL49中，就士吏冯匡的免职情况，按惯例以劾状形式向上级呈报，通过状辞，我们得知冯匡任职已有十年，而夏侯谭也处于掾史职位的末期。夏侯谭的主职，是"领吏、备盗贼"，其中，"领吏"是主官令史的权力，包括官吏考勤、召见属吏说明情况、举劾不称职的官吏、进行吏员职务的调整等，各事项都需文书传达，夏侯谭留下的此类文书，还有EPF22·288—289、EPF22·247—249、EPF22·357、EPF22·700等；"备盗贼"是所有令史的职责，在文案工作之外，掾史有时还参加战斗，主持其他公务。

  JL50：EPT59·533　　□□掾谭知并不日迹，
  JL51：EPT59·595　　□遣主官谭将武□
  JL52：EPF22·841　　□□渠问主官谭，对曰：充
  JL53：EPF16·47　　第八隧，攻候鄣。君与主官谭等格射各十
         余发，虏复并塞

这几个简例，分别为夏侯谭日迹、出使、答问和参加战斗的例子。JL53属于《甲渠候君书》简册（EPF16·36—56）中的一枚，该册是甲渠候写给将军掾的一封书信，从中我们得知，某年十月廿八日，甲渠候部遭到四十多个骑马胡虏的侵犯，多处部隧被烧，期间，夏侯谭曾投入战斗，格射守鄣。[①] 在"领吏、备盗贼"为主职的

[①] 有关夏侯谭生平及主要事迹的研究，参见罗仕杰《夏侯谭生平、籍里及其相关研究》，载中国秦汉史研究会编《秦汉史论丛》第七辑，北京：中国社会科学出版社，1998，第369—378页。

前提下,再来看夏侯谭的文案工作,可能会更为客观。同时,夏侯谭的文案工作有三十多年,但事实上,除JL39一枚稍早,夏侯谭的纪年简例,都在公元20年以后,而又以公元26—30年最多,换句话说,他和同僚书写的绝大多数文书,都没有保存下来。对此,我们还可从一个探方出土简例的分布来分析。

三、同一探方的缺失档案

夏侯谭的相关简例,大部分出自甲渠候官遗址出土标号为F22的文书档案室(见图2.6),该房间仅有六平米,属于晚期修建17间房屋(坞西侧F13—17,坞东侧F20—31)中狭小的一间。甲渠候住在坞西侧F16,坞东侧为吏卒居室和灶房(F26),① 很可能,候官掾史的居室,就在与档案室较近的F21、F23—25中。

从这个档案室出土的简牍有889枚,有明确纪年的84例(同一简册者仅算一例),最早为建始三年(前30),最晚为永元十年(98),大部分纪年简,都在新莽后期至建武八年之间,比例上,公元18—32年的纪年简,占纪年简总数的95%。倘若将纪年文书的确切日期及类型排列出来,似乎还能说明一些问题(见表2.1):②

---

① 甘肃居延考古队《居延汉代遗址的发掘和新出土的简册文物》,《文物》1978年第1期。
② 释文主要用《居延新简释校》本;简册复原用《居延新简》集成本的成果,沿用简册名称。此外,笔者据书写笔迹和简牍形制复原数例;没有名称的残简和简册,据文书内容定名。

图 2.6　1973—1974 年甲渠候官遗址（A8）发掘探方分布图

表2.1　EPF22纪年简年代、数量、类型分布表

使用年号	数量	制作 年–月–日	纪年简号、册书类型与特征 （虚线表示残缺简册）
建始三年	1	前30/29	EPF22·703（"建始三年十月尽十二月四时簿"楬）
河平四年	1	前25-6-16	EPF22·705（"吏卒日迹簿"函）
新莽天凤	4	14-12-19	EPF22·685（檄）
		18-1-6, 2-1	EPF22·439（除书）、440（除书）
		18-7	EPF22·674—676（檄）
新莽地皇	14	20-3-8	EPF22·413（檄）
		21-7/9	EPF22·468AB（"地皇二年七月尽九月四时簿"楬）
		23-5-9后	EPF22·359—360（檄）
		23-7/8	EPF22·236—241/403（地皇四年七月行塞省兵物录）
		23-8-2	EPF22·334（檄）、EPF22·441（除书）
		23-8-7	EPF22·377（起官记）
		23-8-6/9-2	336（"地皇四年八月候行塞起居"案？）
		23-8-25	EPF22·380—381（檄）
		23-11-4	EPF22·242—246/346/404—405/843（十月三日行塞劳赦吏卒记）
		23-11-9	EPF22·273—276（甲渠鄣候推辟册）①
		23-11-19	EPF22·483（檄？）
		23年	EPF22·378
隗嚣复汉	1	23-12-23	EPF22·423—424（檄）

---

① EPF22·273纪"地皇四年十一月丁丑朔甲申"，EPF22·483纪"地皇四年十一月丁丑朔甲午"，按《朔闰表》，十一月丁未朔，无甲申、甲午日；十月以丁丑朔，有甲申、甲午日。原简纪月或有误，此处按十月计。

续表

使用年号	数量	制作 年-月-日	纪年简号、册书类型与特征 （虚线表示残缺简册）
淮阳更始	4	24-8-30	EPF22·455（"被兵簿应书"函）
		25-6/7后	EPF22·358（验辞）
		25-12-22	EPF22·282—285（檄）
		25-12-23	EPF22·337（檄）
刘盆子 建世	4	26-2-15	EPF22·277—278（将军行塞檄）
		26-2-16	EPF22·335（檄）
		26-4-7	EPF22·292（檄）
		26-4-14	EPF22·370（檄）
平帝元始	1	26-12-13	EPF22·460（"十月尽十二月完兵出入簿"函）
建武初期	53	25—32年	EPF22·822（某册书残楬）
		27-4-4	EPF22·462（"建武四年三月调食牒"函）
		27-4-29	EPF22·80—82（隧长病书牒）
		27-6-18/8-8	EPF22·70—79（建武三年吏奉例册）
		27-7-23后	EPF22·432（"万岁部建武三年六月胡虏所盗兵"册名简）
		27-8-4	EPF22·459（檄）
		27-9-2	EPF22·61（候长宪校阅兵物不具书）
		27-9-28	EPF22·532（移书）
		27-9	EPF22·373—374（"七月校兵物少不备簿"函）
		27-11后	EPF22·353—354（状辞一）
		27-12-13	EPF22·453（"十至十二月谷出入簿"正函）、444（27年，无日期）
		28-1-18	EPF22·1—36（候粟君所责寇恩事）
		28-1-20	EPF22·186—201（驹罢劳病死册）
		28-3-10	EPF22·338（"吏名月言簿"正函）

续表

使用年号	数量	制作 年-月-日	纪年简号、册书类型与特征 （虚线表示残缺简册）
		28-4-29/5-1	EPF22·328—332/556/694（秦恭取鼓爰书）
		28-6-19	EPF22·44—50（令册四份）、54（"赋钱簿"函）、55（"财物簿"函）
		28-10-8稍后	EPF22·702（残）
		28年后	EPF22·442（建武三年四年弓弩校簿）
		29-1-2	EPF22·125—151/324（丁宫入关檄留迟册）
		29-4-1	EPF22·288—289（万岁候长以弩假立册）
		29-5-3稍后	EPF22·720（残）
		29-5-14	EPF22·152（檄，觚形封检）
		29-6-8	EPF22·247—257（建武五年五月迁补牒三份）
		29-8-31	EPF22·56—60（官吏迁补牒）
		29-8-29/9-27	EPF22·162—165（府令册）
		29-9-2	EPF22·153—161（令秋祠社稷书）
		29-11-5	EPF22·658（状？）
		29-12-25稍后	EPF22·408（"建武五年十一月以来告部檄计算卷"楬）
		30-2-22稍后	EPF22·355—357/361—363（状辞二）
		30-3-23稍后	EPF22·477（"将军伐茭令"等，觚）
		30-5-21稍后	EPF22·640（"不侵部建武六年四月驿马课"册名简）
		30-6-5稍后	EPF22·305—319/420（建武六年兵器出入簿）
		30-8/9,8-27	EPF22·323（册书函）、270—272（建武六年召隧长徐业验问册）①

① 《居延新简》集成本将EPF22·323与353—354等复原为一册，字迹和材料形制不同，存疑。中国简牍集成编辑委员会编《中国简牍集成·居延新简》卷四，兰州：敦煌文艺出版社，2001，附一，第8页。

续表

使用年号	数量	制作 年-月-日	纪年简号、册书类型与特征 （虚线表示残缺简册）
		30-8-29	EPF22·402（居延掾验问书）
		30-9-4	EPF22·37—39/42—43/51—53/322、696 （令册五份）
		31-3-22	EPF22·379（檄）
		31-5-7	EPF22·430（移书）
		31-5-11稍后	EPF22·409（"建武七年四月以来府往来书卷"楬）
		31-5-11稍后	EPF22·664（"甲渠候官建武四年四月□"册名简）
		31-5-23	EPF22·662（檄？）
		31-5前后	EPF22·398（"建武七年正月尽三月谷出入簿"函）
		31-6-19	EPF22·533（檄）
		31-7-16	EPF22·166—168（将军令册）、169—172（薛隆到官不持符册）
		31-8-7稍后	EPF22·651（"建武七年七月贫隧长及一家二人为寒吏"册名简）
		31-11-5	EPF22·700（"建武七年十月不侵候长□业亭隧不缮治"爰书函）
		31年	EPF22·570（残）
		32-4前后	EPF22·391（"诚北部建武八年三月军书课"函）
		32-12-7	EPF22·698AB（甲渠守候遣使检）
元和三年	1	86-10-1	EPF22·722（"元和三年十一月屠孙圣蒙边狗食□案"函，残）
永元十年	1	98-4-23	EPF22·560（残）

纪年简留存是简册档案完整度的重要标志。从表中可以看出，F22残存的文书档案，缺失很多：（1）文书年代分布，公元15—

19、22年没有，公元20、21、24年零星几例；(2)从文书制作集中的时段看，甲渠掾史每天都有文案工作，但残存简牍一月中有几天较为集中，其余时间空缺较为普遍，前后断断续续近80天左右，含复原简册共300枚左右，连续性不强；(3)从现存形态上看，完整的册书不多，凡残缺的简册，要么仅有标题简或检、楬，要么只有书檄的正函，很多籍簿案录类附件或正文是佚失的，而它们往往占简牍文书的一大半；(4)从文书类型看，各种政令、品约、历谱不全，书檄、吏员和器物籍簿、诉讼类爰书和状辞的关联度也不够，尤其是居延都尉府和居延令下发的文书正稿，存录也很少。因此，尽管F22是居延简牍出土最为完整的探方，但也只能看作甲渠掾史建武前后制作和常用文书的极少部分。

自然，鉴于它狭小的面积，恐怕也难以保存当时所有的档案。像建武四年和五年(29—30)的8份劾状，及天凤四年(17)的简册，是从T68发现的。①T68与档案室和吏卒居室接近，靠近坞院空地，一部分文书或许便堆弃于此处或鄣坞的其他空闲地。②依据

---

① T68建武年间纪年简，合并同册后为11例：T68·1/7（劾冯匡状，29年）、13/14/16（劾原宪状，29年）、29/31/41（劾赵良状，30年）、54/57（劾王闳等五人状，30年）、77/78/103/105（劾尚良等状，30年）、81（劾王褒状，30年）、123（卅井隧长乘甲渠书）、134/137（劾王长状，30年）、162/179（劾王尊状，29年）、216、226。此外，完整的简册还有《始建国天凤四年四月尽六月当食者案》（T68·194—207）。另有一些断简。
② 建武年间的纪年简在新简其他探方的分布情况为：T6两枚（T6·12、19）；T14两枚（T14·14、15）；T20两枚（T20·2、4）；T26两枚（T26·1、9［公元31年计算簿楬]）；T27两枚（T27·7、26）；T44一枚（T44·28）；T48一枚（T48·10）；T59两枚（T59·574/575/576、598）；T65两枚（T65·65、192）；F16一枚（F16·57）；F25一枚（F25·11）。若公元32年后屯戍活动停滞，则这些探方建武年间文书的废弃，说明有存档期限更短的情况。

F22纪年简的分布规律,学者认为汉代官文书存档期限为十三年左右,则此前数量庞大的文书,或废弃至灰堆,或已经焚毁,或掩埋到它处。①1973—1974年甲渠候官遗址出土的全部简牍中,鄣坞探方(T1—44,48,49,61,65,68)出土3434枚,鄣坞东侧灰堆探方(T50—59)出土3222枚,②依下文推测,这个数目仅是废弃文档之麟角。

四、邮驿封缄中的信息

文书的邮驿封缄记录,能从一个侧面反映掾史的文案工作量。如:

JL54:3·25　札五通,凡九通,以篋封。遣鄣卒杜霸持诣□。

JL55:75·14　十三日,北书三封:皆张掖大守章,皆诣。/一封,甲子起;一封,癸亥;皆☐

JL56:502·9A/505·22A　十二月三日,/北书七封:其四封,皆张掖大守章,诏书一封,书一封,皆十一月戊戌起。诏书一封,十一月甲辰起。/一封,十一月戊戌起。皆诣居延都尉府□□十二月乙卯日入时,卒宪受不今卒恭,夜昏时,沙头卒忠付骍北卒护。/二封河东大守章,皆诣居延都尉。一封,十月/甲子起;一,十月丁卯起。一封府君章,诣肩水。

JL57:73EJT31:114AB　三月一日/北书十一封:一封张掖大守章,诣居延都尉,二月乙巳起。/一封张掖长史行大守事,诣居延

---

① 汪桂海《汉代官文书制度》,南宁:广西教育出版社,1999,第227—232页。
② 甘肃居延考古队《居延汉代遗址的发掘和新出土的简册文物》,《文物》1978年第1期。

都尉,二月己酉起·□□兑恩□/九封肩水都尉诣三官,官三封,其三诏书□□/一封角(鱥)得丞印诣广地☑(A) 一封张掖水长诣肩水候官/一封角(鱥)得丞印诣居延/一封张掖临谷候印☑(B)

JL58:73EJT28:61 南书六封:其五封居延令印,一诣屋兰遝,一诣日勒遝,一诣温遝,一诣右扶风,一诣河内大守府/一封橐佗候印,诣肩水都尉府,□月乙未日出,二分时卒□受莫当吏□□,付沙头卒□☑

JL59:73EJT23:391:☑南书八辈 十六封☑

JL60:73EJT23:781:☑□十月南书五辈

JL54是甲渠候官制成的9份文件,由鄣卒持封篋递交,当用于短途;其余简例,除JL56出自肩水都尉府遗址(A35),余皆出自肩水金关(A32),为长途邮书记录,反映了边地与内郡间,郡内各都尉、县、邑间官私文书往来的频繁。可能正是由于邮卒驿马不停,无论"南书"还是"北书",邮驿文案,一般按日记录,精确到具体收发时间以明确责任,反而不记其年,或者仅有以月统计的做法,JL59和JL60中的"八辈"和"五辈"之"辈",就指邮书的批次。从现有文书统计,一次邮驿传送的文件,少则1封,多者16封,又以1—4封居多,其中有诏书,有移檄,也有私人书信。若按上文所述文书制作流程,各发文机构的掾史,仅抄副就需数次,如JL57中的11封(双面合计15封)邮件,有9封是肩水都尉传达给3个属官的文书,需为每个属官抄写3份传递,都尉府存档1份。

五、材料制作和工具消耗

掾史文案工作的材料和工具,包括简牍、毛笔、墨、书刀、书绳、书箧、书几等,其中,简牍、书绳只能使用1—2次,毛笔亦需更换,最能反映日常文案工作的需求。

1. 简牍和书绳

JL61:273·1　烽火治所。昕寇隧绳十丈,札五十,橛二。/以亭次传行,毋留。

JL62-1:7·8　骓喜隧:两行,卅。橛,三。/札,百。八月己酉输。/绳,十丈。☐

JL62-2:10·8　☐绳十丈,札二百,两行五十。

JL62-3:10·9　禽寇隧:札二百,两☐行五十,绳十丈。☐六月为七月☐

JL62-4:126·35　☐丈,两行五十,札☐

JL62-5:138·7/183·2　☐安汉隧札二百,两行五十,绳十丈。五月输☐

JL62-6:242·13　☐隧四月札二百。

JL62-7:433·39　出:善两行廿。/善札百。

JL63-1:234·35　☐两行二百,札三百。☐

JL63-2:EPT51·337　告上,遣卒武取两行来,毋留。

JL63-3:EPT52·726　☐月输:两行☐/札三百☐/橛廿☐。☐

JL63-4:EPT59·154A　两行百,札二百,绳十枚。/建昭二年二月癸酉,尉史☐付第廿五隧。

JL63-5:EPT65·60　两行,部百。书绳,部十丈。卒封阁,财☐

JL63-6:EPS4C:11　☐两行、札四百,持诣☐☐

JL63-7:EPT5·38　出书绳百斤,泉九百四十。始建国天凤

第二章 文牍奏记与书法印章的日用

一年十一月庚☐

JL64:456·5　扁常。谨案：部见吏二人，一人王美，休。谨输正月书绳二十丈，封传诏。（A）/长玄敢言之。（B）

根据出土地，我们将以上简例分为四组：JL61出自A10（瓦因托尼），属殄北候官，据同组纪年简，当在公元前90—前77年左右，年代较早，为书写材料的运送，但数额不全；其余三组年代略晚，其中JL62各简出自肩水候官驻地A33（地湾），JL63各简出自甲渠候官驻地A8（破城子），JL64出自卅井候官驻地P9（博罗松治）。从中，我们可以得出：（1）檄、两行、札和书绳，是按月按隧供应的。依据隧的大小和文案需求，中小规模的隧，每月供给檄数枚、札100—200枚、两行50枚、书绳10丈；规模稍大的隧，增加至檄20—40枚、两行200枚、札300枚，或更多。月供不足时则需申请补给，《敦煌汉简》1402有"青堆，札百五十，绳廿丈，两行廿"；1684A有"凌胡隧、厌胡隧、广昌隧，各请输札、两行，隧五十；绳廿丈。须写下诏书"，前者当为按月供给的数目，后者当为临时请求拨发。无论材料优劣，依此折算，一个小隧，每天消耗的简牍，在5—10枚左右，规模稍大的隧，在15枚以上，管理烽隧的候官，自数倍于此，符合我们前面的推测。如此，整个居延地区，以200个隧计算，加上候官，最保守的情况下，平均日耗简牍超过1500枚，数量之大，可与长沙古井遗存互证，而见于今世的，真可谓吉光片羽。（2）檄、两行、札的配给比例，反映的是不同文书的需求，也符合文书生成的一般逻辑：各隧的日常书记和公文的草拟，用一般的札；文书正稿用两行；更为重要的官文，用檄书写。（3）材料的供应，由各塞部的候官和掾史负责，甲渠、殄北、卅井、肩水等候官，为汉代官文简牍用材掌管的基层机构。除配给外，他们还负责制作、清点和报销：

JL65-1：EPT52·277　出钱二百，买木一，长八尺五寸，大四韦，以治罢卒籍。令史护买。☐

JL65-2：EPT65·120　尉史并白：/教问木大小贾(价)。谨问，木大四韦，长三丈；韦七十，长二丈五尺；韦五十五。·三韦木，长三丈，枚百六十。橡木，长三丈，枚百。长二丈五尺，枚八十。毋棣椠。

JL65-3：EPF22·503　☐二千枚，人力少，檄有书☐

JL65-4：479·17　☐☐一人治檄，☐

JL66-1：EPT57·44　☐其三缪，付厩啬夫章，治马羁绊。/一缪，治书绳。

JL66-2：73EJT4:1　☐其一斤治书绳☐

JL67-1：EPT59·229　始建国天凤一年六月以来/所受枲蒲及适椠/诸物出入簿。

JL67-2：EPT59·342　甲沟：白素三匹未入，绳少九十五斤/缘二丈未入/椠少七枚。……

JL67-3：EPF22·456　☐往来十日，当会二十八日。良、并二十九日到。·谨省数材，得二千八百二十。数屯少百八十，除丑恶/五十，凡少二百三十。当致百檄，今致二十六，少七十四。致检材五，当檄十，凡/少六十四。请令良以椠备，教并/赍，并复令☐备之。

以上简例均出自甲渠候官。JL65 为专人买木制作简牍的记录。据简文，加工以前，木料由掾史等人购买，其圆周称"韦"（双手拇、食指环合为一韦）；加工时，"断木为椠，析之为版，力加刮削，乃成奏牍"①,则"椠"是半成品。简牍加工应由部分木工负责,其中,"善札""善两行"为精细加工的简牍,不用树结处,形制规整,版面平齐,大体如图2.1和图2.2中的JL27—29等(部分为后期变形)。②JL66为书绳的制作,综合JL63-4等,完成的书绳,一枚当为一丈,因此有时以"十枚"配给。JL67是书绳、椠、原木等书写材料的清算记录。

  从现有出土物看,部分简牍是依据规格制作的。但由于加工原料和人力不足(JL65-3),也有很多籍簿和部分书檄,使用较为粗糙的材料,或为不规则形制,或为数面书写的觚,典型者如12·1(图2.7)、《候史广德坐罪行罚檄》(EPT57·108AB)等。12·1是五凤年间(前57—前54)居延都尉传递给肩水候官等的清塞、循行官檄,③是诏书下发后紧随其后的正函,使用树枝制作,虽尺寸不合规格,打磨尚属平整;而后者,为一段树枝临时截取正反面写成,版面有树结,形制粗糙,长度也较为罕见(长82厘米)。

---

① 黄晖《论衡校释》卷第十二,北京:中华书局,1990,第551页。
② "两行"有两类:一类版面为平,容纳两行简文,稍宽于单行札;一类是在平整木简的基础上,于两侧削出两个平整的斜面用于写字,中间有脊,断面呈菱形。居延和敦煌汉简很少见后一类实物。见张显成《简帛文献学通论》,北京:中华书局,2004,第152—154页;何双全《甘肃敦煌汉代悬泉置遗址发掘简报》,《文物》2009年第5期。
③ 该简定年依据:(1)简文有清塞诏书前已下的说法,与之关联的有42.9AB,为楬,简文分别为:五凤元年及二年□三□;都尉赋书及清塞下诏书;(2)掾延年等人的活动时间,见笔者学位论文附表四"(赵)吉"条,第359页。

图 2.7 居延都尉告卒人檄(12.1A—D),掾延年、书佐光等,前57—前54年,42.5×2.0厘米,四面觚,A33出土。

各候官简牍材料的按月供应既有匮乏,则出现隧长到当地市场自行购买,然后到候官处报销的情况:

JL68:99ES17SH1:2　出三月财用钱四百,入两行二百、橄廿三、尺札百。居摄二年正月壬戌省卒王书付门卒蔡惗

据研究,"财用钱"为汉代办公用品的税收和专用款,而该简,很可能是隧长自购材料的报销凭据。① 依简文,西汉末期,一个中上规模的隧,一月消耗的简牍用材,大约 400 钱左右,接近当时斗食吏一半的月奉,而 JL65-1 中花费 200 钱所购木材的体积,仅是 JL65-2 中用钱 160、三韦三丈木料的一半,② 表明它是临时加购应急,远非每月定额。除去木料差异和物价浮动等因素,综合可知,当时的边塞地区,100 枚简牍,约在 100 钱左右。③ 无疑,对各候官来说,这是一笔巨大的开支,对之加以定期清算诚属必然。

2. 毛笔、书刀等

JL69:99ES17SH1:11A　☐☐☐隧长王立,十月奉钱九百:出

---

① 孟彦弘《释"财用钱"》,载北京吴简研讨班编《吴简研究》第一辑,武汉:崇文书局,2004,第 222—229 页;谢桂华《初读额济纳汉简》,载孙家洲主编《额济纳汉简释文校本》,北京:文物出版社,2007,第 152—153 页;赵宠亮《说"财用钱"》,见前书,第 204—206 页。
② 按汉代尺度,粗略地以一韦合直径 0.1 米折算,JL65-1 所述木料体积约为 0.24 立方米,JL65-2 所述三韦、三丈木料,约为 0.5 立方米。
③ 当然,这个估算是相对的。JL65-2 中有尉史"并",活动时间约在公元前 61—前 50 年间(见笔者博士学位论文附表四"王并",第 355 页),而 JL68 在公元 7 年,期间当有物价的略微浮动。但若以官吏奉禄为比较对象,则这个数字仍有参考价值。

五十五卑／出六十六☐十月小畜钱／出二百候史☐候奉钱／出卅笔一筒直

JL70：84・5　　☒皂四尺，钱七十七。又笔一枚，钱廿三☒

JL71：101・24/276・10　记：谢范子恩，顷☐前所取世诏书刺以付妇。幸甚幸甚。／从徐子胜家取韦橐积凡十，莞刀二，笔、研、附布巾。／子恩状。良意惓惓☐☐到所言。前顷车

JL72：486・62　　☒所作笔一枚，☒

烽燧每月的配备材料不涉及毛笔、书刀和墨，其具体供给时间和方式，还有待新资料。从出土物看，河西汉塞的毛笔，是笔锋损耗不可再用时，替换笔头，据笔头长度，其规格应有数种，残存长度在1—2.2厘米之间（图2.8），原始长度应在1.5—2.5厘米左右。[①]与战国锋少毛软的楚笔不同，汉代毛笔多用狼毫，笔锋增长，笔头含毛增多，因此弹性较强。[②]但狼毫容易磨损，替换当较为频繁。JL69和JL70，是直接购买毛笔的情况，价格上，前者1支30钱，后者23钱。再综合JL71和JL72，及下文《元致子方书》（图2.35），似乎毛笔、书刀也有自行购买的情况，且可以随身携带，未列入物资清点的名目。大体上，各级掾史所用的毛笔，不外候官供应和市场购买两种。

[①] 参见 Bo Sommarstrom, Folke Bergman. *Archaeological Researches in The Edsen—gol Region Inner Mongolia*, Stockholm: Staens etnografiska Museum, 1956. p. 80 and fig.33；何双全《甘肃敦煌汉代悬泉置遗址发掘简报》，《文物》2009年第5期。

[②] 启功《〈书法丛刊〉第十一辑·引言》，载《书法丛刊》第十一辑，北京：文物出版社，1986，第4—7页。

第二章　文牍奏记与书法印章的日用

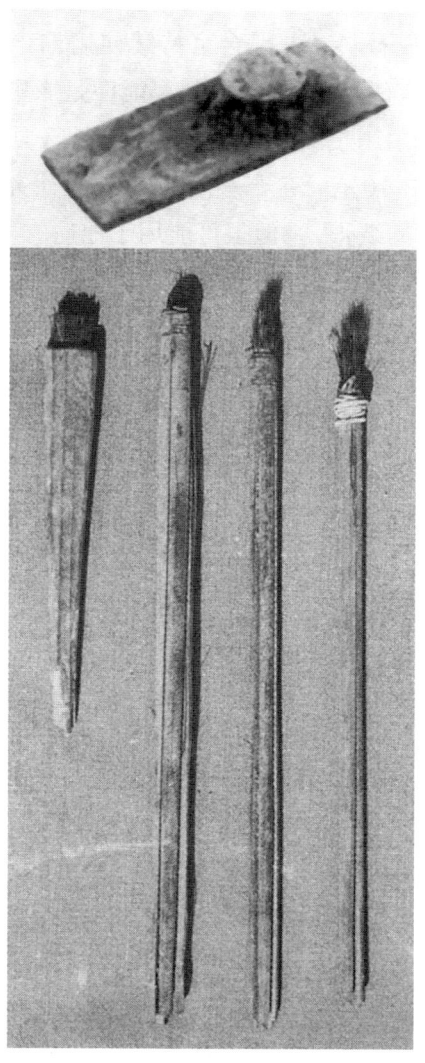

图 2.8　河西汉塞出土的砚台（上）和毛笔（下）。砚台尺寸不详，1973—1974 年出自 A32；毛笔均出自敦煌悬泉置遗址，右起第二支（T0103 ②:1）通长 24.5 厘米，锋长 2.2 厘米，狼毫，竹管。

按理，简牍书写墨的耗费不小，但现有居延简牍中却没有墨丸供应与购买的相应材料。①砚台可持续使用，肩水金关遗址有实物出土（图2.8），有研墨用的研子，很可能便是掾史所用。此外，较为贵重的帛，也偶尔用于书写；纸类文书，不见于居延简牍，但有用纸的记录，如306·10有"五十一，纸重五斤"，研究者认为，这里的纸，或即现今所谓的纸张，②但很可能用于他途。

以上，我们从五个方面对边塞掾史文案工作的强度进行了描述或推测。必须指出，只有将上述几方面综合起来，才能对该问题有深入体察。在此基础上，再回顾东汉赵壹就草书发展原因的揭示——由于"官书烦冗"，"故为隶草，趋急速耳，示简易之指"③——就显得更为切实。事实上，赵壹的判断，不仅适用于秦汉草书，同样也适用于之前和之后的书体。可以说，凡艺术的发生与演变，都是创造主体对特定情境从不自知到自觉的回应过程，其间，求快取便的意图，不断冲击、改变既有的制度和惯例，在持续的书写活动中，借助量变，达到质变，当新的字法、笔法、结构、章法，及其与主体情志的内在关联，获得普遍认同，得到广泛使用，新的变体就有了观念和技术上的合法性，而进入书体的行列。

---

① 以往有将《将军器物记》（89·13AB）中的"黑墨于四"释为"黑墨千四"，而看作墨丸材料的，但据上下文，应为前者，指黑色的碗。
② 中国简牍集成编辑委员会编《中国简牍集成·居延汉简》卷三，兰州：敦煌文艺出版社，2001年，第234页。
③ ［汉］赵壹《非草书》，见上海书画出版社、华东师范大学古籍整理研究室选编《历代书法论文选》，上海：上海书画出版社，1979，第2页。

第三节 掾史文案取用的书体与风格

上文已述,简牍生成的过程,与特定的文书类型相关,又含文体上的规范及书法形式的约定。本节即围绕掾史书写案例,讨论书体和风格。

一、书体规范与评价标准

汉代文吏的教育、选拔、考核、升迁,与书法挂钩,《说文解字·序》说:

> 是时秦烧灭经书,涤除旧典,大发隶卒,兴役戍,官狱职务繁,初有隶书,以趣约易,而古文由此绝矣。自尔秦书有八体:一曰大篆,二曰小篆,三曰刻符,四曰虫书,五曰摹印,六曰署书,七曰殳书,八曰隶书。汉兴,有草书。尉律:学僮十七已上始试,讽籀书九千字,乃得为吏,又以八体试之,郡移太史并课,最者以为尚书史。书或不正,辄举劾之。①

这段文字包含三个信息:一是文案工作繁杂,导致书体演变;二是汉代用八体测试学童,借以选拔人才,优者录用为文吏,并以"正"为考核标准;三是秦代书法有八种体式,按历代注解,各有特定的使用场合:大、小篆用于册命、诏令、公卿上书等,虫书用于幡信、器物,刻符用于兵符,摹印用于玺印,署书用于题榜,殳书用于书觚、

---

① [汉]许慎撰,[宋]徐铉校定《说文解字》卷十五上,北京:中华书局,1963,第315页上。

瓦当或仪仗兵器等。课试"八体"的说法,也见于西汉初张家山247号墓出土的《二年律令》,该律为吕后二年(前186)颁布,其中的"史律"规定:

> 试史学童以十五篇,能风(讽)书五千字以上,乃得为史。有(又)以八体试之,郡移其八体课大史,大史诵课,取最一人以为其县令史,殿者勿以为史。三岁一并课,取最一人以为尚书卒史。(四七五——四七六号)①

秦代是否已作"八体"的区分,还很难说,但至少,各书体有特定的分工,且用于文吏的选拔,是肯定的。

不过,秦汉之际"八体"的实际面貌已趋含混,书体有"八",大约也只是一个概数。其中几种古体,暗含着汉代祖述西周遗制、反对秦人礼法的政治文化意图:汉人认为大篆源自西周,要依靠它托古学古,因此列为考试科目,但他们面对的大篆,是久经蜕变的《史籀篇》,随着《苍颉篇》的颁布,其面貌已为小篆所感染;原在春秋时期东南地区和中原宋国流行、不属秦系文字的虫书,为了文化体认,便由六国遗民参合小篆加以改造;小篆是既有的通行书体,便于王权昭示,遂依托《苍颉篇》等流通,并列入考试科目,但也逐渐受到隶书的感染。除从战国中期开始起源、发展最为便利的隶书,其余四种,察其应用性为实,考其书体区别或虚,刻符、摹印、殳书、署书,大体参取小篆变形装饰,有时酌加古体,潜在地又被

---

① 张家山二四七号汉墓竹简整理小组编著《张家山汉墓竹简[二四七号墓]:释文修订本》,北京:文物出版社,2006,第80—81页。

隶书同化。①

《汉书·艺文志》又说汉初有"六体",与"八体"相比,大篆替换为古文、奇字(两者亦属春秋古字,不是严格意义上的大篆),略去刻符、署书、殳书三类,认为诸书体的考核,"皆所以通知古今文字,摹印章,书幡信也"②,同样强调书体与政治文化的关联:或借以权力征信,或用于官文书写,或旨在经学研究。

书体规定以外,又以"史""能史""善史书"等作为文吏书法的评价标准。史籍中,"能史""善史书"始见于汉武帝时期人物志传,其后沿用三百余年,既用于表述掾史属佐以之入吏的才能,也用来记述帝王嫔妃的技艺特长,还用以勾勒书法名家行状,其中,"史书"即指西汉所称"八体"、东汉所称"六体","能"和"善",是书写水平和评价标准。③ 在居延汉简中,"史"又有两个含义,一指擅长书法,二指擢为佐史:

JL73:35·16/137·13　止北隧长,居延累山里公乘徐殷,年卌二。不史,不上功。

JL74:2000ES9S:12　☒隧长或不史,不能知案,民田官皆就☒

JL75:EPT51·4　居延甲渠第二隧长,居延广都里公乘陈安国,年六十三,始建国四年八月辛亥除。不史。

JL76:481·13　☒书商,不文史。

JL77:EPT51·11　居延甲渠塞有秩候长,昭武长寿里公乘张

---

① 丛文俊《中国书法史·先秦、秦代卷》,南京:江苏教育出版社,2002,第368—375页。
②《汉书》卷三十《艺文志》,北京:中华书局,1962,第1720—1721页。
③ 丛文俊《论"善史书"及其文化意义》,载《丛文俊书法研究文集》,北京:中国文联出版社,1999,第109—132页。

忠,年卅二,河平三年十月庚戌除。史。

　　JL78:129·22/190·30　校甲渠候移正月尽三月四时吏名籍,第十二隧长张宣,史。案府籍,宣不史,不相应,解何?①

　　JL73、74 中的"不史",是不擅长书写;JL75 中隧长陈安国的"不史",是因年龄过大,不再选任的情况。② 表述书写能力的"史",常与上一章 JL21—23 中的"能书"互用,因此, JL76 中的"不文史"有两层意思:不善文书起草为"不文",不善书写为"不史"。佐史书法低劣,不仅很难任吏,即便因缺就职,也不能上功,无法升迁。不知何故, JL78 中的隧长张宣,就差点因此被误。③ 同时,我们推测,斗食以下佐史的书写能力,是由候官评定的,斗食和百石,由候官还是都尉评判,还缺乏资料。

　　那么,具备哪些能力,才算"史"? 简言之,应包含两个方面:

　　1. 掌握必修的书体科目。从出土资料来看,小篆、隶书是汉初佐史选拔的必修科目,属于"正体",但若要入选中枢机构或郡县职掌书记,可能还需掌握缪篆(摹印)、虫书等书体,以备上级察用。图 2.9 所示四件实物中,《张掖都尉棨信》的书写者,应为都尉府掾史,他尽力使用虫书书写幡信;形制较大的武威磨咀子柩铭,当是

---

① 129·22/190·30 句读在《集成本》基础上略有改动;2000ES9S:12 释文标点为笔者所加。

② 与陈安国相关的简例,还有 EPT51·319:·甲渠言:鉼庭士吏李奉、隧长陈安国等年老病,请斥免。言府。·一事集封,☒。陈安国曾任武贤隧长,见 EPT52·20、143·28。

③ 张宣担任隧长年代仍不确定,同探方纪年简有竟宁年号(前 33);有同名者任甲渠令史,在永光前后,简例有甲附 36AB(前 43)、139·20、EPT65·349。

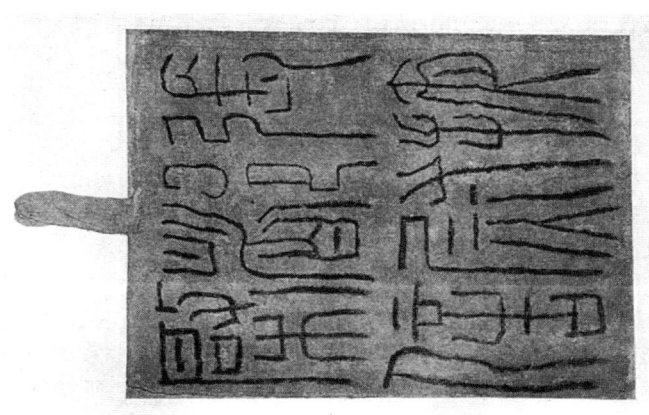

图 2.9 左：张掖都尉棨信，红帛墨书，约西汉晚期，21×16 厘米，1973 年肩水金关遗址出土；中："平陵敬事里张伯升之柩过所毋留"，柩铭，丝麻墨书，东汉前期至中期，115×38 厘米，1959 年武威磨咀子二十三号墓出土；右："襄国造第卅"，英国国家图书馆藏斯坦因所获末刊汉文烽燧文简 1733 号，前 68—前 56 年左右，1906—1908 年斯坦因于敦六乙烽燧发现；右："河内工官令畕左丞可福作府啬夫处佐望冗工疑工鸣造甲"［居延汉简 164·1］局部，约西汉昭、宣时期，原 31.3×0.9 厘米，1930 年出土于 A33）。

东汉初中期武威郡掾史或儒生以小篆为基础的装饰性书写,①功能上,可看作东汉纪念性碑刻篆额的前身;另外两支箭杆上的字体,约在西汉宣帝前后,属于特殊生产部门的铭记,前者由襄国(今邢台)生产,书体与新莽时期的篆书接近;后者(164·1)为河内(今河南武陟西南)工官制造,同时出土的数支,虽非一人书写,但风格接近,刻写潦草,隶化明显,与秦代兵器上的铭文类似。两个例子还表明,特殊部门的工佐,一定程度上还保留行业书体惯例,同时又有不同程度的讹变。②

至于边郡佐史的书体规范,或要宽松很多,学习篆书以备选,精通隶书以实用,其余各书体,由于书法学习资源有限,或实用需求不多,除郡县文吏和专业部门或能运用,大部分低级佐史并不算熟知。图2.10是居延旧简中的一些案例,③年代较早的108·3、108·5、108·7,约在始元(前86—前80)前后,残片显示的是尽力学习小篆,而又不时偏向隶书的初学状态;同样,以干支、《苍颉篇》等为内容的简例,如16·1、25·3AB、203·9等,属于文字与书法的蒙学,年代在西汉末至新莽前后。不管水平高低,这些例子表明,要么当时居延流通一部分小篆书写的字书教材,要么有专门

---

① 磨咀子墓群的墓主为普通官吏或地主阶级,其中六号墓墓主为郡文学掾,因此柩铭的书写者当为掾史或雇请的地方儒士。见甘肃省博物馆《甘肃武威磨咀子汉墓发掘》,《考古》1960年第9期;中国科学院考古研究所、甘肃省博物馆《威武汉简》,北京:文物出版社,1964,第7—9页。
② 斯坦因把敦六乙已刊简的书写年代确定在公元前68至前56年之间。未刊简1934、3627号纪年为"本始元年十月"(前73),故未刊简与已刊简堆积时间接近。参见[英]斯坦因《从罗布荒漠到敦煌》,赵燕等译,桂林:广西师范大学出版社,2000,第189—190页;164.1及相关箭杆刻辞的研究,参见邢义田《居延出土的汉代刻辞箭杆》,载简牍整理小组《居延汉简补编》,台北:"中研院"历史语言研究所,1998,第20—29页。
③ 各简例均无明确纪年,暂据同探方纪年简及相关人物拟定。

第二章　文牍奏记与书法印章的日用　　　　　　　　　　133

学习篆书用于考核的做法。从已有《苍颉篇》简例看,隶书书写是大趋势,因此,学习篆书很可能是为了应试。

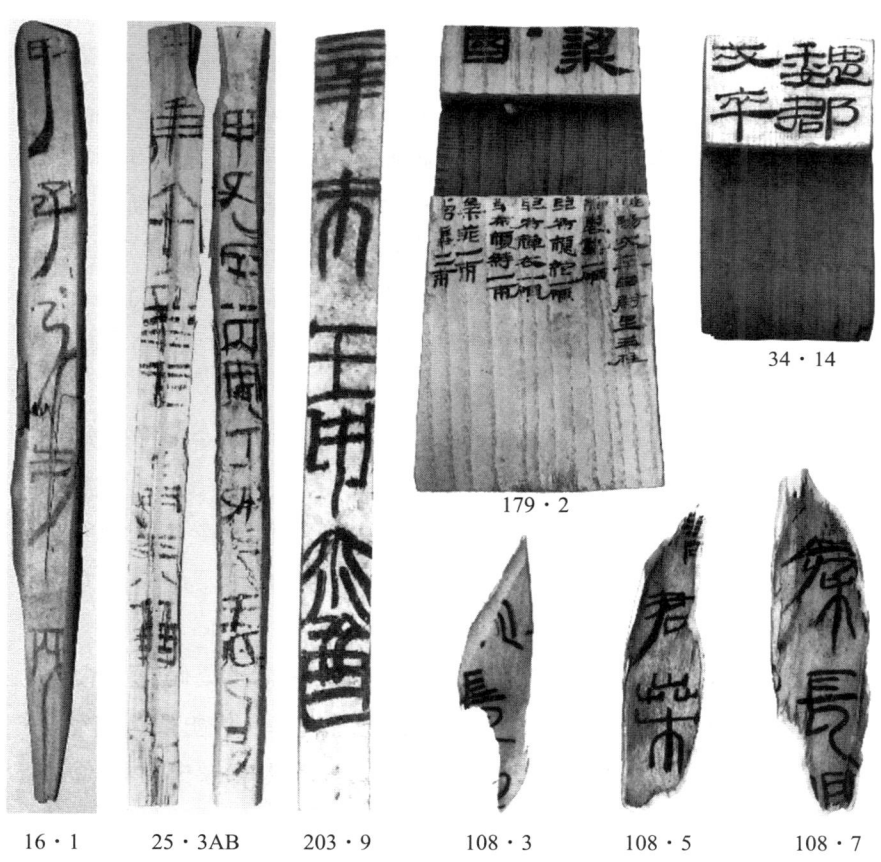

图 2.10　居延汉简篆书习字简和封检题字。16·1 为 24.4×2.1 厘米,约新莽建武前后,A7 出土;25.3AB 为 22.8×1.5 厘米,约西汉末,A21 出土;203·9 为 22.8×1.2 厘米,约新莽前后,A8 出土;179·2 为 14.5×7.5 厘米,封检,约神爵前后,A33 出土;34·14 为 6.8×3.7 厘米,甘露前后,A8 出土;108·7 为 9.5×2.6 厘米,108·3、108·5 略小,约始元前后,A10 出土。

文吏选拔的相对分层，导致两个结果：一是掾史的级别区分，一定程度上暗含着书写水平、规范程度的高下；二是因对古体不熟，临事应用时，用隶体书写小篆、缪篆、虫书等古体，或直接用隶书替代的情况，最有可能从底层佐史发生。篆书、虫书等的使用场合毕竟有限，对郡县掾史属佐而言，若无需求，则自然蜕化，蜕化的结果，是字与书的不正。武帝时司马相如《凡将篇》、元帝时史游《急就篇》、成帝时李长《元尚篇》、平帝时扬雄《训纂篇》、东汉和帝时贾鲂《滂喜篇》等，就是为了正字正书。即使这样，篆书逐渐退出历史舞台，已是大势所趋，我们在大量官文汉简上看到的是隶书，在八体之"署书"的案例中，发现的也是隶书（图2.10中的179·2、34·14，及图2.12）。在这个意义上，评判汉塞掾史"史"与"不史"的主要依据，大概还是隶书。

2. 书写规范与美观。简牍中虽有少量佐史"不史"的案例，却没有他们相应的书迹，何种样式堪为低劣，无从参照。但我们可以根据各级掾史的官文正稿，考察何种样式为"史"。除图2.7以外，再以出自破城子（A8），居延旧简编号3、4、6的简牍为例。从收发方向判断，三个探方出土的98枚简牍中，3·14、4·1、6·8（图2.11）为正稿，其中，3·14和6·8为两个隧长向甲渠候官的呈函，邮递终点为候官，两枚简例上的书法，可看作基层佐史规范书写的样式；4·1为张掖太守下发的令檄，有可能是太守掾史书写，也可能是甲渠掾史的抄副，相对靠近正稿形态。三枚简例的年代，或有几十年之差，① 但都使用隶书，书写工整，并依据字数控制字距，严谨整饬。

---

① 4·1无明确纪年线索，据同探方简例暂定年。

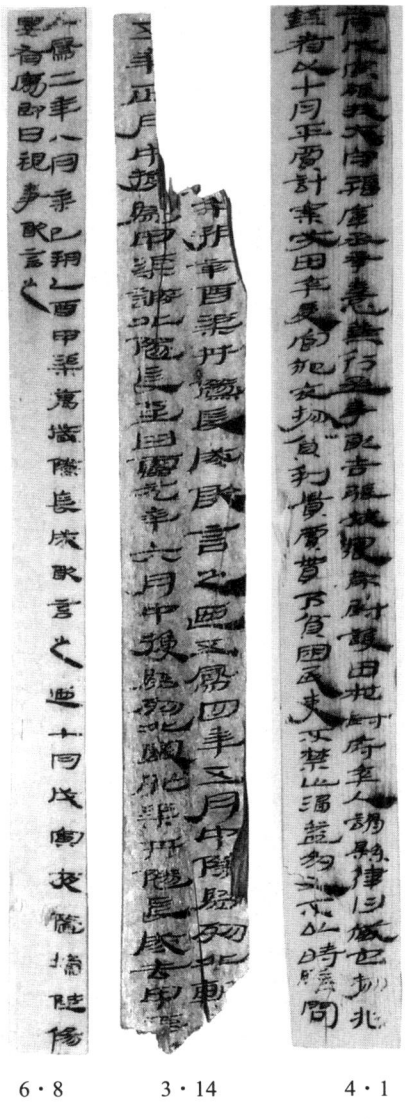

图 2.11　正稿简例上的正体。6·8 为 23.1×1.7 厘米,前 56 年;3·14 为 19×2.1 厘米,约前 53—前 50 年;4·1 为 23.3×2.6 厘米,约西汉晚期。均为 1930 年 A8 出土。

书写工整的例子，还可见于署书案例。图2.10中的两枚封检都用隶书，179·2用笔规范厚重，34·14略带装饰；图2.12为公元5年汉代统治者下达诏令后，由悬泉置佐史按要求书写于"显见

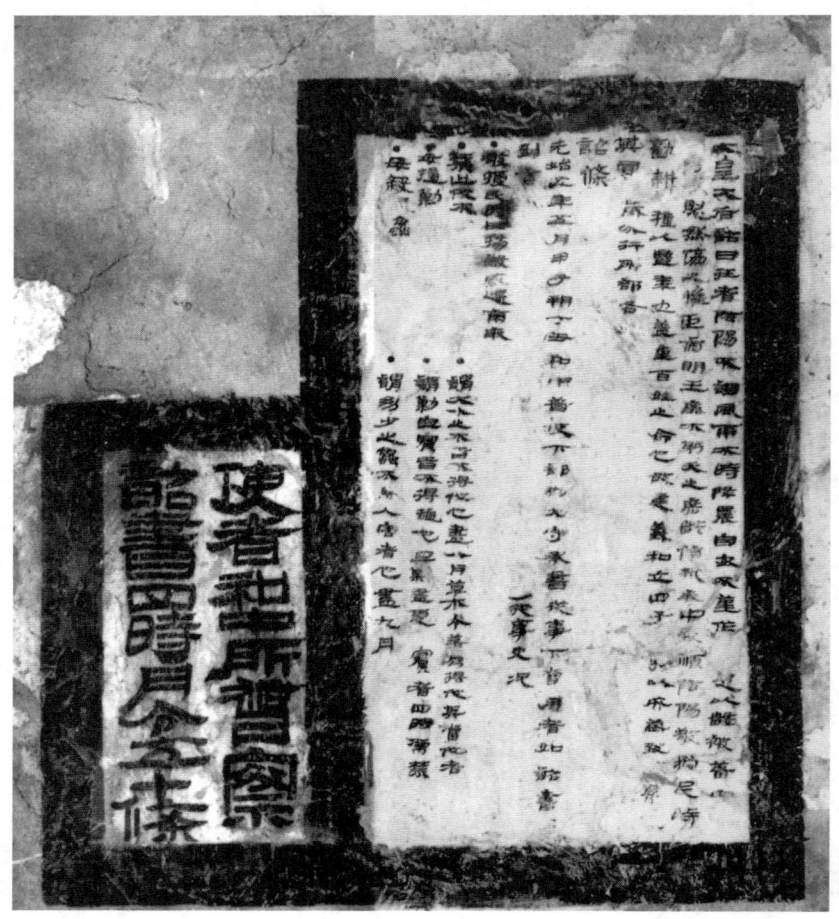

图2.12 《四时月令诏条》（复原图局部），壁书，5年，墨线边栏约3.25厘米，含边栏全幅222×48厘米，101行，行间赭色界栏，1990—1992年敦煌悬泉置遗址F26出土。

处"的"扁书",不仅要让吏民顺利识读,还要接受专人的督察,[1] 故使用笔法典雅的隶书书写条例,用笔法厚重的隶书写诏令名称。

不过,居延汉简中的正稿数量不多。如此,草稿和各种原始籍簿中的书写,是否都可算作"不史"? 情况不尽然。但至少我们可以说,即便使用草书,能够按照惯例书写,版面清晰,写法规范,便于认读,是最低要求。一句话,特定书体下,书写的"正"或"不正",是相对的,它既包含字形的规范,也包括写法的规范,还暗含着不同类型文书内容和版面的规范。

二、书体取用与风格演绎

文字和书法的古今之变,经历了三四百年的时间,早期居延汉简上的文字和书法,处于这个进程即将完成的时段。现出土秦汉简牍上的书法,包括青川木牍、睡虎地秦简、北大藏秦简、里耶秦简、扬家山秦简、天水放马滩秦简、岳麓书院藏秦简、谢家桥汉简、虎溪山汉简、阜阳汉简、马王堆简帛等,有几十批次,为居延简牍书法之前绪。

已有研究表明:(1)大约从战国中晚期开始,隶书和草书,从秦系文字潦草写法中,分途演变,大约至昭、宣年间隶变完成,最晚至东汉初,草书定型;(2)图快求易的意识,促成契刻书写者简化省改仿形线条,或改变笔顺和线条连接方式与位置,使字形或局部式样发生讹变,[2] 持续的书写性简化,是书体演变的内在动力;(3)书写性简化顺应快速书写的生理需求和习惯,它以笔画方向、笔

---

[1] 相关研究见中国文物研究所、甘肃省文物考古研究所《敦煌悬泉月令诏条》,北京:中华书局,2001,第1—54页。
[2] 丛文俊《中国书法史·先秦、秦代卷》,南京:江苏教育出版社,2002,第124页。

顺、连接方式的改变为先导,以笔法、笔画连接与组合方式为次因,最终促成体态和字式的革新。其结果,是将篆体笔画顺序和连接方式进行分解、合并、重组或缀接,变篆体中锋圆转笔法为简略、短促、中侧锋并用的写法,同时增加左右斜出和纵横加长的笔势,逐渐打破或局部改变篆体字形轮廓和对称、均衡的体态特征;①(4)战国末期以至汉代初期简牍上的书体样式,一般统称为"古隶",它实质上包含秦系文字日用中出现的各种俗体,即便同一时期的简牍书迹,也有数种体态特征,或含有篆体古形,或初现隶书笔势,②或是后来被放弃的一些类型。这种情形,保持了相当一段时间,晚至西汉初期,仍有体式不稳定、不均衡,风格多样化的特征。王晓光先生认为,社会阶层、地域、不同书写群体、不同书写环境及功能的差异,造成了汉初超前分书化古隶与一般性古隶的分化,而又以后者为主流;(5)隶变最终得以完成,是西汉"善史书"活动、官方文字政策和长期实践的结果,武帝朝是一个快速定型期。③

结合以上共识和本书研究重点,引申几个问题:

1. 日常书写的体用及常变

书体演进,是一个主体取用、改造或放弃既有书写样式的历史积累过程。出土书迹表明,隶书并非因秦代公文繁缛才产生,也

---

① 丛文俊《中国书法史·先秦、秦代卷》,南京:江苏教育出版社,2002,第339—359页;另见丛文俊《论隶书:兼说隶变的早期特征》,载《揭示古典的真实:丛文俊书学学术研究文集》,郑州:中州古籍出版社,2003,第105—109页。
② 裘锡圭《文字学概要》修订本,北京:商务印书馆,2013,第74—79页。
③ 王晓光《新出汉晋简牍及书刻研究》,北京:荣宝斋出版社,2013,第204—215页。

并非像文献所述,是程邈等个人的一时之创,而是因繁就简,选择了一种战国时期已经形成的"俗体",逐渐改造而又确立正体地位的。① 在秦统一之后的一百多年中,隶书发展出多种类型,一部分类型被逐渐淘汰或改造,其中一些核心元素,得到普遍认可,遂逐渐定型为汉隶。由于书体是"体现某些既定书写规则、式样的文字体系的符号形式"②,因此,不具备体系和规则的类型,后期未曾被推广的,都可视为短暂现象。

从中长时段看,主体取用、加工和放弃体式类型的动机有三个:文字识读规范要求,既有惯例的定势(指已被认可的书体样式或写法,包括书体中初步定型的部分,不同使用场合的制度规范),及书写性简化的生理和心理诉求。这三种动机,贯穿隶变和草书形成的各个阶段。文字书写的首要目的是信息的有效传达,而既有惯例与书写性简化,最终要服从文字辩读的需要,因此,识读的规范需求占主导地位。

秦汉掾史书写文案基于实用,用于上报的公文正函、籍簿附件,一部分需要不断启用的档案副本,以及呈报师友的书信,抄写的古书,都要符合他人清晰辩读的逻辑,故而书写者选用的书体,一般是已被认可或使用的通行样式,书写也会工整严谨。而在仅供自己或同僚内部阅读的各种草稿中,书体选用则相对灵活,简化书写的潜力可被极大发挥,这种情境下产生的新类型,有后来被推广的,也有后来放弃的。图2.13是里耶秦简中的几种古隶类型,J1(9)7A为公文副本,是含有篆形的古隶,靠近秦代正体,当

---

① 裘锡圭《文字学概要》修订本,北京:商务印书馆,2013,第74页。
② 丛文俊《中国书法史·先秦、秦代卷》,南京:江苏教育出版社,2002,第126页;丛文俊《论隶书:兼说隶变的早期特征》,载《揭示古典的真实:丛文俊书学学术研究文集》,郑州:中州古籍出版社,2003,第105—109页。

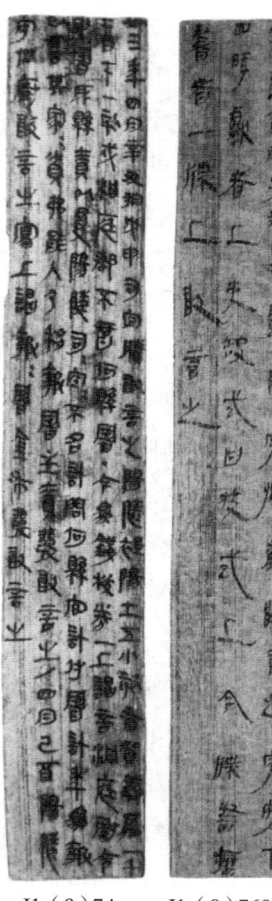 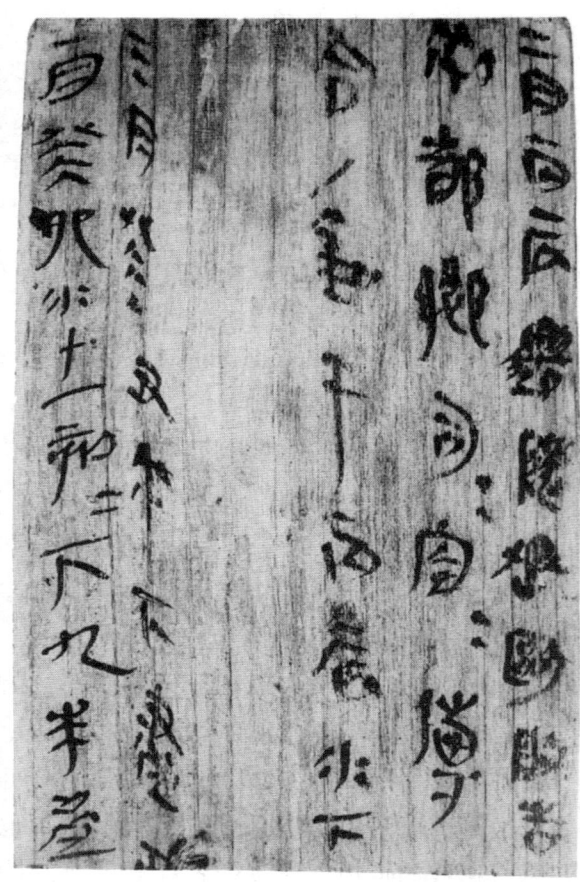

J1（9）7A　　J1（8）768A　　　　　J1（16）5B（局部）

图2.13　里耶秦简。前220、前214、前211年；均长23厘米，J1（8）768、J1（9）7宽约3厘米，J1（16）5宽约4厘米，2002年湖南龙山1号古井出土。

为通行样式；其余两例则含有许多俗体写法，J1（8）768A中的"敢""者""上""吏""式""之""令"等字，夸张横画或撇捺，或简略一些部件（如"言""牒""书"等字），但不影响识读，为后来逐渐接纳和扩展；J1（16）5B前半部分靠近正体，后半部分为追加书写的文字，极为潦草，两个以短划写成的癸（癸），还见于睡虎地秦简和汉印，似乎为后来的手写体所放弃，倒二行的"水"和倒一行的"卯""求"，简略过甚，已影响识读；另外，倒二行的"尽"和倒一行"盗"，两个皿旁，都简略接近草书写法，作为部件固定下来，为后来者进一步改造。

图2.17为近年出土的简例，其中印台秦汉墓出土《日书》，使用书体与睡虎地《秦律十八种》《为吏之道》《效律》等相似，由于典籍的使用时间较长，因此它的抄写时间，可能要早于墓葬年代，宏观上可以将其与睡虎地秦简、岳麓书院藏秦简、里耶J（9）7A上的书体，看作秦隶通行样式；谢家桥汉简、高台汉墓简牍上的书迹，晚其40—50年，抛除个体书写的习气，仅就文字构形、笔法特征来看，秦代古隶趋近正体的样式大半放弃，而加工使用了里耶J1（8）768A所见草写样式。

各时期书写者取用的书体样式不止一种，隶变进程中间，相对意义上的"古体"与"今体"或"旧体"与"新体"的并存，实属自然。图2.14出自沅陵侯吴阳墓，年代在汉文帝前后，内容分别是行政文书（黄簿）和"美食方"，缮写"美食方"意在传世，故书写者在尽力

图2.14 虎溪山汉简（左四为黄簿，右二为美食方）局部。前187—前162年，整简14/46×0.7/0.8厘米，1999年湖南沅陵虎溪山1号墓出土。

选用当时的"古体",不时回归篆体中锋圆转笔法,只是不自觉受时风的感染,字形和一些笔画,已为隶书。略晚于它的江陵凤凰山汉简(图2.16),与谢家桥汉简、高台汉简等形成一个系列,反映了汉

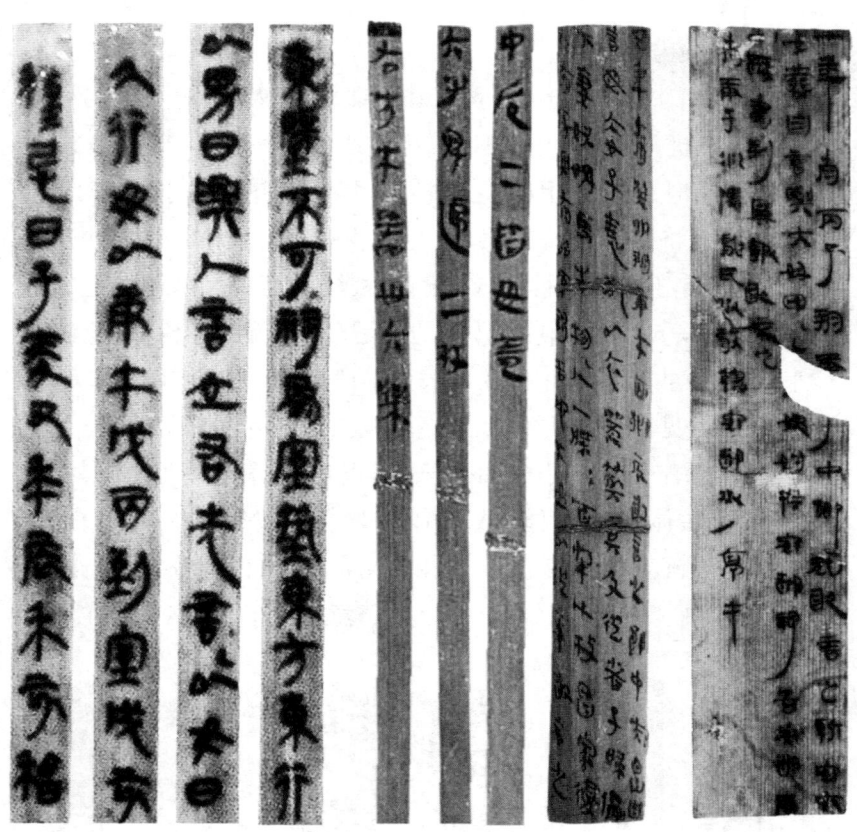

印台汉简《日书:19—22》(局部)　　谢家桥 M1:38、60、76、D1　　高台汉墓 M18:35B

图2.15　印台汉简(日书)约23×0.5厘米,放大,前141年前,2002—2004年湖北荆州关沮印台秦汉墓地出土;谢家桥汉简 M1:38、60、76约23×0.45—0.75厘米,1号牍23.65×2.85厘米,前184年或稍前,2007年湖北荆州谢家桥1号汉墓出土;高台 M18:35 为14.8×3.15厘米,前173年,1990年荆州高台 M18 出土。

初荆州地区新旧书体取用的情况。其中的细微差别,是因事因人取用的结果,9:D1A、10:28、10:D1、10:D3B 为公文,由基层掾史书写,表明新体式样一定程度上已经在官方层面流通。进一步的佐证,见于松柏汉牍(图 2.17)和走马楼汉简(图 2.18),采用可快速展开的横向笔势,而逐渐放弃纵向垂引,顺势强化拖笔,并将字形改造至接近方正,是这些书迹的共有趋势。表面上,松柏木牍隶变程度稍高,而走马楼汉简还保留零星旧体写法(尤见简例左一),实

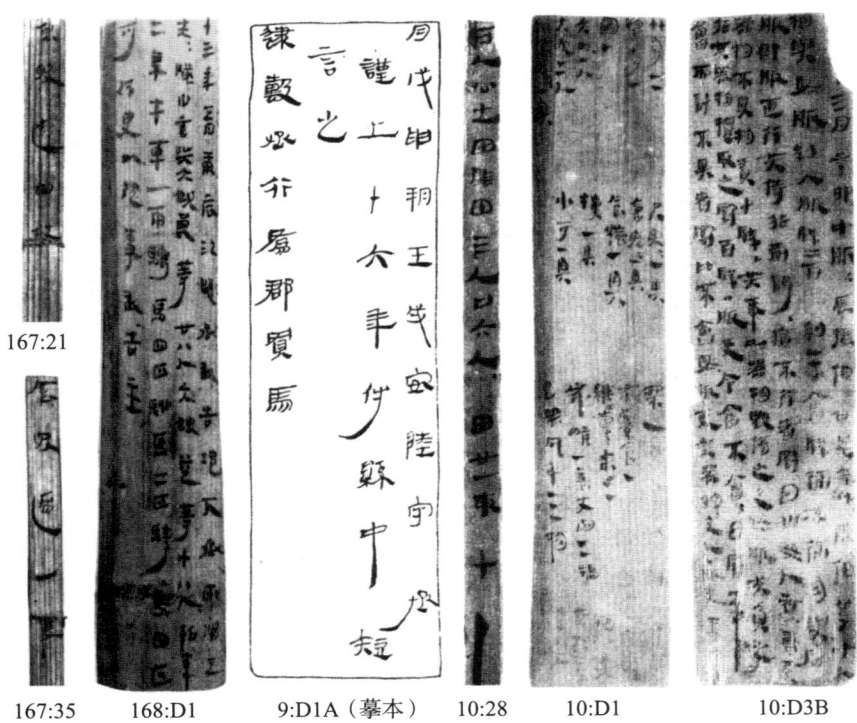

图 2.16 江陵凤凰山汉简。167:21、167:35 为 23×1 厘米,局部,下限为前 141 年;168:D1 为 23.2×4 厘米,前 167 年;9:D1 为 16.5×4.9 厘米,前 164 年,安陆守丞书写;10:28 为 23×0.7 厘米,10:D1 为 23×4.6 厘米,10:D3 为 23×5.8 厘米,下限为前 153 年,西乡啬夫书写。1973—1976 年湖北荆州出土。

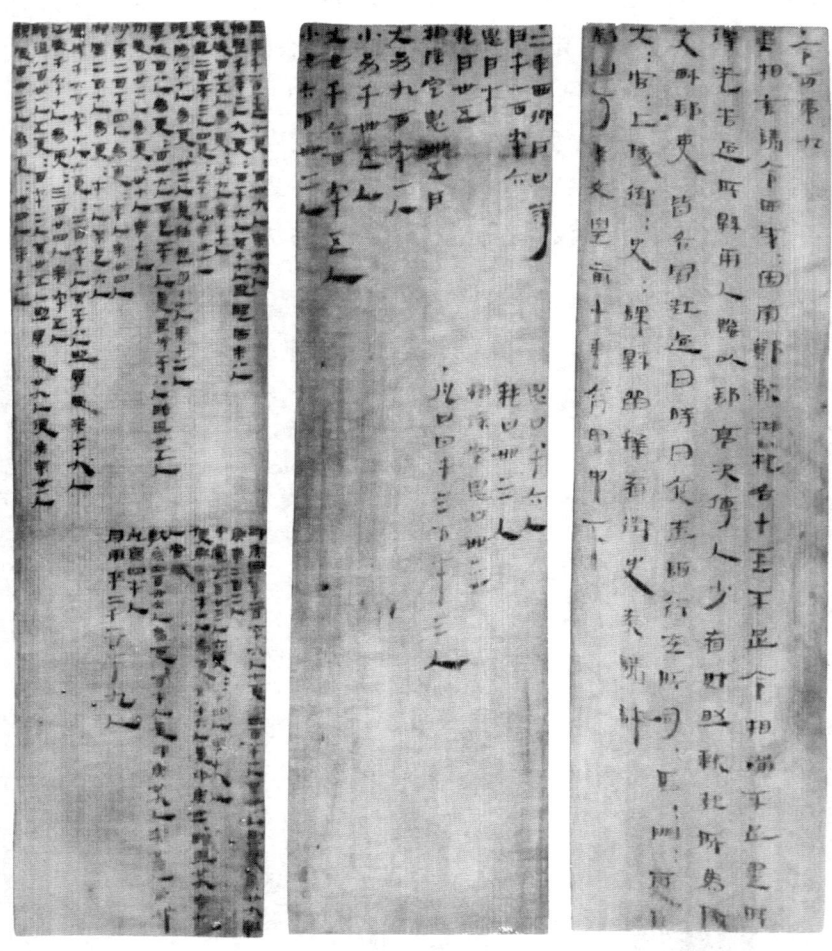

图2.17　松柏汉牍（左二：户口簿，右：令丙第九）。前143—前133年，约23×6.5厘米，江陵西乡有秩啬夫、南郡府掾周偃，2004年湖北荆州纪南松柏汉墓M1出土。

第二章　文牍奏记与书法印章的日用　　　　　　　　　　　145

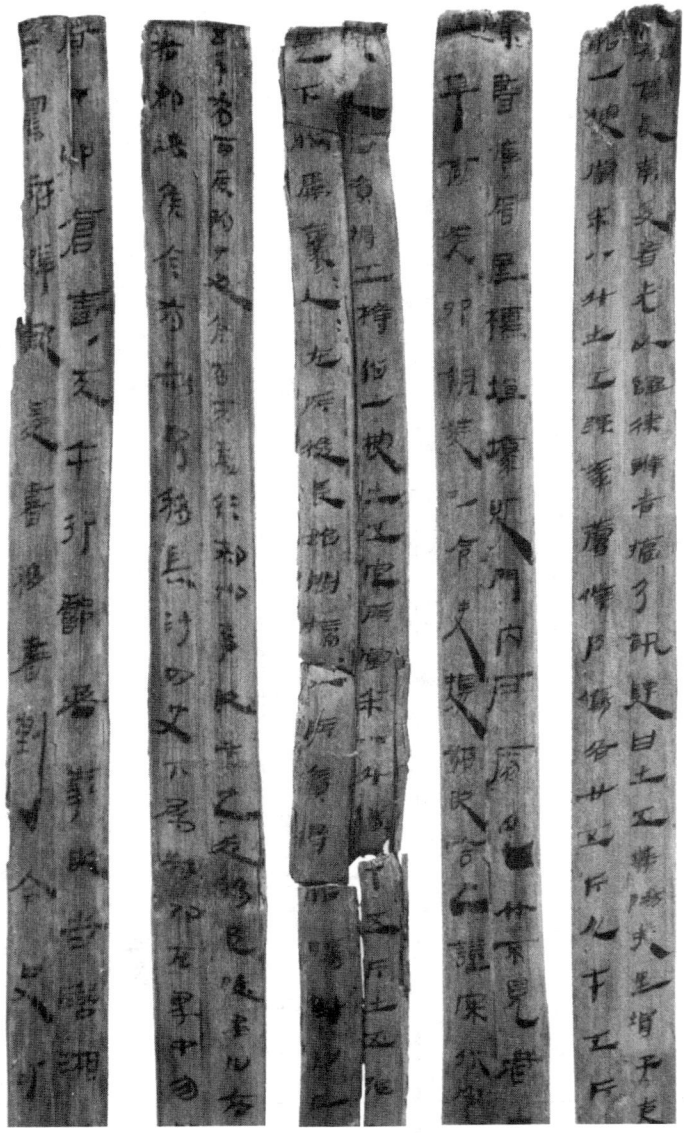

图 2.18　走马楼西汉简（局部）。前 125—前 120 年，令史援等，两行，约 23×2 厘米，2003 年湖南长沙走马楼 8 号古井出土。

际上，这是因为前者属于正稿或抄副，由一人书写，后者多属草稿，由多人书写，书体学习和取用的情况要更为复杂。走马楼汉简反复出现的重压捺笔，也曾被人注意，视为书写习气，但也可以说，它是在草稿状态下，已有惯例潜移默化和个体着意加工的产物，书写者不自觉地强化了一些新体的特征，并将其贯穿于正体和草体写法中。

从里耶秦简到走马楼汉简，有百年左右，数代掾史在官私文书中不断实践，尽管也有启用古体的行为，但大体上，每一代都会吸纳前代的新成果。其中，掾史文案中的一些常用字词，在相互参阅和彼此感染中，最能反映书写惯例的取用（表2.2）。

表2.2　湘湖地区出土秦汉简牍常用字书体取用对照表

字例	里耶秦简（前220—前214）	谢家桥汉简（—前184）	高台汉简（前173）	凤凰山汉简（前167—前141）	走马楼西汉简（前125—前120）
年					
子					
敢					
言					
者			（都）		

通过表格我们可以看到，破坏篆体字形的均衡以后，秦隶要以长短不一、趋于简略的笔法完成构形，书写时，短笔与长笔的动作

还不连贯,字形不能统一。到文、景时期,高台和凤凰山汉简中的常用字,已经初步完成了笔顺、连接方式、字形的调整,长笔和短笔之间注重衔接,愈到后期,字形愈趋于规整。事实上,官文用字大多重复,基于官方文书的规范需要,从单字到章法,都能体现书写者所面对的已有成果,反映书法演进过程中的常变关系。书体演进中的常式,是正体意识主导的用字和书写,有使用古形或旧体的潜在倾向,是文字与书写传统的主流,出土实物中凡力求庄重的古书类简帛、金石砖瓦铭文,大多相沿以求规范与稳定;而变体,则是常式范围内字形和写法的变异,有求新争奇、图快取便的倾向,多见于草稿或副本。我们讨论的文吏官私简帛文书墨迹,短时段中见出变体的演绎,长时段中则反映常式的接续。

  回到居延简牍上。现有简例的第一代书写者可取用的书写式样,既与他们之前的学习有关,也可能与移民社会携带的书写样式有关。以活动于征和三年至始元三年(前90—前84),历职殄北塞第二燧长、通泽第二亭长、斥胡仓都丞的王舒为例,与其相关的简例(图2.19),显示出数种体式类型,其中,相对稳定、隶化程度较高的148·4、148·5、148·43、148·47等,使用的应是王舒本人曾着力学习的通行体,书写较为工整;其余简例,可窥探其同僚书体取用的情况,如148·8为殄北督烽隧史延年书写,148·45应为王舒同僚所为,样式介于隶书和草书之间。王舒是居延广地里人,与他一同出现的(徐)延寿,自称于太初三年(前102)随父至敦煌,征和四年(前89)前后任亭长,两人的经历大致相当。作为居延地区首批文吏,他们得以在新移民陆续加入的边塞感染、承接时风。换言之,居延简牍书法的起点,是各地新旧书体、文书惯例的已有成果。顺带一提的是,与百余年后夏侯谭的经历相似,王舒也曾与人

148　起于刀笔：汉代掾史艺术创作

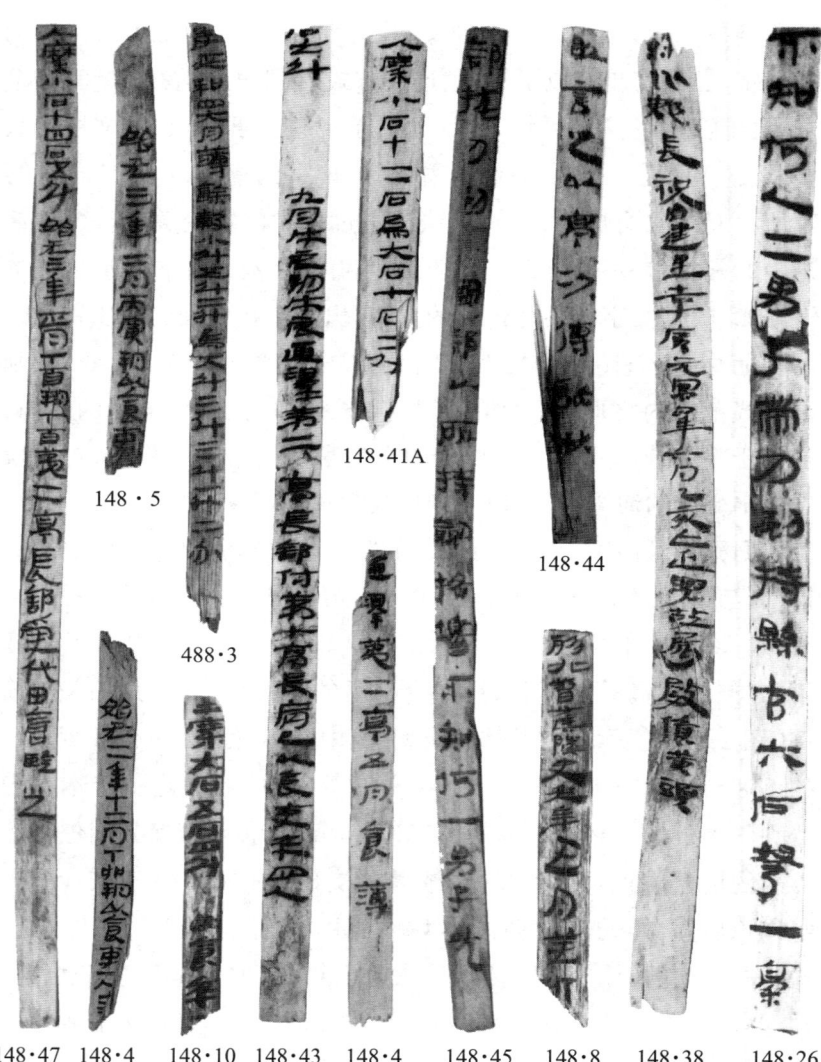

图 2.19　殄北塞出土早期简牍。前 90—前 77 年左右，殄北第二隧长王舒等。其中 148·47 为 23.6×1 厘米，148·43 为 20×1 厘米，148·45 为 25×1.1 厘米，148·38 为 19×1.1 厘米，148·26 为 21×1.3 厘米，其余简例多残，个别稍放大。1930 年居延 A10（瓦因托尼）出土。

争斗,以佩剑刺伤对方(148·45),[①]这种崇武好勇的风气,虽不能与居延简牍书法雄浑恣肆的风格直接对应,但与安定的内郡不同,边塞环境里,掾史的性格若"软弱不任",通常会被免职,因此,他们的争斗行为能令人同情。反过来,在几乎没有太多精神娱乐的边地,在繁杂的文案工作中,书法的学习和应用,大概是掾史至为辛苦而又最为便捷的精神活动。

此后数代掾史的书写实践,择选部分纪年简分批略加叙述。图2.20为元凤年间(前80—前75)简例,以书写时间自左向右排列。除左侧两枚为檄书,其他简例是元凤五年十至十二月的谷、钱"出入簿",含题签(73EJT10:62、107、295、150、65)、正函(73EJT10:200、203)和原始数据(73EJT10:116、73EJT21:129)。其中,右数第2—8行共7枚简牍,为通道厩佐一人所书的"谷出入簿",两枚简面较宽的正函,是文字相同的两个稿本。厩佐使用的书体,是趋于规范的隶书:横向用笔强化,撇捺分出特征初成,变纵长或方形轮廓为扁方,部分消除了前见简例中左右向下出锋的饰笔,而将波磔笔画纳入到趋于规整的字形结构当中。这种特征,还见于左侧两枚简例。从笔迹上判断,右侧两枚简例可能为另一人书写,其中73EJT21:129的潦草风格,与图2.19中的148·8、148·38相似,两者书写时间接近,但相距两百公里,[②]表明它是当时一种草书变体样式。

[①] 148·45第一和第六字,诸家释作"都"或"部",实际上,它与王舒其他简例上"舒"的写法一致,简牍整理小组已加以订正,今从。完整释文为:舒拔刀剑斗,舒以所持剑格伤不知何一男子左……。另,夏侯谭是被人刺伤,见EPT68·13—28。

[②] 以卫星地图测A10至A32,直线距离为193公里。

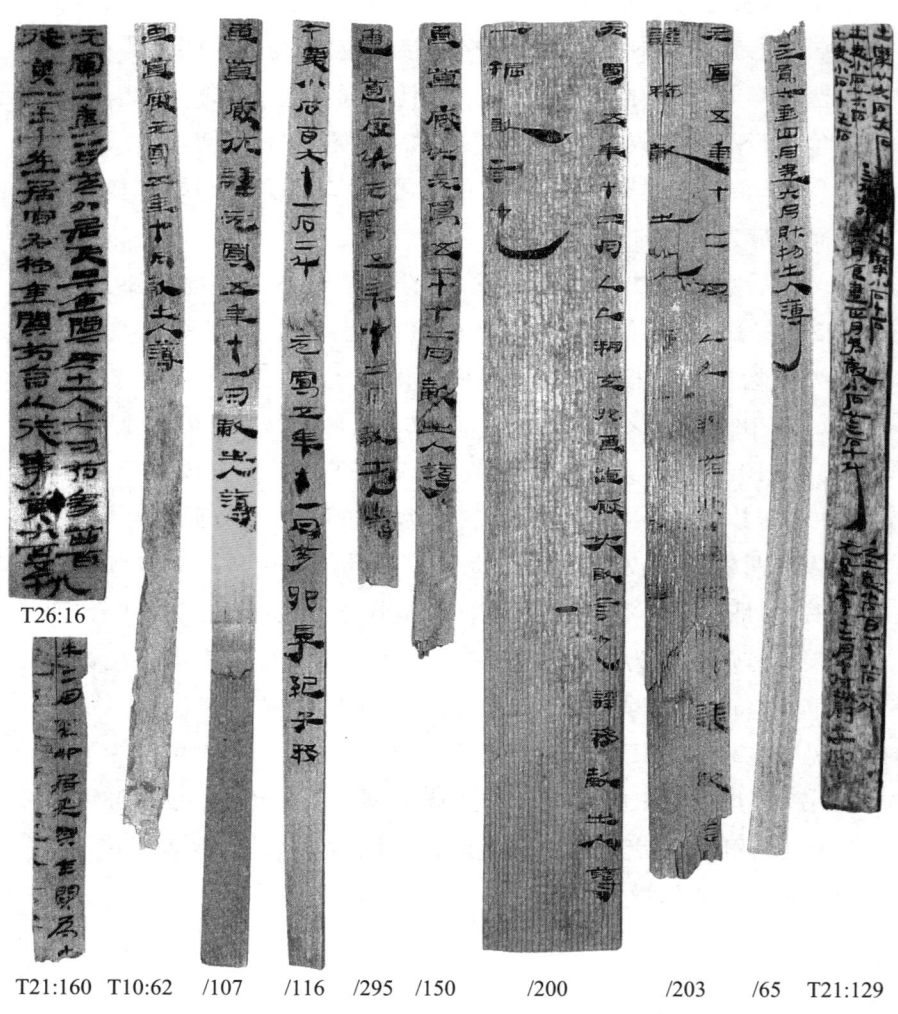

图 2.20　肩水金关元凤年间简例。前 79—前 74 年。等比例呈现,其中 73 EJT10:107 为 24×1.1 厘米,73EJT10:200 为 23.5×3.5 厘米,73EJT10:203 为 21.8×2 厘米。1973—1974 年肩水金关遗址(A32)出土。

图2.21是本始、地节年间(前73—前66)的简例。我们看到,正稿的书写,已是规范的隶书,其他草稿上,之前介于隶书和草书之间的样式,已通过简化书写加以精炼,类似于图2.19中148·45、148·26的样式,可看作是以隶书写法改造的草体,也可以说是草书的未定型样式。无论从哪个角度看,在隶变完成前后,草书也进入快速演化的时期,基本趋势是书写加快,笔画勾连增加,部件组合和符号构件日趋定型,字间连贯性增强,形式美感趋于丰富。图中几枚草书简上,共有的"地""节""年"等字写法趋于统一,"朔""敢""言"等字写法繁简不一,第2枚和第6枚"朔"字"月"旁已简化为⌒,但其他简例仍用旧形。

隶变的完成,标志着隶书正体地位的确立,也意味着它进入字形和写法稳定发展的阶段。实物中,北大藏汉简(图2.22)、出土于中山王刘修墓的河北定县八角廊汉简,都是古书抄本,年代下限为宣帝末期,书写者应是修养较高的士人。北大藏汉简的书写者有数人,风格上有整饬浑厚、飘逸灵动、古朴典雅之别,隶变程度也有细微差异,① 其中《苍颉篇》《老子》等抄本,大致写于武帝后期,可看作此期正体隶书的形态。再比较居延简牍同期或稍晚的正体隶书(图2.19、图2.20、图2.23左一),则其"急就"、草率、雷同的情况,就十分明显。甚至可以说,在士人或优秀书手检定隶书正体以后,居延简牍上的正体,并没有新的突破。重复书写当然能促成技艺的熟练,但同样也促成习气,应付繁重的日常文案工作,无法让基层掾史有暇致力于修养提升和书艺精进。他们中的绝大多数,以此为立身之技,以应用为先,已经确立而简便易行的书体,会被

---

① 北京大学出土文献研究所《北京大学藏西汉竹书概说》,《文物》2011年第6期;陈侃理《北京大学藏西汉竹书及其书法价值》,《书法丛刊》2011年第4期。

T21:137　T24:262　T25:7A　T30:68　T30:43　T21:42A　T30:240

图 2.21　肩水金关本始地节年间简例。前 70—前 65 年。73EJT30:240 为 12.4×1.1 厘米（残），放大近 2 倍；其余等比例：73EJT25:7A 为 23.4×1.4 厘米，73EJT21:42A 为 23.6×2 厘米，余 22.6—23.4×0.9—1.3 厘米。1973—1974 年肩水金关遗址（A32）出土。

第二章　文牍奏记与书法印章的日用　　　　　　　153

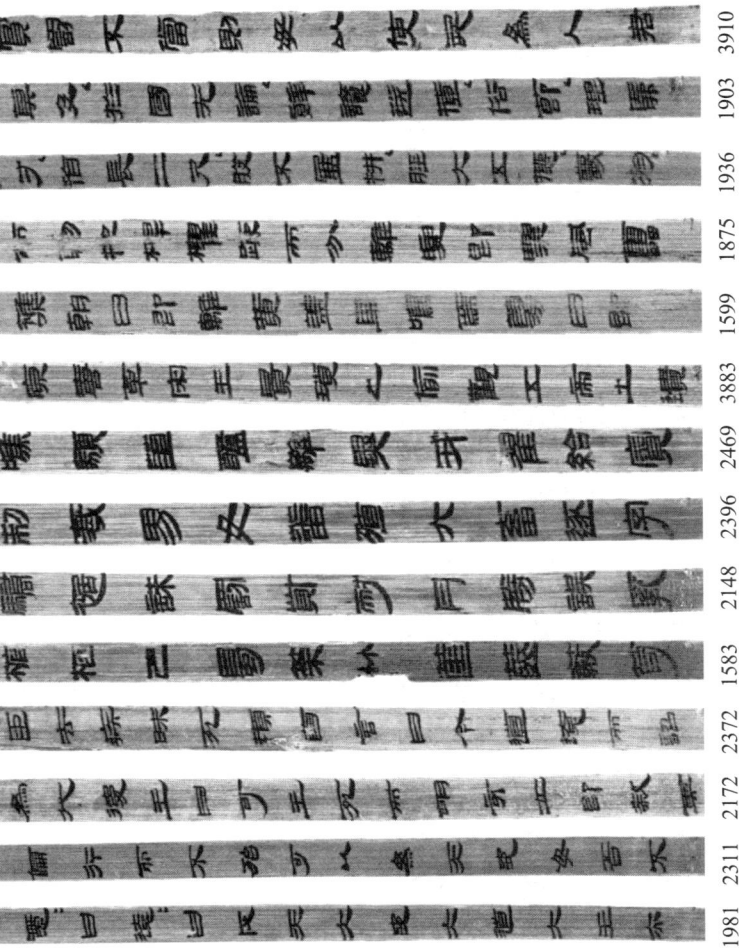

图 2.22　北大藏汉简（局部）。约前100—前49年，全简46/29.5—32.5/23×0.8—1厘米，2009年海外归藏北京大学，出土地不详。

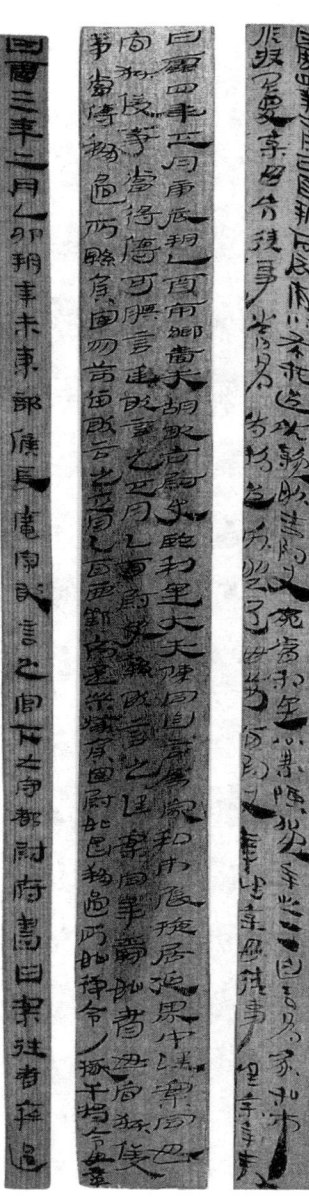

图 2.23　甘露年间简例。前 51—前 50 年，自左 23/23.5/23.8 × 1/2.6/1.5 厘米，1973—1974 年肩水金关遗址（A32）出土。

他们优先考虑。而官文书首在工整,不看重个人风格,他们大多便止步于应用。从里耶秦简,到走马楼汉简、居延和敦煌汉简,掾史留下的书迹,都不能摆脱他们主事刀笔、近乎职业而带来的弊端。东汉中期以后,一部分掾史蜕变为书家,很多基层掾史却成为保守滞后的书写群体,其间,个人学养、书学渊源、地域文化环境等,都是影响因素。楼兰出土的《张济逞文书》,是魏晋时期一位流落西陲的功曹书写的新体行草和楷书,同期木简上,却还是通行的草写隶书和章草。① 当然,不可否认,正是各级掾史真率的书写,为隶书和草书的定型奠定了基础,而放笔直书、工拙各异的形态,不仅富含墨迹特有的感人气息,也为个体依托日常书写传达性情做了自觉或不自觉的探索。

2. "适之中庸"与自律定型

隶变的完成,离不开官方制度约束和倡行,也有赖于书法艺术的自律性。倘若我们把书写性简化看作一种破坏力量,那么,艺术自律便是一种对之相对的重组力量。西晋文学家成公绥《隶书体》阐述楷书流变时所说"虫篆既繁,草藁近伪,适之中庸,莫尚于隶"②,同样适用于隶变完成和八分定型。

在书体演进时期,书法艺术的自律性所指有二:一是宏观上,文字书写不断定型以求规范,体现传统。就隶书而言,隶变过程中出现的各种影响识读的变体,都会被放弃,或被规范化改造,即"适

---

① 相关讨论见拙文《楼兰出土〈张济逞文书〉的文本范围与其他问题》,《南京艺术学院学报(美术与设计版)》2014年第6期。
② [西晋]成公绥《隶书体》,见上海书画出版社、华东师范大学古籍整理研究室选编《历代书法论文选》,上海:上海书画出版社,1979,第9—10页。这里的"隶书",与孙过庭《书谱》所言"元常专工于隶"一样,是晋唐书论对楷书的称谓。相关研究见张同印《隶书名称的历史沿革辨析》,《书法研究》2000年第6期。

之中庸"。自西汉历次字书修订，到汉章帝时王次仲饰隶为八分，再到《熹平石经》的刊立，以及汉魏之际师宜官、梁鹄、邯郸淳、毛弘等名家教隶书于秘书，诸多举措，既体现官方文化统一的意志，亦为文化创造者的诉求。定型书体和名家范式，借助字书、正字刻石，及正体书写的典籍、历谱、诏令、署书等，通行于全国，普施于各阶层，由此，隶书、八分与大、小篆相沿而成正统。在这个意义上，简牍书迹和东汉碑刻，只是见证隶书正体化到八分定型的部分材料。

二是微观上，汉字构形、书写动作、风格传达，遵循相应的形式法则。这种法则已有大篆、小篆的奠基，其中，均衡、匀称是核心。隶变过程中，这些法则也是形式演化的主要动因。卫恒《四体书势·隶势》云：

> 鸟迹之变，乃惟佐隶，蠲彼繁文，从此简易。厥用既弘，体象有度，焕若星陈，郁若云布。其大径寻，细不容发，随事从宜，靡有常制。或穹窿恢廓，或栉比针裂，或砥平绳直，或蜿蜒缪戾，或长邪角趣，或规旋矩折。修短相副，异体同势，奋笔轻举，离而不绝。纤波浓点，错落其间，若钟簴设张，庭燎飞烟；崭岩嵯峨，高下属连，似崇台重宇，层云冠山。远而望之，若飞龙在天，近而察之，心乱目眩，奇姿谲诡，不可胜原。①

"蠲彼繁文，从此简易"是隶变趋势，其余部分，都是对隶书体势的意象描述，其中，"修短相副，异体同势，奋笔轻举，离而不绝"是用笔和构形法则，"或穹窿恢廓，或栉比针裂，或砥平绳直，或蜿蜒缪

---

① [西晋]卫恒《四体书势》，见上海书画出版社、华东师范大学古籍整理研究室选编《历代书法论文选》，上海：上海书画出版社，1979，第15—16页。

戾,或长邪角趣,或规旋矩折""纤波浓点,错落其间"等,是形体视觉特征。合观两者,则隶书扁阔而波磔分出的主要成因,即昭然若揭:为求得用笔"离而不绝""高下相连",令笔画和部件均衡分布,做到"修短相副,异体同势",横向笔势便被日益强化。换言之,这是相对快捷的书写对古隶已有的斜出长划和波磔特征的匹配或适应,一些阻碍动作衔接、笔势抵牾的形体和写法得到改造,导致用笔、构形相应而变,日趋规整的扁形。横向用笔"离而不绝"的情况,在图2.12、图2.20、图2.21正稿中清晰可见,在其余草稿简例中则是演化的草书。

诚然,简牍书写材料、书写姿势、书写内容、书写状态等,或也是促成古隶体势初备的因素,但我们以为它不是隶书定型的主因。像图2.17中周偃书写的《户口簿》,有字数较多而压扁字形的情况,但用扁形而拉开字距的例子也很多;至于书写姿势,简牍时代都是左手执简,右手书写,亦非隶变主因。

3. 草副状态的演绎与隶、草分化

草副,指草稿和抄副,与正稿书写相对,是未竟的稿本或别本的誊抄。与正稿相比,草副时材料要求相对宽松,受史书制度的约束较少,因而,书写者处于较为自由的书写状态,能取用更为简便的书体,也能在彼此感染中锤炼书写技艺。可以说,隶变进程与之有关,草书源流也得益于此,因此,它也是书体演变和风格探索的日常土壤。

草副之事,伴随文字使用而渐成制度。《周礼》言内史"执国法及国令之贰,以考政事,以逆会计……掌书王命,遂贰之"[①],则副

---

① [汉]郑玄注,[唐]贾公彦疏《周礼注疏》卷二十六,北京:北京大学出版社,2000,第833—835页。

本抄存事关国政。《史记·屈原传》言"屈平属草稿未定。上官大夫见而欲夺之"①，后人注解皆以"属草稿"含创制之义，而上官大夫所夺者，即是屈原的未竟稿。秦代以后文书制度写入法律，官私文稿的草副已是常态。官文、私牍虽有辞令套路，但也能见出作者才情，其他诸如诗赋、碑铭、谏文、杂论等，自草创而定稿，再抄副，整个过程便是涉及数个门类的文艺创作，简言之，草稿与创作相关，抄副则与作品定型和传播接受有关。进一步，属文掌书者草副的宽松状态，有利于艺术创作的个体性、多样性和创造性；而官文正稿、典籍抄本、纪念性碑刻等相对严肃的撰写，则大多体现艺术的公共性、规范性和制度性。

草副状态下，草书得以优先上手，甚至，在隶书正体化以后，快写心理和草副状态，仍然渗透到官文正稿的书写中，因此出现很多趋近隶草的正函，用草法缘饰正体也时有出现。图 2.11 中的三例，便能反映这种迹象：五凤二年（前 56）的 6·8 尚求工整；到甘露四年（前 50）的 3·14 和图 2.23 中的 73EJT10：120A，用笔略草；再到西汉晚期的 4·1，字形和用笔都含有大量草体写法。这种现象在西汉晚期和东汉初期的居延简牍中最为普遍，正是书写者草副状态不断延伸的结果。

当然，草副状态的最大成果是草书的形成。借助各种文案，草书脱隶、省变、使转问题得以持续探索，② 笔法变化、个性追求、情绪传达获得契机。草书与隶书本属孪生，定型以前曾有相互借益的演化现象，隶借草以快写，草藉隶以求正，在实际应用中，两者笔

---

① 《史记》卷八十四《屈原贾生列传》，北京：中华书局，1959，第 2481 页。
② 参见丛文俊《章草及其相关问题考略》，见丛文俊《艺术与学术：丛文俊书法研究题跋文集》，北京：人民美术出版社，2013，第 45 页。

法、结构都有诸多重合。同时,两者又走各自独立的道路,隶书求规整,草书要纵逸,彼此分化的过程持续了很长时间。武、宣之际的居延草书简(如第一章图1.3,本章图2.19右侧五枚、图2.21第二至五、第七枚等),脱隶程度不一,大部分不能完全做到笔法和体势的区分。当然,整体上,草书笔画连贯性在增强,部件的符号化、使转笔法的运用、笔势的开合和章法统一,也日益深入,其中,像图1.3之类的抄副,表明宣帝初期部分掾史的草书,笔法和字法已与隶书相别。大体上,我们可以把宣、元之际看作草书的初成期,[①]但通行度不高,还不能说已经完全定型。

　　图2.23第三枚、图2.24是甘露至鸿嘉年间(前53—前20)草书简例,除18·11、157·10为私人书信,其余都是公文草副,整体脱隶或化草程度稍高。这一时期,可考的居延掾史数百名,但由他们署名而可确定作者的简牍却不多,不过,同期简例大多出自他们之手则无疑义。通过比对,我们可得到的结论是:(1)至少在西汉元帝前后,私人草书呈报已得到掾史群体的认可。157·10是此期第卅五隧长周仁写给甲渠主官掾范弘的私信,出土于候官驻地,为下级写给上级的正稿,[②]表明这一时期草书私牍在群体内已被认可。(2)受文书制度的约束,官文正稿草写情况少见,但草副和题签用草很多,图中第一、三、五枚简均是。最后三枚(73EJT22:11)较为特殊,形制为五面觚,前两面,为鸿嘉元年(前20)六月十八

[①] 裘锡圭先生认为:"草书的形成至迟不会晚于元、成之际,很可能在宣、元时代就已经形成了。"见裘锡圭《文字学概要》修订本,北京:商务印书馆,2013,第91页。

[②] 简背有"奏甲渠主官范掾",按,同探方简例分布人物中,仅有范弘一人任主官掾,由此确定该简年代与稿本形态。另,EPT4·48、EPT21·15有部卒周仁,在公元10年左右,当为另一人。

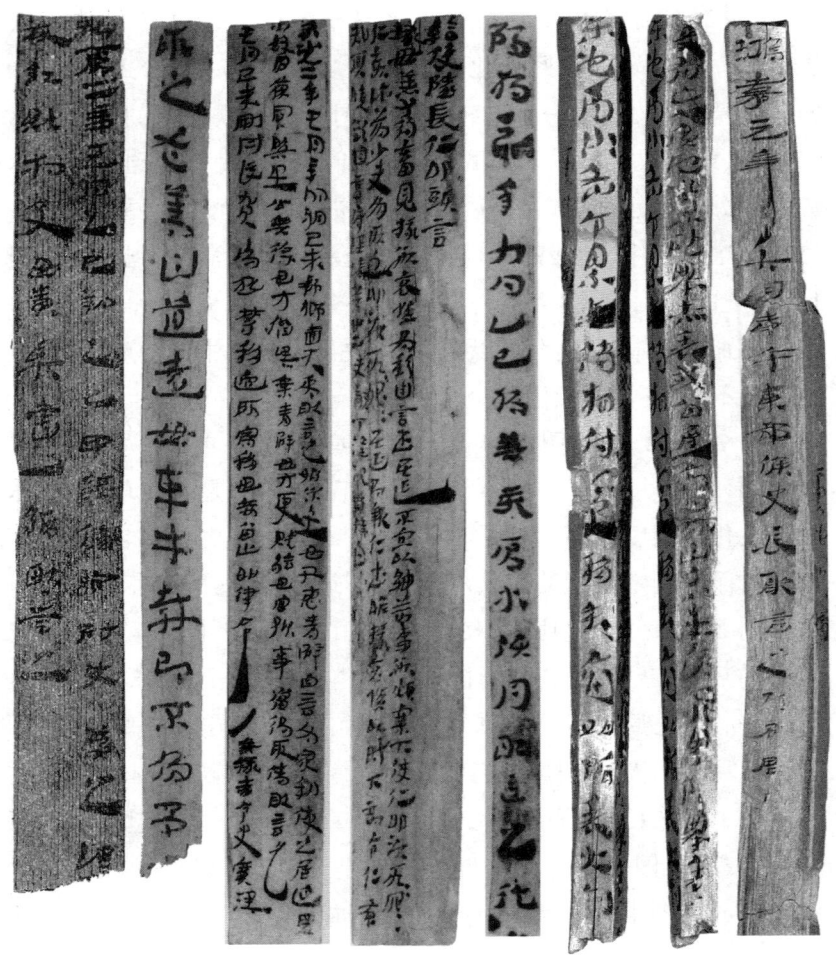

EPT56·283　18·11　73EJI33:40A　157·10　284·8A　73EJT22:11A/C/D（局部）

图2.24　神爵至鸿嘉年间草书简。EPT56·283 为 18.8×2.1 厘米，前60年，尉史胜之书写；18·11 为 16.5×1.2 厘米，约前38—前34年左右；73EJT33:40A 为 23×2.3 厘米，前42年；157·10 为 23×2.8 厘米，约前38—前34年周仁书写；284·8A 约19×1 厘米，前24年；73EJT22:11 为 32.7×1.8 厘米，五面觚，前20年，候史长书写。

日肩水候官东部候史呈报的公文，用潦草隶体；后三面，是对前一天都尉府公告及表火情况的记述，用草书。该觚似为二次书写的结果，但有可能出自一人，除前后书写速度不同、笔法略异以外，整体气息却有相通处，所述事项也前后相连，此外，两部分共见的"六""表""付"等，字法一致，尤其是"表"字（写法如图 2.25），在肩水金关几百余例"表"字中，占少量，① 出自同样的书写习惯。无论它是一人还是两人书写，抑或正稿还是草副，都反映了草书一定程度的通行。比照同期甲渠候官掾史正稿和草稿的书写样式（图 2.26），我们认为，籍簿、案录和书檄拟写用草较多（如第一、七枚），但正函还是以隶为主，有时略微潦草而已。② 当然，较之武帝时期，文书书体规范的松动已是事实。（3）由于简牍材料缺失过多，对此期掾史群体的草书掌握程度我们尚不能完全了解。尽管主官掾范弘能够接受下属草书尺牍，但他留下的，都是公文上的隶书或隶草（图 2.26 左四简，33·1 或为尉史王强所为）；士吏孙猛隶书与

 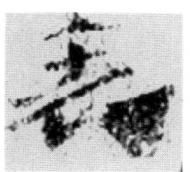

图 2.25　73EJT22：11 中"表"的异体写法。

---

① 用此写法的如：73EJTT21:66，T23:243、849、931、T24:46、814、T25:122、156，T26:161A 等。
② 157号共29枚简，年代在初元、建昭（前48—前34）间，除157·10外，157·25为"郑子孟"写给"李子长"草书私信，据文意，李子长当在某地任丞职，因此它应为草稿；另外，草书简还有 157·1、157·2、157·4、157·13+185·11、157·15，均为官文草副或题签，以候官内部流通为主。

草书均有学习（图 2.26 右三简）。鉴于同期百余名甲渠候官掾史属佐中，可明确作者的简例或无或残，未署名简牍上成熟草书和不成熟形态均有，因此，只能说，元帝前后居延掾史草隶皆能，可能还不普遍。

图 2.27 是西汉末至新莽时期代表性的草书简例，其中，170.5A 为卅井候官累房候长的草稿；最后一枚（73EJT37:706）为居延都尉府下达的草书公函，或能说明草书进入官文正稿或副本的情况；其余三简为两份私人尺牍（73EJT23:917A、919A 为一件），使转自如，笔势勾连，气息贯通，部件符号重合已多，是较为成熟的草书。用秃笔书写的 EPT5·76，藏护锋颖，以弧线取势，以短划蓄情，欹侧俯仰，气势贯通，节奏舒缓，古拙浑厚，其体势，与两百多年后陆机的《平复帖》颇多类似。① 由此，我们可确认，西汉末、新莽时期，草书已趋于定型，其代表性的成果，主要见于私人往来书信，即后世所说的"相闻书"，零星见于官文。这种进程，还可见证于同期东海郡掾史的文书：尹湾六号汉墓的《神乌赋》，是用草书抄写的一篇西汉佚赋，当为功曹史师饶（或其师友）所为（图 2.28、图 4.3），花果山汉牍 10、12 号似为官文，② 两者共同反映了西汉末期隶、草分化的完成。

总之，隶、草分化与草副状态的演绎有关。随着新莽至东汉初草书定型，其使用场合已不限于草副，像居延《永元器物簿》（图

---

① 启功先生曾指出，《平复帖》"是用秃笔写的草字。《宣和书谱》标为章草，它与二王以来的一般所谓的今草固然不同，但与旧题皇象写的《急就章》和旧题索靖写的《月仪帖》一类的所谓章草也不同，而与出土的一部分汉晋简牍非常相近"。见启功《〈平复帖〉说并释文》，见《启功丛稿》，北京：中华书局，1981，第 28 页。
② 李洪甫《江苏连云港市花果山出土的汉代简牍》，《考古》1982 年第 5 期。

第二章 文牍奏记与书法印章的日用

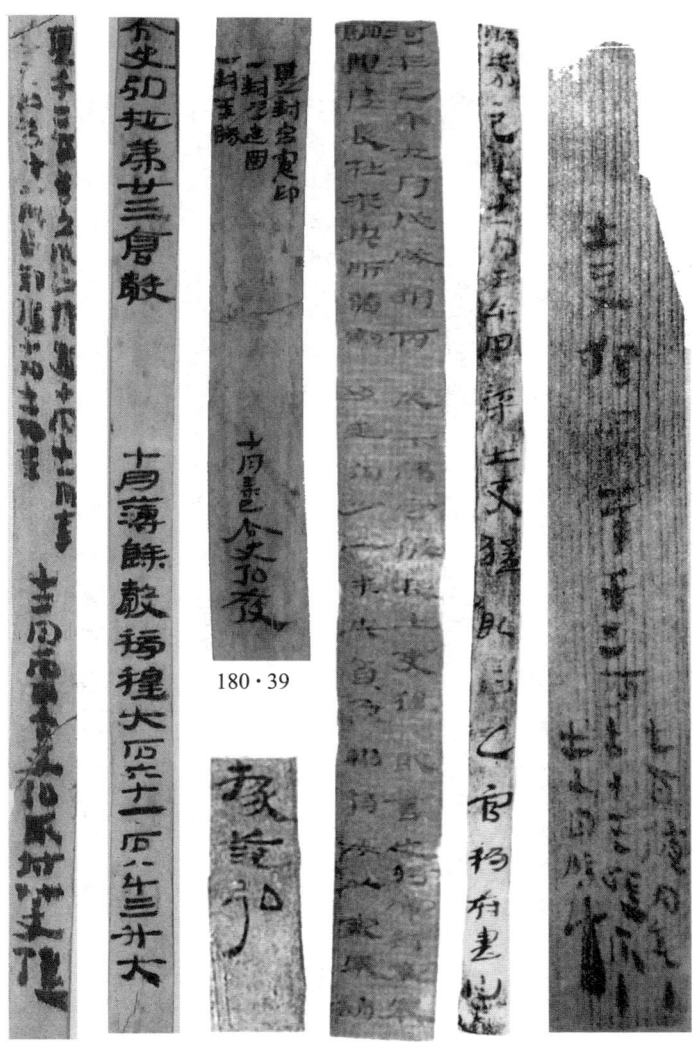

33・1　206・7　EPT51・629　EPT59・3　507・5　EPT52・353

图 2.26　建昭至阳朔前后（前 38—前 20）甲渠候官掾史相关简例。左四简为主官掾范弘简例，右三简为士吏孙猛简例。33・1 为 22×1 厘米，EPT52・353 为 11.3×1.6 厘米，略放大；余简为 22—24×1—2.3 厘米，个别为局部，A8 出土。

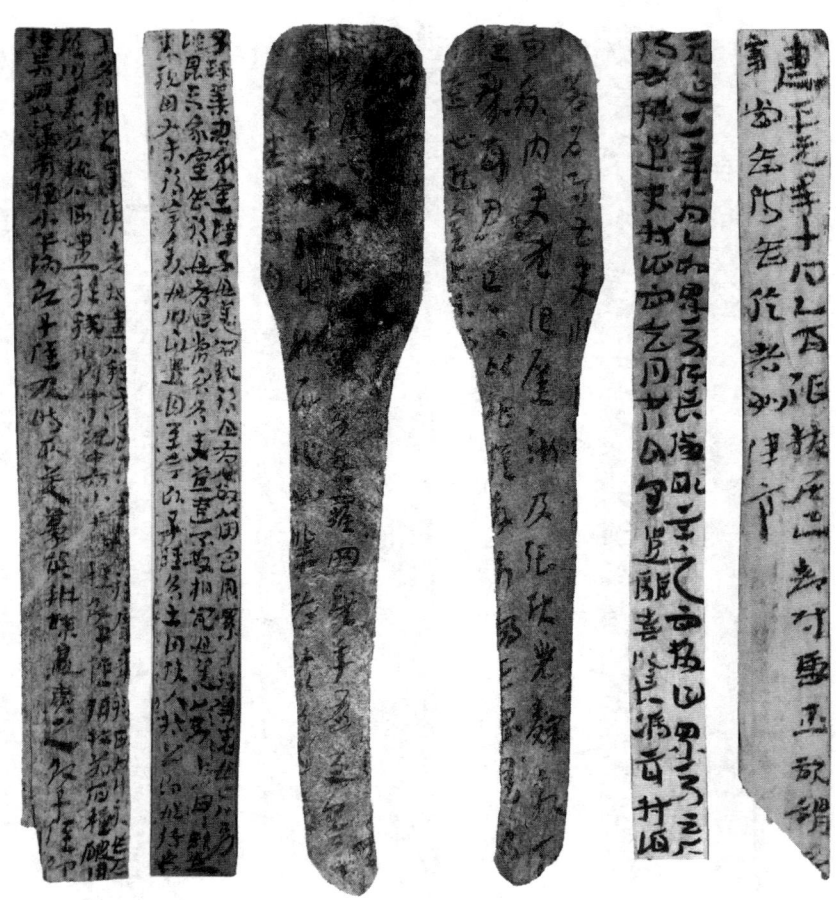

73EJT23:917A　　73EJT23:919A　　　　EPT5・76AB　　　　170・5A　　73EJT37:706

图 2.27　西汉末新莽时期草书简。73EJT23：917A 为 23.5×3 厘米；73EJT23：919A 为 23.2×2.3 厘米；EPT5・76AB 为 22.1×4 厘米；170・5 为 22.7×1.2 厘米，局部，前 11 年；73EJT37：706 为 13.8×1 厘米，前 6 年。

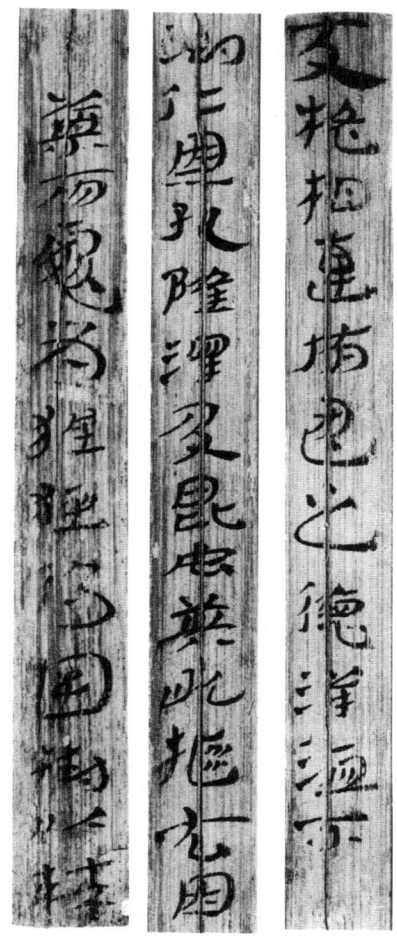

图 2.28 《神乌赋》局部(六号墓竹简 116 放大),约前 10 年左右,总 22.5—23 × 0.8—1 厘米,1993 年连云港尹湾汉墓 M6 出土。

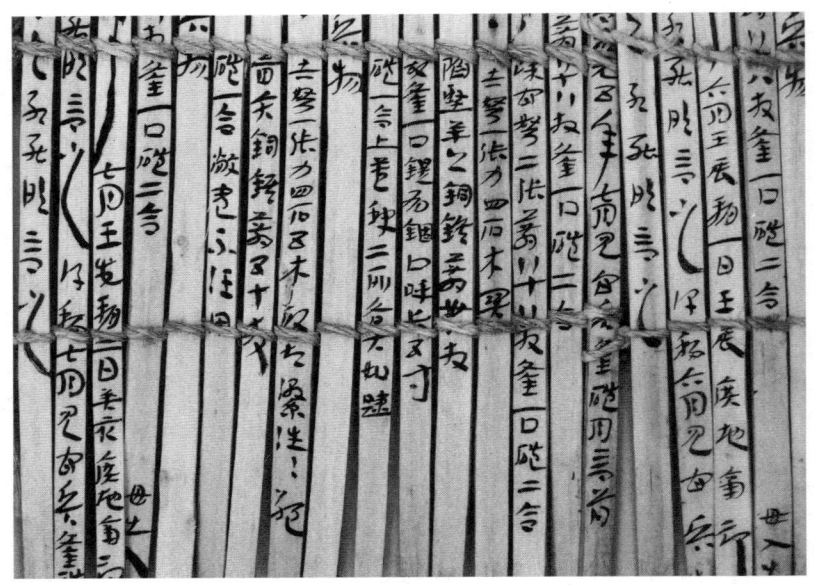

图 2.29　永元器物簿（128·1A，13—32 局部），93—95 年，全册 91×23.1 厘米，1930 年 A27（查科尔帖）出土。

2.29）之类，表明它已广泛通行于官私文书，成为书者显示书艺、表达趣味的风尚；同时，草副也不再限于状态，而成为一种关联书体，后世即以"草藁"泛称汉晋时期的草书、行草书体。①

---

① 王愔《古今文字志目》将草书、藁书单独列入其 36 种书体；羊欣说卫瓘兼采乃父卫觊和张芝之法，创为草藁，认为"草藁是相闻书也"，又说钟繇所善之"行狎书"为"相闻者也"，合观之，包含草书和行书；唐代韦续承其"相闻"说，改为行草："藁书，行草之文也……亦云相闻之用也。"张怀瓘《书断》："王愔云'藁书者，若草非草，草行之际'者，非也。按：藁亦草也，因草呼藁，正如真正书写而又涂改，亦谓之草藁，岂必草行之际谓之草耶。盖取诸浑沌天造草昧之意也。变而为草，法此也。"各家所述，虽略有差异，但不外是对草拟情况下书体的指称，其间的差异，是因时废兴的反映。各条参见上海书画出版社、华东师范大学古籍整理研究室选编《历代书法论文选》，上海：上海书画出版社，1979，第 40、46、166、304 页。

4. 物的传载和人的流播

把居延、走马楼等简牍上掾史的书法,看作书体和风格取用过程,还在于诸文书都是辗转抄写和传送的,换言之,现今打散的文书,是对之前相关稿本或样式的借鉴或参考。以《元康五年诏书册》(图2.30)为例。该册第1—3枚为第一组,第1简·以上,为大史丞定提案,经太常苏昌和丞相魏相上交给御史大夫丙吉的一项建议,内容是请求朝廷布告各地官员,在元康五年(前61)五月二日夏至日前后,做好息兵、更新水火等事;·之下和第2枚,为丙吉提交皇帝的奏议,建议诏令各级官吏于夏至之前办理诸事,于闰四月廿九至五月初四休兵五日;第3枚是皇帝的批文;第4枚是二月十一日丙吉就此事下达给丞相的公文(由此我们知道前3枚的时间在二月十一日以前);第5枚是二月十五日丞相下达中枢和各郡长吏的公文;第6枚是张掖太守接到诏令后,于三月二十四日下达郡内各机构的公文;第7枚是肩水都尉府接到郡府通知后,由肩水城尉代行都尉之事,于四月六日向候官、城尉下达的公文;第8枚,是肩水候官接令后,由士吏横于四月九日代行文书的下达。这些简牍均出自肩水候官遗址,借助笔迹和时序特征的复原研究,我们已知,8枚简牍均为肩水候官"令史得"(见第8枚简末签名)的抄副或草稿。[①] 其中,第8简是肩水候正函草拟,而前7简则成为附件;依次上推,都尉府、张掖郡府,都要拟写正函,将上级诏令抄副后以附件形式下发。显然,尽管肩水候官掾史并未见到丞相下达的原始正函和附件,而是根据都尉府文书进行草副,但自中央到郡府,再到都尉府,层层传抄的过程,是包含书法诸元素的。从

---

① [日]大庭修《汉简研究》,徐世虹译,桂林:广西师范大学出版社,2001,第13—20页;[日]永田英正《居延汉简研究》,张学锋译,桂林:广西师范大学出版社,2007,第331—339页。

图 2.30 《元康五年诏书册》（复原图，1—8 分别为 10·27、5·10、332·26、10·33、10·30、10·32、10·29、10·31），前 61 年，23.3—24×1.5—1.8 厘米，1930 年地湾（A33）出土。

图中可以看出,"令史得"不仅保留了原始文件的书写格式,而且在抄写时略有笔迹的差异,以第8简作为他的字体常态,则前7简稍显工整,又以前3简最为明显。无疑,他直接参考了肩水都尉掾史的抄副,也间接参考了张掖郡掾史和丞相掾史的抄副。类似的例子,还有《永始三年诏令册》(73EJF1:1—15)、《上变事诏令》(EPT52·46—48)、《下刑徒品诏书》(EPT52·280—281)等。

作为文字和技艺的载体,文书是书法最直接的传播物,其他像历谱、书籍、带铭文的器物等,也同样具有书法传播载体功能。可以说,文书的邮驿和传递,是促成汉隶和草书全面普及和应用的重要途径,上文邮书案简例(尤其是 JL58)已表明其流动地域之广,由此,边塞地区的书法,便与内郡有了关联。

当然,物的流通以外,还有书写者的传播,限于篇幅,此处以残简 EPT5·76(图2.27第3简)为例,观察作者、书艺及其地域流动。该简的文字内容是:

　　　　□若为尉曹史□□□□□/可县内吏书□迟汝及张佐□麴穀下☑/随诚耳,君邑邑以楷模教□□□□☑/☑远心近室,上示□☑(A)

　　　　六月四日□□□□□□□☑/□独焦心□□□举身在罗罔,诚幸为过塞☑/□□今承□地□□作此辈甚蒙□□□□/叩头,悉言白。(B)

"尉曹史"和"县内吏"为掾史之类;"穀下",即车舆之下,司马迁《报任安书》:"仆赖先人绪业,得待罪辇穀下,二十余年矣。"[①] 是表

---

① 《汉书》卷六十二《司马迁传》,北京:中华书局,1962,第2727页。

示卑微和仆从的谦辞；"身在罗罔"，喻法网，兼指法责或天谴，《毛诗正义·瞻卬》："天之降罔，维其优矣。"郑玄注："天下罗罔，以取有罪。"① 将这些信息与"若为尉曹史""过塞""今承□地"三句合起来，似乎表明发信人是获罪降迁西陲的官员，路过候官驻地，写信给地方官吏，或也诉求掾史职位。由于文书残甚，信息不全，此处仅为推测。但我们知道，汉时因巡视、征战、调遣等促成的人员流动较为频繁，获罪官吏徙边的也很多，如永始二年（前 15）故将作大匠万年，便获罪徙边至敦煌郡。② 该简的书写者，可能是本人，倘若有相随小吏，还可能为代笔。

人员的流通和物品的传载，是书法经典样式和书家楷模向周边扩散的基本路径。随着汉代开疆拓土和其后持续的屯戍活动，汉晋时期书法的传播范围大大扩展，以零星出土所见，远至北高加索阿兰地区、③ 朝鲜平壤，④ 而以系统和数量可观而言，则以塔里木东端的高昌、楼兰，丝路南道的尼雅、和田，北道的轮台、库车及其附近交通要道为著，属于河西四郡以西两汉文化传播的外围，⑤ 对这些简纸书迹的解读，也应当从书艺的传播、应用逻辑出发，切合情境，才能与经典文本找到关联。

---

① ［汉］毛亨传，［汉］郑玄笺，［唐］孔颖达疏《毛诗正义》卷第十八，北京：北京大学出版社，2000，第 1484 页上。
② 《汉书》卷十《成帝纪》，北京：中华书局，1962，第 322 页。
③ 图版及介绍见姜伯勤《敦煌吐鲁番文书与丝绸之路》，北京：文物出版社，1994，第 17—22 页。
④ 单育辰《1900 年以来出土简帛一览》，载武汉大学简帛研究中心编《简帛》第 1 辑，上海：上海古籍出版社，2006，第 485 页。
⑤ 见拙文《技与物的传载：汉魏六朝书法西域传播的主体与载体》，《新疆艺术学院学报》2015 年第 2 期。

三、风格类型与审美意识

文字书写的视觉形态,在较长时段里,体现为书体;在较短时期内,则体现为特定书体或样式下的审美风格。对汉代掾史而言,日常文牍奏记有着意为之、力求美观的情况,也有无意工拙、随手拈来的情形,加上工具、材料、内容、功能等情境因素,便呈现出多种审美风格。

1. 风格类型

汉代是书体由古趋今的激变期,遗存简帛书迹上的风格,便有古体和今体的不同取向,趋古者质朴,求新者妍美;在这两大类型下,又有线质、结体、用笔、章法、气息的随境呈现,从而生成不同风格,试举五类:

(1)古雅。字形和笔法保持较多的古体特征,用笔大多悠缓,线条凝重,结构平稳,气息静穆,格调古朴。例如:图2.9东汉前期"平陵敬事里张伯升之柩过所毋留"柩铭,是篆体书迹中的此类风格;图2.11中的6·8,图2.13中的J1(9)7A,图2.14虎溪山汉简,图2.15印台汉简,图2.19中的148·47、148·4等,是百余年间隶书书迹中的此类风格;图2.24中的18·11、284·8A,图2.27中的EPT5·76AB等,属于西汉晚期、东汉初期草书简例中的此类风格。

(2)绮丽。以各时期正体字形和写法为基调,字形整饬,用笔和线质清秀,格调雅丽。如:篆体书迹中,图2.9左列的"张掖都尉棨信"属此类风格;隶书书迹中,图2.11中的3·14、4·1,图2.12《四时月令诏条》,图2.15高台汉墓M18:35B,图2.16江陵凤凰山汉简9:D1A,图2.17松柏汉牍,图2.18走马楼汉简,图2.19中的148·43,图2.20中通道厩佐所书隶体,图2.21中的73EJT21:137、73EJT21:42A,图2.22北大汉简,图2.23中的73EJT25:6,图2.30《元康五年诏书册》,图2.35《元致子方书》等,便属此类。

（3）豪放。为居延掾史书法常见风格，又以草隶、草书简例为典型。整体上，字形和线条变化多端，用笔流畅，奔放活泼，气象雄阔，自然淋漓。如：图2.21中的73EJT30:68、73EJT30:43、73EJT30:240，图2.23中的73EJT10:120A，图2.24中的73EJT33:40A、73EJT22:11A/C/D，图2.28《神乌赋》，图2.29《永元器物簿》等。

（4）雄浑。为居延掾史书法的主要风格之一，又以草隶和草书简为代表，大多用笔迅疾劲利，而又轻重有度、收放自如、虚实相生，形体、章法大开大合，气势磊落，个别作品还有用墨的枯润丰涩变化，格调苍茫。属于此类风格的草书类简例，如：图2.23中的73EJT10:121A，图2.24中的157·10，图2.27中的73EJT23:917A、73EJT23:919A、170·5A、73EJT37:706等；可归入该风格的草隶类简例，如：图2.5夏侯谭和令史嘉所书《部吏毋犯四时禁册》部分简牍，图2.20中的73EJT21:129，图2.31啬夫宫初次所写《候粟君所责寇恩事》（右四简）等。

（5）疏野。即不刻意于书写精美，笔画、结体随意性明显，既有放笔直书带来的爽利和恣肆，也有不计妍美时的朴拙风味，还有初学者练习时的稚嫩，以及带有明显个人习气的情形。此类风格分布于各体书迹中，如图2.5中的EPF22·49、EPF22·50，图2.10中的篆书习字简，图2.13中的J1（16）5B，图2.26中甲渠掾史所写33·1、180·39、507·5、EPT52·353等。居延汉简中此类风格的简例数量很大，很多草稿乃至正稿，都多少带有随意而为的痕迹，不再列举。

必须指出，以上描述是相对的，在具体案例中，风格倾向并非泾渭有别，而是在主要风格中兼具其他类型。以图2.24所示公元前1世纪下半期的草书简为例：EPT56·283虽以流美的草隶为主要风格，但气势贯通，用笔厚重，兼有萧散凝重之态；18·11、284·8A以厚重的草书为主调，又兼有朴拙率意之风姿；

第二章　文牍奏记与书法印章的日用　　　　173

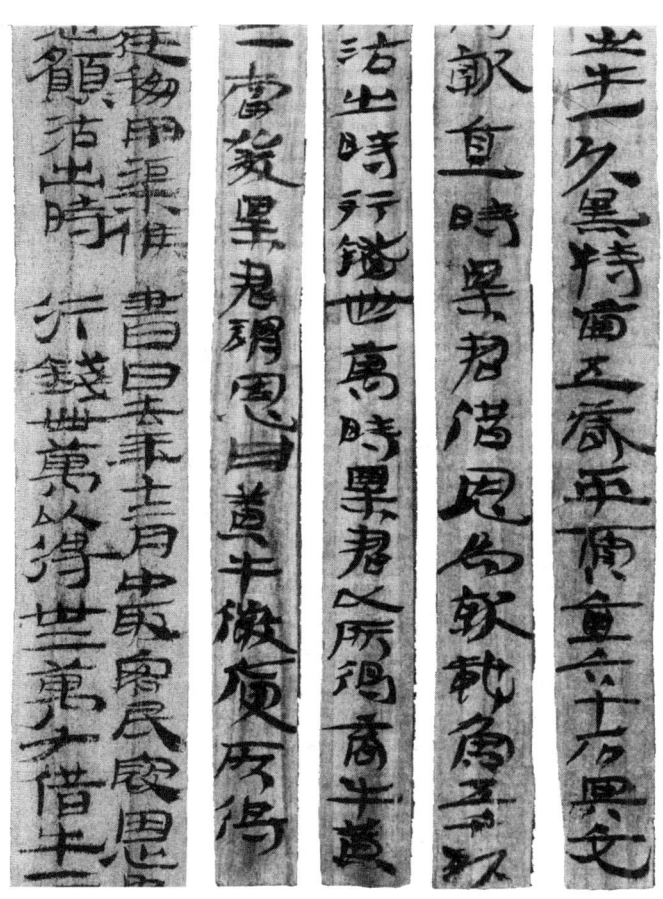

图 2.31 《候粟君责寇恩事》册局部（EPF22·5—8/29，下段），右四例整简 22.7×1.2 厘米，左一例整简 22.7×2 厘米，28 年，都乡啬夫宫书写，1973—1974 年出土于破城子（A8）。

73EJT33:40A、157·10、73EJT22:11A/C/D 以笔法劲健、流畅豪放的草书为主调,又各含奇崛、恣肆、简率等气息。

从居延简牍书迹上来观察,汉代掾史的书法风格体现出三个特征:一是身处古今书体演化的进程,而有多样的视觉形态。作为先秦以后逐渐兴起且规模最大的知识群体,他们既是先秦、秦汉时雅正书风的接力者,也是汉代普通知识分子俗体书风的探索者和传承人,由其完成的实用文书书写,便显示了雅与俗、整与散、繁与简、正与奇、巧与拙等诸风格的融合与渐变。二是基于繁重的工作任务,大部分居延汉简的书写速度较快,加上书写者修养层次差异、简面加工优劣、笔锋新旧等因素,而形成豪放、雄阔、朴拙的整体风格,而又以质量上乘的草隶和草书简最为动人。将其与走马楼汉简、松柏汉牍等加以比较,这种印象或更为深刻。一定程度上,居延掾史的书法风格,与苍凉开阔的边塞环境,书者中普遍存在的尚武风气,以及工具材料的相对简陋不无关联。不过,正如我们在历史上下文中,将汉代艺术的风格概括为雄浑深沉一样,居延掾史书法的整体风格和类型划分,也是基于地域、环境和风气的比较而得出的相对认识。三是一些简例丰富的掾史,已具备个人书法风格,如:图 2.17 周偃所书三牍,均含蓄典雅,笔致清秀;图 2.20 通道厩佐所书,则整饬兼含宏阔;图 2.24 中肩水东部候长所写(73EJT22:11A/C/D),既有隶书,也有草书,两者在笔势简阔、流畅萧散的风格上内在统一;图 2.26 中主官掾范弘的书迹,在朴实的风格中,兼有凝重、率意的变化。

2. 审美意识的沉淀与传达

居延掾史的书法,既有"日用而不自知"[①]的一面,也有知而能

---

① [魏]王弼注,[唐]孔颖达疏《周易正义》卷七,北京:北京大学出版社,2000,第317页上。

为的一面。无论哪种情形,简牍书迹所呈现的视觉风格,无疑包含他们对书法原理不同程度的认识。透过日用书写,他们中的善书者,已熟练把握审美辩证法则,赋予线条、笔法、结体、章法多样的审美内涵,将笔墨语言的情感表现力大大提升,是为审美意识的显露。这种显露,以书体、字法、写法、工具材料的精熟为基础,以审美风尚和情感传达为动力,又以笔墨形象的美感调适为核心。

首先,善书的掾史谙熟于既定书写平面面积大小、版面精粗等情况,精通笔墨性能,他们常依据文字内容、功能限定、格式要求等,借助书体、字形、用笔、字距、行距,进行美感调适。例如,图2.24隧长周仁所写的书牍、图2.26孙猛所写EPT52·353、图2.30"令史得"所写《永元五年诏书册》等,均依据文字多寡和文书类型,有字形、字距的大小与疏密变化,整体上又和谐统一。

其次,他们将主次、动静、方圆、快慢、大小、欹正、虚实、疏密、收放、连断等审美辩证法则,灌注于用笔、字形和章法之中,赋予笔墨形象内在的逻辑,体现节奏感和韵律感。以图2.11所示三简为例:6·8是万岁隧长"成"所书规范的正稿,大部分单字形体平稳,结构匀称,但一行的"巳""乙""之",二行的"事""之",均作避让式结体,而为长拖的捺、钩造势。残简3·14中,一行的"辛",以一横主全字,横下两点化为短横,又以三个连绵排叠、向上回环的横画作呼应,这种手法,可见于全简;其下,"隧长成敢言之迺五凤四年"一句,因"隧"字笔画密致,"长"字横画栉比,故以划出简面的重捺作轻重、节奏、虚实关系的调节;我们看到,"敢""之""迺"三字捺画同样重按出简,但方向、轮廓,均有细微差异,而在第二行中,凡捺画,都不作重笔出锋,可见,"隧长成"在书写时,有意压抑了自己的一些书写习惯,因势加以变化。再看4·1,该简字形大小错落,体势奇正相生,开合张弛有度,在舒缓的书写节奏中,穿插重压长笔,强化笔法、线条和章法的节奏感,书写者美感意识和笔墨能力强于 3·14,当为张掖太守府掾书法水平的见证。

在草书简例中,这种努力更为清晰。如:图 2.21 中的 73EJT30:68,将单字的笔画、部件加以简化,化线为点,化整为散,使笔画的连贯和节奏传达更趋流畅,同时,又强化了字形大小狭阔的对比,辅以结体的倾斜回让、用笔的虚实轻重,使该简上的书法顾盼生姿,活泼动人。与之类似的还有 73EJT30:43、73EJT30:240,及图 2.24 上的简例。

居延掾史的书法良莠不齐,善书者所占的比率也很难确切统计,但我们也可以借助一人所书简例,了解他们的审美意识水平。图 2.31 是"都乡啬夫宫"为了调理甲渠候粟君与平民寇恩的法律纠纷,先后于建武三年十二月初三、十六日写的两份验问供词(EPF22·1—20,EPF22·21—28),及十二月十九日将案件情况呈报居延令的官文(EPF22·29—32),附件为两份爰书。三份简册均用隶书书写,只是第一份简册相对潦草,第二、三份简册显得端庄秀雅。由于第三份简册呈报于上级,啬夫宫选用了制作精良的两行,书写也较为认真,通篇用笔劲健流畅,结体稳中显奇,字形错落相间,行气静中有动,显示了他良好的"史书"修养(图左侧一简)。而第一份简册(图右四简),尽管不似后两份妍美,但也有迅疾恣肆的别样风姿,更重要的是,他对书法审美辩证法则的运用,并未因急就快速的书写而弃之不顾,而是将两行上呈现的书法修养,做了进一步发挥:字形轮廓方、圆、三角错落而成,一任自然;入锋、行笔、出锋方向多变,不循常例;字形态势分而能合,散而谨严,动不掩静,似密反疏,连断回环,抑扬多姿;单字的避让欹侧,个别笔画的滞涩凝重,又赋予书写节奏和视觉形式奇崛爽利的审美效果。诚然,三个简册亦有啬夫佐史书写的可能,但这并不影响我们对居延属吏书法审美能力的判断。进一步,倘若啬夫宫及其佐吏兼通正、草,代表居延掾史的一般水平,那么,夏侯谭、范弘、孙猛、张宣等人缺失简例上,一定也有更丰富的视觉形态。

上述各简中的一些重按捺画、横画,及拖曳而下的竖画,乃至一些字的字法和笔法,都能在居延简牍中找到大量例子。这说明,掾史的书法审美意识,大体包含两方面:一是对书体或式样、常见写法、流行趋势的把握;二是在此基础上因时因势调适美感表达的意识和能力。前者是约定俗成的,后者则是个性因素,而具体作品的审美风格,便由两者相互生发而成。例如,图2.24中周仁所写的157·10,在二行中段"延"字处,重按捺画又折锋上挑,适时填补了一行下端的留空,"延"的捺画出锋重按是一种惯例,但周仁调整了它的方向、方圆、轻重和质感。类似地,图2.29《永元器物簿》中,"广地南部候长信"将数个"之"字作拖曳末笔的惯性处理,但又调整了它们的长短、方圆、轻重变化,在字行间不显雷同;图5.9张宣所书信牍,也有几个长笔营造虚白,其中,一行的"道"和尾行的"张",与157·10相似,是有意对大面积空白的再度破立。同时,这三枚简牍上的书法,又有各自的特征:157·10字形紧结,体势较长,用笔峻利,以方折为多,字划厚拙,字距较小,笔画连缀不多,但气势贯通,富于朴拙峻密的气息;《永元器物簿》则以圆转为体,字形宽博,长、方互见,用笔舒展,摇曳爽利,字距稍大,整体雄放而空灵;73EJT30:28A字形趋扁,大小相杂,虚实相生,用笔方圆结合,舒缓劲健,字形字距随意调适,兼含流美、朴拙、雄浑、遒劲、秀雅的风味。

再次,书写者对惯例因素的把握,对个人审美感觉的调适,又在两个层面上不断提升书法线条、形体、章法的情感表现力:其一,夸饰性的捺画、长竖、横画,及常用字的简化与欹侧等,是数代掾史书写实践的产物,暗含群体共识的审美法则,亦可见出他们纵情恣性、求新求美的共有心理,而相关写法或惯例,不仅渗透到一些碑刻中,而且,一些核心元素又为后代继承或加工,其间,中国书法从构形记事向书者传神抒情的艺术自觉发展,并在普通知识分子群体中得到体认。其二,掾史个体在惯例基础上的形式演绎,又促进其情感传达、个性风格的锤炼。上述三例中,周仁书法的朴密,"候长信"书法的雄阔,张宣书法的劲雅,均是个人有意所为,各篇气息贯通,风格统一,表明不是一时所得。由于三份文书均是呈报给长官的文牍,又使用流行的草书,且两汉之际尺牍收藏风气已经盛行,因此,三人书法带给我们的观感,亦当与汉人所思所想相去不远。而我们知道,与他们相似的汉代掾史还有很多。经过一代代手摩心追和前后传承,行书、楷书又渐次诞生,新的书风逐渐定型并通行,及至东汉中期以后,杜度、崔瑗、张芝、钟繇等名家产生,以书家姓氏指称书体或风格的情况也便出现,个人风格升华为样式或惯例,又积淀为书法传统。在这个过程中,草书笔墨形象与书者意念情怀日渐融合,达到崔瑗所说"蓄怒拂郁,放逸生奇"①的境地;同样,楷书"或轻拂徐振,缓按急挑,挽横引纵,左牵右绕,长波郁拂,微势缥缈"的形式美感和书写体验,以及"应心隐手,必由意晓"②的审美自觉,也进入更为广泛的理论和实践探索,而汉晋掾史正是重要的探索者与应用者。

---

① [汉]崔瑗《草书势》,见《晋书》卷三十六《卫恒传》,北京:中华书局,1974,第1066页。"怫",《初学记》作"拂",今从。见[唐]徐坚等《初学记》卷二十一,北京:中华书局,1962,第507页。
② [西晋]成公绥《隶书体》,见上海书画出版社、华东师范大学古籍整理研究室选编《历代书法论文选》,上海:上海书画出版社,1979,第9—10页。

第四节 文件签封与官私印章

官私文书发送要以印章封署,邮驿机构还要逐件登录,因此,印章的使用,本身是文书制度的一部分。有关汉代印玺,已有很多成果,此处仅以居延汉简为主要材料,论述掾史用印问题。

一、官私用印制度

玺印用于封署,约始于春秋战国时期,①至秦汉,形成完善的制度。简要地说,汉代用印制度有:

1. 官印材质、钮式、印文、自铭、配绶体现等级。根据汉代的记载和出土实物,大体如下:

表2.3 汉代官印等级制度②

代表等级	质材	钮式	印文规格	自铭	配绶
皇帝、皇后	玉	螭虎钮	四字	玺	带绶黄地六彩
诸侯王、王后	金	龟钮	四字	玺	绛绶四彩
列侯	金	龟钮	四字	印	绛绶三彩
三公、大将军	金	龟钮	五字	章	紫绶三彩
列卿至比二千石	银	龟钮	五字	章	青绶三彩
千石以下二百石以上	铜	鼻钮	四字	印	墨绶二彩,四百至百石黄绶一彩

据史籍,汉武帝中期曾对印制做过两次改革:一是元狩四年

---

① 赵昌智、祝竹《中国篆刻史》,上海:上海人民出版社,2006,绪论第1—2页。
② 该表引自孙慰祖先生成果,另加配绶一栏;见孙慰祖《中国古玺印的特质与汉印体系》,载孙慰祖《可斋论印三集》,上海:上海辞书出版社,2007,第1页。

（前119），"令通官印方寸大小，官印五分。王、公、侯金，二千石银，千石以下铜印"①；二是公卿至二千石印称"印章"，《史记·孝武本纪》说，太初元年（前104）"夏，汉改历，以正月为岁首，而色上黄，官名更印章以五字"②，目的是以五字印文顺应汉代土德数五的理念。到王莽改制时，很多官名和地名有所变更，依托五行和董仲舒"三统"说，取地数为六，因此官印印文又出现六字，不足者以"之印章"等补足。③此外，有关配绶问题，诸家记载互异，也有因时改易，④但大体上，借助上述因素，显示的是权力和官秩差异。私印的称谓遵循制度，但材质、形状多样，印文字数不一，有与官印接近的，也有大量富于个性的例子。

2. 印的使用和保管有法律约束。包括：为了保密和征信，公文和物品要泥封后发送；天子用武都紫泥，常人用青泥；⑤简牍封缄，一般是以绳捆缚后，抹泥于捆绳，加盖玺印；文书用版的，合盖封面，成为"检"，用以覆护简文、题署和封印，常刻两道或多道凹槽，用于捆绳，于中央刻方槽，以容纳绳结和封印；简牍置入囊箧者，封口处缀以标签，捆绳后封印；官吏上任授印，免官缴还用印，中间若丢失或毁坏，将受到惩罚，伪造印章、毁坏泥封也要追责，据汉初律令：

---

①［汉］应劭《汉官仪》，见［清］孙星衍辑，周天游点校《汉官六种》，北京：中华书局，1990，第188页。
②《史记》卷十二《孝武本纪》，北京：中华书局，1959，第483页。
③赵昌智、祝竹《中国篆刻史》，上海：上海人民出版社，2006，第70页。
④如"绥和元年，长、相皆黑绶。哀帝建平二年，复黄绶"。见《汉书》卷十九上《百官公卿表第七》，北京：中华书局，1962，第743页。
⑤赵昌智、祝竹《中国篆刻史》，上海：上海人民出版社，2006，第113页。

> 毁封,以它完封印印之,耐为隶臣妾。(贼律一六)
> 亡印,罚金四两,而布告县官,毋听亡印。(贼律五一)
> 盗书,弃书官印以上,耐(?)(贼律五三)①

正因如此,居延简牍邮书记录详细登记封泥印文,包括印破、无印等情况,如:

> JL79:178·1　甲渠官。印破。/十月壬辰,第八卒以来。
> JL80:EPT49·29　☐☐分,万年驿卒徐讼,行封橐一封,诣大将军;合檄一封,付强驿卒。无印。
> JL81:EPT59·504　丁丑到,留迟。封破,毋旁封。记到,各推☐

封破而不能旁封,应即防止伪造之嫌。

3. 官印铸刻由专门机构负责。《后汉书·百官三》言少府下有"兰台令史,六百石。本注曰:掌奏及印工文书",又"尚符玺郎中四人。本注曰:旧二人在中,主玺及虎符、竹符之半者"②。兰台令史西汉时属御史大夫,由御史中丞领治,东汉初并御史中丞入兰台,归少府。因此,汉代中枢机构和郡国长吏的印章,应由兰台令史篆写,而后交印工制作,郡国其他属吏,可由侯国和郡府制作。据《史记·南越列传》,元鼎四年(前113),南越太后樛氏为平稳国政,请求依附汉朝,武帝许之,"赐其丞相吕嘉银印,及内史、中尉、太傅

---

① 张家山二四七号汉墓竹简整理小组《张家山汉墓竹简[二四七号墓]:释文修订本》,北京:文物出版社,2006,第10、15—16页。
② 《后汉书》志第二十六《百官三》,北京:中华书局,1965,第3599—3600页。

印,余皆自置"①,又据《汉书·淮南王传》,元朔六年(前123)淮南王刘安谋反前,"令官奴入宫中,作皇帝玺,丞相、御史大夫、将军、吏中二千石、都官令、丞印,及旁近郡太守、都尉印"②,两个例子一正一反,可表明汉代中央制印对象主要是公卿、王、侯、郡守及其长吏,地方政府则可承接当地各机构掾属官印。居延汉简中有两例:

JL82:113·18 ☐员簿。/二千石桥☐,见为刻印章曰:广德内史章。小府/千石桥☐,见为刻印章曰:☐☐内丞。书佐十人,/秩各百石,其一人护工。

JL83:EPT52·118 ·毋都侯,☐☐为毋都王。相☐丞簿。/☐☐☐☐☐☐☐☐毋都王相,刻印曰毋都相印。/丞一人,秩☐百石如故。今更为毋都王丞印。章曰毋都家丞故印。

其中的"小府",应指都尉府或郡府,两简应是印章制作的呈文。

4. 特殊情况下,能以私印代官印行事。包括:长官外出或空缺时,秩次相近的下属或同僚代行职权;在没有官印时,以私印代行职权。如《元康五年诏书册》(图2.30)最后三枚:

JL84—1:10·32 三月丙午,张掖长史延行太守事,肩水仓长汤行丞事,下属国、农、部都尉、小府、县官,承书从事,下当用者,如诏书。/守属宗助、府佐定。

JL84—2:10·29 闰月丁巳,张掖肩水城尉谊以近次兼行都

---

① 《史记》卷一百一十三《南越列传》,北京:中华书局,1959,第2972页。
② 《汉书》卷四十四《淮南衡山济北王传》,北京:中华书局,1962,第2150页。

尉事,下候、城尉,承书从事,下当用者,如诏书。/ 守卒史义。

JL84—3：10·31　闰月庚申,肩水士吏横以私印行候事,下尉、候长,承书从事,下当用者,如诏书。/ 令史得。

前两枚,是秩次相近而以自己的官印代理的情况;后一枚是无官印可用,只能由秩次相近的士吏以私印代行。居延简牍中有大量此类例子,细分起来,有以下几种情况:

第一,候长、丞、塞尉等所用官印不在时,以私印行事,如:

JL85：EPT51·199　☐年六月己巳朔丁丑,甲渠候破胡以私印行事,敢言之,谨移戍卒朱宽等五人/贳卖候史郑武所,贫毋以偿,坐诈☐☐名籍一编,敢言之。

候官、丞等以私印行事较为普遍,活动于地节、神爵前后的甲渠候破胡就很典型,除神爵三年(前59)的 JL85,另有 EPT56·189、EPT57·12、EPT58·48、EPT58·82 等,亦涉私印行事,很可能一段时间内甲渠候官印不在。王莽时又收罢官印重制,EPT59·536 即有"丞相请许臣收罢官印,上御史"的记载,按例,除都尉官印,其余属吏官印应由都尉府或郡府重造。

第二,部候长、士吏、燧长、亭长、书佐以私印代行候事,啬夫以私印代行丞事。士吏和部候以私印代行官事的例子很多,也有隧长、亭长代行的情况:

JL86：EPT56·67　六月戊子,甲渠第八燧长敞以私印行候事,敢言之,谨写移。敢言之。

> JL87：73EJT37:795　☐☐辛巳朔丁未,肩水驿北守亭长谊以
> 　　私印代行候事……

还有书佐代行候事的情况：

> JL88：73EJT29:29　三月丙辰,肩水关佐信以私印兼行候事,
> 　　敢言之,谨移

以私印代行上级之事,当有相应的制度,概言之,同一机构长官不在,由秩次接近的属官代行,属官也不在时,才会出现类似于JL87、JL88的情况,应该说,燧长是代行候官职权的下限。

第三,啬夫代行丞、候长职权,其印或因形制略小而称为"小官印"①,如：

> JL89：312·16　初元五年四月壬子,居延库啬夫贺以小官印
> 　　行丞事,敢告☐
> JL90：73EJT6:38　☐露三年九月壬午朔甲申,都乡啬夫充国
> 　　以私印行小官事,敢言之,长秋里尚光自/☐☐☐市居
> 　　延,谨案：光,年爵公乘,年六十,毋官狱征事,当得取传
> 　　谒,移居延过所,毋苛留止。（A）　　☐☐令印（B）

现有"小官印"的十余条材料,均与啬夫相关,似不用于其他百石属吏官印。

第四,负责文案工作的掾、令史、尉史等,以私印代行长官职权

---

① 劳榦、陈直先生等释为半通印,详见吉林大学边疆考古研究中心编《居延汉简语词汇释》,北京：科学出版社,2008,第13页。

的情况不见于正函,但简牍封检留有很多掾史私印的信息,则掾史私印以官文封署为主。

二、汉简所录私印

居延、敦煌汉简邮驿案录中公私印章很多,但留存下来的封泥和印章实物很少(图2.32),① 只能通过与其类似的出土封泥(图2.33)、流传或发现的印章(图2.34)做大概了解。

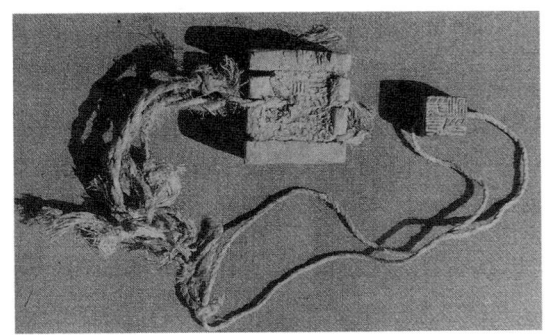

悬泉置出土封检印章

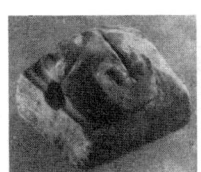  

肩水金关出土"安世私印"和仓印

图2.32 敦煌悬泉置遗址、肩水金关遗址出土的封泥和印章

---

① 1973—1974年肩水金关遗址出土封泥(图二一:8)和印章2枚(图版2:5、图三一),1990年悬泉置遗址出土封泥和印章,但数量很少。见甘肃居延考古队《居延汉代遗址的发掘和新出土的简册文物》,《文物》1978年第1期;何双全《敦煌悬泉置和汉简文书的特征》,载[日]大庭修编《汉简研究的现状与展望》,吹田:关西大学出版部,1993,第135、144页。

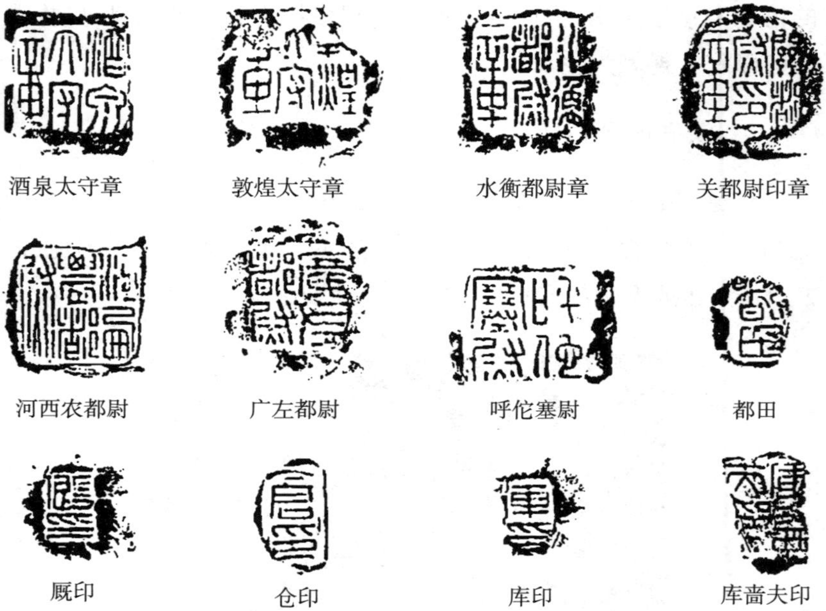

酒泉太守章	敦煌太守章	水衡都尉章	关都尉印章
河西农都尉	广左都尉	呼佗塞尉	都田
厩印	仓印	库印	库啬夫印

图 2.33 与边塞军政相关或类似的封泥

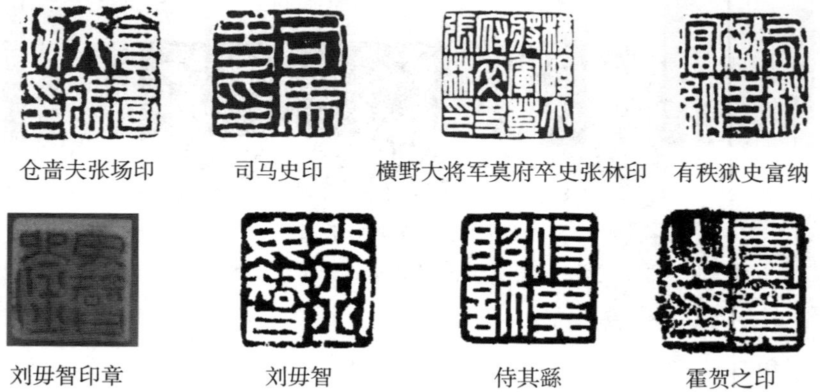

仓啬夫张场印　　司马史印　　横野大将军莫府卒史张林印　　有秩狱史富纳

刘毋智印章　　　刘毋智　　　　侍其繇　　　　　　　　　　霍贺之印

图 2.34 上：传世汉代掾史所用印章；下：墓葬出土汉代官吏所用印章（刘毋智印［M1C:98］为 1.6×1.2 厘米，白玉盝顶，约前 199—前 154 年，2004 年扬州出土；侍其繇印为 1.4×1.4 厘米，龟钮银制，西汉中后期，1973 年连云港海州出土；霍贺之印为 1.6×1.6×1.3 厘米，瓦钮，西汉晚期，1973 年连云港海州出土）。

邮驿案录的印章中,私印有不少,据其部属,可分列人名、简例及其职官如下:

表2.4 居延新旧简和敦煌汉简所录私印①

印文	简例	主要官职	印文	简例	主要官职
高弘	3·9	<u>甲渠部吏</u>	关武印	4·15	甲渠当曲燧长
杨音印	4·29	<u>甲渠部吏</u>	王任印	73EJT37:647	甲渠守尉
王充印	30·17、214·24	甲渠部候长	苏当印	33·23	<u>甲渠部吏</u>
韩猛印	46·4	<u>甲渠部吏</u>	李赞印	39·5A	<u>甲渠部吏</u>
吕宪印	33·25、214·24、180·39+190·33	甲渠部候长	李充印	42·10、258·18A、262·13	甲渠部候长
纪音印	EPT51·410、EPT52·385	甲渠燧长、部候长	王建国	180·39+190·33、EPT51·164	甲渠部候长
东门辅	EPT51·129	甲渠城北候长	陈德昌印	38·7	<u>甲渠部吏</u>
张并印	55·19+137·1	<u>甲渠部吏</u>	李忠印	58·1	甲渠隧长、候史
刑忠印	132·32B	甲渠部候长	张宗印	122·2	甲渠隧长、候史
王彭印	133·4A	甲渠部候长	杨放印	133·3	<u>甲渠部吏</u>
□辅印	178·39	<u>甲渠部吏</u>	孙□印	175·11	<u>甲渠部吏</u>
李胜	180·39+190·33	<u>甲渠部吏</u>	□音印	EPT55·7	<u>甲渠部吏</u>
王宪印	214·24	甲渠部候长	孙猛印	214·24	甲渠候史、士吏

① 说明:(1)主要官职综合关联简例确定,部属清楚而职务不明者加虚线,无部属的以—表示;(2)印文加虚线的4例,与封缄记录不同,或非原印文;(3)本表曾参考赵平安先生的成果,新增肩水金关汉简所见私印,及居延汉简中私印数枚。见赵平安《秦西汉印章研究》,上海:上海古籍出版社,2012,第120—121页。

续表

印文	简例	主要官职	印文	简例	主要官职
李丰印	258·2+265·12	甲渠部吏	王强印	214·24	甲渠尉史
秦忠印	262·30、264·22	甲渠部候长	赵千印	259·6	甲渠部吏
郑强印	285·23	甲渠燧长、亭长	杨褒印	267·1、EPT59·263	甲渠部候长
恭彭印	EPT6·129	甲渠部吏	杨褒私印	EPT51·333	
周并私印	EPT26·7	甲渠部候长	郭殷印	甲附26	甲渠部候长
师就印	EPT8·10	甲渠万岁士吏	樊循印	EPT10·31	甲渠督烽隧史
格谭印	EPT40·1	甲渠部吏	单充	EPT51·159	甲渠部吏
侯贤印	EPT50·24	甲渠部吏	何建印	EPT27·71	甲渠部候长
孙根印	EPT51·81、EPT52·381	甲渠士吏	冯方印	EPT48·145	甲渠部吏
牟政印	EPT51·176	甲渠部候长	□充印	EPT50·197	甲渠部吏
孙商印	EPT52·625	甲渠燧长？	薛章印	EPT51·127	甲渠士吏
尉史胜之印	EPT56·283	甲渠尉史	霍辟兵印	EPT51·226	甲渠隧长
徐尊印	EPT59·317	甲渠塞尉	董至印	EPT52·389	甲渠尉史
范宣印	EPT59·719	甲渠部吏	王辅私印	EPT52·613B	甲渠尉史
范昌印	EPC·40	甲渠部候长	李凤印	EPT56·176	甲渠尉史
萧宣印	EPT65·325	甲渠部吏	赵安汉	EPT56·314	甲渠候长
徐闳印	EPT59·362	甲渠掾	候房印	73EJT21:42B	肩水候
王福印	73EJT9:305	肩水令史	枚阳印	73EJT23:987	肩水金关部吏
牟放印	73EJT23:855B	肩水东部候长	段常利印	73EJT27:69	肩水部吏
宋卿私印	73EJT26:1B	肩水守候	牛庆	562·14	肩水燧长、亭长

续表

印文	简例	主要官职	印文	简例	主要官职
王广宗印	73EJT29:115B	肩水东部候长	成宣印	214·24	肩水城尉属
辛阚私印	74·5	肩水金关部吏	张猛	332·1	肩水部吏
朱千秋	5·2	肩水破胡隧长	周万印	562·7	肩水部吏?
蔺禹	10·34B	肩水左前候长	庄斋印	10·38	肩水候史
阚邃私印	5·19	肩水候宜	杨广之印	88·14	城仓部吏
朱宣印	239·93	居延亭长	符普印	401·2	卅井部吏
司马成印	465·5	卅井部吏	候令史□	敦1973	候官令史
殷通广印	敦11·62A	敦煌千秋隧长	高沙督烽印	敦2396	高沙督烽掾
郭登印	73EJT7:71B	—	薛褒印	73EJT33:79A	—
臣德	EPT52·46	—	杨齐印	EPT52·450	—
都吏郝卿印	505·19	—	张掾印	503·1	—
梁凤私印	73EJF3:125AB	广地隧长	赵尊印	73EJD:208A+250A	—
成况私印	73EJF3:345AB	—	翟褒印	73EJF3:345AB	—
成诩之印	73EJF3:345AB	—	李奉印	73EJC:458	—

这些私印，大多可根据关联人物明确年代，一定程度上可弥补传世私印断代艰难的缺憾。但由于实物已佚，难见其艺术风格。然仅就印文和相关信息而论，对西汉中期至东汉初期私印的研究，它还有两个意义：

1. 证见印文之多样。只以二至三字的姓名作印文的较少，姓名后加"印"的较多，姓名后加"私印""之印"的也不多，在印文中加官职的，仅有"尉史胜之印"，可与图 2.34 中的"仓啬夫张场印""横野大将军莫府卒史张林印""有秩狱史富纳"等互证；另有"臣德",与传世汉印中的"臣誧""臣赐""臣谭"(《古封泥集成》2347—2350)等类似;图2.32"安世私印"又别为一格,按肩水候官属吏中,有公元前80年左右的肩水驿马农令丞"安世"(19·34),有肩水关啬夫和亭长薛安世(73EJT23:797B,啬夫,前73年;73EJT9:104,亭长,前54年),很可能印文略去了姓氏。简言之,这一时期私印印文,应有相当大的灵活性。

2. 考探中下层官吏私印的使用情况。从表中可以看出,汉简中的私印,几乎为候长、部候长、士吏、燧长、令史、尉史、亭长等各级官吏所用,甲渠部候长杨褒一度拥有两方印文不同的私章。可以推测,仅居延地区候官和掾史使用的私印,数量便很大,只是佚失不存而已。

结合墓葬出土印章,中下层官吏拥有1—2枚印章的情况不少,相对而言,印的钮式大体遵循制度(但并不严格),材料、大小、印文较为灵活。图2.34下排的"刘毋智",当是吴王刘濞的掾属,其私印用白玉制作,盝顶,镌刻考究;① "侍其繇"印为银制龟钮,地位又当高于刘毋智,很可能是郡长吏;② "霍贺之印"为瓦钮,其印较前两者稍大,墓主为掾,其书刀刻"宜官腆二千石"之句,表达的是很多掾史的志向。③ 另如:2002年山东日照海曲M106出土两件铜印,墓葬年代在公元前99—前87年间,两枚铜印则应在武帝中后期。其中,M106:12为2.2厘米见方,龟钮阴刻,印文为"元宜自至,柏(百)事不间,愿君自发,封完言信";另有M106:13,为私印,1.3厘米见方,拱桥形钮,印文"公孙昌印",其中"公孙"为阴文,"昌印"为阳文。

---

① 扬州市文物考古研究所《江苏扬州西汉刘毋智墓发掘简报》,《文物》2010年第3期。
② 南波《江苏连云港市海州西汉侍其繇墓》,《考古》1975年第3期。
③ 南京博物院、连云港市博物馆《海州西汉霍贺墓清理简报》,《考古》1974年第3期。

从姓名章的规格和随葬物看，公孙昌当为海曲县长吏，[①]其16字闲章无疑含有他本人的构思。

汉代的私印，从钮式、篆字到刻工，既有用印者的意愿，也有篆写者和印工的实施，因此面貌多样。地方官吏用印风尚和镌刻需求，是汉代印章创作人才增多、艺术表现力不断提升的一个重要促进因素。同时，尽管我们将私印与使用者官职联系起来，但私印的艺术性，实际上与用印者地位高低没有必然联系，图2.34中仓啬夫、将军卒史等掾史的私印，便是公认的精品。

三、私印的写刻

汉代印文用"摹印"或"缪篆"，官印由书法水平较高的兰台令史和郡府文吏书写，由印工完成，但私印的书刻，鲜有史志记载。依据汉简私印数量和出土实物，汉代各地应有一些民间印工，满足刻制需求；[②]同时，也可能存在部分官吏兼善篆刻的可能，或存在官方制印机构因人情所托，承接部分私印刻制的情况。悬泉置出土的帛书《元致子方书》（JL84:II0114[③]:611，图2.35）涉及刻印，为体现上下文，全引如下：

> 元伏地再拜请子方足下，善毋恙！苦道子方发，元失候不侍驾，有死罪。丈人、家室、儿子毋恙，元伏地愿子方毋忧。丈人、家室元不敢忽骄，知事在库，元谨奉教。暑时元伏地愿子方适衣、幸酒食、察事，幸甚！谨道：会元当从屯敦煌，乏沓（鞜），子方所知也。元敢不自外，愿子方幸为元买沓（鞜）一

[①] 未公布图版。见山东省文物考古研究所《山东日照海曲西汉墓（M106）发掘简报》，《文物》2010年第1期。
[②] 赵昌智、祝竹《中国篆刻史》，上海：上海人民出版社，2006，第84页。

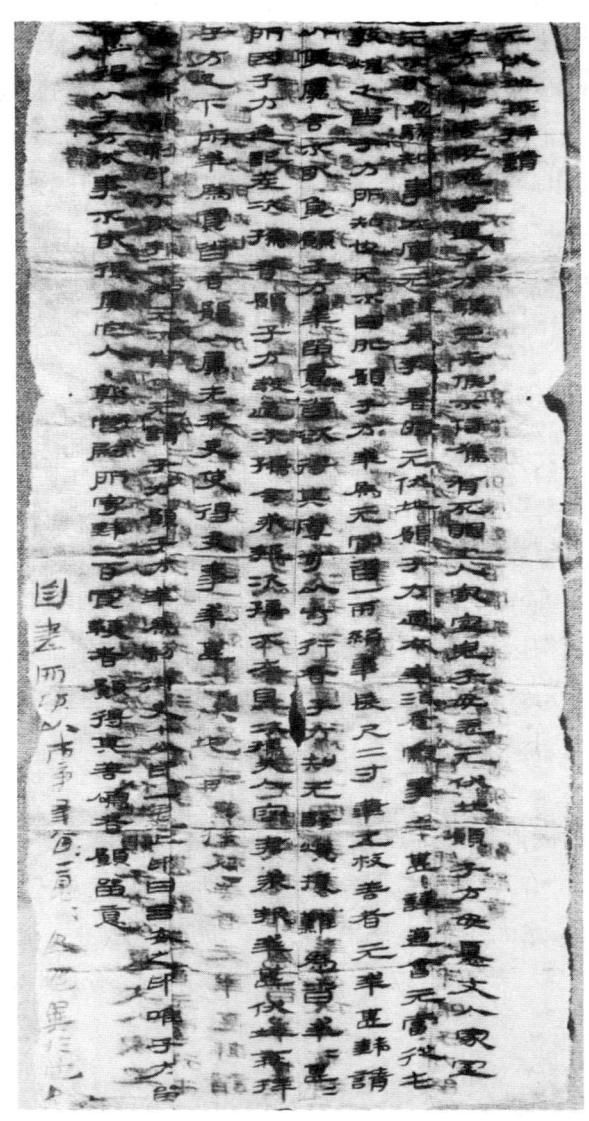

图 2.35 《元致子方书》,黄帛,23.2×10.7 厘米,约西汉末期,1990 年悬泉置遗址出土。

两,绢韦,长尺二寸;笔五枚,善者,元幸甚。钱请以便属舍,不敢负。愿子方幸留意,杳(鞈)欲得其厚、可以步行者。子方知元数烦扰,难为杳(鞈),幸甚幸甚! 所因子方进记差次孺者,愿子方发过次孺舍,求报。次孺不在,见次孺夫人容君求报,幸甚,伏地再拜子方足下! ·所幸为买杳者愿以属先来吏,使得及事,幸甚。元伏地再拜再拜! ·吕子都愿刻印,不敢报,不知元不肖,使元请子方,愿子方幸为刻御史七分印一,龟上,印曰:吕安之印。唯子方留意,得以子方成事,不敢复属它人。·郭营尉所寄钱二百买鞭者,愿得其善鸣者,愿留意。自书:所愿以市事幸留意留意毋忽,异于它人。①

除问候礼节、家族事宜以外,名为"元"的人,在写给"子方"的书信中说了四件事:请他为自己买皮鞋一双以备屯戍敦煌,为自己买五枚好笔,为吕安(字子都)刻七分龟钮印一方,为郭营尉买好鞭一副。由于悬泉置汉简仅刊布少量,有关"元"和"子方"的信息几乎难以确定。据信件,"元"当任职于两人家室附近的某库,"子方"任职于物资丰富的它处而职位稍高;② 求刻私印的吕安,或许就是73EJT10:264 中"居延城仓令史居延利上里公乘吕安"③。考虑到信件出土时,折叠为小方块,以备封缄,而悬泉置附近并非物资丰盈之地,不能看作邮件终点,因此,它应属未发或滞留邮件。总之,

---

① 胡平生、张德芳《敦煌悬泉汉简释粹》,上海:上海古籍出版社,2001,第187—191页。
② 居延汉简中名"子方"的人很多,约略接近的,是肩水金关出土73EJT37:1052中的"子方中卿"、73EJD:75A中的"刘子方"和62·23中的"字子方"。
③ 甘肃简牍保护研究中心等编《肩水金关汉简(一)》中册,上海:中西书局,2011,第283页。

"子方"当任职于郡或都尉驻地,或监管制印,或个人擅长篆写乃至凿刻,而为人所知,吕安才有托请刻印的心愿,从其职务而论,前者可能性更大。

当然,汉代私印托请官府专职人员制作的情况,还需更多资料支撑。倘若确有一部分汉代私印出自官府,则官印与私印刻写者就有一定程度的重合。退一步,汉代掾史篆写印文的能力一直是考核项目,虽有书写水平退化的个体,但身居各机构的掾史,尤其是郡、县、都尉府中的文吏,书写能力上乘的应该不少,他们参与官私印章的篆写和监造,亦合情理。

中国古代依靠分工明确、种类巨细、程序规范的文书,处理各级政务的制度,在秦汉四百余年间日臻完善。行政文书的书写者、收发者、管理者,以各级掾史为主,尽管简牍上签署的掾史姓名,有文书惯例或草拟代写的情况,但整体上,可以将他们看作大部分出土汉简书迹的作者。基于实用,文书类型或功能、生成过程、书写规范,是简牍日用书写诸层面演化的制度前提。换言之,对具体简例的分析,必须考虑书写时对既有内容和形式惯例的因循,考察草拟、正稿、抄副形态与书体和风格间的多种可能,离开文书类型和生成情境讨论书体和风格,往往会丢失根本。

以居延简牍为例,本章从同一事项、同一掾史、同一探方、邮书记录、材料消耗五个层面,对基层掾史文案工作之繁重进行了推测。可以说,东汉赵壹就文书繁杂促成简化书写的论断是正确的。但同时还需指出,案牍峻密的情况,并非秦末专有,而是秦汉两朝的普遍状态,赵壹贬抑秦政而做出的判断,含有汉代文化阐释常见的修辞。从出土简牍看,两汉掾史使用的文书类型要更为多样,到东汉时期,诸如表、记、奏、书等,便从日用文案工作中分化为带有相应规范和审美自觉的文体,书写这些文字所用的隶书、八分、草书和楷书,也依次分化、确定为具备典范意义的书体。在这个意义上,掾史文案工作是书法艺术演进时期必要的实践基础。

从书写主体出发,我们把简牍书迹看作书写者在社会文化环境中取用、改造既有书体和风格的过程。从秦隶到汉隶、八分和草书,顺应官方规范、文字识读、书写便捷等动机,一些样式或写法被逐渐放弃,一些样式和写法逐步定型,其间,书写性简化是打破旧体规范、促生新体的诱因,求取规范、体现形式法则的自律性,是新体定型完善的重要动力。同时,我们把书体取用相对自由、书写状态相对宽松的草副状态,看作书体演进、风格演绎的"优质土壤",认为书写者求新、图快的意识,推动了隶变的完成和草书的定型;而书写者所用、所见的流通性的文书、物品,以及内郡与边塞间人员的流动,又是书艺传播、取用的载体或媒介。在此情境下,掾史书法的风格,也有多样呈现,他们在结体、笔法、章法中灌注审美辩证法则,通过彼此感染,达至审美自觉。其间,书法笔墨形式与书写行为的精神内涵大大提升,为魏晋书法步入高峰奠定了基础。

结合西北汉简和出土印章,本章对汉代基层掾史封泥印章的使用制度予以简述,对简牍中的私印印文进行整理,认为汉代掾史私印在钮式、印文、材料等方面相对自由,而边塞军政系统中,隧长和亭长是用印行事的最末端,一些掾史往往拥有两枚或多枚私印,这些私印的写刻,除民间铸刻外,很可能还有官方人员受托制印的情况。

进而或问,掾史的书法,与公卿和平民的书法有无区别?关系何在?试从四个方面回答:第一,掾史是经过选拔的书记官吏,他们掌握正体书法,是合乎国家政治文化要求的书写者;起自掾史的公卿长吏，书写水平或会稍高，但升迁后的主职不在文案；此外，不靠刀笔立身的贵胄嫔妃、隐居教授的儒生、识字的平民，以书干禄的需求不高，多以其显才，或以之修身，或纯为应用，书艺高低不一，亦不似掾史一样，有选官制度保障的才能考评标准。第二，书写技巧的锤炼、书体的演变定型、审美意识的自觉，尤其是政治伦理束缚的松动、个体情志意趣的上升，以及书法赏评的日渐流行与理论探索风气，离不开名儒大公，但同样离不开掾史的大量实践。换言之，书法从王政之器，"加之以玄妙"，最终上升为"翰墨之道"①，必然依托一个理论和实践的底基，其上，有名家的精炼、修订，有著述家的载录，其下，有大众的学习和应用，几百年间掾史的书法，便是这个底基。第三，自西汉至东汉，掾史阶层的社会文化地位、知识背景有所变化，西汉初承秦重法理念，称其为"文法吏"，但随着儒家文化和选举制度的推行，到东汉，掾史中很多人攀升为名儒硕学，整体地位有所上升，像崔瑗家族一样，开始进行自觉的书法探索和总结。这个历史变化，也离不开几十代掾史的逐渐积累。第四，"日用"，是古代艺术创作的一种常见情境：身为卿士者，以属文表奏为日常；位在掾史者，以操持公文为日常；居家问学者，以注经抄录为日常；专职造器者，以构形纹饰为日常，等等。对个体而言，这些有主有次的日常情境，决定了他们"作品"的属性，也决定了形式语言的选择和审美状态的呈现。或者说，只有将西汉边塞掾史的公文书迹，与同期卿士的公文书迹放在一起，才具备比较的效力。仅仅因为掾史地位低下，而又缺少可比较的文本，就贸然以是不是"创作"来论定，显然是武断的。况且上文所述一些汉

---

① [唐]张怀瓘《文字论》，见上海书画出版社、华东师范大学古籍整理研究室选编《历代书法论文选》，上海：上海书画出版社，1979，第209页。

塞掾史的私人书信，是有意于文字和书写的，书写质量在当时也不为低下。因此，笔者认为，我们与其纠结掾史文案是否为"艺术创作"的问题，莫如转而承认因人因事而异的情境效应，将"日用"看作古代知识分子文字优先、书法内含的一种创作情境，把汉塞掾史的文牍书奏，看作日用创作情境下的一种类型，具体而历史地加以阐释。

第三章　赞勋述己与碑祠刊立的主事

无论为官、为学,还是社会交游,两汉掾史往往与举荐、辟用他们的老师、长吏、长者,保持着弟子事师的纽带关系。这是因为,掾史的政治生活,很大程度上依赖于师长的荣辱升降:师长德行优异、政绩显著、学术卓越,有望封侯立国、位列公卿长吏,他们也会沾光得势,当其在世时,虔敬侍奉,颂功扬名,以期仕途的共进;师长身处危难,或权势倾颓以后,掾史的政治前途亦难免覆巢危卵,他们中,有的持守师礼而多方奔走,有的弃官归隐而独善其身,有的避之不及乃至转投他门,当其亡故后,一些掾史会以门生故吏的身份奔丧服缞,或制杖纪念、撰文刊石、修筑坟墓,更甚者弃官服丧三年。[①] 举凡各类,都反映了掾史在汉代政治文化中的多重角色。

属官与师长的连带及纷繁的社会交游,并非汉代初有,但若论由此促成的不同种类、规模可观的艺术创作,则汉代有开创之功:史载、传世和出土的史料,除私人书牍外,最为突出的,便是大量汉代纪念性碑刻,以及与之相关的墓葬、祠堂建造和雕绘。汉碑中,有不少作品由掾史主成其事;画像石、画像砖、墓室壁画中,他们又以特定的"属吏"题材得以呈现;同时,作为一个上升的阶层,掾史

---

① 杨树达《汉代婚丧礼俗考》,上海:上海古籍出版社,2000,第173—175页。

本身又是配享这些纪念性创作的群体，从而成为一部分汉碑、墓祠的主人。

此类创作，是汉代礼制和丧葬习俗的一个部分。汉代尊崇孝行，掾史侍奉师长的各种行为，不仅有礼制的约束，也是借以评判双方声誉、德行的标准之一。日常礼仪渗透到"事死如生"的丧葬活动中，则丧礼主持者地位、期会宾客飨食之薄厚、服义人数之多少、服义期限之长短、墓祠规模之大小、赠赙之多寡与级别等，都成为评判逝者及其门生社会声誉、地位、德行的依据，其间，门生故吏的交游和凝聚力尤为紧要。在师长生前身后，掾史是一系列社会礼仪活动的主要参与者。透过这些活动来看他们的动机，有些确然出自师生情谊，有些出于风俗礼仪，有些则含有社会交游的功利目的。当东汉中后期厚葬风气炽盛时，刊立碑传、雕绘墓祠的行为成为一种风尚，生前和死后立碑的官僚增多，掾史更为频繁地与官吏、乡绅及连带家族协作，而为我们留下大量作品。但应该看到，这些作品仍是一系列礼仪活动的组成部分，某些时候，纪念性作品的生成，甚至从属于族员、门生、故吏和宾客的期会交游活动。

此外，今天我们划分的碑铭、墓室壁画、祠堂雕绘、阙道、随葬工艺品等，在当时往往彼此关联，体现特定的观念或意图，在具体的作品中又情形不一。本章即择取典型案例分类进行讨论。

第一节　纪颂师长功德的碑刻

帝王、诸侯、官吏功德的宣扬，可有多种方式：或传载于纪传史志，或宣诵于诏令表奏，或闻求于民间歌谣，或形之于图画雕像，或刊立为功德碑铭。本节略述掾史记述、颂扬师长功德的纪念碑刻。

一、依托公共事务的政德碑

汉代碑刻,可看作先秦礼器铭刻的一种转化与发展,原因在于:(1)两者基本特征一脉相承,即:纪念和赞颂的创作意图、铭器所处的礼仪环境、文字内容以叙事为主。《文心雕龙》便说:"夫属碑之体,资乎史才。其序则传,其文则铭。标序盛德,必见清风之华;昭纪鸿懿,必见峻伟之烈:此碑之制也。夫碑实铭器,铭实碑文,因器立名,事光于诔。"①(2)从主体上看,先秦纪念性铭刻有君王、诸侯、卿大夫、士的参与,有负责写、刻的史臣和工匠,其受赞主体为君王、诸侯和贵族;汉代功德碑也有帝王、王侯、工匠的身影,又由地方长吏及其掾属,替代之前的贵族和士,从社会地位和文化源流而论,掾史及其师长,是先秦贵族和士的转化,同时,他们还是逐渐兴起,并在东汉中后期跃居首位的受赞主体;(3)材料上,先秦以金、玉、竹、帛为载体,又以铜器铭文为大宗,到秦汉时期,石材替代金、玉,取其简便易行、持久稳固,竖立于公共场合,便于功德宣扬,即所谓"以石代金,同乎不朽"②。

秦汉碑刻还是先秦宗庙、宫殿和墓葬中实用性"碑"的转化。《仪礼·聘礼》述有司行大礼时,有"饪一牢,鼎九,设于西阶前,陪鼎当内廉,东面,北上,上当碑,南陈"之句,郑玄注解认为,"宫必有碑,所以识日景,引阴阳也。凡碑,引物者,宗庙则丽牲焉,以取毛血。其材,宫庙以石,窆用木",唐贾公彦又指出,大夫士庙、庠序

---

① [南朝梁]刘勰著,黄叔琳注,李详补注,杨明照校注拾遗《增订文心雕龙校注》卷三,北京:中华书局,2012,第156页。
② [南朝梁]刘勰著,黄叔琳注,李详补注,杨明照校注拾遗《增订文心雕龙》卷三,北京:中华书局,2012,第155页。

之内、诸侯庙内皆有碑。①《礼记·檀弓下》又言"公室视丰碑,三家视桓楹",郑玄注解说,"丰碑,斫大木为之,形如石碑,于椁前后四角树之,穿中,于间为鹿卢,下棺以绋绕。天子六绋四碑……诸侯四绋二碑……大夫二绋二碑,士二绋无碑"②。综合起来,先秦时期的"碑",有三类:一是竖于宗庙用来拴牺牲;二是竖于宫庙用于测日影;三是竖于墓穴"穿中"以下棺。很明显,此时的"碑",具其形而多不铭图文,③且规制与等级制度紧密联系。由竖立无字的"碑",发展为石上刻字,成为秦代的"立石""刻石",进而发展为汉代的"碑",经历了数百年的时间,之前"碑"的竖立、穿中及礼仪功能,相应被继承下来。大体上,后世所说的石上著文的"碑",自秦而汉才逐渐成熟。

汉代掾史主持或参与的纪颂师长功德类碑铭,可粗分为两类:一是依托公共事务的政德碑;二是师长个人及其家族的纪功碑。前者以公共礼仪和建筑为依托,有祭祀山川、诸神、圣人、孝子(女)等的碑刻和祠堂,及记述道桥阁邸将作、农田战争等事务的碑铭,

---

① [汉]郑玄注,[唐]贾公彦疏《仪礼注疏》卷二十一,北京:北京大学出版社,2000,第473—474页。

② [汉]郑玄注,[唐]孔颖达疏《礼记正义》卷十,北京:北京大学出版社,2000,第346—347页。

③ 秦代以前的有字石刻,可靠的有:《越王石矛》(春秋)、《石鼓文》(前8—前4世纪)、《行气铭》(战国)、《介钟右八、古先右六、古先齐匟左Ψ三石磬》(战国)、《公乘得守丘石刻》(战国)、《㘽𧻚等字残石》(战国)、《相里作曰》(战国)、《周秦间刻石》、《中山国河光刻石》(前296年前)、《诅楚文》(战国中期);存在争议的有《峄山古刻》《岣嵝碑》,此外还有图画与文字掺杂而难解的贵州安顺《红岩碑》、福建漳州《仙字潭摩崖石刻》、浙江台州《仙居蝌蚪文摩崖石刻》、江西广昌《古源石刻"天书"》。详见马子云、施安昌《碑帖鉴定》,桂林:广西师范大学出版社,1993,第5—15页;金其桢《中国碑文化》,重庆:重庆出版社,2002,第10—34页。

其实质是对促成其功的师长的赞颂，因而与师长个人功德性石刻具有相同的创作意图。两者的区别主要有二：(1)前者面向广大吏民及汉代朝廷，主要是公共礼仪活动的产物，其间也有跨部门、跨地域的合作；后者面向稍小，主要是师门故吏或家族礼仪活动（含丧葬）的产物。(2)从史载和存世作品的年代分布看，前者自汉初至汉末，连续性相对稍好，但西汉存世例证较少且体制也不完善，东汉后逐渐增多，亦趋完备；后者主要集中在东汉中后期，数量较多，体制完备，优劣兼有。本着实物例证，历史上曾有"前汉无碑"的讨论，宋陈槱《负暄野录》论及该问题时，引述尤袤之说，认为"前汉二百年中并无名碑，但有金石刻、铭、识数处"的主要原因，是"新莽恶称汉德，凡所在有石刻，皆令仆而磨之，仍严其禁，不容略留。至于秦碑，乃更加营护，遂得不毁，故至今尚有存者"，又称尤说当有所据。① 又据王隐《地道记》，晋代时东莱郡黄县东二百三十里，仍有始皇、汉武帝所立刻石与碑，② 似乎西汉碑刻亦有幸存。既然立碑风气秦始皇已然确立，则西汉帝王封禅、巡视时所立碑刻及王侯的功德碑，在京畿附近和名山大川应该不会太少，因此，陈槱所论有合理之处。当然，新莽所灭，主要是公共事务类的功德碑，地方长吏私人功德碑成熟于新莽以后，不仅可证于实物，也能从善撰碑文者自东汉中期以后大量出现的史实得以证明。

先分三类略述依托公共事务的政德碑。

---

① [宋]陈槱《负暄野录》卷上，四库全书本，台北：商务印书馆，1986，第871册，第33页。
② 《后汉书》志第二十二《郡国四》，北京：中华书局，1965，第3475页注释。

1. 山川神圣孝贤祠祀类纪功碑

祭祀宗庙、诸神的做法，当源自先秦太祝、太史职事。①《周礼·大祝》说：

> 大祝掌六祝之辞，以事鬼神示，祈福祥，求永贞。一曰顺祝，二曰年祝，三曰吉祝，四曰化祝，五曰瑞祝，六曰策祝。掌六祈，以同鬼神示，一曰类，二曰造，三曰禬，四曰禜，五曰攻，六曰说。作六辞，以通上下亲疏远近，一曰祠，二曰命，三曰诰，四曰会，五曰祷，六曰诔。②

太祝还需"辨六号""辨九祭"，掌握各类祭祀的礼仪、牺牲、歌舞等活动。③同时，文辞撰写和一些重大的祭祀仪式，还有太史的参与。汉初太史令司马谈无缘参加封禅，"发愤且卒"④，表明史祝职掌祭祀礼乐传统延续至汉初。同样，以山川诸神为祭祀对象，起源亦早，《礼记·祭法》详述祭祀天、地、四时、寒暑、日、月、星、水旱之法，又说：

> 山林、川谷、丘陵能出云，为风雨，见怪物，皆曰神。有天下者祭百神。诸侯在其地则祭之，亡其地则不祭。⑤

---

① 叶程义《汉魏石刻文学考释》，台北：新文丰出版公司，1997，第1113—1114、1161—1162页。
② ［汉］郑玄注，［唐］贾公彦疏《周礼注疏》卷二十五，北京：北京大学出版社，2000，第774—777页。
③ ［汉］郑玄注，［唐］贾公彦疏《周礼注疏》卷二十五，北京：北京大学出版社，2000，第780—792页。
④《史记》卷一百三十《太史公自序》，北京：中华书局，1959，第3295页。
⑤ ［汉］郑玄注，［唐］孔颖达疏《礼记正义》卷四十六，北京：北京大学出版社，2000，第1510页下。

汉代祭祀沿用的仍然是这个传统，只是祭祀的主体、名目等，发生了一些变化，概括起来有：

（1）主持祭祀的权力，一定程度上被重新分配。仅从汉碑来看，地方行政机构主持的祭祀活动增多。见于碑刻的案例，除史载山川神圣祭祀，①及东汉《泰山刻石文》（56年）等由中央所为，其余均为地方长吏及其掾属，应帝王诏令或据地方实务促成的碑铭，有：《祀三公山碑》（117年，图3.1）、《嵩山太室石阙铭》（118年）、《少室石阙铭》（123年）、《开母庙石阙铭》（123年）、《三公御语山神碑》（146年）、《汉漳河神坛碑》（149年）、《仓颉庙碑》（162年）、《桐柏淮源庙碑》（163年）、《封龙山颂》（164年，图3.2）、《华山庙碑》（165年）、《汉济阴太守孟郁修尧庙记》（167年）、《汉东海庙碑》（172年）、《成阳灵台碑》（172年）、《汉帝尧碑及阴》（175年）、《汉夷齐庙碑》（176年）、《汉樊毅修西岳庙记》（179年）、《汉西岳华山亭碑》（179年）、《刘寻禹庙碑》（179年）、《三公山碑》（181年）、《无极山碑》（181年）、《汉殽阬君神祠碑》（181年）、《白石神君碑》（183年）。与先秦纪念性器铭和祠庙相比，该类碑刻和祠庙的主事者，不再具备宗族特征，而是在长吏不断替换中，更多体现汉代地方行政的相对连续性。

（2）汉代尊崇儒学和孝行，孔庙祭祀和各地孝子孝女碑阙，是新出现的类型。

---

① 两汉山川神圣的祭祀或定期，或不定期，前者如汉高帝初期"令祠官祀天地四方上帝山川，以时祠之"，武帝建元二年（前139）下诏"令祠官修山川之祠，为岁事，曲加礼"（《汉书》卷一《高帝纪》、卷六《武帝纪》，北京：中华书局，1962，第38、157页）；后者如东汉明帝永平六年（63）遣使者祠中岳、章帝于元和元年（84）诏令庐江太守祠南岳（《后汉书》卷二《显宗孝明帝纪》、卷三《肃宗孝章帝纪》，北京：中华书局，1965，第110、147页）等。

图 3.1 《祀三公山碑》(117 年)拓片,原碑 228×96 厘米,拓片 146×71 厘米,1774 年发现,现藏河北元氏县封龙山汉碑堂。

图 3.2 《封龙山颂》(164 年)拓片，原碑 205×94 厘米，拓片 160×93 厘米，1874 年发现于河北省元氏县王村山下，后原石佚失。

据《史记》，孔子逝世后，"鲁世世相传以岁时奉祠孔子冢，而诸儒亦讲礼乡饮大射于孔子冢。孔子冢大一顷。故所居堂、弟子内，后世因庙，藏孔子衣冠琴车书，至于汉二百余年不绝。高皇帝过鲁，以太牢祠焉。诸侯卿相至，常先谒然后从政"①，东汉光武帝于建武五年（29）、章帝于元和二年（85）巡行至鲁，亦有祭祀活动。②而地方卿相定期的祭祀和谒拜，则可见于曲阜孔庙传世名刻《乙瑛碑》（153年）、《礼器碑》（156年）、《史晨碑》（169年）等。另据《水经注·沁水》载，河南河内县（今沁阳）有北魏太和元年（227）孔灵度等人修复孔子庙宇后刊立的碑刻，③又，唐司马贞《史记·仲尼弟子列传》索隐，汉初蜀郡文翁曾作"孔庙图"，列仲尼弟子七十二人，④则汉代孔子庙祠及相关祭祀活动，还见于其他州郡。此外，仲尼弟子亦受汉代碑祠纪念，如：汉祢衡撰有纪念颜渊的《颜子碑》，⑤兖州永昌郡城东门有为宓不齐（字子贱）所立《子贱碑》。⑥同时，儒家学说推崇的尧、舜、禹等先圣亦获祠祭，上述诸碑中即有其例。

汉代的孝子孝女，既有全国性的典范，也有名不显而行其实的

---

① 《史记》卷四十七《孔子世家》，北京：中华书局，1959，第1945—1946页。
② 《后汉书》卷一《光武帝纪》、卷七十九上《儒林列传上》，北京：中华书局，1965，第40、2562页。
③ ［北魏］郦道元著，陈桥驿校证《水经注校证》卷九，北京：中华书局，2007，第230页。
④ 《史记》卷六十七《仲尼弟子列传》，北京：中华书局，1959，第2185页。
⑤ 文见［唐］欧阳询撰，汪绍楹校《艺文类聚》卷二十，上海：上海古籍出版社，1985，第365页。
⑥ 见裴骃集解。《史记》卷六十七《仲尼弟子列传》，北京：中华书局，1959，第2206页。

个体,在倡行"孝子事亡如事存"①、"过阙则下,过庙则趋,孝子之道也"②的理念下,朝廷和地方为行孝典型立碑树阙、子女为父母起坛建庙也日渐盛行。见于《后汉书·列女传》的孝女曹娥和叔先雄,有同样的身世遭遇和离奇做法:曹娥父为会稽上虞巫祝,坠江死于汉安二年(143),叔先雄父为犍为县功曹,坠江死于永建五年(130)左右,父死失尸,两人通过坠江寻父的方式而得孝名,死后,均由地方长吏上言,为之立碑或图画形象。③史载的《汉光尼和碑》(126年)④、传世的《汉孝女曹娥碑》(151年)和《都乡孝子严举碑》(164年)便是该类型的代表作。

(3)依托公共事务的纪功碑,还体现地域的相对集中性和主事者的连续性。最典型的例子,是数任常山相主持刊立的几通祭祀碑,按时间顺序如下表:

表3.1 史载和传世的常山国长吏所立东汉祭祀碑

碑刻名称	立碑时间	原立碑地	主持者	协助和实施者	备注
祀三公山碑	元初四年(117)	常山国西门外新庙	常山相陇西冯君	长史颜泚,五官掾阎祐,户曹史纪受,将作掾王笰;元氏令茅匡,丞吴音,廷掾郭洪,户曹史翟福;工宋高等	之前有旧庙
千秋亭五成陌坛碑⑤	—	柏乡县千秋亭	常山相陇西狄道冯龙	—	

---

① 《汉书》卷九十七下《外戚传下》,北京:中华书局,1962,第4003页。
② 《汉书》卷四十八《贾谊传》,北京:中华书局,1962,第2248页。
③ 《后汉书》卷八十四《列女传》,北京:中华书局,1965,第2794、2799—2800页。
④ [宋]洪适《隶释》卷二十,见《石刻史料新编》第一辑09册,台北:新文丰出版公司,1977,第6961页上。
⑤ 《后汉书》卷一,北京:中华书局,1965,第22页注[六]。

续表

碑刻名称	立碑时间	原立碑地	主持者	协助和实施者	备注
三公御语山神碑（三公山神碑）	本初元年（146）	元氏县三公山神庙	常山（后）相冯龚（或即冯龙？）	太常丞□、户曹史孙□等人；后常山相冯龚等，掾琦□国书	
封龙山颂	延熹七年（164）正月	元氏县封龙山山神祠	常山相汝南富波蔡熛	长史沐乘；元氏大吏郎巽、李音、史张玮、赵颖，县令等人	
三公山碑	光和四年（181）四月二日	三公神庙或常山国西门八都神坛	元氏左尉上郡樊玮	长史夏方、令王翊，丞李邵；处士孟□卿、耿举、□元士等，石师刘元存	赞颂常山相南阳冯巡
无极山碑	光和四年（181）十月十三日	元氏县无极山神庙	常山相南阳冯巡	常山相冯巡、长史申屠、元氏令王翊，及丞、左尉、祠祀掾、祠仁德掾、史等十人	
白石神君碑	光和六年（183）	元氏县白石山南麓白石神君祠	常山相南阳冯巡	常山相冯巡，元氏令王翊，长史屠熊，丞李邵，左尉樊玮，祠祀掾吴宜，史解微；主簿祭酒等二十余人，石师王明	之前有旧庙

最晚刊立的《白石神君碑》，曾追述几次重要的刊石活动："县界有六名山，三公、封龙、灵山，先得法食去。光和四年，三公守民盖高等，始为无极山诣大（太）常求法食。相、县以白石神君道德灼

然,乃具载本末上尚书,求依无极为比,即见听许。"① 再据《无极山碑》可知,"本初元年二月癸酉、光和二年二月戊子,诏书:出其县钱,给四时祠具"②,则《三公御语山神碑》和之后的《三公山碑》,为应诏具祠后的产物,其间经过主事者的上书申报。同时,新刊立的碑刻,往往与旧坛改造或新庙重设相关,如《祀三公山碑》,是冯君到常山国任相的第一年,饥荒稍罢,加遭羌寇、蝗灾和旱灾,三公神灵的祭祀中断,而原庙距离稍远,便"卜择吉□治东,就衡山起堂立坛,双阙夹门,荐牲纳礼,以宁其神。神熹其位,甘雨屡降。报如景响,国界大丰。谷什(斗)三钱",故而由其掾属及工匠宋高"刊石纪焉"③。认为大山可腾云致雨、庇佑黎民,在遭遇灾荒时准备牺牲,举行祭祀,以安神求宁,或可看作汉人的一般信仰,而在今天看来,某种意义上,它又是借助礼乐传统而举事的修辞,尤其是冯巡为相的几年间,将界内其他未获法食的名山逐一申报,置坛刊石,无疑含有常山长吏以之确立政绩和声誉的动机。因而,各碑主事者所为,或开篇即见(如《祀三公山碑》),或申述于文末(如《三公御语山神碑》《无极山碑》《白石神君碑》)。令人疑惑的是,自公元117年至183年,碑刻中出现了四位冯姓常山相:陇西冯君、陇西狄道冯龙、冯龚及南阳冯巡,从他们的任职时间看,似乎陇西出过两位冯姓常山相;

---

① 高文《汉碑集释》2版,开封:河南大学出版社,2008,第458页。标点略有添改。高先生引陈奕禧《金石遗文录》作注,为五山:县西70里三公山,县西北50里封龙山和白石山,县西北30里灵山,县西30里无极山。杜香文先生据碑文和实地考察,列入御语山,并改《三公山神碑》为《三公御语山神碑》,共六山。见杜香文《元氏封龙山汉碑群体研究》,北京:文物出版社,2002,第34—35、108页。
② [宋]洪适《隶释》卷三,见《石刻史料新编》第一辑09册,台北:新文丰出版公司,1977,第6791页上。
③ 高文《汉碑集释》2版,开封:河南大学出版社,2008,第32—33页。

另外,《水经注》所载失传的《千秋亭五成陌坛碑》的主事者冯龙,《三公御语山神碑》主事者冯龚,两人是否为一人,也不容易确定。①但不管怎样,促成《祀三公山碑》的冯君,断非六十年后的冯巡。②

此外,中岳嵩山、西岳华山、曲阜孔庙等,都因其自然和文化资源,为地方官吏表功树碑提供了条件,因而有登封三铭(《嵩山太室石阙铭》《少室石阙铭》《开母庙石阙铭》)、华山诸刻(《华山庙碑》《汉樊毅修西岳庙记》等)、孔庙名碑(《乙瑛碑》《礼器碑》《史晨碑》等),立碑地集中且数量较多,碑铭体量和刊刻工艺也较为突出,不再赘述。

(4)物化而成石碑,是主事者和相关人员社会交往、集会的成果之一,其间,中枢与地方、地方与地方间政治文化的交游,往往是影响碑文和刊刻形式的重要因素。典型的例子,是三任鲁相及其掾属刊立于曲阜孔庙的《乙瑛碑》(153年,图3.3)、《礼器碑》(156年,图3.4)、《史晨碑》(169年)。三碑各有刊立缘由,碑文、刊刻也各具特征:

《乙瑛碑》是三份官文和一篇"赞"的组合。第一份官文,是元嘉三年(153)三月廿七日,司徒吴雄、司空赵戒,转呈鲁相乙瑛的上书,请求为孔庙置年四十以上、经通一艺、杂试通利、能奉弘圣礼的百石卒史一名,以掌管礼器,得到汉桓帝的批准(原碑1—9行);第二份官文写于同日,是司徒和司空转发给鲁相的行事诏书(原碑

---

① 《三公御语山神碑》残泐太甚(拓片见毛远明《汉魏六朝碑刻校注》第一册,北京:线装书局,2009,第152页),而《千秋亭五成陌坛碑》仅有郦道元"亭有石坛,坛有龟头碑,其阴云:常山相狄道冯龙所造"数语(见前注),图像和文字信息都无法进行比对,前者缺人物籍贯,后者年代不明,唯字形相近,或为一人。
② 民国杨震方将《祀三公山碑》名为"《常山相冯巡三公山碑》,俗名《大三公山碑》",混淆了主事者。见杨震方《碑帖叙录》,上海:上海古籍出版社,1982,第85页。

图 3.3 《乙瑛碑》(153 年)拓片,原碑 260×129 厘米,拓片 191×91.5 厘米,现藏山东曲阜孔庙。

图 3.4 《礼器碑》(156 年)碑阳拓片,原碑 234×105 厘米,拓片 170×76 厘米,现藏山东曲阜孔庙。

10—11行);第三份官文,是同年六月十八日鲁相乙瑛等,依据诏书考察人选后,提交司空府的人员迁补状,即由孔子十九世孙、守文学掾孔和任该职(原碑12—16行);① 末尾的"赞"篇幅较短,只有少量韵句,其余文字,追述了乙瑛察廉孔麟和请置百石卒史、曲阜令鲍叠为百石吏造舍三件事情,无疑,碑文所赞的,虽暗含两位三公大臣,但主要是乙瑛和鲍叠的功绩(原碑17—18行)。依据"赞"的语气和人称,我们进而还能推理,该碑之刊立,很可能是诸事的直接受益者孔麟、孔和主事的,反过来,也正是通过三件加宠孔门后裔的事情,乙瑛和鲍叠与曲阜地方掾史或学者,取得政治和文化上的连带关系。这种情况,在《礼器碑》和《史晨碑》中更为明显。

《礼器碑》晚《乙瑛碑》三年,鲁相已由韩敕接任。韩敕为孔庙新造了一批礼器,又修饰宅庙,重制失于火灾的孔子车舆,排泮水之污而注新流,还修订了祭祀礼仪,按碑文的说法,这些举措,得到了当地和其他郡县官吏的支持。我们看到,碑阳末尾和碑阴、碑侧,一共列录了104位参与立碑的官吏、百姓的名字,注明了两个主事者(鲁相韩敕、曲阜令赵宣)以外,102人所捐的钱数(详见第三节),他们的籍贯分布在鲁国、颍川、河南、河东、平原、东郡、汝南等郡,其中,鲁国吏民(含原籍鲁国而任职他郡者)又占大多数,尽管我们对列名的内在逻辑不无疑惑——既非以职位或身份排列,也不是按钱数多少相趋,更不是以籍贯分类——但就名录所及人物的多样身份、广阔地域而言,韩敕及其掾史在促成碑刻时,动用了相当的社会文化资源,整合了地方和周边不少的人力和物力。在这个意义上,新造礼器诸事和立碑之举,实际上是韩敕和赵宣到任后,有意

---

① 释文参见高文《汉碑集释》2版,开封:河南大学出版社,2008,第166—168页。

开展的一次规模庞大的政治文化交游活动。其成果,凝结在碑刻中,一是碑文上,分别形成文辞考究又彼此印合的序引和传,及篇幅不小的义捐名录;二是由于字数远多于《乙瑛碑》,而石材体量又稍小,碑面容字有限,因此,出现阳面、阴面、两侧全部书刻的现象。

韩敕功德的表述,至此并未结束。一年后,永寿三年(157)七月廿八日,一位孔子后裔、担任从事史的人,与78位长吏、掾史,及几十位孔子墓附近的百姓,再立一碑,所述事项与《礼器碑》并无不同,唯受赞者新增"长史李亮"数人,主事者换成另外一批而已。①

不过,韩敕等人令"四方士仁,闻君风耀,敬咏其德"② 的圣礼敦复,似乎只维持了不多几年,有些环节便再度缺失,这种说法来自《史晨碑》。《史晨碑》又晚《礼器碑》13年。据碑阴文字(即《史晨后碑》),当建宁元年(168)四月史晨接任鲁相到庙拜谒时,公府出具的祭品已经中断,史晨便自掏俸禄,准备了祭品,又召集地方和周边吏民907人,择吉日举行隆重的祭礼。同样,参加这次活动的,主体是孔门后裔和鲁地吏民,他们或任高职于他郡,或持守地方政治、文学、教育,因而,这次祭礼,本质上是孔氏家族和地方官吏间一次"雅歌吹笙""奉爵称寿,相乐终日"的集会。为了进一步表述史晨的功绩,碑阴后半部分,追述了史晨及其掾史修葺墙垣、作屋涂色、修通大沟、于昌平亭下新立集市、免除徭役等几项政务。从文字篇幅上看,碑阴已然完整,但为了强化立碑之肃穆,主事者又将建宁二年(169)三月史晨就此事上报朝廷的"本奏",连同一篇赞文,作为

---

① "礼器后碑"今不存,碑阳和碑阴录文分见[宋]洪适《隶释》卷一,《石刻史料新编》第一辑 09 册,台北:新文丰出版公司,1977,第 6766—6768 页;[宋]洪适《隶续》卷十二,《石刻史料新编》第一辑 10 册,台北:新文丰出版公司,1977,第 7149—7151 页。

② 高文《汉碑集释》2 版,开封:河南大学出版社,2008,第 182 页。

正文,刻于碑阳。① 通读史晨"本奏"措辞,除一笔略过公府祭品中断的情况外,都在尽力标榜所言所行的合法性、正统性。既然孔庙祭祀有专人负责(据碑阴,当时为守庙百石孔讃、副掾孔纲),且之前多次修订祭祀制度,朝廷又有相应的支持,我们以为,他的说法,只是举事撰文时的修辞而已,换言之,政治、文化等方面彼此取利的大规模乐歌宴饮集会,是史晨及其掾属举事的本心,自供祭品和几项略显平凡的政事,是为了促成其事并勒铭纪功而选用的辞令。

2. 道桥阁邸等将作类纪功碑

国家和地方主持的大型工程,完工后刻石纪念的,东汉以前存数例,如:《鲁孝王刻石》(即《五凤二年刻石》,前56年),铭文为"五凤二年鲁卅四年六月四日成",当为鲁灵光殿或某附属工程竣工后的刻识;再如《治河刻石》(前49年),铭文只记年月和施工的治河都□、左工长、石师姓名。

从现有例证看,掾史参与并出现在工程纪念类石刻中,始自两汉之际,至东汉中后期增多,主要有:《西汉建平郫县碑》(2年)、《何君治道造阁铭》(57年,图3.5)、《鄐君开褒斜道摩崖》(65年)、《青衣尉赵孟麟羊宝道碑》(96年)、《张仲有修通利水大道刻石》(98年)、《汉安长陈君阁道碑》(130年)、《汉荣湶石门碑》(134年)、《汉洛阳上东门桥右石柱铭》(135年)、《石门颂》(148年)、《王君治石路碑》(148年)、《李禹通阁道摩崖》(155年)、《张景造土牛碑》(159年)、《汉相王君造四县邸碑》(159年)、《汉蜀郡属国辛通达李仲曾造桥碑》(164年)、《西狭颂》(171年,图3.6)、《郙阁颂》(172年)、《李翕天井道碑》(172年)、《更黄肠掾

---

① 史晨前、后碑释文见高文《汉碑集释》2版,开封:河南大学出版社,2008,第324—326、338—339页。

图 3.5 《何君治道造阁铭》(57 年)拓片,摩崖刻石,铭石 65×73 厘米,2004 年在四川雅安荥经西 30 里古栈道重新发现。

王条主石》(172 年)、《汉桂阳太守周憬功勋铭》(174 年)、《广汉太守沈子琚绵竹江堰碑》(176 年)等。

比较而言,道桥阁邸等将作类纪功碑铭有两个特点:

(1)碑铭形制、风格多样,既有规模稍大的摩崖,亦有竖立的石碑,还有在石柱上的题刻,其中,存世的汉代摩崖石刻,大部分都是将作工程完成后的产物。由于石质不同、形制相异、凿刻环境不一,因此,该类纪功碑艺术风格的差异也十分明显,有《何君治道造阁铭》《鄐君开通褒斜道摩崖》《石门颂》等趋于豪迈雄浑气象的,有《张景造土牛碑》等典雅娟秀的,有《西狭颂》《郙阁颂》等介于两者之间的,还有像《张仲有修通利水大道刻石》等刊刻相对简率的。

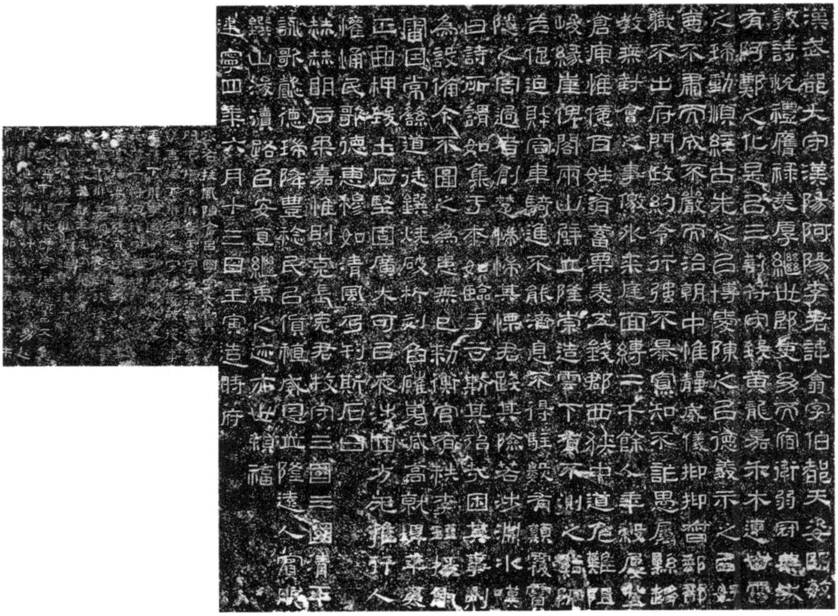

图3.6 《西狭颂》及《天井道题名》(171年)拓片,摩崖刻石,铭石290×198厘米,拓片一156×146厘米,拓片二62×51厘米,甘肃成县天井山鱼窍峡古栈道中。

(2)汉代郡县专设负责将作工程的掾史,称为"道史""监水掾"等,不论是作为工程的实施者,还是碑铭的主事者,他们通常出现在碑文中。例如《何君治道造阁铭》刊记:

> 蜀郡太守平陵何君／遣掾临邛舒鲔,将／徒治道,造尊楗／阁,袤五十五丈,用／功千一百九十八日□□／建武中元二年六月就／道史任云、陈春主。①

---

① 2004年新发现的拓片和释文参见徐玉立《汉碑全集》第一册,郑州:河南美术出版社,2006,第99—100页。清末重刻拓片和释文见毛远明《汉魏六朝碑刻校注》第一册,北京:线装书局,2009,第36—37页。

太守掾舒鲔是工程主事者,道史任云和陈春除协理工程,还应是刊刻主事者。此外,舒鲔其人,又见于次年(公元58)刊刻的《何君治道造阁碣》。①

除这两个特点以外,存世的此类纪功碑,同样也有主事者和地域上的集中性。典型的例子,是汉灵帝时期(168—189)武都太守掾属为长吏李翕、耿勋等刊立的纪功碑,其中,有将作纪功类的,也有下文所述的长吏个人功德碑,此处合列如表:

表3.2　汉灵帝时武都掾属为长吏所立纪功碑

碑刻名称	立碑时间	立碑地点	书刻者	主事者（见于它碑者下划线）	传主	备注
西狭颂	建宁四年（171）六月十三日	甘肃成县天井山北麓鱼窍峡崖壁	从史位仇靖书文	<u>府丞吕国</u>,府掾□□孟;衡官有秩李瑾,掾仇审,从史位仇靖	武都太守李翕（170年3月到官,173年4月前后离任）	含五瑞图像题字
郙阁颂	建宁五年（172）二月十八日	陕西略阳县栈道	从史位仇靖文,故吏仇绋书	衡官掾仇审,从史位仇靖,故吏仇绋		有石师名,残
武都太守李翕天井道碑（及题名）②	建宁五年（172）四月廿五日	甘肃成县天成山栈道中	从史位仇靖书文	西部桥掾李裡;衡官有秩李瑾,衡官掾仇审,府丞吕国,门下掾李虔,从事议曹掾李旻,从事主薄李遂、石祥,五官掾张亢,从事功曹姜纳,从事尉曹史王尼,从史位仇靖等		曾巩云立于建宁四年六月三十日
武都太守耿勋碑	熹平三年（174）四月廿日	甘肃成县天成山栈道中		西部道桥掾李裡	武都太守耿勋（173年4月到官）	

① 拓片和释文见毛远明《汉魏六朝碑刻校注》第一册,北京:线装书局,2009,第38—39页。
② 碑文见[宋]洪适《隶续》卷十一,《石刻史料新编》第一辑10册,台北:新文丰出版公司,1977,第7146—7147页。

以上四碑,时间比较集中,主事者多有重合(划线处),除《耿勋碑》记耿勋政事稍繁,为个人纪功碑,其余三碑,主要纪颂李翕在武都太守任上治路、造桥等政绩。李翕是一个有争议的人物。据《后汉书·皇甫规传》,李翕于延熹四年(161)秋冬之前,任属国都尉,因"多杀降羌""倚恃权贵,不遵法度",遭到皇甫规的举劾,或被短期免职。皇甫规曾形容被举劾者:"凡此五臣,支党半国,其余墨绶,下至小吏,所连及者,复有百余。"① 但据《西狭颂》,建宁三年(170)二月辛巳任武都太守之前,李翕可能还在其他地方担任过两任太守,② 而武都郡的掾史,也并没有因为几年前李翕党羽的政治挫折而有所顾忌,短短四年间,他们数次为两任太守立碑颂功。诚然,治路造桥是惠民之举,然而,从其任职时间和碑刻时间来看,李翕主持的三项工程,并不像何君治道造阁那样,用功达三年之久,但其成效却被极尽夸饰,依碑文,是"四方无雍,行人欢恿。民歌德惠,穆如清风",甚至被溢美为"继禹之迹"(《西狭颂》)③;至于李翕和耿勋到任后,仅仅一两年间,民风改易、年谷充盈、百姓欢诵的情况,更是撰文者的缘饰之辞,可信度不高。对碑刻艺术而言,这种缘饰的心理,不仅渗透到文字内容上,还会渗透到刊刻过程中,影响形式因素(详见下文)。

3. 农业、战争及其他类纪功碑

归入此类的,有用于郡界区分的《连云港界域刻石》(12年)、《汉幽冀二州界石文》(175年);有记录祥瑞的《汉麒麟凤凰碑》

---

① 《后汉书》卷六十五《皇甫张段列传》,北京:中华书局,1965,第2133—2134页。
② 《西狭颂》有"三剖符守"之说。见高文《汉碑集释》2版,开封:河南大学出版社,2008,第356页。
③ 高文《汉碑集释》2版,开封:河南大学出版社,2008,第357页。

（126年）；有证见农田买卖的《莒州宋伯望买田刻石》（144年）；有处理税收的《樊毅复华下民租田口算碑》（179年）；有记述战争的《燕然山铭》（89年）、《裴岑纪功碑》（137年）；有记述地方教育的《汉王粲荆州文学记》（217年以前）等。由于各类型例证不多，暂归一类。

因功能和场地不同，这些碑铭的形制与风格差异很大，既有摩崖，也有竖碑，有精工刊刻的，也有简率之作，还有不少原碑磨灭佚亡而不详其形的。另外，碑文存录掾史主事情况的不多，仅有《汉麒麟凤凰碑》《樊毅复华下民租田口算碑》《汉幽冀二州界石文》数例，但从地方行政运行看，不列人名的碑铭，也离不开掾史的操持。而从碑刻传主来看，此类碑铭与上文所述两类，往往又彼此关连。典型的例子，是汉灵帝光和年间（178—184）弘农太守樊毅及其掾史刊立于西岳庙的三碑：

表3.3　光和年间弘农太守樊毅及其掾属所立碑刻

碑刻名称	立碑时间	撰文者	主事者（见于它碑者下划线）	传主
汉西岳华山亭碑	光和二年（179）		弘农太守樊毅，府丞刘固，功曹史杨儒，主簿杨馗，曹掾杨基，史许礼等；另有5名监典掾史	樊毅
汉樊毅修西岳庙记	光和二年（179）十月	樊毅	弘农太守樊毅，功曹郭敏，主簿魏袭，户曹史许礼等	
樊毅复华下民租田口算碑	光和二年（179）十二月十三日	樊毅	弘农太守樊毅，掾曹条、淮，书佐谋	

按碑文记载，樊毅于光和元年（178）十一月到任后，先遣吏缮治庙宇，又立室异处，次年正月完工，至十月大祠，立前两碑；至光和二年年末，又上书朝廷，请求恢复华岳十里之内百姓的口算

赋税,以维持华庙一岁四祠的费用,而将此"本奏"刊刻,是为第三碑。①第三碑事在税收,而旨在祭祀,与我们前述第一类纪功碑彼此联系。进一步说,樊毅的上书、刻石,是同一政务的两种形式,分别诞生简牍和碑刻,一定程度上,两者都是基于社会政治功能而诞生的"作品"。

为吏之道,其首在公,是一个自秦代以来形诸律令的政治理念。事有公、私之分,治有法、德之别,且公事优先,而德政可依,亦为很多汉代官僚所贯彻。大体上,历代官吏政绩的评判,不外节俭爱民、尊贤重才、法令平持、阐扬教化等几个方面,而涉及社会文化、政治、经济、军事等各方面。尽管各时期举事轻重不一,但公共事务的成败,无疑是最能体现官僚政绩、评判其政治作为的依据。倘若说西汉初重在国家制度的恢复和重建,是文法吏赞治,那么到西汉中后期,在君王德政被不断倡行,汉代经济和社会生活日趋稳定,儒士和新兴地主阶层参政能力不断提升的情境下,社会各阶层及地域间政治、经济、文化权益的诉求和实现,便成为新的政治主题。这是西汉晚期以至东汉的官吏,尤其是中下层官僚公私功德纪念活动盛行的内在动因。

二、师长个人及其家族功德碑

史载西汉个人功德碑,大多仅存其目,原石、拓片、录文佚失很多,如《广川令高峻碑》(前108年),欧阳辅《集古求真续编》卷六记载稍丰,言首行有"元封三年七月"句,惜残断而未见其余碑

---

① 三碑碑文见[宋]洪适《隶释》卷三,《石刻史料新编》第一辑09册,台北:新文丰出版公司,1977,第6772—6775页。

文;①另如《君讳达残碑》(前 80 年)、《汉水衡都尉边远碑》(前 42 年)等,同样只见碑名,②后世多疑其伪刻。

从可信的例证看,个人功德碑(或表)正式出现,约在新莽前后,如传世的《李业阙》(公元 7 年或 36 年),存阙而佚失其表。李业为名儒,常隐居不仕,其行状见载于《后汉书·独行列传》,据载,他于新莽末饮毒而死,光武平蜀后"下诏表其闾,《益部纪》载其高节,图画形象"③。个人功德碑大量出现,要到东汉中后期,流传下来的如:汉和帝时期(89—105)的《袁安碑》(92 年)、《汉南安长王君平乡道碑》(96 年)、《诸掾造冢刻石》(101 年)等;汉安帝时期(107—125)的《故谒者景君墓表》(114 年)、《郏令景君阙铭》(118 年)、《董蒲阙》(121 年)、《冯焕神道阙残碑》(121 年)、《延光四年残碑》(125 年)等;汉顺帝时期(126—144)的《汉阳嘉残碑》(136 年)、《北海相景君碑》(143 年)等;顺、桓、灵三帝以来,个人纪功碑不仅多有实物,且大量出现在文献中,如:

　　①许荆:在事十二年,父老称歌。以病自上,征拜谏议大夫,卒于官。桂阳人为立庙树碑。④
　　②翟酺:酺免后,遂起太学,更开拓房室,学者为酺立碑铭于学云。⑤

---

① [清]欧阳辅《集古求真续编》卷六,《石刻史料新编》第一辑 11 册,台北:新文丰出版公司,1977,第 8761 页上。
② 方若《增补校碑随笔》,《石刻史料新编》第三辑 33 册,台北:新文丰出版公司,1980,第 663 页。
③《后汉书》卷八十一《独行列传》,北京:中华书局,1965,第 2670 页。
④《后汉书》卷七十六《循吏列传》,北京:中华书局,1965,第 2472 页。
⑤《后汉书》卷四十八《杨李翟应霍爰列传》,北京:中华书局,1965,第 1606 页。

第三章　赞勋述己与碑祠刊立的主事

③崔寔:(为父)剽卖田宅,起冢茔,立碑颂。葬讫,资产竭尽,因贫困,以酤酿贩鬻为业。时人多以此讥之,寔终不改。①

④万贵人:贵人早卒,帝追思之无已,诏史官树碑颂德,(万)章自为之辞。②

⑤韩韶:以病卒官。同郡李膺、陈寔、杜密、荀淑等为立碑颂焉。③

⑥郭太:明年春,卒于家,时年四十二。四方之士千余人,皆来会葬。同志者乃共刻石立碑,蔡邕为其文,既而谓涿郡卢植曰:"吾为碑铭多矣,皆有惭德,唯郭有道无愧色耳。"④

⑦陈寔:中平四年,年八十四,卒于家。何进遣使吊祭,海内赴者三万余人,制衰麻者以百数。共刊石立碑,谥为文范先生。⑤

⑧童翊:化有异政,吏人生为立碑。⑥

⑨范冉:中平二年,年七十四,卒于家。临命遗令敕其子曰:"……气绝便敛,敛以时服,衣足蔽形,棺足周身,敛毕便穿,穿毕便埋。其明堂之奠,干饭寒水,饮食之物,勿有所下。坟封高下,令足自隐。知我心者李子坚、王子炳也。今皆不在,制之在尔,勿令乡人宗亲有所加也。"于是三府各遣令史奔吊。大将军何进移书陈留太守,累行论谥,佥曰宜为贞节先

---

①《后汉书》卷五十二《崔骃列传》,北京:中华书局,1965,第1731页。
②《后汉书》卷二十三《窦融列传》,北京:中华书局,1965,第822页。
③《后汉书》卷六十二《荀韩钟陈列传》,北京:中华书局,1965,第2063页。
④《后汉书》卷六十八《郭符许列传》,北京:中华书局,1965,第2227页。
⑤《后汉书》卷六十二《荀韩钟陈列传》,北京:中华书局,1965,第2067页。
⑥《后汉书》卷七十六《循吏列传》,北京:中华书局,1965,第2482页。

生。会葬者二千余人,刺史郡守各为立碑表墓焉。①

⑩ 桓彬:所著《七说》及书凡三篇,蔡邕等共论序其志……乃共树碑而颂焉。②

上述史料,可见出东汉碑刻刊立的不同情形:(1)从立碑主事者而论,有朝廷主持立碑的(④),有门生故吏为长吏立碑的(②、⑦),有子弟为父辈立碑的(③),有地方吏民为长吏立碑的(①和⑧),有同道好友为传主立碑的(⑤、⑥、⑦和⑩),有地方长吏为传主立碑的(⑨);(2)从立碑时间而论,有生前立碑的(⑧),也有亡后立碑的,还有生前立简葬遗愿而后人因势立碑的(⑨)。

存世东汉掾史为长吏刊刻的纪功碑,大体上也是这些类型。作为师长的行政助手,同时,又作为师长的门生或故吏,掾史在纪功碑刊刻过程中,往往要与长吏家人、好友彼此协作,或在台前,或在幕后,承担着重要的角色。以下,我们分生前立碑、身后立碑两类,对掾史主事和参与情况加以描述。

1. 为在世长吏树功德碑

掾史于长吏生前刊立的个人纪功碑,史载和存世的不多,除上文所述见于史籍的,另如:《汉槀城长蔡湛碑》(181年)、《校官潘乾碑》(181年)、《梁相孔耽神祠碑》(182年)、《汉故成阳令唐扶碑》(183年)、《曹全碑》(185年)、《张迁碑》(186年)、《汉巴郡太守张纳碑》(187年)、《酸枣令刘熊碑》(184—189年)等,③ 又以

---

① 《后汉书》卷八十一《独行列传》,北京:中华书局,1965,第2690页。
② 《后汉书》卷三十七《桓荣丁鸿列传》,北京:中华书局,1965,第1261页。
③ 《汉槀城长蔡湛碑》《校官潘乾碑》《梁相孔耽神祠碑》《汉故成阳令唐扶碑》《汉巴郡太守张纳碑》《酸枣令刘熊碑》五碑碑文参见[宋]洪适《隶释》卷五,《石刻史料新编》第一辑09册,台北:新文丰出版公司,(转下页)

原石和拓本存世的《曹全碑》和《张迁碑》为代表。

《曹全碑》（图3.7）刊立于曹全郃阳令任上。据碑文，曹全是敦煌效谷县人，其家族数代为官，高祖父曹敏、曾祖父曹述、祖父曹凤，都曾任地方长吏。曹全最初自掾史干起，先任郡上计掾，后辟凉州，又任治中、别驾从事史，建宁二年（169）举孝廉，除郎中，拜西域戍部司马，征讨疏勒获功，迁右扶风槐里令，不久服丧弃官，潜隐7年。光和六年（183），曹全再举孝廉，次年除郎中，拜酒泉禄福长，在黄巾起义动荡危局中，转拜郃阳令。在郃阳令任上，曹全消灭当地黄巾余党，带领掾史和家人开始郃阳县的重建工作，包括抚慰老少、以家钱籴粮供给弱者、医治伤残、安定流民、恢复教育、增建官舍等。到县掾史为之刊碑之时，曹全仅用了一年多，完成这些"农夫织妇，百工戴恩"的政务，而协助他的掾史王敞和王毕等，碑文称之为"俊艾（乂）"，为才德拔萃者。在赞辞中，诸掾还明确表达了"君高升，极鼎足"的意愿，希望长吏荣升三公，自然也有借此扶携自身的用意。更重要的是，无论郃阳任上曹全政绩虚实几许，其掾史，也将刊碑之举，比作奚斯作《鲁颂》、正考父作《商颂》的六艺活动。

此外，将《曹全碑》碑阳和碑阴加以比对，我们会发现几个细节：（1）碑阳出现的两名主事者（主簿王历、功曹史王颙）不见于碑阴；（2）碑阳"录事掾王毕""户曹掾秦尚"与碑阴"故门下议掾王毕世异千""故功曹秦尚孔都二"，官名略异；（3）秦尚所出义钱数应为"二百"，据原石，漏刻"百"字，第二列第24行人名仅刻"㻌"字（图3.8）；（4）碑阴共列57位参与者（含残缺的5人），其中34

（接上页）1977，第6804—6815页。洪适言，碑阴列名不称"故吏"而称"掾"，当是张君在郡之日所立（第6809、6815页）。按，碑主生前刊立的《曹全碑》和《张迁碑》，碑阴亦用"故吏"，两者似可替用；另，《张纳碑》《刘熊碑》碑文不叙薨年、不表哀悼，诚为生前立碑，洪氏将诸碑归入一卷，当有深意。

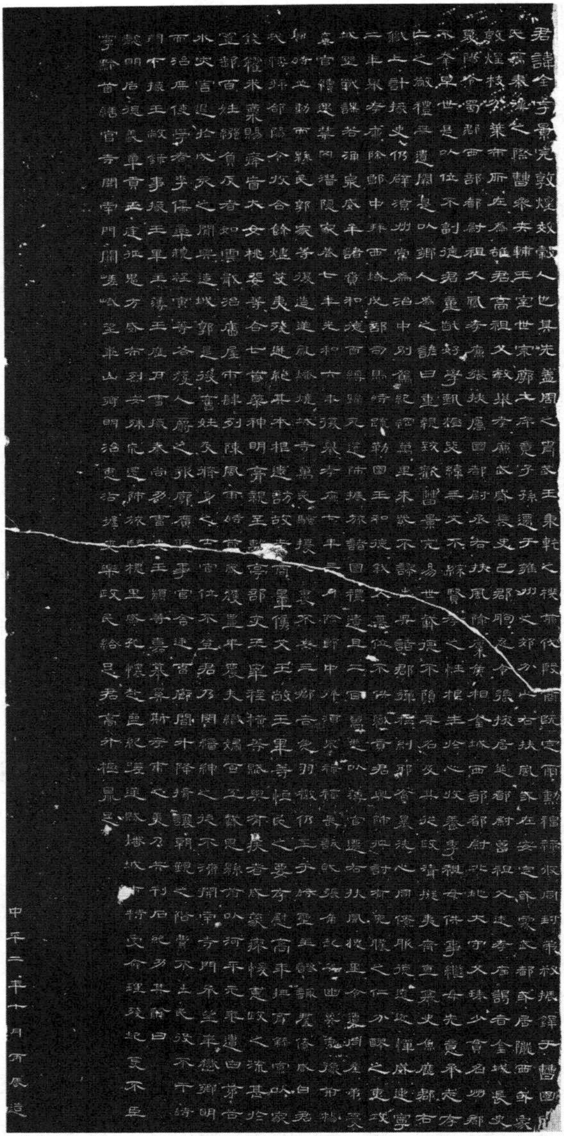

图 3.7 《曹全碑》(185 年)碑阳拓片,碑 253×123 厘米,拓片 178×89 厘米,明万历年间山西郃阳县莘里村出土,现藏西安碑林博物馆。

第三章 赞勋述己与碑祠刊立的主事　　　229

图 3.8 《曹全碑》(185 年)碑阴原石,局部,第二列第 16—26 行。

人没有捐资数目,23 人捐资一千到二百不等,两者彼此混杂,且第二和第三列都留下不少空行;(5)碑阳书写刊刻没有失误,碑阴偶有失误,且书法风格迥然相异(图 3.9)。① 由此,我们或许可以得出两个推论:一是借助刊碑,集结曹全门生故吏的社会交游活动,在刊刻之时,没有预期结束,或者说,在资金收集、人员协调上,还有未周之处。② 二是碑阳和碑阴文字出自两人之手,因而有主事者不

---

① 该碑释文和拓片见高文《汉碑集释》2 版,开封:河南大学出版社,2008,第 472—488 页;徐玉立《汉碑全集》第五册,郑州:河南美术出版社,2009,第 1771—1812 页。
② 就传世完整的汉碑而论,碑阴有仅列名而全不写钱数的(如《孔彪碑》),有列名和钱数完整的(如《鲁峻碑》),有主事长吏不注钱数而其他列名者钱数齐全的(如《礼器碑》),有名录多于出资人的(如《曹全碑》和《张迁碑》),还有很多不列名的情况。《曹全碑》和《张迁碑》列名者未注钱数的情况,或有多种实情,如:掾史个人经济能力有限,力不从心;或协调工作没有结束;或资金已经够用等。通过比较,《鲁峻碑》故吏合资 15800 钱,《曹全碑》(转下页)

尽一致、官名互异的情况；同样，由于书法风格不同，碑阳和碑阴也应出自两人之手；至于刊刻是否为一人之工，还很难说，倘若第一个推论成立，则碑阴很难短期集中刊刻完成，而是需要根据人员的联络和资金收纳情况，后期进行补刻。①

把刊碑纪颂长吏比作"奚斯赞鲁，考父颂殷"之艺术活动的，还有《张迁碑》（图3.10）。与曹全一样，张迁亦初任郡吏，数任从事史，后征拜郎中，迁谷城长。但与曹全掾史在其任内为之刊碑不同，《张迁碑》刊刻于张迁自谷城调任荡阴令不久。碑文未曾详述其谷城长任上的政举，只是状写了地方社会平和富足的情况。张迁调离时，吏民随送，谷城县掾史更是"感思旧君"，故"佥然同声，赁师孙兴，刊石立表，以示后昆"②。碑阴提供的信息有：（1）主成

（接上页）故吏集资14700或14900钱，《张迁碑》故吏共得17800钱，三碑前后相差十余年，物价当处一个水平，所得义钱可基本满足购买石材、刊刻的费用，但无法进行更多交游或政务活动。而像《礼器碑》共得45000钱、《酸枣令刘熊碑》共得40200钱（不含残缺12人，原来应在42000钱以上）、《苍颉庙碑》共得29200钱以上（有多处残文，推算原来应在40000钱左右）的情况，则可满足刊碑、期会、修葺庙宇等诸事的费用（详见表3.4）。既然《曹全碑》已经公然列名主事故吏，但又不写钱数，既不能体现长吏和掾属的凝聚力，又不利于各自的声誉，即便我们将故吏列名看作主事者标榜资源的行为，也必须观照所列掾史各自的心理诉求，因此，其中必有协调不周的问题，而影响了资金收纳和碑阴的刊刻。

① 《曹全碑》所列人名，除碑阳5人确知为县掾史，碑阴有河东郡处士1人、外郡义士3人、将军令史1人、郡曹史2人，其余未署籍里和任职地，应以郃阳县掾史为主，或还有一些县外故吏。就碑阴列名而不署钱数的人数、比例而论，《曹全碑》是一个特殊的例子，而未标义钱数目的，就有郡曹史2人，其间是否仍需继续协调，还很难遽断。

② 该碑释文和拓片见高文《汉碑集释》2版，开封：河南大学出版社，2008，第489—501页；徐玉立《汉碑全集》第五册，郑州：河南美术出版社，2009，第1813—1857页。

第三章　赞勋述己与碑祠刊立的主事　　　231

图 3.9　《曹全碑》(185 年)碑阴拓片,局部(第二至四列),全拓 168×87 厘米。

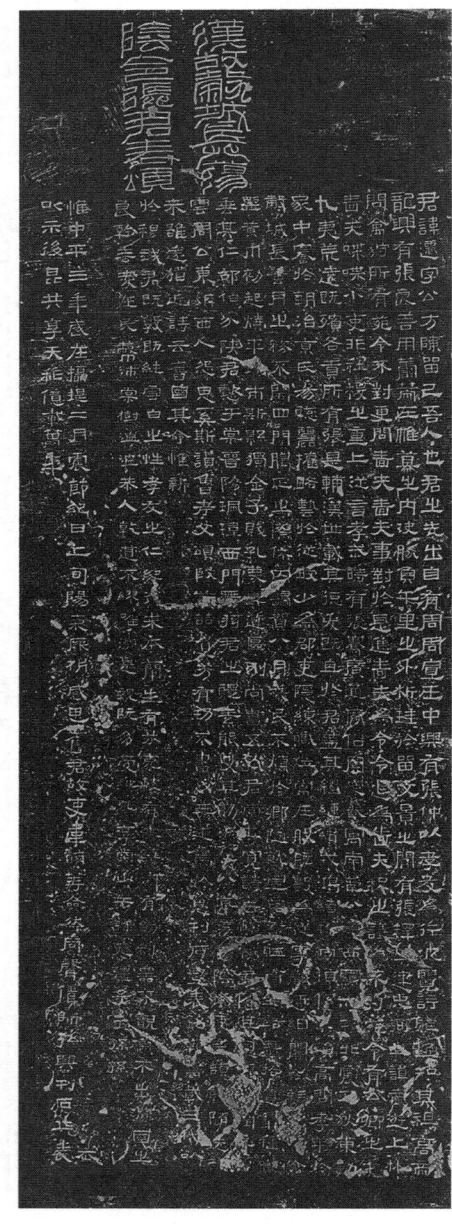

图 3.10 《张迁碑》(186 年)碑阳拓片,碑 314×106 厘米,拓片 230×94 厘米。明代发现,原在山东东平州学明伦堂,现藏泰安市博物馆。

此事的故吏，一共41人，其中韦氏26人，范氏10人，汜氏2人，孙氏、原氏、驺氏各1人，皆不署籍里和字；（2）"故吏韦萌"见述于碑阳，却不见于碑阴，当与碑阴唯一不署其名的"韦府卿"为一人；（3）碑阴列名不以钱数为准，亦非纯按职务排列，41人中，列名而不注钱数的只有4人，较《曹全碑》少很多；（4）碑阳和碑阴书法风格相同。综合这些情况，我们或能推知：第一，张迁府掾韦萌是正文撰写，乃至刊碑事宜重要的联络人；第二，碑阳和碑阴刊刻应由石工孙兴一人完成；第三，张迁故吏协助刊碑的活动，较《曹全碑》要略显圆满，但仍有协调不周的个别情况，而留下诸多疑窦。①

就现有史料看，汉代掾史为长吏生立纪功碑，主要集中在东汉末期，尤其是汉灵帝时期。在私碑刊刻成风的环境中，无论主事的掾史出自肝胆，还是迫于形势，为长吏生立碑的举动，都是彼此连带关系的深刻反映，甚至可以说，一通由掾史刊刻的汉碑，就是汉代政治、文化、艺术微观史境的一面镜子，试述三端：（1）《汉巴郡太守张纳碑》因碑主职位较高，碑阴按秩次高低列一郡之掾74名（郡丞和从事史署籍里和名、字，主簿以下署籍里和名），总有近40种掾史官职；《酸枣令刘熊碑》的碑主为诸侯王后裔，官虽低而势不弱，自博士、地方长吏、掾史，到处士和学生，宋代

---

① 根据出土与流传、碑文语词和用典、碑文中的官名及碑额体例、碑文书法、前人述疑、汉代书刻态度、碑文所及史事的表述等问题，程章灿先生曾提出该碑为后世翻刻或伪刻之说，也有学者认为诸多疑点，恰好说明汉碑属文刊刻时情况复杂，有其真实性。参见程章灿《读〈张迁碑〉志疑》，《文献》2008年第2期；程章灿《读〈张迁碑〉再志疑》，《文献》2009年第3期；吴朝阳、晋文《读〈张迁碑〉辨疑：与程章灿先生商榷》，《文史哲》2011年第1期；赵楠《关于〈张迁碑〉的若干问题》，《中国书法》2011年第3期；李兴涛《〈张迁碑〉书刻真伪考》，《中国书法》2012年第2期；张明《〈张迁碑〉的发现及其流传问题考辨》，《荣宝斋》2015年第1期。

时碑阴可见者达180人,两者规模,明显大于县掾史操办的《曹全碑》和《张迁碑》,所获义捐也是它们的两倍,则政治之于艺术创作的微观作用可得管窥。(2)《梁相孔耽神祠碑》是碑主72岁健在时自己设计墓祠工程的一部分,由"诸曹史督邮,承诏纪行"①;《汉故成阳令唐扶碑》的主事者,是精研《严氏春秋》、二子承业治经的处士闫葵斑,但合作者,仍有从事史4人、督邮1人、郡掾2人,他们以仲姓为主,且郡掾中还有一人名"闫葵□",当与处士闫葵斑为近亲,显然,主事的处士与县令、县掾、郡掾有政治和文化的密切关系;同样,《曹全碑》故吏以王姓居多,《张迁碑》故吏以韦姓特显,不仅是地方上同姓家族分布规模的见证,更是政治和文化世族形成的表现。(3)在记述长吏政绩和功德后,碑文多以韵文赞辞结束,《酸枣令刘熊碑》则以三首四言诗结束,而碑文引述经典、铺陈排比、讲究韵律,几乎为大部分汉代纪功碑的特征,加上刊刻时书法、雕刻及其他装饰,一通汉碑,便是长吏及其掾史艺术创作能力的集中体现,以至于梁相孔耽面对其个人碑祠,发出"目睹工匠之所营,心欣悦于所处"②的情感体验。

2. 为亡故长吏树功德碑

掾史于师长在世时为之立碑已然成风,当其亡故后刊碑的就更多。除上文所述,另如桓、灵以来的《李孟初神祠碑》(154年)、《汉益州太守无名碑》(155年)、《汉吉成侯州辅碑》(156年)、《汉廷尉仲定碑》(158年)、《汉封丘令王元宾碑》(161年)、《汉冀州刺史王纯碑》(161年)、《孔宙庙碑》(164年)等,传世的多达几十

---

① [宋]洪适《隶释》卷五,《石刻史料新编》第一辑09册,台北:新文丰出版公司,1977,第6806页下。
② [宋]洪适《隶释》卷五,《石刻史料新编》第一辑09册,台北:新文丰出版公司,1977,第6806页上。

通,佚亡不存的亦当不少。

亡后立碑与生前立碑一样,由掾史主事协调、合资、刊刻、期会,碑文和书刻灌注匠心,体现长吏与掾史的连带关系,成为彼此期会交游的时机,两者的区别主要在于:

(1)亡后立碑更多体现汉代葬俗,与之相关的纪念物相应增多,有祠、坛、庙、阙及其上的雕绘,或有独立的石雕、画像,较生前立碑者更具综合性。具体又有几种情况:

首先,最简洁的装饰,是石碑上雕刻瑞兽和画像,如由近50位故吏刊立的《汉益州太守无名碑》(155年):

> 以朱爵为额,龟蛇为趺,龙虎衔璧,在其两旁……此碑刻五玉三兽,下有牛首。蜀中汉碑如是者,有《柳敏碑》阴、《冯绲墓道》,双排六玉碑;又有单排六玉碑,与此凡四……①

见于实物的,如2004年在重庆云阳旧县坪汉晋朐忍县故城遗址发现的《汉巴郡朐忍令景云碑》(173年),四周刻花纹;碑额左雕朱雀,右雕玉兔,象征日月,中雕妇人掩门;碑侧浮雕青龙、白虎(图3.11)。②

其次,是墓冢四周树立边界,与碑、镇墓石兽形成一个整体,形同城邑,石兽上往往镌刻文字,如:

> 冢前有碑,基西枕冈城,开四门,门有两石兽。坟倾墓毁,

---

① [宋]洪适《隶释》卷十七,《石刻史料新编》第一辑09册,台北:新文丰出版公司,1977,第6927页下。
② 景云于永元十五年(103)去世,其碑于70年后由朐忍令雍陟刊立。释文、图版及考述见丛文俊《新发现的〈汉巴郡朐忍令景云碑〉》,载《艺术与学术:丛文俊书法研究题跋文集》,北京:人民美术出版社,2013,第29—35页。

图 3.11 《汉巴郡朐忍令景云碑》(173年)全拓,碑 182×81 厘米,2004年发现于重庆市云阳旧县坪汉晋朐忍县故城遗址,现藏重庆中国三峡博物馆。

碑兽沦移。人有掘出一兽,犹全不破,甚高壮,头去地减一丈许,作制甚工,左膊上刻作"辟邪"字。门表堑上起石桥,历时不毁。(《汉中常侍长乐太仆吉侯州辅碑》,157年初)①

(刘)衡墓与碑,在今齐州历城县界中,古平陵城旁。余尝亲至墓下观其碑,因模得之。墓前有石兽,制作甚工云。(《汉赵相刘衡碑》,187年)②

右汉"天禄""辟邪"字,在南阳宗资墓前石兽膊上。(《汉宗资墓天禄辟邪字》,东汉末)③

最后,更为齐备的,则建石庙、石祠,分石室数间,前陈其碑,又石阙表道,石兽对列或围绕,甚至引水成池,树立楼阁,形成一个有序的建筑体系;同时,碑与石室、石阙又雕绘图像,将书法、雕刻和建筑融为一体。如:

(绥水)东南流,径汉弘农太守张伯雅墓,茔域四周,垒石为垣,隅阿相降,列于绥水之阴,庚门表二石阙,夹对石兽于阙下。冢前有石庙,列植三碑,碑云:德字伯雅,河南密人也。碑侧树两石人,有数石柱及诸石兽矣。旧引绥水南入茔域,而为池沼,沼在丑地,皆蟾蜍吐水,石隍承溜。池之南,又建石楼、石庙,前又翼列诸兽。但物谢时沦,凋毁殆尽,夫富而非义,比之浮云,

---

① [北魏]郦道元著,陈桥驿校证《水经注校证》卷三十一,北京:中华书局,2007,第724页。
② [宋]赵明诚《金石录》卷十八,《石刻史料新编》第一辑12册,台北:新文丰出版公司,1977,第8908页上。
③ [宋]赵明诚《金石录》卷十八,《石刻史料新编》第一辑12册,台北:新文丰出版公司,1977,第8909页下。

况复此乎？王孙、士安，斯为达矣。(张德墓)①

黄水东南流，水南有汉荆州刺史李刚墓。刚字叔毅，山阳高平人，熹平元年卒。见其碑。有石阙、祠堂、石室三间，椽架高丈余，镂石作椽，瓦屋施平天造，方井侧荷梁柱，四壁隐起，雕刻为君臣、官属、龟龙、麟凤之文，飞禽走兽之像。作制工丽，不甚伤毁。(李刚墓，172年)②

戴延之《西征记》曰：焦氏山北数里，汉司隶校尉鲁峻，穿山得白蛇、白兔，不葬，更葬山南，凿而得金，故曰"金乡山"。山形峻峭，冢前有石祠、石庙，四壁皆青石隐起，自书契以来，忠臣、孝子、贞妇、孔子及弟子七十二人形像，像边皆刻石记之，文字分明。又有石床，长八尺，磨莹鲜明，叩之声闻远近。(鲁峻墓，173年)③

当然，以上是后世的记述，据碑文，其中有不少是碑、庙、阙皆备的，惜后来佚失或毁坏，北魏郦道元所见，已过三百余年，到近千载后宋代金石学家考记之时，各墓佚亡构件的更多，据记载，《汉王稚子阙》(105年)、《冯焕神道阙》(121年)、《高颐阙》(209年)和《金恭阙》，是碑、阙兼有的，到宋代唯存《冯焕残碑》《高颐碑》，④到现在，仅存几个残阙可供推想（图3.12）。再如郦道元所见鲁峻

---

① [北魏]郦道元著，陈桥驿校证《水经注校证》卷二十二，北京：中华书局，2007，第518页。
② [北魏]郦道元著，陈桥驿校证《水经注校证》卷八，北京：中华书局，2007，第216页。
③ [北魏]郦道元著，陈桥驿校证《水经注校证》卷八，北京：中华书局，2007，第216页。
④ [宋]洪适《隶释》卷十三，《石刻史料新编》第一辑09册，台北：新文丰出版公司，1977，第6894—6896页。

墓各种纪念物,至宋时仍可见祠堂,到今天,除《鲁峻碑》外,均已不存。

图3.12　汉阙残影。左:侍御史李业阙(7或36年),四川梓潼县长卿镇南桥村;中:豫州幽州刺史冯焕东阙(121年),四川达州渠县北土溪赵家坪;右:汉益州太守高颐阙(209年),四川雅安县姚桥。1914年拍摄。

（2）为亡故长吏刊刻的功德碑数量较多,碑主的身份、地位多样,相应的,故吏门生来源广泛,碑主家族实力往往发挥重要作用,主事者协作关系较为复杂。

以《司隶校尉鲁峻碑》为例。碑主鲁峻,生于永初五年(111),为官宦之后(监营谒者之孙、修武令之子),曾在朝廷和三郡任职,延熹七年(164)迁司隶校尉,卒于熹平元年(172)五月廿日,次年四月二十二日,其子鲁叡表述乃父功德,与鲁峻320位门人立碑。则该碑主事者,首先是鲁氏之子,其次是门徒。再看两个细节:①碑阳述"于是门生汝南干商,沛国丁直,魏郡马萌,勃海吕图,任城吴盛,陈留诚屯,东郡夏侯宏等三百廿人,追惟在昔,游夏之徒,作谥宣尼。君事帝则忠，临民则惠，乃昭告神明，谥君曰'忠惠父'"①，除为师长谥号以外，鲁峻门生还为刊碑等事宜义捐（见于碑阴），但主事的魏郡马萌、陈留诚屯两人却不见于碑阴（碑阴所列者，故吏4人，门生37人，处士1人，计42人），这种情况与《曹全碑》相似，多少属于协调不周的情况。很可能，碑阳与碑阴撰文者并非一人，且碑阳和碑阴书写者亦非一人；②②碑阴所见鲁峻故吏门生的籍贯，分布十分广泛，依次为：东郡6人，平原5人，汝南、勃海、魏郡各4人，陈留、济阴、任城各3人，九江、河东、河间各2人，河内、南阳、沛国、梁国各1人，计15地，可以说，它是鲁峻为官、授徒的缩影，而其余270多名门生，是因没有捐资，或是别的原因，没有列入碑阴，难知其详（图3.13）。无论怎样，鲁峻故吏门生在师长祠庙修建方面，大概以配合为主，他们义捐仅得15800钱，也似乎只能满足刊碑所用，至于建造和雕饰石祠、石庙的工程，很可能是鲁峻家人完成的。

再如《汉太尉刘宽前碑》（185年）和《刘宽后碑》（185年），是在中平二年（185）刘宽逝世后，分别由故吏李谦等50余人，以及门生郭异、殷苞、李照等360余人刊立的。据《艺文类聚》，前者为桓麟撰文；后者不署撰者姓名，碑阴则以籍贯，分列河南、东郡、京兆、扶风、陈留等郡数百门生故吏，其规模之盛，为汉碑所罕见。两碑均立洛阳上东门外官道旁，题额相同，字体相同，书者或为一

---

① 碑文及拓片分见高文《汉碑集释》2版，开封：河南大学出版社，2008，第390—401页；徐玉立《汉碑全集》第五册，郑州：河南美术出版社，2009，第1493—1519页。

② 翁方纲据风格、字法而断定。见[清]翁方纲《两汉金石记》卷八，《石刻史料新编》第一辑10册，台北：新文丰出版公司，1977，第7308页下。

图 3.13 《司隶校尉鲁峻碑》(173 年)碑阴拓片,碑 289×149 厘米,碑阴拓片 126×104 厘米,原在山东济宁孔子庙戟门东侧,今藏济宁市博物馆。

人。① 故吏门生分别立碑,或与其他主事者合作的情况,还可见于"桥玄三碑""陈寔三碑"(186年、188年)等。关于"桥玄三碑",郦道元记载说:

> (桥玄)冢列数碑。一是汉朝群儒、英才、哲士感桥氏德行之美,乃共刻石立碑,以示后世。一碑是故吏司徒博陵崔烈、廷尉河南吴整等,以为至德在己,扬之由人,苟不皦述,夫何考焉。乃共勒嘉石,昭明芳烈。一碑是砀长陇西枹罕北次陌守,鄢左尉汉阳豲道赵冯孝高,以桥公尝牧凉州,感三纲之义,慕将顺之节,以为公之勋美,宜宣旧邦,乃树碑颂,以昭令德。光和七年,主记掾李友字仲僚作碑文。碑阴有《右鼎文》,建宁三年拜司空。又有《中鼎文》,建宁四年拜司徒。又有《左鼎文》,光和元年拜太尉。《鼎铭》文曰:故臣门人相与述公之行,咨度体则,文德铭于三鼎,武功勒于征钺,书于碑阴,以昭光懿。又有《钺文》,称:是用镂石假象,作兹征钺、军鼓,陈之于东阶,亦以昭公之文武之勋焉。庙南列二石柱,柱东有二石羊,羊北有二石虎。庙前东北有石驼,驼西北有二石马,皆高大,亦不甚彫毁。惟庙颓构,粗传遗墉,石鼓仍存,钺今不知所在。②

碑主桥玄见载史书。其父、祖为公卿长吏。桥玄少为梁国睢阳县功曹、豫州刺史掾,后"牧一州,典五郡,出将边营,入掌机密,历三卿,

---

① [宋]赵明诚《金石录》卷十八,《石刻史料新编》第一辑12册,台北:新文丰出版公司,1977,第8907页。

② [北魏]郦道元著,陈桥驿校证《水经注校证》卷二十四,北京:中华书局,2007,第569—570页。标点有修订,"砀长陇西"一句据熊会贞意见酌定,见同书第586—587页注[10]。

同三司"(第一碑碑阴),平生所任官职近二十种,而"玄性刚急无大体,然谦俭下士,子弟亲宗无在大官者。及卒,家无居业,丧无所殡,当时称之"①。盖其与酷吏党宦不阿抗争,而又礼贤下士,死后,才有群儒英才为其刊立三碑,其中,第一、二碑俱见于《蔡中郎集》,② 为名儒撰文,而第三碑碑文则为獂道县主记掾李友撰写。在家族实力不算强盛的情况下,诸碑的刊刻,及桥玄庙其他纪念物的营造,不仅显得隆重,且富于匠意,也更具同道好友和故吏门生情感的真实性。

此外,也有亡故长吏去世多年后,掾史重新刊碑的情况。如:2006年四川芦山县城姜城遗址出土的《赵仪碑》(208年,图3.14),是吏民为犍为属国都尉赵仪所刊旧碑,因地方动乱陷入泥涂

图3.14 《赵仪碑》(208年)碑阴拓片,局部,原碑断为三石,在115×53—50厘米之间,2006年四川芦山县出土。

---

①《后汉书》卷五十一《李陈庞陈桥列传》,北京:中华书局,1965,第1695—1697页。
②[汉]蔡邕《蔡中郎集》卷一,四部丛刊影印明兰雪堂活字本,第1—16页。

后,由汉嘉(今芦山县)长张河及其数位掾史,"以家钱雇饭石工刘盛复立"① 而成。

第二节 掾史称述自身的碑刻

在传载或可见的汉碑中,纪述掾史功德的为数不少。其中,有一般意义上的碑,也有墓祠中出现的题铭。通常,前者体量稍大、篇幅较广,书刻相对考究;后者多出自墓葬,附属于画像石、石棺等墓葬构件,篇幅、形制因材而异,书刻者层次不一,刊刻优劣差异很大。同时,此类碑刻与上文所述类型又有三方面的联系与区别:(1)碑刻主事者不同。有数种情况:少量为掾史自为(如《巩义诗说七言摩崖题记》[图1.5]);部分为包括掾史在内的同僚主事(如《冀州从事冯君碑》[图3.15]、《孔褒墓碑》等);部分出自担任长吏或掾史的家人(如《赵宽碑》[图3.20]、《鲜于璜碑》[图3.19]等);还有大量碑刻,没有主事者的信息,根据下文的考察,我们以为,书刻质量较好的,大多离不开家人和晚进掾史的参与,书刻相对简陋的,则多为家人或工匠所为。尽管有工匠书刻、家人主成刊立的例子,但掾史及其家族的碑刻,不仅暗含着掾史与长吏、同僚、门生、子孙的连带关系,主事者中有门生或子孙为掾的情况,而且,作为碑主的掾史,是相关创作活动的首要拥有者或享用者,他以"隐在"方式促成其事,没有碑主的社会关系和地位,立碑事宜自然无从谈起,只是其整体规模,难以与师长功德碑比肩而已。(2)为掾史刊碑立祠,且案例丰富,体现了汉代(尤其是东汉中后期)掾

---

① 碑文及拓片见徐玉立《汉碑全集》第六册,郑州:河南美术出版社,2009,第1928—1941页。

史及其家族的社会、文化、经济地位的上升,反映了他们为自身立言树德的意识和风气,从而在传主、意图、功能上与师长功德碑出现细微差异,同时又彼此联系:为师长树功,是为了身份体认和功绩自显,为掾史立碑,更是为了自身功德的宣扬,本书虽分其为两类,两者实则同功同用。(3)该类碑刻的刊立同样是社会交游的反映,只是所及面向较窄,现有碑刻中,也没有留下故吏门生义捐的情况,而追述家族源流及族员关系、祈求升官获福的文辞却相应增多。

此外,本节所述碑刻,大部分可明确碑主的掾史身份,但还有一些碑刻,存在碑主早年历职掾史、后期担任长吏的情况,或有家族数位成员同列一碑而职位高低不同的情形,故而,从官职级别上区分碑主是相对的。但鉴于它们与掾史关系密切,且相关碑刻数量不少,故纳入本节略述。

一、掾史及其家族的功德碑

1. 掾史个人功德碑

可明确碑主或主成者为掾史一人的碑刻有:《延平元年刻石》(106年)、《王孝渊碑》(128年)、《冀州从事冯君碑》(141年,图3.15)、《故汉三老杨信碑》(150年)、《汉从事武君碑》(151年)、《孔谦墓碑》(154年)、《孔少垂墓碣》(155年)、《孔从事碑》(157年)、《故行事渡君之碑》(161年)、《□临为父通作封记》(163年)、《汉冀州从事张表碑》(168年)、《孙仲隐墓刻石》(175年,图3.16)、《故豫州从事尹宙碑》(177年,图3.17)、《汉冀州从事郭君碑》(180年)、《昭觉石表》(181年)、《豫州从事孔褒碑》(184年)、《司隶从事郭究碑》(184年)、《都乡正卫弹碑》(185年)、《丘隽碑》(218年以前),及纪年不详的《汉故荆州从事苑君之碑》《汉

图 3.15 《冀州从事冯君碑》(141 年)拓片,残碑 102×83 厘米,2004 年河南孟津发现,现藏洛阳碑志拓片博物馆。

第三章 赞勋述己与碑祠刊立的主事

图 3.16 《孙仲隐墓刻石》（175 年）拓片，碑 87×33 厘米，1973 年山东高密发现，高密市博物馆藏。

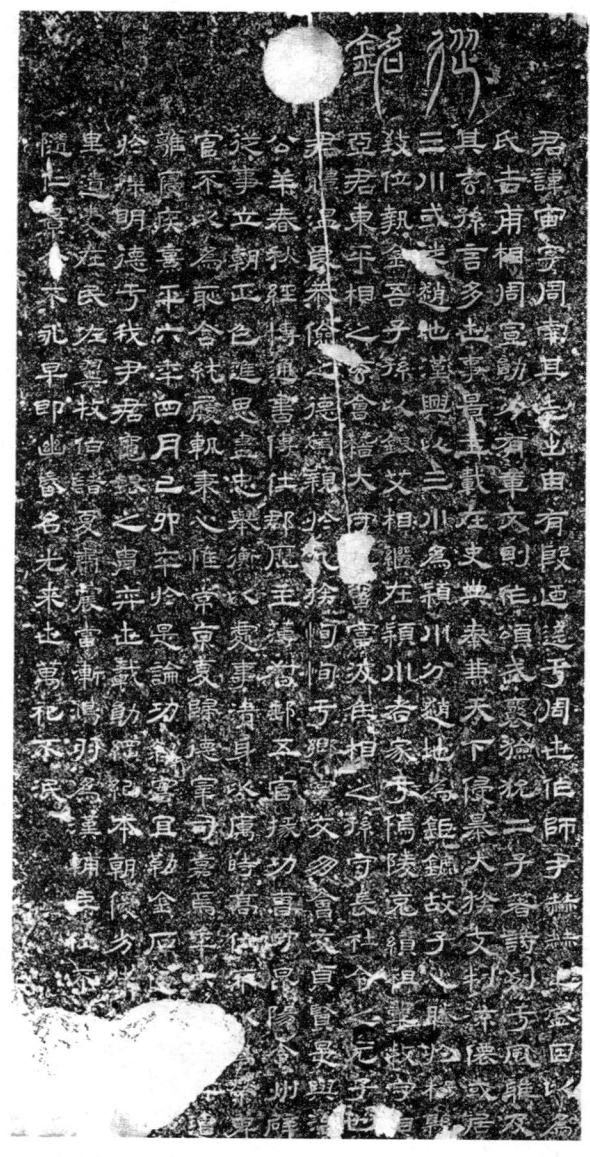

图 3.17 《故豫州从事尹宙碑》（177 年）拓片，原碑 260×95 厘米，1312 年河南鄢陵初次发现，后佚，明万历年间再次发现。今藏鄢陵县初级中学（原孔庙）。

督邮斑碑》等。从分布地看,这些碑刻,与汉代画像石、画像砖所在地大致重合,①亦即与下文所述掾史墓祠题铭所在地重合,唯各地存碑数量略异。从碑文内容上论,既有直接刊刻官文的(如《昭觉石表》),也有与常见师长功德碑类似的,只是叙宗族源流、状碑主生平、赞碑主德行诸事各有长短,且碑阴很少有故吏门生列名。从篇幅上看,除了刊刻于汉灵帝时期的《汉冀州从事张表碑》《故冀州从事郭君碑》《故豫州从事尹宙碑》《豫州从事孔褒碑》《司隶从事郭究碑》,其余大多短小。

若以碑主为官经历而论,历职为掾、后任公卿长吏的情况更多,不仅上文部分长吏个人功德碑(如《曹全碑》《司隶校尉鲁峻碑》等)与此相关,另外还有不少,如:《李昭墓碑》(118年)、《严䜣碑》(150年)、《缪宇墓志》(151年)、《蒋君碑》(152年)、《郑固墓碑》(158年)、《汉议郎元宾碑》(159年)、《度尚碑》(167年)、《张寿残碑》(168年)、《刘子山断碑》(168年)、《许婴碑》(168年)、《柳敏墓碑》(169年)、《汉故金乡守长侯君之碑》(169年)、《夏承碑》(170年)、《汉故慎令刘修墓碑》(171年)、《汉丹水丞陈宣纪功碑》(171年)、《郎中郭君碑》(172年)、《武荣墓碑》(167年)、《汉斥彰长田君断碑》(177年)、《赵君墓碑》(190年)、《汉扬州刺史敬使君碑》(181年)、《汉绥民校尉熊君碑》(216年)等。无论如何区分,这些碑刻,宏观上反映了汉代掾史在政治运行、文化创造等方面的底基作用,体现了汉代掾史的多样处境:或参与国家、长吏、家族事宜,借助个人才能和师长扶携进取功名,或由掾史隐退而耽于修学教授,或家族零落难得父荫见用为小吏,或出自寒门

---

① 仅此处所列各碑,有山东8例,河南4例,四川2例,陕西、江苏、河北、湖北各1例,出土地不明者2例。

终生处居卑位不得转迁,等等;微观上,各碑又体现不同的刊刻情境,碑文撰写、赞辞拟定、刊刻主事因人因时不同,故有一碑一格的现象。如《柳敏墓碑》(169年),是碑主去世23年后,与其同岁的县长赵台公,见其墓无碑无识,念"素帛之义",而主事刊立,由于彼此相知,柳敏家族源流和历职经历,虽则简短,但不含混,另附有"辞"和"乱"两篇韵文,刊立时,碑额碑座还分别雕饰朱雀和玄武。① 再如《汉从事武君碑》,碑主武梁,是嘉祥武氏家族中终职于掾史的一位,他志在经传教授,"屡辞辟召,不窥权门,踰七望八,爵秩不跻,故铭文无可铺叙"②,便在生平经历后,赘述子辈敦请良工建坛立祠之事,又加简短赞辞。武梁之侄武斑则又不同,他虽英年早逝,但官至敦煌长史,且早年研习典籍获得声名,故去世三年后,由同岁的金乡长史恢等为之立碑,尽管碑末仅列名7人(含书写者纪伯允),但《武斑碑》的刊刻及同僚好友的交往,较大部分掾史个人碑刻,要稍显隆重。③

若做进一步的考察,掾史个人功德碑的规制,取决于多种因素:个人平生所为,家族政治、社会和经济实力,具体的刊刻情境,以及掾史特定的社会地位等。试比较刊刻年代相近的《孙仲隐墓刻石》(图3.16)和《故豫州从事尹宙碑》(图3.17)。《孙仲隐墓刻

---

① 拓片和释文见高文、高成刚编《四川历代碑刻》,成都:四川大学出版社,1990,第69页。碑文"君追祖继体,历职五官、功曹、守宕渠令"句,误断为"历职五官功曹守、宕渠令",毛远明《汉魏六朝碑刻校注》一册第301页沿用。

② [宋]洪适《隶释》卷六,《石刻史料新编》第一辑09册,台北:新文丰出版公司,1977,第6822页下。

③ 碑文及拓片分见高文《汉碑集释》2版,开封:河南大学出版社,2008,第77—85页;徐玉立《汉碑全集》第二册,郑州:河南美术出版社,2009,第559页。

石》碑主孙仲隐为北海高密人,历主簿、督邮、五官掾、功曹、守长,死前任青州从事史,年仅三十。孙氏为汉代山东豪族,与之相关的石刻遗存数例:高密出土有《汉安平相孙根碑》(181年);① 任汉阳太守的高密人孙琮,研究者考为孙根之弟,其画像石墓1967年发现于邻近的诸城前凉台;② 任豫州刺史的安丘人孙嵩,其画像石墓1959年发现于安丘。③ 孙仲隐去世前官职并不算低,多少应有宗族的庇佑,但碑文却没有交代他的宗族关系,也可能,他为山东孙氏旁支,加上过早离世、刊刻仓促,碑文仅写籍贯、历职和去世时间,而留有很多空白。而《故豫州从事尹宙碑》则明确表述了碑主显赫的家族渊源,撰者概括为"东平相之玄,会稽太守之曾,富波侯相之孙,守长社令之元子"④,碑文有一半篇幅叙述姓氏源流和祖上四世为卿相长吏的情况。尹宙又为儒士,治《公羊春秋》,年六十二离世,资历相对丰富,故碑文有传有赞,比较完备,同时碑石广阔,书刻精湛,而被康有为评为"《尹宙》风华艳逸,与《韩敕》《杨孟文》《曹全碑阴》同家,皆汉分中妙品"⑤。就存世碑刻看,与《孙仲隐墓刻石》类似,碑文简短,或石面留空较多的,还有《冀州从事冯君碑》(141年,图3.15)、《孔谦墓碑》(154年)、《孔少垂墓碣》

---

① [宋]洪适《隶释》卷十,《石刻史料新编》第一辑09册,台北:新文丰出版公司,1977,第6863—6867页。
② 任日新《山东诸城汉墓画像石》,《文物》1981年第10期;王恩田《诸城凉台孙琮画像石墓考》,《文物》1985年第3期。
③ 李光《安丘汉画像石墓主人考》,《文史哲》1983年第3期。
④ 碑文及拓片分见高文《汉碑集释》2版,开封:河南大学出版社,2008,第424—431页;徐玉立《汉碑全集》第五册,郑州:河南美术出版社,2009,第1606页。
⑤ [清]康有为《广艺舟双楫》,见上海书画出版社、华东师范大学古籍整理研究室选编《历代书法论文选》,上海:上海书画出版社,1979,第798页。

(155年)、《故行事渡君之碑》(161年)等。① 长吏功德碑中尽管也有碑末留空的情形(如《曹全碑》),但留空简短。综合起来,除却书刻艺术水平,大部分掾史个人功德碑,无论碑石规制,还是文字篇幅,都要略逊于长吏功德碑。

2. 掾史家族纪念碑铭

叙述姓氏或宗族源流,是汉代个人碑刻常见的开篇模式,暗含立碑人标榜自身,表述宗族政治、文化正统性的意图。其中大部分碑刻仅述父祖几代为官为学情况,大多寥寥数语,如《武荣墓碑》(167年)前半部分叙述武荣学习、传授经典,以及历职为掾、郎中、执金吾丞的情况,而后为"君即吴郡[府]卿之中子,敦煌长史之次弟也"②,交代他与武开明、武斑的关系,是常见的简述类型。但也有一些碑刻较为独特,将家族成员数人共列碑阳或碑阴,甚至作为长者,为家族后生刊立碑铭。

(1) 掾史与家人共列的碑铭

以《三老讳字忌日刻石》(52年,图3.18)、《鲜于璜碑》(165年,图3.19)、《三老掾赵宽碑》(180年,图3.20)等为代表。

《三老讳字忌日刻石》由碑主第七孙、名邯者所立,刊刻时,以阴线将碑分四格,依次列述其祖父三老通、祖母、父掾忽、母捐的讳字与忌日,复列六位兄长、自己和两个妹妹的名字,末尾三行颂辞刻于左格。立碑者所任何职,以及他的祖父是郡、县三老还是乡三老,已不可知,仅知其父为掾,是家中官职最高的,死于建武十七年

---

① 各碑拓片见徐玉立《汉碑全集》第三册,郑州:河南美术出版社,2009,第730、757、907页。

② 释文及拓片分见高文《汉碑集释》2版,开封:河南大学出版社,2008,第295—299页;徐玉立《汉碑全集》第四册,郑州:河南美术出版社,2009,第1144页。

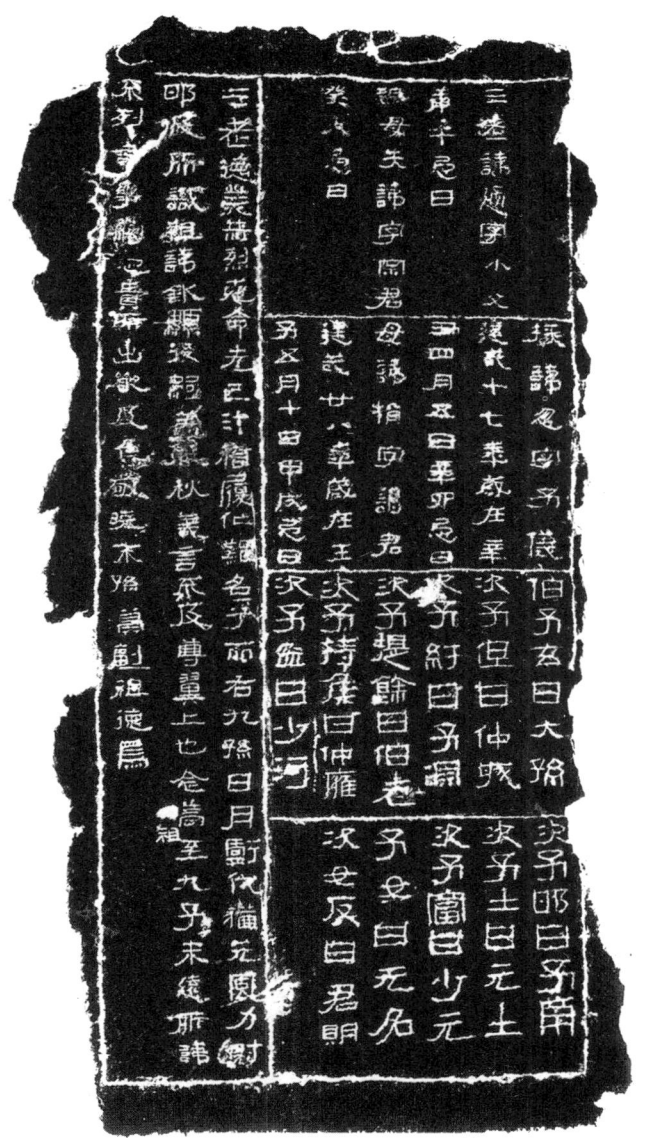

图 3.18 《三老讳字忌日刻石》(52 年)拓片,残碑 89×48 厘米,1852 年浙江余姚客星山出土,西泠印社藏。

图 3.19 《鲜于璜碑》(165 年)碑阴拓片,碑 242×83 厘米,1973 年天津武清县出土,天津博物馆藏。

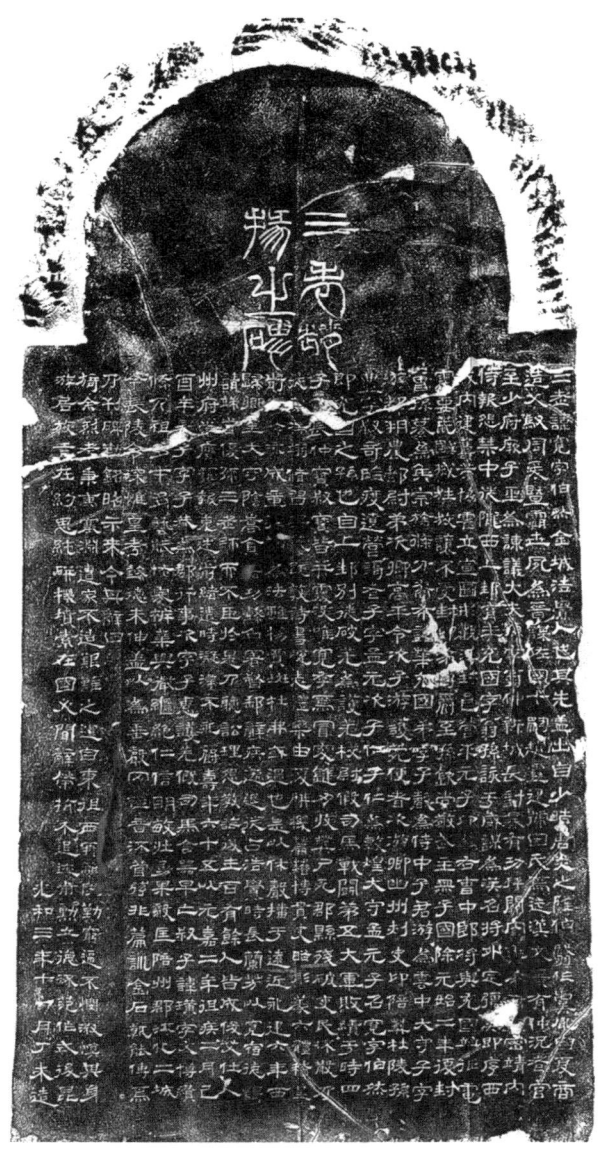

图 3.20 《三老掾赵宽碑》(180 年)拓片，碑 110×55 厘米，1942 年青海省乐都县出土，原藏青海省图书馆，1950 年毁于火灾。

(41),而刊石的目的,是追述祖德,"钦显后嗣"①。

《鲜于璜碑》本属师长功德碑,放在这里讨论的原因,是它在碑阳和碑阴分别记载了鲜于家族七代人的谱系,其中多人历职掾史。②据碑文可知,碑主鲜于璜高祖父鲜于弘(约生于汉昭帝年间)为胶东相,曾历郡孝廉、灌谒者;曾祖父鲜于琦为孝廉;祖父鲜于式为督邮;父亲鲜于雄为州从事;到鲜于璜再度显赫,历上郡孝廉、郎中、度辽右部司马、赣榆令,延平元年(106)任安边节使,次年拜雁门太守。③鲜于璜于延光四年(125)81岁时去世。按照惯例,他的家人、门生、故吏为他营造了墓穴,或许还相继建造了祠堂和墓阙。④鲜于璜有三个儿子:长子鲜于宽,举有道,曾任太尉府掾;二子鲜于黻,历郡五官掾、功曹、守令、幽州别驾;三子鲜于晏,举孝廉,任谒者、雁门长史、九原令。三人虽不及其父官高禄厚,但亦是长吏主掾。40年后,鲜于璜的三个儿子相继去世,⑤他的三个孙子

---

① 释文及拓片分见高文《汉碑集释》2版,开封:河南大学出版社,2008,第1—5页;徐玉立《汉碑全集》第一册,郑州:河南美术出版社,2009,第90页。
② 碑文及拓片分见高文《汉碑集释》2版,开封:河南大学出版社,2008,第284—294页;徐玉立《汉碑全集》第三册,郑州:河南美术出版社,2009,第1061、1084页。
③ 鲜于家族及碑文所及史事的考订,见张传玺《东汉雁门太守鲜于璜碑铭考释》,《北京大学学报》1984年第2期。
④ 据考古简报,鲜于璜墓原有高大封土,墓碑出土时,尚有碑座、石盒之物,并发现以花纹方砖铺砌的残迹,据此,鲜于璜墓地除树立墓碑外,可能有享堂之类的祭祀建筑物。见天津市文物管理处考古队《武清东汉鲜于璜墓》,《考古学报》1982年第3期。有关东汉墓地设计的一般惯例,参见巫鸿《中国古代艺术与建筑中的"纪念碑性"》,李清泉、郑岩等译,上海:上海人民出版社,2008,第249—251页。
⑤ 张传玺先生的推论,见张传玺《东汉雁门太守鲜于璜碑铭考释》,《北京大学学报》1984年第2期。

（鲜于鲂、鲜于仓、鲜于九）或许发现祖父墓园面临渗水的危险，便在原建墓室基础上，将墓底抬升90厘米，重建了一个前室。他们没有置入新的葬品，但却为之刊刻了《鲜于璜碑》。[①] 为了体现家族实力，昭示家庭孝德，他们请人写了两篇（家族谱系稍有抵牾的）文章，纪颂祖父景行和宗族世系，而后雇请书手和石工，分别书刻在石碑的两面，并阳刻篆额，以青龙、白虎、朱雀、卷云纹等雕饰碑面，还为石碑制作长方覆斗状的碑座，凿出碑榫凹槽以嵌入碑身。[②] 完成后的《鲜于璜碑》，通高2.66米，即便有多处刊刻失误（见下文），然其巨大的体量、阳刻篆额、装饰四神的做法，以及家族荣耀环绕的社会交游，在当地亦堪称独步。

祖述父祖最典型的例子，是《三老掾赵宽碑》。该碑通过主要篇幅，详述碑主的世系，起自西汉文景，终于东汉末期，以名将赵充国为最显，前后相沿，达十世之久。碑文后半部分，在叙述赵宽修习典艺、短期任掾、逊退授徒的经历后，续接三子历职、修学的情况，最后是一篇赞辞。赵宽逝世于元嘉二年（152），其长子为掾，二子为护羌假司马，28年后为他立碑的赵璜，是他的三子，任左冯翊长陵令，撰文者夸他"缵修乃祖，多才多艺，能恢家祐业，兴微继绝，仁信明敏，壮勇果毅，匡陪州郡，流化二城"[③]，暗示赵璜传承并重振家族势力的雄心，这也是他为父刊碑，并长篇追溯十世源流的

[①] 天津市文物管理处考古队《武清东汉鲜于璜墓》，《考古学报》1982年第3期。

[②] 学者根据碑文所及鲜于璜生平细节，已指出两篇碑文不是同一人所撰。有关碑刻装饰情况，见天津市文物管理处考古队《武清东汉鲜于璜墓》，《考古学报》1982年第3期。

[③] 碑文及拓片分见高文《汉碑集释》2版，开封：河南大学出版社，2008，第432—443页；徐玉立《汉碑全集》第三册，郑州：河南美术出版社，2009，第1643页。

真正用意。

类似的做法,还可见于后人为前贤刊碑,如:固始令段光刊立的《孙叔敖碑》(160年),是为战国楚相孙叔敖庙坛刊刻的,由于孙叔敖子孙十世以后为官的很多,便"召集诸孙,倡乐高会",更在文末为其进行家谱的刊记。①

(2)掾史为弟、子立碑

可归入此类的,有《汉童子逢盛之碑》(181年)、《王舍人碑》(183年)。《汉童子逢盛之碑》碑主逢盛,死时年12岁,但由于他是"薄令之玄孙,遂成君之曾孙,安平君之孙,五官掾之长子",因此,其父的门生和同僚,不仅撰文将其溢美为"才亚后夔,当为师楷",且用师长功德碑的规格,为他刊立一碑,碑阳序传赞辞皆备,碑阴还有其父7位同僚、4位门生的列名。②此外,属下文所述墓葬题铭的《吴歧子根墓记》(177年),传主为沛郡故吏之子,铭文刻于画像石边框,仅述吴根卒年和简短哀辞,刊刻意图与此相似。③《王舍人碑》碑主是一位儒生,为某府的门客,年40去世后,任从事史的哥哥为之立碑,以碑文考察,碑主在治《欧阳尚书》外,别无授徒、为政之事。④这些碑刻虽然数量不多,但多少透露出掾史及其家族投身私碑刊立活动的风气。

---

① [宋]洪适《隶释》卷二十一,《石刻史料新编》第一辑09册,台北:新文丰出版公司,1977,第6783—6786页。
② 释文见[宋]洪适《隶释》卷十,《石刻史料新编》第一辑09册,台北:新文丰出版公司,1977,第6862—6863页。
③ 释文及拓片见徐玉立《汉碑全集》第五册,郑州:河南美术出版社,2009,第1741—1742页。
④ 释文及拓片见徐玉立《汉碑全集》第五册,郑州:河南美术出版社,2009,第1639页。

二、掾史墓祠题铭

上文已述，掾史墓祠出土题铭大多附属于墓祠建筑构件。从题铭最初的位置上说，又可分为两类：一是用于公开呈现、供人观摩的地上建筑题铭，如存世的《南武阳皇圣卿阙铭记》（86年）、《南武阳功曹阙铭》（86年）、《幽州书佐秦君神道双阙刻字》（105年）等，因年代久远，湮灭不见的很多；二是藏入墓穴不欲见世的铭刻，近世以来出土不少，如：《守士吏杨德安墓记》（74年）、西河太守掾《公乘田鲂画像石墓题记》（92年）和《田文成画像石墓题记》（106年，图3.21）、《汉戴氏画像题字》（113年）、《文叔阳食堂画像石题记》（144年，图3.22）、《中阳和平元年画像石墓题记》（150年）、《汉莫府奏曹史左表墓石柱》（150年）、《芗他君祠堂画像题记》（154年，图3.23）、《邳州燕子埠永寿元年画像石墓记》（155年）、《许卒史安国祠堂题记》（157年）、《佐孟机题记》（159年）、《孙熹墓画像石题记》（178年）、《上计史王晖石棺铭》（212年）等。①

篇幅上，这些题铭参差不一，稍长者数百字，如《芗他君祠堂画像题记》《邳州燕子埠永寿元年画像石墓记》《许卒史安国祠堂题记》，多附属于画像石，字形较小，铭文除交代墓主生平外，有时还赘述墓祠建造事宜；其余字数较少者，多刊刻于石柱、墓门或画像石边框，仅述墓主身份、卒年月日或建造日期。这些题铭的撰文

---

① 《汉戴氏画像题字》《汉莫府奏曹史左表墓石柱》释录见［清］刘承幹《希古楼金石萃编》卷六，《石刻史料新编》第一辑05册，台北：新文丰出版公司，1977，第3875、3878—3879页；其余诸刻释文及拓片见徐玉立《汉碑全集》，郑州：河南美术出版社，2009，第129、188、264、387、548、655、736—737、774、853—854、887、1640、1947页。

者，一部分当为掾史儒生，一部分可能是粗通文墨的工匠。

书丹上，有些或出自掾史儒生，字形、书写趋于规范（如《中阳河平元年画像石墓题记》）；也有出自工匠的，多见别字，书写相对随意；可能还有不书丹直接刊刻的（如《许卒史安国祠堂题记》《佐孟机题字》），大体上，或行刀简洁（如图3.22、图3.23），或有装饰意味（如图3.21），多不刻意于字行整齐，为区分图像和铭文，常刻饰边线和行界，较长吏功德碑要自由灵活，富于朴拙气息。

作品体量上，墓葬构件题铭因材寻势，石面规格、字形整饬度、书刻风格的统一度、刊刻精细程度等，较长吏功德碑要逊色很多。这种情形，一方面是墓葬题铭空间材料拘囿、书刻者水平有限导致的；另一方面，由于它记录墓祠建造和墓主信息，为亡者超升祈福的实用意图，要远远大于宣功示德、公然为人观摩的心理，便难免有因陋就简的取向。换言之，墓祠前方刊立的碑刻，要面对同僚、门生、故吏、乡民及其他未知的观者，石碑体量尽可能宏大，撰文、书写、刊刻尽可能精美，便在情理之中；而藏入墓祠中的题铭，只有封墓前家人、故吏、乡邻、工匠等少量人参观，主要面向的是守护幽界的神灵瑞兽和墓主人，故而葬俗仪式的表达诉求，大于视觉感官需要，像《芗他君祠堂画像题记》末尾单刻的"此上人马，皆食大仓"之句，便明确指出刊刻的意图，《许卒史安国祠堂题记》更言："唯诸观者，深加哀怜，寿如金石，子孙万年。牧马牛羊诸僮，皆良家子，来入堂宅，但观耳，无得琢画。令人寿，无为贼祸，乱及孙子。明语贤仁四海士，唯省此书，无忽矣。"告诫封墓前观者不得毁坏，其墓第廿八石也有"阳遂富贵，此中人马，皆食大仓，饮其江海"①

---

① 《许卒史安国祠堂题记》两段释文见[日]永田英正编《汉代石刻集成（图版・释文篇）》，京都：同朋舍，1994，第128页。前段引文据毛远明《汉魏六朝碑刻校注》第207页重订。

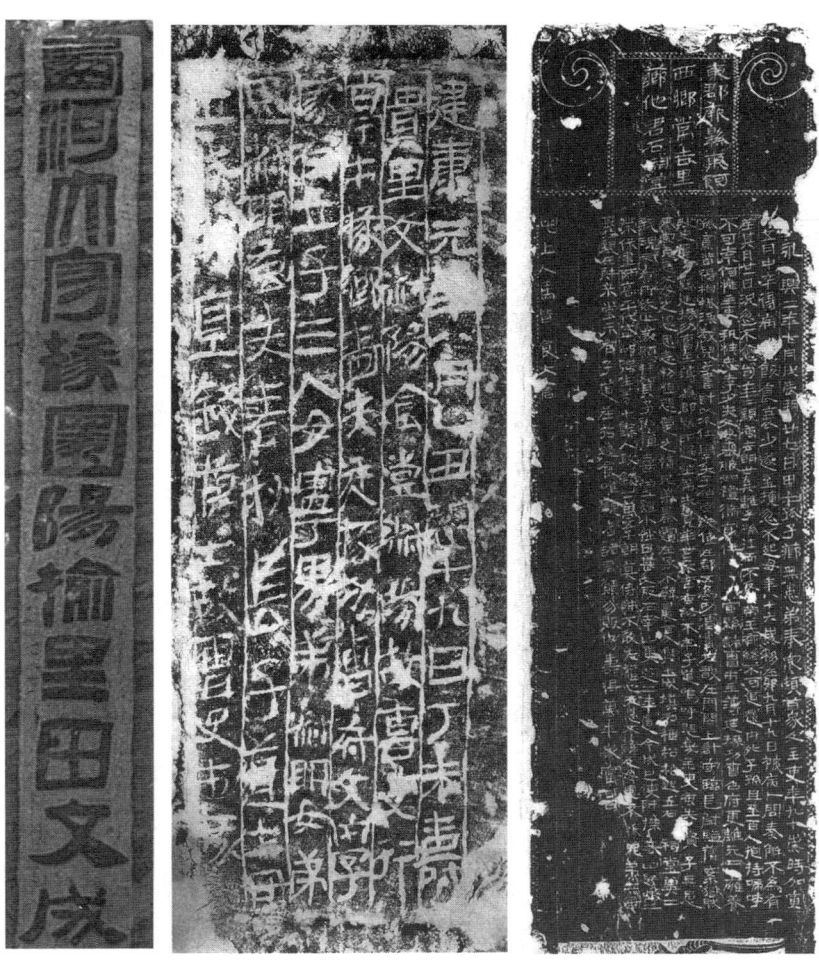

图 3.21 （左）《田文成画像石墓题记》（106年），134×15厘米，隶书阳刻，1980年陕西绥德出土，绥德县博物馆藏。

图 3.22 （中）《文叔阳食堂画像石题记》（144年），47×49.5厘米，1833年山东鱼台县出土，现藏法国某博物馆。

图 3.23 （右）《芗他君祠堂画像题记》（154年），石柱120×18厘米，1934年山东东阿出土，北京故宫博物院藏。

的刻辞，表明对"观者"的预设。基于功能和心理的差异，墓祠中的题铭，无需聘请名手撰文和书丹，其刊刻，似乎也不比画像石雕刻为要。

第三节　工史协作与书刻风格

在汉代碑刻创作中，掾史的角色可粗略概括为主事者，细分起来，又有葬礼服义者、刊碑捐资者和联络者、碑铭书丹者和撰文者、碑铭传主等几个不同的角色，其中，掾史的义捐、撰文、书写，与工匠的协作，以及围绕碑刻发生的社会交游活动，是直接影响碑刻风格的几个因素。

一、掾史义捐与刊刻费用

师长或亲友亡故后，掾史奔赴葬礼，服缞致哀，捐资或主事，称为"服义"。这种礼仪活动也见于西汉，如：居延汉简581·1有"发丧服义"的残句；59·40是"祭长史君，百石吏十二人，斗食吏二人，佐史八十八人，钱万二囗"的账簿（第一章JL1）；居延新简EPF22·776有甲渠候官掾夏侯谭主持张辨丧礼的记载。到东汉，厚葬风气渐起，逐渐由服义发展到掾史为师长筑坟、立祠，乃至弃官守丧，而服缞、义捐、树碑，是最盛行的活动。无论他们以何种方式践行礼仪，均以自愿、自发为名，因此，部分东汉碑刻也将掾史所出捐资称为"义钱"。

既名之"义钱"，则它最重要的特征便是"义"：不仅捐资是自发自愿的，而且体现属吏尊奉师长的义务性或制度性。这样，宽泛地说，部分公共事务功德碑、长吏生前刊立功德碑上的故吏门生捐资记录，也属于"义钱"。由于"服义"是低级属僚义务捐资于长官,因此,"服义者"与西方学者指称艺术生产保护者(protector)、倡导者(advocate)、守护者(defender)之意的"赞助人"(patron)①,有明显不同。鉴于汉代墓祠碑刻刊立时受保护者和庇护者的关系要更为复杂,本书沿用汉代已有的"服义"称谓。

掾史的义捐,关乎墓祠碑刻刊立的规格,自然也影响图绘雕饰的繁简和相关社会交游的丰俭。尽管记录义钱数目的汉碑,目前仅有十余通(其他不写钱数而列名的碑刻,是否有义捐而不注,或是资金由家族开支,不得而知),但我们将其与其他汉代墓祠建造费用的记录整理出来(表3.4),加以比较,大体会有一些粗浅的认识。

表3.4 东汉碑铭中有关主事者、工匠、费用的记录②

铭刻名称	纪年	出土地	墓主或传主	工匠	主事者	用钱数目	备注
铜山永平四年画像石题记	61年	江苏铜山		莒少郎	(当为家族子弟)	石室0.5万泉	42年死,19年后葬立
杨德安墓铭	74年	江苏徐州	淄丘□守士吏杨德安		子尚丛等	石室立坟1.5万泉	
汉大吉买山题记	76年	浙江绍兴			大吉,昆弟六人	冢地,3万钱	
张文思造父阙铭	83年	山东肥城	张文思父母		孝子张文思	0.3万钱	
孙仲阳造父阙铭	85年	山东莒南	孙仲阳父母		孝子孙仲阳、孙仲升	石阙1.5万钱	

① Jonathan Harris : *Art History* : *The Key Concepts*. London and New York : Routledge, Taylor & Francis Group, 2006, P.228.
② 一些《汉碑全集》《汉碑集释》未收或缺碑阴的个案,以《隶释》补充;《刘宽后碑》《陈球后碑》《汉帝尧碑》等所列人名和钱数残缺严重的,本表略去。

续表

铭刻名称	纪年	出土地	墓主或传主	工匠	主事者	用钱数目	备注
南武阳功曹阙铭	86年	山东平邑	南武阳功曹、乡啬夫		其子,文□叔阳	4.5万	
铜山元和三年画像石题记	86年	江苏徐州	岳武君		子候世、子豪	冢、石室1.5万钱	服丧三年后所立
郫县摩崖刻石	94年	成都郫县				三处阁,1.2万	在《建平郫县碑》西侧
戴氏画像题字	113年		戴掾君及夫人		郭苞、子女等9人	1.705万钱	
南川阳嘉二年崖墓题记	133年	四川南川		王师		4万	
微山永和元年食堂画像石铭	136年	山东微山	母亲		子女	0.5万钱	
微山永和二年画像石题记	137年	山东微山	父母	刑□□	泱□昆弟男女四人	1万	
文叔阳食堂画像石题记	144年	山东鱼台	曹掾、乡啬夫文叔阳		子女数人	7万	
武氏石阙铭	147年	山东嘉祥	武母	孟李、孟卯、孙宗	子武梁等4人	阙15万,石狮子4万	
滕州元嘉三年画像石题记	153年	山东滕州	王公□和吏	□阳柏□	赵寅大子祖卿	祠、石狮6万	

第三章 赞勋述己与碑祠刊立的主事

续表

铭刻名称	纪年	出土地	墓主或传主	工匠	主事者	用钱数目	备注
芗他君祠堂画像题记	154年	山东东阿	东郡厥县诸曹、主簿、廷掾、功曹芗他君及夫人	操义、山阳蝦丘荣宝；画师高平代盛、邵强生等	子芗无患、芗奉宗	2.5万钱	工匠画师十余人
礼器碑	156年	山东曲阜	鲁相韩敕等		长吏掾史104位	4.54万钱	
礼器后碑	157年	山东曲阜	鲁相韩敕等		孔从事，列名者百余	2.38万钱	52人义捐，16人未注钱数，另残泐数人
许安国墓祠题记	158年	山东嘉祥	卒史许安国	高平王叔、王坚、江胡、栾石等	父母三弟	2.7万钱	
苍颉庙碑	162年	陕西白水	刘府君等		掾史共计76人以上	2.92—4万钱	多处残缺
□临为父通作封记	163年	山东枣庄	郡掾、功曹、主簿□通	宪、□	子□临等	1.7万钱	137年卒，27年后立
汉成阳灵台碑	172年	山东菏泽	济阴太守等		济阴长吏及出资的仲氏诸长吏掾史	13.06万钱	由近50位仲氏门宗出资
司隶校尉鲁峻碑	173年	山东济州	司隶校尉鲁峻		故吏门生42人	1.58万钱	

续表

铭刻名称	纪年	出土地	墓主或传主	工匠	主事者	用钱数目	备注
汉玄儒先生娄寿碑	174年	湖北襄阳	玄儒先生娄寿		门生故吏、处士59人	1.97—2万钱	残缺10人,另6人钱数处残
汉舜子巷义井残碑	180年或稍后	湖北随城			五大夫及分子91人	约50万	为工程捐资,有残缺
梁相孔耽神祠碑	182年	安徽亳州	梁相孔耽	同县朱适、朱祖	孔耽、其子孔飙、掾史	30万	孔耽生前建祠装饰
徐州□□三年七月刻石	186年	江苏徐州	讳治（似为官吏）			石马、石羊、石室、石□,22.2万	残泐严重
酸枣令刘熊碑	184—189年	河南延津	酸枣令刘熊		地方长吏、掾史等180人	4.02—4.2万	12人残缺
曹全碑	185年	陕西合阳	郃阳令曹全		故吏门生57人	1.47—1.49万	仅有23人义捐
张迁碑	186年	山东东平	荡阴令、谷城长张迁	孙兴	故吏门生41人	1.78万	4人未注钱数
徐州铜山元年画像石题记	—	江苏铜山				0.7万	
铜山大庙镇画像石题记	—	江苏铜山				起石室、立坟1.2万钱	为家庙
铜山蔡丘画像石题记	—	江苏铜山	君吉?			卅□（万?）	

1. 刊碑与建祠的费用

在十余通有义捐数目的汉碑中,数额最大的是《汉成阳灵台碑》,为13万有余;其次《礼器碑》,达4.54万钱;再是《酸枣令刘熊碑》,超过4万钱。数额最小的,先是《曹全碑》,为1.49万钱;其次是《鲁峻碑》,为1.58万钱,《张迁碑》1.78万钱。其余几通,在2万至3万钱左右。诸碑体量相差不大,前后相隔30年,物价、工价虽有浮动,但我们可以基本确定,东汉中后期,一通加工后碑石高2.5—3米左右,宽1—1.5米左右,阴阳两面均凿刻文字,且打磨和刊刻精细的碑铭,含采石、加工、刊刻、碑座等附件加工的费用,约在1.5万钱左右。其中的主要部分,应支付于石工,至于撰文和书丹者是否同样要支付工钱,目前还很难确定。而超过这个金额较多的碑刻,很可能将余钱用于其他事宜,如筑造或修葺祠庙、同僚故吏门生间的宴飨等。

东汉中后期筑造和雕饰祠堂的费用,因墓祠规格和装饰繁简程度不同,相差悬殊。最多的,是《水经注》所载故蜀郡太守王子雅建于河南南阳的墓祠,据说王子雅家累千金,却无子男,死后由三女各出钱500万,一女筑墓,二女建楼,以表孝思,共计1500万,① 这个数目相当惊人,不一定可靠;其次,是《梁相孔耽神祠碑》所述的工程费钱30万,其墓有祠、碑,还有雕刻和图绘(见下文),支付于石工和画师,用于采石、雕凿、起室和图绘,接近实情;再次,是《徐州□□(中平)三年七月刻石》所述22.2万,含石马、石羊、石室、石□等;次之,是武氏石阙,造阙15万,石狮子4万,共19万。金额最少的,有张文思父阙费0.3万钱,铜山永平四年画

---

① [北魏]郦道元著,陈桥驿校证《水经注校证》卷三十一,北京:中华书局,2007,第726页。

像石室、微山永和元年食堂用去0.5万钱,这一类,属于规格较小、装饰最简的情况。其余各墓祠出土题铭所载数目,因工程量各异,在1—7万左右。大体上,东汉桓、灵前后,一对石狮子约在4万左右,石羊、石马价格当与之接近,制作这些圆雕的工匠,与墓室画像石工匠,或属同行不同工,报酬应为单独支付;至于石阙、石室的价格,有体量大小、石料多寡、雕刻繁简、用工多少与工时长短的差异,最简者0.3—0.5万钱,繁杂宏大的则数十万。

2. 从汉代物价看碑祠费用

以上碑祠刊刻的费用,还可与汉代物价进行简要对比。以粮价、地价、牛价、房屋价为参照。据史料,除却局部地区的灾荒时期,东汉明帝至献帝初,一石粟或谷的价格,约在20—50钱,而又以30钱以下为多。① 据清代山西忻州出土《汉武孟子买田玉券》,汉章帝建初六年(81),一亩地约在0.4万钱左右。据《洛阳大女房桃枝买地券》,汉灵帝中平五年(188),洛阳一亩地约0.3万钱。② 据1966年四川郫县出土无纪年的《簿书残碑》,东汉某时期当地一亩良田均价0.2万钱,中田0.16万钱左右,劣田则值0.05—0.08万钱;同期同地,一头牛价格1.5万钱,奴婢一人约5万钱,房屋一区约7万钱。③

尽管有地区和时间的差异,但借助这些,我们可以约略知道,

---

① 详见赵恒捷《中国历代价格学说与政策(至清代)》,北京:中国物价出版社,1999,第40—41页;杨国誉《两汉经济生活诸问题考论:以官员为中心》,南京师范大学博士学位论文,2012,第80—83页。

② 录释见叶程义《汉魏石刻文学考释》,台北:新文丰出版公司,1997,第1305—1307、1309—1310页。

③ 均为折算数目。另,《簿书残碑》中田地价格或以优劣有别,故按价格区分为三类。释文和拓片参见毛远明《汉魏六朝碑刻校注》第二册,北京:线装书局,2009,第98—99页。

东汉中后期,一座小型祠堂或石阙的建筑费用,约等同于百石粮食、1—2亩地的价格;一座中型祠堂或石阙,约接近五六百石粮食、1头牛、良田几亩的价格;一对石狮子,接近千石以上粮食、2—3头牛、良田 10—20 亩、奴婢 1 人的价格;一座大型祠堂或石阙,或与二千石粮食、房屋 1 所、良田 1 顷、牛 10 头、奴婢 2—3 人的价格趋近,甚至远远超过这些数额。显然,能够综合汉代建筑、书法、雕刻艺术的最高水平,为自己和家族作传制颂的,必是经济能力充裕的官僚或地方富豪。家境平平者,若求墓祠豪美,难免会像崔寔为父治丧一样,导致倾家荡产(见前引)。

3. 掾史的收入与义捐活动

掾史是汉代官僚收入最低的群体。东汉时期三府掾秩四百石,令史、御属二百石至百石,而郡县掾史均为百石、斗食、佐史及以下。三府掾秩次约与万户以下县内长吏(长、丞、尉)接近。据陈梦家先生的研究,东汉初实行以谷代钱制,建武二十六年(50)创立半钱半谷奉例,而后施行至东汉末,没有变更。大体上,四百石、比四百石月奉 50—40 斛(后为 2500 钱、米 15 斛);三百石、比三百石月奉 40—37 斛(后为 2000 钱、米 12 斛);二百石、比二百石月奉 30—27 斛(后为 1500 钱、米 9 斛);百石月奉 16 斛(后为 800 钱、米 8 斛);斗食月奉 11 斛;佐史月奉 8 斛。① 比较可知,百石吏的俸禄,约是二千石长吏的十分之一,不到三府掾、县长吏的一半,而斗食、佐史的收入就更低,只能勉强维持生计。

然而,为长吏碑祠义捐的,仅有少量长吏及三府掾,主力是郡县掾史。前两者虽一次义捐最多可达 5000—3000 钱(如《礼器

---

① 陈梦家《汉简缀述》,北京:中华书局,1980,第 146—147 页。陈先生《汉简所见奉例》文末《两汉月奉例表》在"延平受奉例"百石条下列为 800 钱、48 斛米,似有误,按俸禄等差和物价计算,应在 8 斛左右。

碑》),或在1000—500钱左右,但毕竟人数有限;而郡县所属百石及以下的少吏,虽义捐100—1000钱不等,但人数较多,是各碑义捐资金的主要来源。不同秩次的掾史,要面对各自相应规模和频率的义捐需求,不时拿出奉钱的一部分,义捐于长吏的刊碑、祭祀等活动,多少会带来经济压力,况且,其中还有一些掾史出自寒门,而需要出资的,又不限于碑祠刊立。大概正是这个原因,汉碑中有不少故吏门生捐资100—200钱的,还有列名而不注义钱数目的,应是东汉中后期基层少吏经济状态的反映。当然,也有百石及佐史一次出资500—1000钱的(如《张迁碑》),几乎为其一月的奉钱。考虑到汉末豪门大族在土地兼并和官爵鬻买中不断形成,党争兴起和政治统治的松动,又助长了个人宣功夺利、党阀勾结之风,基层掾史的选用、察举及升迁,便成为地方富豪或权门攫取利益的手段。对官宦富绅子弟而言,经济来源不限于官奉,往往有家族的支持;并且,与长吏和同僚的义捐、交游等活动,还在重塑地方文化资源分配的格局,而必要的豪捐,便是增进自身利益的手段,这也是东汉中后期私人碑刻功利色彩加剧的内在原因。

二、书刻协作类型与风格的关联

每块汉碑,都是独特历史情境中主事者、撰文者、书写者、刊刻者协作的产物。借助汉碑中留下的署名信息,我们可概括出几个主体的协作类型,进而寻找书写、刊刻与艺术风格的关系,并确定其内因。

1. 工史署名与协作类型

前人喜好将汉代碑刻托名于大家,或动辄将撰文者归为蔡邕

第三章 赞勋述己与碑祠刊立的主事

等人,或认为书法出自名手,①甚至有不顾历史年代臆测作者的情况,如宋人张稚圭,便把《乙瑛碑》的书写附会于钟繇。②我们认为,汉碑实际的撰、书、刻三者及协作关系,只能通过署名情况和一般惯例来考察。归纳诸碑题署情况,其模式大体可分三类:

（1）史载由名儒或长吏撰文,少部分依托名家书写,未署工匠姓名的。如：前述蔡邕撰桥玄一、二碑,及"陈寔三碑"（《故太邱长颍川陈君坛》《汉文范先生陈仲弓之碑》《汉故司空掾陈君碑》,186年前后）,洪适以《熹平石经》字迹风格为参照,认为陈寔第一碑为蔡邕所书。③实则《熹平石经》出自多人之手,碑文不述书者,可信度不高。其他还有名儒或长吏撰文而不署书者和工匠的,如：《汉荣渡石门碑》（134年）为边韶撰；《汉陈留太守胡公碑》（168年）、《郭有道碑》（169年）、《胡夫人黄氏神诰》（169年）、《汉太尉汝南李公碑》（175年）等为蔡邕撰文；《汉太公庙碑》（东汉末）为崔瑗撰文；《汉孝女曹娥碑》（151年）为邯郸淳撰文,等。

（2）碑末署名为掾史撰文或书写,由工匠刊刻的。如：《三公御语山神碑》（146年）为"掾琦□国书"；《衡方墓碑》（168年）为"门生平原乐陵朱登字仲希书"；《武都太守李翕天井道碑》（172年）为"从史位下辨仇靖字汉德书文"；《郙阁颂》（172年）为故吏仇绋书,仇靖文,石师为"南□□□威明"；《丘隽碑》（218年以前）为"丞相主簿繁钦"撰文。最为详细的,是《华山庙碑》（165

---

① 参见启功《记汉〈刘熊碑〉兼论蔡邕书碑说》,载《启功丛稿》,北京：中华书局,1981,第249—255页。
② [宋]洪适《隶释》卷一,《石刻史料新编》第一辑09册,台北：新文丰出版公司,1977,第6764页上。
③ [宋]洪适《隶释》卷二十五,《石刻史料新编》第一辑09册,台北：新文丰出版公司,1977,第7027页下。

年),碑末有"京兆尹敕监都水掾霸陵杜迁市石,遣书佐新丰郭香察书,刻者颍川邯郸公修、苏张工、郭君迁"①之句,明确交代采石、书写、刊刻三者。

(3)仅有工师署名的。有两种情况:墓祠题铭书丹、刊刻,出自工师的为多;体量较大的碑铭,亦不排除他们秉笔的可能。前者如《幽州书佐秦君墓刻辞》(105年)为"鲁工石巨宜造";《王孝渊碑》(128年)为"工人张伯严□";《武氏石阙铭》(147年)"使石工孟孚、李弟卯造此阙";《芗他君祠堂画像题记》(154年)为工操义、荣保所为,等,这些铭刻字迹相对简率,可确定由工匠书刻。后者则如:《青衣尉赵孟麟羊宝道碑》(96年)署"书此盛巨",据洪适记载,"字画甚拙"②,当为工匠所书。再如《樊敏碑》(205年),碑末"石工刘盛息懆书",洪适释"息"为子,则为父刻子书;③也有断句为"石工刘盛,息懆书"的,则工、书二人异姓;④20世纪40年代任乃强先生提出,"息懆"为刘盛的字,且通过字法、风格的比较,将出土地接近、年代接近的《高颐阙》(209年)、《王晖石棺铭》(212年),均看作刘盛书写、刊刻的作品。⑤ 其他工匠署名的,如《祀三公山碑》(117年)为"工宋高等",《周憬纪功碑及阴》(174年)工

---

① 自宋至近代,诸家断句释义不同,启功先生论之甚详,此处用启先生的论断,即:该碑由书佐郭香察书写。见启功《汉〈华山碑〉之书人》,载《启功丛稿》,北京:中华书局,1981,第245—249页。
② [宋]洪适《隶释》卷四,《石刻史料新编》第一辑09册,台北:新文丰出版公司,1977,第6796页上。
③ [宋]洪适《隶续》卷五,《石刻史料新编》第一辑10册,台北:新文丰出版公司,1977,第7111页上。
④ 毛远明《汉魏六朝碑刻校注》第二册,北京:线装书局,2009,第98—99页。
⑤ 任乃强《芦山新出汉石图考》《樊敏碑考略》,载任乃强著,任新建编《川大史学·任乃强》,成都:四川大学出版社,2006,第55、82页。

师为南阳宛王迁,《三公山碑》(181年)为"石师刘元存",《梁相孔耽神祠碑》(182年)为同县朱适、朱祖,《白石神君碑》(183年)石师王明,《张迁碑》(186年)"赁师孙兴",也有书刻交付工师的可能。此外,《武斑碑》(147年)为"(前阙)纪伯允书此碑",因残缺严重,未知书者为掾抑或工匠。

综合起来,汉代碑铭文、书、刻协作的特点是:(1)公卿长吏之碑,延请硕学名儒撰文较为合理;而地方长吏、掾史功德碑,由地方文士或掾史撰文,为情势之必然;墓祠附件上的题铭,用于纪实,工匠依照行业惯例自撰文词较多。(2)名家、长吏亲自书写碑铭并不多见,相反,汉代善书者主要分布在各级官吏之中,又以中央和地方的掾、史和书佐为主体,故而,大部分体量较大、书艺较高的碑刻,应是由掾史、书佐、门生(或地方儒生)书写;少部分汉碑,及墓祠附件上的铭文,则由工匠书写;(3)除个别崖壁上短小的题刻(尤见于四川),其余汉代碑铭的刊刻,均应由工匠完成,碑主及其掾史、门生不负责刻工之事;(4)竖碑、画像石题铭、摩崖,材料加工程序各有不同,但都经过采石(或堪石)、打磨、镌刻几个工序,作为各类石刻作品的实际制作者,工师具备相应的文字和书写能力,以被雇佣的身份,听从雇主的命题,服从行业规范,固守家园或游走四方。① 矗立于西岳华山的《华山庙碑》,是由颍川郡工师所刻,出土于北京西郊的《幽州书佐秦君墓刻辞》为鲁国工匠完成,出土于广东的《周憬纪功碑及阴》由南阳工师王迁制作,这些工匠远途劳作,表明今山东、河南等地的刻工,已获得行业声誉,有技术和团队优势。(5)汉代碑铭偶尔述及书写和镌刻者,并非重铭文、轻书刻,

---

① 相关研究见杨爱国《幽明两界:纪年汉代画像石研究》,西安:陕西人民美术出版社,2006,第132—138页。

而是撰文者亦不署名,而书刻者大多地位不高,为其署名还未成惯例,已有的署名,或是刻工有意的标识,或是主事者雇工用心的表达。

2. 书刻协作与风格呈现

清代康有为述汉碑风格说:"汉隶之始皆近于篆,所谓八分也。若《赵王上寿》《泮池刻石》,降为《褒斜》《郙阁》《裴岑》《会仙友题字》,皆朴茂雄深,得秦相笔意。缪篆则有《三公山碑》《是吾》《戚伯著》之瑰伟。至于隶法,体气益多:骏爽则有《景君》《封龙山》《冯绲》;疏宕则有《西狭颂》《孔宙》《张寿》;高浑则有《杨孟文》《杨统》《杨著》《夏承》;丰茂则有《东海庙》《孔谦》《校官》;华艳则有《尹宙》《樊敏》《范式》;虚和则有《乙瑛》《史晨》;凝整则有《衡方》《白石神君》《张迁》;秀韵则有《曹全》《元孙》。"① 这是对汉碑可见风貌的宏观把握。倘若将汉代碑铭刊刻置于历史情境中,则举事大小、刊刻的物理条件、长吏及其掾属的地位和凝聚力、家族势力、资金多寡、撰文书刻者水平高下等,都是不可忽视的因素,其中一个因素的变化,必然牵动其他诸因的改变;反过来说,也正是碑主、材料、环境、书刻者几个因素出现变量,才使得汉碑风格鲜有雷同。

首先,碑主及其家族的地位可看作主因,它决定了书刻者的选择。拿东汉以篆写碑的典型《袁安碑》(92 年)和《袁敞碑》(117 年)为例。起自郡吏的袁安,于章和元年(87)任司徒,永元二年(90)卒,因帮助汉章帝清除窦宪党阀,为朝野倾服,其后,子孙五代为公卿长吏或名儒,显赫至汉末。袁敞为其子,元初三年(116)

---

① [清] 康有为《广艺舟双楫》,见上海书画出版社、华东师范大学古籍整理研究室选编《历代书法论文选》,上海:上海书画出版社,1979,第 794—795 页。

任司空,次年坐事自杀,朝廷怜悯复其官,以三公礼厚葬。① 基于碑主和家族的权势,两碑均以最为正式的小篆显其规格,书写者当为朝野中精熟小篆者,代表两个时期公卿或掾史小篆书写的最高水平,且刻工亦当出自少府,或为京畿附近名匠。同样,袁安的政敌窦宪,在永元元年(89)北征匈奴获胜后,便令中护军班固撰写《燕然山铭》,②相应的,书刻者亦当为军中善书的掾史和工匠。其余碑主为中枢公卿或地方长吏的,与之类似,多选择幕僚撰文,由掾史或工匠书写,付刻工刊刻,各自地位和资源的不同,决定了撰、书、刻三者的差异,进而也便决定了书体和风格的呈现。

其次,上文已述,刊碑旨在颂德述己,体量求其宏大、书刻求其精美、位置求其显眼,是共有的心理。因此,除大部分墓祠画像石题铭以外,规格较大的碑刻,在字法字形、字行间距、章法布局、笔画特征等方面,都带有一定的装饰、美化意识。主要体现在:依据铭文字数,常在摩崖或巨石上划出边界(如图3.5),甚至在镌刻面上打出行界或字格,以保持整齐均匀,在有行界、无字格的书写面上,字形大小和章法相对灵活(如图3.1、3.5、3.8、3.14等),而在给定的字格中书写,则必须适应字格限定和纵横对齐的要求,而出现改造字形和笔法的现象。如1923年出土于河南偃师的《甘陵相尚博残碑》(约148—220年间,图3.24),篆额和正文便有隐约的划界,书者限于行界规定,需不断调整字形,故撇画重收或回勾、小字变大、压抑大字繁形的情况不时出现,为了充实字格,字的外形又趋于纵势;与之类似的,是图3.15所示《冀州从事冯君碑》,书

---

① 《后汉书》卷四十五《袁张韩周列传》,北京:中华书局,1965,第1517—1527页。
② 《后汉书》卷二十三《窦融列传》,北京:中华书局,1965,第814—817页。

者有意填满方形字格空间，因此，字形趋于方正，为求整饬，便压抑掠笔，书写厚重，加上镌刻过程，笔画粗重、字形方整的风格得到强化；而图3.3所示《乙瑛碑》、图3.4所示《礼器碑》、图3.7所示《曹全碑》、图3.17所示《尹宙碑》等，有意控制字的大小，没有溢满界格，因而字形变化自然，用笔收放自如，章法显得空灵典雅，同时又因各自书写者风格不同，而出现面貌差异。

再次，汉碑原有的书丹，只能通过刊刻效果逆向推知，刊刻后的效果与原来的书写有多大程度的重合，取决于工匠凿刻的技术水准、物理条件、惯用刀法、凿刻程序等。粗略而论，像《礼器碑》《乙瑛碑》《曹全碑》《尹宙碑》等，因精准展现了与简帛墨书相近的效果，可看作最忠实的刊刻模式。而像《汉巴郡朐忍令景云碑》（图3.11）、《甘陵相尚博残碑》（图3.24）被夸饰的波挑和峻利的笔画形态，《孙仲隐墓刻石》（图3.16）强烈的笔画粗细对比，《张迁碑》（图3.10）、《鲜于璜碑》（图3.19）显著的方笔和多变的字形等，可能既包含一些书丹原样，也是凿刻技术和程序所致。《鲜于璜碑》和《石门颂》中漏刻的笔画显示，石工凿刻一个单字时，有顺势凿完所有横画，而后凿刻剩余笔画的习惯（见下文），这种凿刻工序，势必影响笔势连贯和细节传达。此外，在打磨光滑的石碑和相对粗糙的摩崖上书丹、凿刻，条件不同，也会形成明显的风格差异。倘若石工自笔画中心往外拓凿，则笔画自成圆势，若习惯于双边切刀，则笔画自然厚重方折。与忠实刊刻模式相比，这些作品的刻工，不能说技艺不高，只能说，受条件限制或书刻习惯影响，而出现一些"刀味"掩盖"笔味"的风貌。故而启功先生将汉碑分为刀刻痕迹较重和笔写特点明显两类风格，又说："书法有高低，刻法有精粗，在古代碑刻中便

图 3.24 《甘陵相尚博残碑》(148—220 年)拓片,原碑约 210×74 厘米,1923 年河南偃师出土,河南博物院藏。

出现种种不同的风格面貌。"①

这样,汉碑书法与简帛墨书两者的风格源流关系也便清晰了:(1)前者是在体量较大的石材上笔书,而后加以镌刻的产物,是带有缘饰、美化心理的作品,其字体、字法和风格的基础,是简帛短小幅面上书写的日常实践。我们知道,约在东汉章帝前后,八分书已经形成,则当时掾史的日常简帛书写,主要使用的就是隶书和装饰隶书生成的"八分",②由于八分更为规范、美观,便成为东汉中后期书丹的首选。(2)书写质量较好的简帛墨书与汉代碑刻的作者,主要是各级掾史属佐。书法与汉代掾史的任职资格挂钩,尽管,东汉时期掾史辟除已不似西汉,他们中也有书写低劣者,但当公卿长吏或同僚刊碑时,掾史或故吏门生中,总有最便利的书丹人选。只是为碑刻书丹,不同于日常简帛书写,必须根据材料、环境等情况临时加以调适,加上最后的刊刻,使得汉碑中的字形与风格,与简帛墨书稍有不同,顺势而为的波磔,往往被刊刻进一步装饰。(3)字法、笔法以外,汉碑章法及书写、阅读习惯,也得益于简牍帛书的实践,甚至《史晨碑》《昭觉石表》等所录公文,一如简牍公文抬头、换行的作法,只是为了美观,在自右向左、③划行书写的格式中,增加了字格的约束,发生字形和笔法的调适,进而呈现与日用简牍帛书不同的整体观感。(4)由简帛墨书,到碑

---

① 启功《从河南碑刻谈古代石刻书法艺术》,载《启功丛稿》,北京:中华书局,1981,第114页。
② 相关研究参见丛文俊《汉唐隶书通论》,载《揭示古典的真实:丛文俊书学学术研究文集》,郑州:中州古籍出版社,2003,第223—224页。
③ 自左向右书写的案例极少,洪适记载《梁相孔耽神祠碑》为一例。见[宋]洪适《隶释》卷五,《石刻史料新编》第一辑09册,台北:新文丰出版公司,1977,第6806页下。

刻题铭,两汉时期中国书法完成了主要书写材质或表现媒介的实践探索。到东汉晚期,人们倍加珍视的名家简帛手书,成为后世所说的"帖";人们广为观摩的刻石题铭,成为后世所说的"碑",两者在魏晋南北朝及以后并驱而行,且逐渐形成名帖刊碑以求持久流通、名碑拓裱以求反复研习的互生模式,在书法精神传达、功能意义传载彼此互存的进程中,奠定了中国古代书法作品的两个基本形态。

三、刊刻疏漏与情境蠡测

碑刻刊立为隆重之事,借助大部分可见原石或拓片的作品,我们可以体悟东汉撰碑、书写、凿刻竭力求精之处。但也有少量作品,或因书刻者技艺及工作程序问题,或因举事各方协作不周,而出现零星的刊刻疏忽。在此,我们选择一些泐损不多或出土较晚的作品,对凿刻中出现的遗漏予以观察(表3.5)。

表3.5 汉代部分碑石凿刻疏漏例举

碑刻名称	刊刻疏漏图示	备注
鲜于璜碑(165年)	阙(阳4-35) 荒(阳6-6) 圣(阳7-13) 狂(阳8-20) 誉(阳9-11) 次(阳10-6) 圣(阴3-14) 官(阴7-22) 惜(阴8-14) 曹(阴11-6) 廉(阴14-4) 雄(阴14-20)	1973年出土。

续表

碑刻名称	刊刻疏漏图示	备注
肥致碑（169年）	 妙（9-8）  思（12-18）  田（18-26）  全（18-28）	1991年出土，有界格。另有异体字，如"气"（3-21）等。
曹全碑（185年）	 諲（阴二7-5）  文（阴二22-6）  博（阴五4-6）	碑阴有行界，第二、三列有4人列名而未刻完，还有留空等待补齐的部分。
其他碑刻	 圣（石门颂13-27）  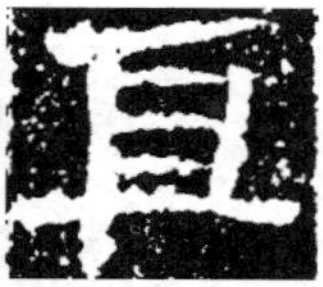 观、直（苍山元嘉2-15、3-14）  色（张迁碑阳8-41）  建（王晖石棺1-6）  笃（贤良方正4-2）	《苍山元嘉元年画像石墓题记》（151年）发现于1973年；《贤良方正碑》为《子游残碑》残片，1798年发现；《王晖石棺》1941年发现。

表格所列，① 又分三种情况：漏刻笔画，刊刻不到，凿刻过度。其中大部分字例为漏刻笔画，《肥致碑》的"妙"字、《鲜于璜碑》的"次""曹""雄"三字为刊刻不到或刊刻过度。那么，是什么原因造成这些明显的失误，并被主事者所忽略呢？本书认为取决于诸碑刊刻时各自的情境：像《苍山元嘉元年画像石墓题记》《王晖石棺》，本身是工匠书丹而又刊刻的，且字形较小，没有公开展示的意图，类似的书刻讹误，容易理解，也能被接受；《石门颂》是在悬崖上刊刻，字形约在三寸，石面若粗糙灰暗，刊刻后仰观也很难发现零星遗漏，亦在情理中；《鲜于璜碑》《曹全碑》（阴面）及其他几个碑，刊刻时光滑平整，尽管字形小者仅方寸，大者不到两寸，抑或存在石面灰暗、不如椎拓后清晰的可能，但较之摩崖石刻便于观瞻。而从图 3.8 所示原石，尤其是新出土的例子来看（如图 3.25），类似碑刻，刊刻后字画还算明显，不至于完全忽视；况且，像《鲜于璜碑》碑阳 7 行的"圣"字、8 行的"狂"字等，已到碑的中下段，持平或略低于观者视线。因此，这些碑中刊刻失误的忽视，应有其他原因。

凿刻疏漏最多的《鲜于璜碑》，刊立于碑主去世 40 年后，那时，他的孙辈鲜于魴等人，应在耳顺或古稀之年。作为立碑人，他们当然不愿书手和刻工将高祖父鲜于式的名讳弄出差错（见碑文），也

---

① 发现时间较早的碑刻，经反复椎拓，有字口或笔画较细处被淤填的现象，因此，《石门颂》《曹全碑》《张迁碑》均对照数种拓本而确定；另外，后世翻刻的，或有细微改动，故不予讨论；近年出土的，原石和拓本都比较清晰，最能说明问题。各字例，原碑只有一面刻字的，注明行数-自上而下所在位置；两面刻字的，"阳"表示碑阳，"阴"表示碑阴，之后注明行数-自上而下所在位置。另外，各碑还有异体字，如《石门颂》和《子游残碑》"义"（11-6）写法相同，"羊"字头均无竖划，或为楚简遗风（见李正光《楚汉简帛辞典》，长沙：湖南美术出版社，1998，第 754 页）。汉碑书刻异体讹变情况，见毛远明《汉魏六朝碑刻异体字典》，北京：中华书局，2014。

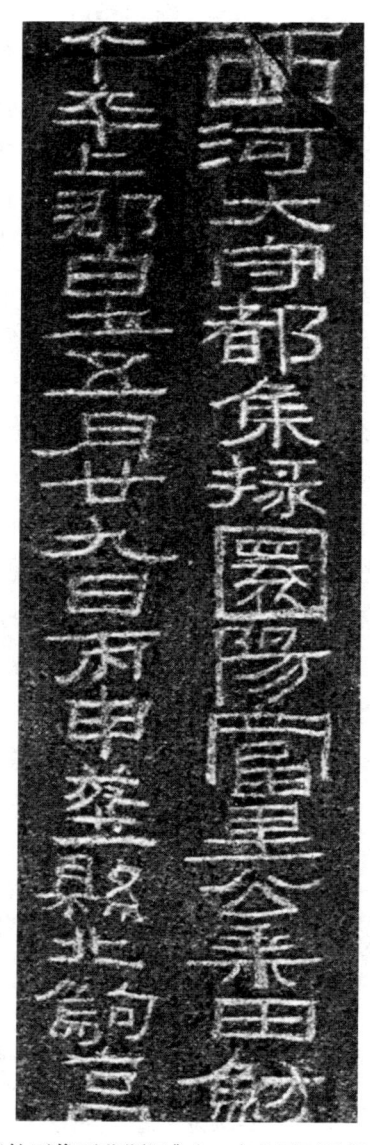

图 3.25 《公乘田鲂画像石墓题记》(92 年)原石局部,单字高约 2 厘米左右,1997 年陕西绥德出土,绥德县博物馆藏。

不愿意书丹和凿刻不够精美。相反,鲜于家族雇请的书手、刻工,理应是当地或邻近地区的名手。《鲜于璜碑》有明显的刀痕掩过笔触的情形,但就全碑风格统一、碑阴刊刻同样整饬来看(图3.19),刻工还是相对严谨的,而遗留的问题,除了文化知识水平的局限,很可能是工作程序所致。我们发现,漏刻的笔画,大多是竖画,很可能在刊刻单字时,刻工采用集中刊凿横画、再添刻余笔的程序,而遗漏了一些细节;再看全碑,尤其是碑阴文字,笔画粗细似乎成片分布,第6—9行较之其余部分显得纤细,而碑阳风格统一,很可能,碑阳出自名手,碑阴则为学徒协助。这种协作方式,很容易导致遗漏。按理,镌刻完成后,碑文最为清晰,即便鲜于鲂等人已经年老,难以亲自督察,还可由故吏门生或儿孙代办,那么,鲜于家族为何没有敦促刻工弥补疏漏?碑文并无线索。我们只能推测,延熹八年(165)的刊碑活动,对鲜于家族而言,表功述德、树立规范、昭示后人的伦理诉求,超过他们对书刻审美的喜好,而刊碑事宜,也是一个同僚聚会、宗族亲和、人情交往的举措,其过程或重于结果,验收事宜无意间被家人或门人故吏疏忽。可以说,举事者的协调不周,以及一定程度上,他们看待围绕刊碑的交游活动,重于刊刻效果审查的心理,或是导致上述刊刻失误最关键的因素。

交游之路,连接仕宦之门,通向权利之阶,故东汉中后期官僚豪族间的交游盛行一时。《后汉书·王符传》说:"自和、安之后,世务游宦,当途者更相荐引。"① 顺帝时朱穆又作《绝交论》:"世之务交游也久矣,敦千乘不忌于君,犯礼以追之,背公以从之。其愈

---

① 《后汉书》卷四十九《王充王符仲长统列传》,北京:中华书局,1965,第1630页。

者,则孺子之爱也;其甚者,则求蔽过窃誉,以赡其私。"① 恰好印证我们就刊碑根本意图的判断。风气所及,各地官僚亦相趋好事,乃至本出丧葬捐资的"义钱",也逐渐巧立名目,侵吞百姓钱囊,《后汉书》载:"是时(永建年间,126—132)长吏、二千石听百姓谪罚者输赎,号为'义钱',托为贫人储,而守令因以聚敛。"② 从这个情境出发,碑刻刊立中碑主、家族、掾史、工匠等各自的意图和协作方式,各环节的轻重主次,便已然清晰,碑刻中出现协调不周、刊刻疏漏时,也便无需从艺术创作精益求精的原则来苛责,至少对当事人来说,刊碑,只是其中一个环节,是一种举事的名目或见证而已。

第四节　属吏身份与图像呈现

目前所见,属吏作为图画题材,被广泛改编使用,始于部分汉代墓祠雕绘和工艺品。当呈现为图像时,掾史不再跃居台前,而通常承担资金统筹和工程监管事务,并且以其历史上和彼时特定的属吏身份及代表性活动为描绘对象,服从墓主人及其家族的构想和设计,尤其是服从墓祠装饰已有的惯例,而被纳入到工匠创作的"格套"③之中。《梁相孔耽神祠碑》(182年)就说:

  ……观金石之消,知万物有终始。图千载之洪虑,定吉兆于天府。目睹工匠之所营,心欣悦于所处。其内洞房四通,外则长庑。功赋合出卅万,以光和五年,岁在壬戌,夏六月讫,成于此行。

---

① 《后汉书》卷四十三《朱乐何列传》,北京:中华书局,1965,第1467页注一。
② 《后汉书》卷五十八《虞傅盖臧列传》,北京:中华书局,1965,第1872页。
③ 邢义田《画为心声:画像石、画像砖与壁画》,北京:中华书局,2011,第59—67、69—82页。

夫君子钦美,含歌如颂焉……/子得述父,臣得录君,故纪焉。时君年七十二,自所立作。君子飒作内室,时已更郡,诸曹史督邮,承诏纪行,手自注。石治师同县朱适、朱祖,并作畜郭。①

碑末孔耽自注的小字,表明墓祠"自所立作",然即便孔耽自有立祠构想,也无法替代石工,只能说,墓祠由其本人监造,由"工匠所营",而负责建造内室的其子孔飒、承办刊碑纪行事宜的掾史,只是出资、撰文、书丹或协助监造的角色。

这样,属吏图像的呈现,其类型、在墓祠中的位置,以及与其他题材的组合关系、包含的意义,一方面体现墓主人和家人的构思,另一方面,又反映东汉时的墓葬观念,包含工匠熟知、约定俗成的创作内容。无论两方面如何变化,属吏图像不仅是祠堂和墓室的一部分,而且,它与碑、阙等,共同传达墓主和营造者赞勋述己的意图。

一、属吏图像的类型和位置

依据内容和所处位置,属吏图像有不同的称谓,在此,我们先将其看作一个独立的单元,分类予以描述。

1. 车骑出行图

以横式构图最为常见。最基本的形象是:前方有导车或导骑,中段为主车,随后为从车或从骑;相对复杂的,在车骑方向最前端勾画亭或阙,其下有鼓者和迎者,中段为车骑,围绕主车,通常前后置轺车、辎车、辒车、棚车、斧车等,作为引导或侍从,中间穿插导骑

---

① [宋]洪适《隶释》卷五,《石刻史料新编》第一辑09册,台北:新文丰出版公司,1977,第6806页。

和从骑,车队最末端为恭送者形象。除繁简不同,车骑出行图还因榜题内容和位置,而有细微差异。

(1)带榜题的车骑出行图

即在主车和属吏形象的旁边镌刻文字,说明图像内容,最简者仅说明主要人物,复杂的一一标注主吏和属吏。画像石中,以孝堂山石祠、嘉祥武氏祠前石室为代表。

孝堂山石祠(约76—88年)有三个画面属于此类:①东壁第二组,右侧榜题有"相""令"的官员,左向恭迎他们的,是以伍伯、骑吏、乘大象和骆驼者为先导的车骑队伍;②后壁第一层,盖系四维、驾驷马的辎车榜题"大王车",前后有伍伯二,骑吏三十,辎车三,鼓车一;③后壁第四层,左端有执笏恭送者一人,前有辎车九,骑吏七,伍伯二,盖系四维、驾驷马的辎车榜题"二千石",右端有捧盾恭迎者一人。①

嘉祥武氏祠前石室(约186年)共有十个部位出现该类图像:①西壁上第三层,左行车骑,榜题有"此骑吏""此君车马""主簿车""主记车",右端一人恭送。②西壁下第二层,为"水陆攻战"或"七女报父仇",有"功曹车""游徼车""主簿车""主记车"榜题(图3.26)。③东壁上第三层,左行车骑,辎车三辆,分别榜题"门下功曹""此丞卿车""□□车",左端一人执笏恭迎,右端一人执笏恭送。④后壁横额,为左行车骑队伍,前有二导车,接榜题有"门下贼曹""门下游徼""门下功曹"的辎车三辆,随后为六从骑、二伍伯夹护的"令车",最后为"主簿车";队伍前有一人执笏恭迎,后有一人执笏恭送;画面点缀小树、飞鸟。⑤后壁小龛西侧第四

---

① 蒋英炬、吴文祺主编《中国画像石全集1·山东汉画像石》,济南:山东美术出版社,2000,图版说明第14—15页,图版四二、四四。

第三章　赞勋述己与碑祠刊立的主事

图3.26　武氏祠前石室西壁下石画像拓片，约186年，203×96厘米，1786年山东嘉祥县武宅山村北出土，嘉祥县武氏墓群石刻博物馆藏。

层，与小龛西壁第四层连接，左起一棚车、一榜题"行亭车"的左行轺车，后一人执笏恭送。⑥后壁小龛西壁第三层，为二骑吏、一榜题"道吏车"的左行轺车，点缀卷云纹和羽人；第四层，接小龛西侧画像，左起三骑吏、一榜题"主簿车"的轺车，骑吏后上方缀一熊。⑦后壁小龛东壁第四层，左端一吏捧盾恭迎，前有二导骑、一榜题"贼曹车"的左行轺车，与小龛后壁下层相接。⑧后壁小龛后壁下层，接小龛东壁，左起为"门下游徼""门下功曹"轺车，二荷戟骑吏、二伍伯、盖系四维的"君车"（图3.27）。⑨前壁承檐东段出行图，接西段，左起二骑吏、一榜题"轺车"，右端一人执笏左向恭送。⑩隔梁东面第三层，左向车骑，有伍伯、骑吏、轺车、一榜题"□□□车"，著录显示，有榜题"君为市掾时""五官掾车""君为郎中时"三辆轺车。①

---

① 蒋英炬、吴文祺主编《中国画像石全集1·山东汉画像石》，济南：山东美术出版社，2000，图版说明第18—23页，图版五五—五七、六一、六二、六四—六六、六九、七〇。

图 3.27　武氏祠前石室后壁小龛后壁画像拓片,约 186 年,169×70 厘米,1786 年山东嘉祥县武宅山村北出土,嘉祥县武氏墓群石刻博物馆藏。

零星出土的画像石还有数例,如:①嘉祥县城东南店子村出土的"宴饮、二桃杀三士、车骑出行画像"第三层,有"尉卿车马"榜题,有导车、步卒、三从骑,无属吏标注。①②山东肥城市出土的"车骑出行画像",有二导骑,二导车,一榜题"君车"的四维主车,二从车,后有执笏恭送者一、亭一、人一(图 3.28)。②③1964 年山东东平县后魏雪出土"楼阁双阙、迎宾画像"下层,有执笏迎者、二导骑、一榜题"□尉卿"的辎车、一辐车。③④1986 年铜山县汉王乡东沿村发现的"乐武君画像"第二层,左端有一榜题"吏□□"的立人,其旁有榜题"主掾""主簿"的执笏跪拜者二人,中间凭几而坐

---

① 赖非主编《中国画像石全集 2·山东汉画像石》,济南:山东美术出版社,2000,图版说明第 39 页,图版一〇九。
② 焦德森、杨爱国主编《中国画像石全集 3·山东汉画像石》,济南:山东美术出版社,2000,图版说明第 75 页,图版二二〇。按,图版说明以此图有榜无题,实则"君车"字样清晰可辨,前后车骑另有两处榜题,模糊难辨。
③ 焦德森、杨爱国主编《中国画像石全集 3·山东汉画像石》,济南:山东美术出版社,2000,图版说明第 75 页,图版说明第 76 页,图版二二一。

第三章　赞勋述己与碑祠刊立的主事　　289

图3.28　山东肥城出土车骑出行图拓片,东汉,238×45厘米,山东肥城市出土,肥城市博物馆藏。

的主人榜题"乐武君",其右伏地二人榜题"诸亭长",其后一拥彗者榜题为"门下卒"。①

此外,见载于《水经注》的李刚、鲁峻墓(见本章第一节),均有带榜题的该类图像,洪适描述说:

> 右荆州刺史李刚石室残画象一轴,高不及咫,长一丈有

---

① 汤池主编《中国画像石全集4·江苏、安徽、浙江汉画像石》,济南:山东美术出版社,2000,图版说明第4页,图版一一。

半,所图车马之上,横刻数字云:"君为荆州刺史时。"前后导从有驺骑,有步卒,标榜皆湮没。在后一车,碑失其半,止存"东郡"二字。向前一车,车前有榜,惟"郡太守"三字可认,前后亦有驺骑、步卒及没字榜。又一车,仅存马足泰半,无碑,少前六骑,形状结束胡人也。其上亦刻数字,惟"乌桓"二字可认。汉长水校尉主乌桓骑,又有护乌桓校尉,此以乌桓导骑,必二校中李君尝历其一……①

带有榜题的车骑出行图,还见于墓室壁画。如:①1994年河南荥阳苌村发现的东汉晚期壁画墓,于前室侧壁第四层绘车马出行图,有榜题为"郎中时车""巴郡太守时车""齐相时车"。②②1989年发现于山西夏县王村、编号为XWM5、年代约在东汉晚期的壁画墓,于横前室西壁南侧绘出行图,前两层残存图像不多,第三层尚有"为上计掾"榜题及棚车一辆,第四层绘左行骑吏五,榜题"式进与功曹",又有白布盖轺车二,题记"进守长",后有从骑三人。③③1972年内蒙古新店子和林格尔出土1号汉墓,年代约在140—177年间,于前室甬道门上方四壁,绘大型车马出行图,分四个画面,依次描述了墓主人整个历职过程和显赫声势,其中西壁为"举孝廉""郎""西河长史"时出行图(图3.29、图3.30),南壁为"行上郡属国都尉时"出行图,东壁为"繁阳令"出行图,北壁为"使

---

① [宋]洪适《隶续》卷十八,《石刻史料新编》第一辑10册,台北:新文丰出版公司,1977,第7186页下。
② 郑州市文物考古研究所、荥阳市文物保护管理所《河南荥阳苌村汉代壁画墓调查》,《文物》1996年第3期。
③ 山西省考古研究所、运城地区文化局、夏县文化局博物馆《山西夏县王村东汉壁画墓》,《文物》1994年第8期。

第三章　赞勋述己与碑祠刊立的主事　　291

图 3.29　和林格尔 1 号墓前室西壁"举孝廉、郎、西河长史"时出行图，140—177 年，线描摹本，110×260 厘米，1972 年内蒙古新店子和林格尔 1 号墓出土。

图 3.30　和林格尔 1 号墓前室西壁出行图局部。

持节护乌桓校尉"出行图(图3.31),前三图仅有墓主人的榜题,北壁上另有"别驾从事""功曹从事""校尉行部"的榜题。① ④ 1954 年发现于山东梁山县后银山的东汉前期汉墓,墓主为"曲成侯",在前室西壁下层,绘墓主人车马出游场景,画面前方为榜题"游徼""功曹"的导车,中部为"淳于谒卿出游"主车,后一人执笏躬身,无榜题;南壁画题为"都亭"的两层楼阙,左侧一人榜题"曲成侯驿"。②

图 3.31　和林格尔 1 号墓前室北壁"使持节护乌桓都尉"时出行图,140—177 年,线描摹本,130×350 厘米,1972 年内蒙古新店子和林格尔 1 号墓出土。

(2)不带榜题的车骑出行图

汉画像石中不带榜题的车马出行图,数量很多。其中,少量为有榜无题的,如:1978 年发现的山东嘉祥宋山小石祠,于东、西、后壁最下层刻车骑出行,有轺车、导骑、捧盾恭迎者等形象,图中人物

---

① 内蒙古自治区博物馆文物工作队编《和林格尔汉墓壁画》,北京:文物出版社,1978,第 10—15 页说明,56—66 页图版。
② 关天相、冀刚《梁山汉墓》,《文物参考资料》1955 年第 5 期。

有榜无字;① 再如,1969 年嘉祥县城南南武山出土的三块画像石,最底层均为车骑出行,最简者雕绘一迎者、一导骑、一轺车,而每幅都有 1—3 处空榜。②

实物中的车骑出行图,大部分无榜无题,典型者如:武氏祠左石室(约 148 年),在西壁(两幅)、东壁、后壁横额、后壁小龛的西、东、后壁、隔梁东面和西面,刻车骑出行图,与前石室(186 年)极为相似,但没有相应的榜题;③ 再如 1959—1960 年山东安丘董家庄出土的画像石墓,于前室西壁第二三层、前室东壁上、中室南壁横额、中室西壁几个部位,均刻有车骑出行场景。④ 在各地出土规格稍大的画像石上,车骑出行是最常见的题材,构图或简或繁,但主车、导骑或导车、随从或从车,是最基本的元素,主车以单马驾驶、车盖四维最为常见,墓主地位显赫者,又有双马、三马、驷马车驾,车队自然也更为复杂;通常,这些出行图分布在画像石的中、下层,或独立构成横向画面,位于横额、门楣、隔梁处,其例大同小异,不再赘述。

值得注意的是,有关神仙灵异的出行图,也常常借用此类构图方法,只是迎者、导骑、从骑、主车等,变换为相应的神怪形象,如:武氏祠前石室屋顶前坡东段第一层,刻神人左向出行,前为三翼龙、三马首异兽,后二神人乘云车,驾三首鸟异兽车,左端一人执笏

---

① 蒋英炬、吴文祺主编《中国画像石全集 1·山东汉画像石》,济南:山东美术出版社,2000,图版说明第 29—30 页,图版九〇一九二。
② 赖非主编《中国画像石全集 2·山东汉画像石》,济南:山东美术出版社,2000,图版说明第 46—47 页,图版一三二一一三四。
③ 蒋英炬、吴文祺主编《中国画像石全集 1·山东汉画像石》,济南:山东美术出版社,2000,图版说明第 24—28 页,图版七四一八六。
④ 蒋英炬、吴文祺主编《中国画像石全集 1·山东汉画像石》,济南:山东美术出版社,2000,图版说明第 43—48 页,图版一二九一一四三。

恭迎；前石室屋顶前坡西段第一层、第四层亦为神人出行，第四层刻北斗星君出行，车左三人执笏右向恭立，车右二人跪、二人立，右边有一导骑、一辎车右向行，后一人恭送；左石室屋顶前坡东段两层，上层与前石室类似，其屋顶后坡东段第一层，还有海灵东向出行图，三鱼轺车上画神灵，车前一人执笏跪迎，车后一人执笏恭送，周围有异兽持武器导从。① 此类画像多位于墓祠建筑的上方，与升天观念有关。与此接近的，还有羊车、鹿车的出行图，如：1970 年济宁市喻屯镇出土的"出行、献俘、乐舞画像"（147—189 年），上层所刻即为羊车和鹿车；② 1973 年发现于苍山县城前村的东汉墓（151 年），于前室东壁门楣正面刻出行图，最后一车由羊驾驶；③ 滕州市桑村镇大郭村出土的"西王母、人物、牛羊车画像"、1958 年滕州桑村镇西户口村出土的"东王公、狩猎、车骑出行画像"等，在最下层刻牛羊车或鹿车出行图，后两例中，车上乃至全图的人物，相应改为兽面（图 3.32），④ 可以看作车骑出行图的衍生类型。

汉代墓室壁画中无榜题的出行图例证不少，如：① 1984 年河南偃师杏园村出土的东汉后期壁画墓，前室南、西、北壁有彼此相连的车马出行图，共达 12 米。⑤ ② 1991 年河南洛阳朱村出土东汉

---

① 蒋英炬、吴文祺主编《中国画像石全集 1·山东汉画像石》，济南：山东美术出版社，2000，图版说明第 16—29 页，图版七二、七三、八七—八九。
② 赖非主编《中国画像石全集 2·山东汉画像石》，济南：山东美术出版社，2000，图版说明第 3 页，图版七。
③ 焦德森、杨爱国主编《中国画像石全集 3·山东汉画像石》，济南：山东美术出版社，2000，图版说明第 35 页，图版一〇四。
④ 赖非主编《中国画像石全集 2·山东汉画像石》，济南：山东美术出版社，2000，图版说明第 68、74、76 页，图版二〇四、二二二、二二三、二二九。
⑤ 中国社会科学院考古研究所河南第二工作队《河南偃师杏园村东汉壁画墓》，《考古》1985 年第 1 期。

第三章　赞勋述己与碑祠刊立的主事　　295

图 3.32　西王母、讲经人物、建鼓、出行画像，147—189 年，83×82 厘米，1958 年滕州市桑村镇西户口村出土，滕州市博物馆藏。

晚期壁画墓，墓室南壁中下部为车马出行图，有执笏迎者一、捧盾迎者一、马车六、骑吏一。①③ 1960 年河南密县打虎亭出土 2 号墓，于中室东段南壁绘庞大的迎宾图，其中在东、西部绘车骑出行场景，有停放的辎车、牵马人、主人、随从等，墨线勾勒后上棕褐色，

---

① 洛阳市第二文物工作队《洛阳市朱村东汉壁画墓发掘简报》，《文物》1992年第 12 期。

生动反映了东汉晚期社会交游、主仆出行的情况,墓主亦当为二千石长吏。①④ 1971年发现于河北安平逯家庄的东汉墓(176年),墓主人为二千石高级官吏,其中中室四壁分四层,表现墓主人的四次出行,每层最少有伍伯十六人、辟车四人、步卒二十四人、斧车一辆、白盖轺车十八辆、皂缯盖饰璎珞朱轓轺车一辆,共计二十辆,车骑规模庞大,最后一层还有耕车、辎车和大车,发掘者认为该图自上而下反映了墓主人的四次升迁(图3.33)。②⑤ 2004年发现于

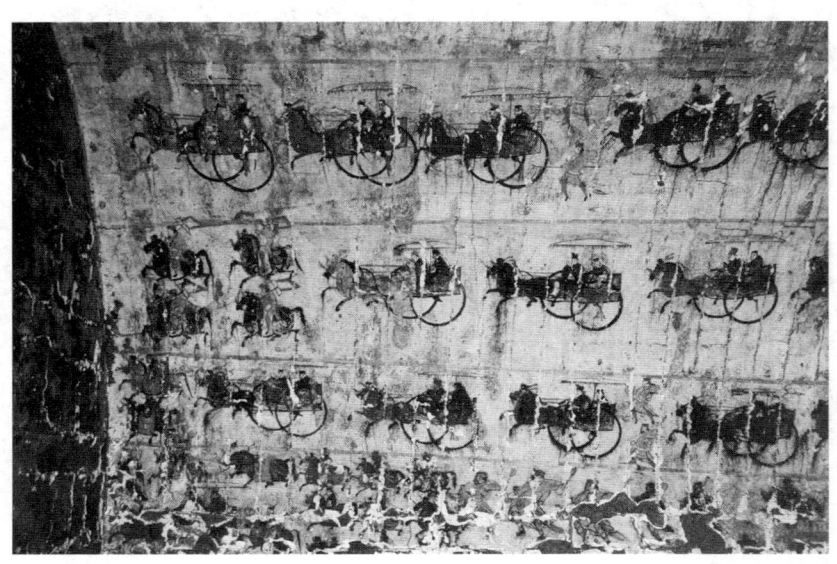

图3.33　安平墓中室北壁西段出行图,局部,176年,高143—173厘米,1971年河北安平逯家庄汉墓出土。

---

① 河南省文物研究所编《密县打虎亭汉墓》,北京:文物出版社,1993,第290—292页,图版三〇一三三。
② 河北省文物研究所《安平东汉壁画墓发掘简报》,《文物春秋》1989年创刊号。

陕西西安理工大学的 1 号墓,墓主人当在二千石及以上,年代为西汉晚期,墓室东壁南端上部、东壁北端下部绘车马出行图,前者由两人乘奔马开道,中间一人乘飞马引导,后为二马驾主车;后者保存较差。① ⑥ 1943 年发现于辽阳北园的 1 号东汉晚期壁画墓,于左廊北壁绘车马出行图,前有导车,中为三驾黑盖四维轺车,后有五骑吏和从车一。② ⑦ 1957 年出土于辽阳棒台子屯 2 号墓,年代为东汉晚期,于左耳室后、左壁绘右行车骑图,有导骑三人,主车一辆,从骑一人,构图相对简单。③ ⑧ 1951 年出土于辽阳三道壕窑厂、年代在东汉晚期的车骑墓,于右廊的左、右、后三壁及左廊左壁绘出行图,每段分上下层,前有骑吏、步卒,后有黄钺车、鼓车、金钲车,另有导骑和从卒,主车为三驾黑盖,之后又有从骑、从卒,全画有人物 173 名,马 127 匹,车 10 辆,另有旗帜和武器等,场面十分浩大。④ ⑨ 2003 年陕西定边郝滩出土的 1 号东汉晚期壁画墓,于墓室东壁下部绘车马出行图。⑤ ⑩ 2005 年发现于陕西靖边县杨桥畔的 1 号墓,年代为东汉晚期,在前室西壁下端绘车马出行图,有导骑、一黑盖轺车、一随从女子,车盖上端画云气。⑥

---

① 西安市文物保护考古所《西安理工大学西汉壁画墓发掘简报》,《文物》2006 年第 5 期。
② 为日本驹井和爱主持发掘,后拆毁,部分壁画摹本存辽宁省博物馆。见[日]驹井和爱《最近发见にかくゐ辽阳の汉代古坟》,《国华》第 54 编第 10 册,总 647 号,1944 年 10 月;李文信《辽宁北园壁画墓记略》,《国立沈阳博物院筹备委员会汇刊》1947 年第 1 期。
③ 王增新《辽阳市棒台子二号壁画墓》,《考古》1960 年第 1 期。
④ 李文信《辽阳发现的三座壁画古墓》,《文物参考资料》1955 年第 5 期。
⑤ 陕西省考古研究所、榆林市文物管理委员会《陕西定边县郝滩发现东汉壁画墓》,《考古与文物》2004 年第 5 期,尤见第 20—21 页及封面、封三图版。
⑥ 陕西省考古研究院、榆林市文物研究所、靖边县文物管理办公室《陕西靖边东汉壁画墓》,《文物》2009 年第 2 期。

以上所述两类车骑出行图，前一类明确说明墓主和属吏的身份，可看作人物经历的再现；后一类中，有些墓主为中高级官僚，出行图虽未标注人物身份，但却与其生前地位相符；而更多的时候，墓祠雕绘的出行图，是对第一类图式的套用，或者说，墓主生前并未享有车骑属吏相拥出行的待遇，但却可以由工匠将其呈现在墓葬中。

2. 治事、奉谒、宴乐图

刻画掾史协助长吏理事，或在公私场合侍随、奉请、拜谒、宴乐活动的，此处归为一类。该类图像，又有带榜题和无榜题之分，前者主要见于墓室壁画，后者多见于画像石和画像砖。围绕长吏或墓主，掾史的形象以执笏白事、躬身迎送、跪拜请谒为基本特征，或区区数人，或行列成伍，又以庭院、楼阙、帷幕、榻几等为活动场景，反映汉代掾史与长吏同僚交游的情况。

墓室壁画中带榜题的该类图像有：① 1994 年出土河南荥阳王村乡苌村汉墓，于甬道拱券下方绘带榜题的"门下贼曹""功曹""骑吏""主簿"等图像。① ② 1989 年发现的山西夏县王村壁画墓，在甬道北壁和南壁，残存头戴平上帻、着交领袍、佩刀或箭箙、双手拱于前胸的迎奉官吏十四人，于横前室东壁中段第三、四层，绘有跪拜的属吏，及凭几坐于红色帷帐内的墓主人，榜题"安定太守裴江军"。② ③ 1952 年出土的河北望都 1 号墓，此类图像较为丰富：前室墓门两侧分别画"寺门卒"和"门亭长"；前室西壁自南至北，画榜题为"□□掾""追鼓掾""门下史""门下贼曹""门下游徼""门下功曹"六位属吏（图 3.34）；前室东壁，自南至北绘榜题

---

① 郑州市文物考古研究所、荥阳市文物保护管理所《河南荥阳苌村汉代壁画墓调查》，《文物》1996 年第 3 期。

② 山西省考古研究所、运城地区文化局、夏县文化局博物馆《山西夏县王村东汉壁画墓》，《文物》1994 年第 8 期。

图 3.34 河北望都 1 号墓前室西壁属吏图,壁画,局部,摹绘,东汉后期,全图约 350×60 厘米。1952 年出土。

为"仁恕掾""贼曹""辟车伍伯八人""门下小史"的属吏;前室北壁有"主记史""主簿"等属吏;北券门过道两壁有"白事史""侍阁""小史""勉□谢史"等属吏图。① ④ 2000 年发现于陕西旬邑县百子村的东汉晚期壁画墓,墓门内"亭长""门者",与墓门外"邠王力士"相对应,力士外侧题记"诸欲观者皆当解履乃入观此""诸观皆解履乃得入";前室东壁有"亭长夫人",北壁有"丞主簿"与其相连;西侧室有"丞主簿夫人";后室北壁西壁有"邠王"、属吏、"画师工"形象和题记。② ⑤ 1957 年出土于辽阳棒台子屯的 2 号墓,左耳室后壁绘榜题有"主簿""议曹掾"的属吏二人,右向躬立。③ ⑥ 和林格尔出土 1 号汉墓,在前室东、南两壁,画幕府东门、兵弩库、

---

① 北京历史博物馆、河北省文物管理委员会《望都汉墓壁画》,北京:中国古典艺术出版社,1955,第 12—14 页,图版三—二二、二九、三〇。
② 陕西省考古研究所《陕西旬邑发现东汉壁画墓》,《考古与文物》2002 年第 3 期;郑岩《一千八百年前的画展:陕西旬邑县百子村东汉墓细读》,《中国书画》2004 年第 4 期。该墓年代有争议,此处用发掘者、郑岩等学者的意见。
③ 王增新《辽阳市棒台子二号壁画墓》,《考古》1960 年第 1 期。

诸曹、拜谒等图景,其中,东壁下方绘有榜题为"左贼曹""右贼曹"的三曹府舍,南壁与之对称的为"功曹"府舍,其下为"尉曹""左仓曹""右仓曹"府舍(图3.35),南壁上方三间单檐府舍,属"金曹""阁曹""塞曹";在前室至北耳室甬道西壁绘有榜题为"共官掾史"的形象。① ⑦2002年出土于四川中江塔梁子的三号墓,年代约在桓灵时期(147—189),于左耳室画两幅"宴饮图",在其中一幅墓主图像上方,自右而左题记为:广□守丞瓦曹史/创农诸□掾/□□子女□生□/□□□□□□□/蜀太守文鲁(学)掾、县/官啬夫、诸书(曹)掾,/史堂子元/长生/司空/司空佐(图3.36),研究者普遍认为,该墓几处题记,主要关涉墓主人"荆子安"家族的官宦情况。② ⑧1943年发现于辽阳北园的1号东汉晚期壁画墓,于后廊东壁南部绘宴乐歌舞图,有"小府史""教以勤,化以诚"等榜题。③

无榜题的此类壁画图像,如:①1971年发现于河北安平逯家庄的东汉墓,于前右侧室内画属吏治事和伍伯侍卫的场景,属吏跽坐于帷幔之下的黄屩上,衣冠姿态各异。④ ②和林格尔出土1号汉

---

① 内蒙古自治区博物馆文物工作队编《和林格尔汉墓壁画》,北京:文物出版社,1978,第16—18页说明,47—55、77页图版。
② 四川省文物考古研究所、德阳市文物考古研究所、中江县文物保护管理所《四川中江塔梁子崖墓发掘简报》,《文物》2004年第9期;王子今、高大伦《中江塔梁子崖墓壁画榜题考论》,《文物》2004年第9期;刘乐贤《中江塔梁子崖墓榜题补释》,《四川文物》2008年第6期;赵瑞民《中江塔梁子崖墓壁画榜题补释》,《四川文物》2009年第4期;宋治民《中江县塔梁子崖墓M3部分壁画榜题再释》,《四川文物》2010年第2期。
③ [日]驹井和爱《最近発见にかかる辽阳の汉代古坟》,《国华》第54编第10册,总647号,1944年10月;李文信《辽宁北园壁画墓记略》,《国立沈阳博物院筹备委员会汇刊》1947年第1期。
④ 河北省文物研究所《安平东汉壁画墓发掘简报》,《文物春秋》1989年创刊号。

图3.35　和林格尔1号墓前室南壁甬道门所绘幕府东门，壁画，局部，140—177年，全图 86×193 厘米。

图3.36 《宴饮图》，壁画，147—189年，65—70×75—98厘米，2002年四川中江塔梁子三号崖墓出土。

墓，在前室至中室的甬道，及中室四壁绘墓主繁阳令被玺、迁度过关、宁城县和护乌桓校尉幕府图等场景，墓主人四周绘负责迎导、侍奉、随从的属吏，无明确身份标记。①③1989年发现的山西夏县王村壁画墓，横前室北端上部，绘二位红衣主人坐方形榻上，左侧下方有跽坐属吏三人，右侧有伏地跪拜红衣属吏一人，另有舞者、建鼓等。②④1987年河南洛阳北郊石油站出土东汉早期壁画墓，在中室西壁绘有戴冠穿袍的属吏一人。③

---

① 内蒙古自治区博物馆文物工作队编《和林格尔汉墓壁画》，北京：文物出版社，1978，第14—19页。
② 山西省考古研究所、运城地区文化局、夏县文化局博物馆《山西夏县王村东汉壁画墓》，《文物》1994年第8期。
③ 洛阳市文物工作队《河南洛阳北郊东汉壁画墓》，《考古》1991年第8期。

画像石中所见的掾史治事请谒图也有不少,典型的如:① 1967年山东诸城前凉台村出土的汉墓(126—167年),其一为"宴饮、上计画像",下层中部刻身为汉阳太守的墓主,端坐堂内,前有一吏呈报上计簿,堂外环坐十三位掾史,当为汉阳郡十三县的上计掾;其二为"拜谒、议事画像",上层刻执笏立拜、跪拜的掾史,下层绘议事者,其中,跽坐三楼者六人,跽坐二楼者八人,议事于楼下者十一人;又有"乐舞百戏"画像石,在表演场地一侧,有观者两列十二人,皆执笏右向立;另有"庭院画像",庭院中有执笏迎谒者三人。① ② 1954年山东沂南县北寨村出土的汉墓(147—220年),于前室东壁横额绘迎谒吊唁图,执笏掾史四列,共十二人;前室西壁和南壁横额刻绘宣读简册的祭礼场景,西壁画面中有执笏躬立或跪拜的掾史五列共十九人;中室南壁横额西段有迎候图,绘执笏跪迎或立迎的属吏十二人;另外,该墓丰收、庖厨图、武器库图中,也绘有负责监察或治事的属吏。② ③ 1972年山东临沂市白庄出土东汉画像石墓中,有拜见画像,刻两排执笏属吏。③ ④ 1954年山东安丘市王封村发现的"车骑出行、拜谒、乐舞百戏"东汉画像石,于中层刻该图像,正中为女主人坐榻上,左侧三人执笏跪拜,右题"此上人马皆食于天仓";下层刻乐舞百戏,左右皆有躬身成列的属吏。④ ⑤ 1952年徐州市茅村发现的中室南壁画像石(175年),第

---

① 蒋英炬、吴文祺主编《中国画像石全集1·山东汉画像石》,济南:山东美术出版社,2000,图版说明第40—42页,图版一二三——二七。
② 蒋英炬、吴文祺主编《中国画像石全集1·山东汉画像石》,济南:山东美术出版社,2000,图版说明60—67页,图版一八六—二〇五。
③ 焦德森、杨爱国主编《中国画像石全集3·山东汉画像石》,济南:山东美术出版社,2000,图版说明第1页,图版三。
④ 焦德森、杨爱国主编《中国画像石全集3·山东汉画像石》,济南:山东美术出版社,2000,图版说明第50页,图版一四七。

三层刻执鸠杖戴进贤冠的长者,旁有拜谒者,又有"庭院、宴享画像",为主宾宴饮会谈场景;类似的情形见于1965年徐州贾汪区青山泉乡"白集祠堂西壁画像",第二层画一执鸠杖老者,前有五人拜见,六人随从。①

画像石中属吏拜谒、侍奉的图像很多,但很多属吏的身份、姿势和装扮,往往是象征性的。制作者往往取其身份和形象特征,而广泛运用于墓祠雕刻,有些用来表现墓主人在世时的实景,有些则是格套或惯例的泛化,像嘉祥县城东南店子村出土的"宴饮、二桃杀三士、车骑出行"画像石(147—189年),于画面中层齐王身后,刻绘执笏交谈者五人,② 其他像一些孔子及弟子的画像,也用类似的手法,往往因图式接近,为我们分辨画面母题带来困难。同时,在画像砖或随葬工艺品中,这些题材或以最简洁的元素出现,或将车骑出行、拜谒、迎宾等综合在一个画面中(图3.37、3.38)③,而不再具备纪实或叙事功能。无论怎样,这些现象,都是汉代工匠化用掾史身份及其形象展现汉代墓葬观念的结果。

3. 受经就学图

掾史受经就学图像不多,见于画像石的如:① 1950年代邹城市郭里乡黄路屯村出土的画像石(147—189年),于第二层刻讲经场面,中间人物凭几而坐,执简,身后一助手,左右有侍者、听讲

---

① 汤池主编《中国画像石全集4·江苏、安徽、浙江汉画像石》,济南:山东美术出版社,2000,图版说明第10—11、29页,图版三一、三二、八七。
② 赖非主编《中国画像石全集2·山东汉画像石》,济南:山东美术出版社,2000,图版说明第39页,图版一〇九。
③ 该陶灯为堆塑,内容为:拜谒奉侍(上层)、迎请出行(中层)、日常劳作等(下层)。陶灯图片和介绍参见天津市文物管理处考古队《武清东汉鲜于璜墓》,《考古学报》1982年第3期。

图 3.37 迎谒、前驱画像砖，东汉，上：28.3×48.3 厘米，1959 年四川彭州市太平乡出土；下：34.5×55.6 厘米，四川彭州市搜集。均藏四川博物院。

图 3.38 鲜于璜墓随葬陶灯塑像展开线描图，公元 125 年或稍前，灯高 96 厘米，底径 38.8 厘米，1973 年出土于天津武清县。

者。① ② 1972 年山东临沂市白庄出土东汉画像石墓中，雕绘有诸儒生捧经阅读的图像，右边悬挂有简册（图 5.1）。② ③安徽宿县符离集出土的"抚琴、玄武、讲学画像"，其中右格刻绘二人面右而坐，前有或立或坐、手捧简册的聆听者。③ 此外，还有图 3.32 所画的神怪讲经图。

　　见于画像砖的如：① 1954 年四川成都市羊子山出土的东汉"讲经画像砖"，画经师坐榻凭几，弟子六人聚坐周围，手中各执简册，皆着儒生服饰，右下一人腰间佩戴书刀（图 3.39 上左）。② 1953 年四川德阳市柏隆乡出土的东汉"讲经画像砖"，共刻画三人，右侧一人当为讲师，左端二人手捧简册，相向聆听（图 3.39 下右）。③ 1956 年四川彭州市太平乡出土的"问难画像砖"，画戴冠穿袍的三人，右端一人执简册，向中间人物探问，左侧一人亦捧简相对（图 3.39 上右）；类似的，还有四川什邡市搜集的"三人画像砖"，左侧一人左手执简册，右手执笔，不同的是中间一人作拔剑状，右侧一人作舞动状。④四川广汉市砖厂搜集的"拜谒画像砖"，将人物置于一回廊室内，右端席上坐戴冠长者，前有四人跪拜，画面中有两个几案，上有经书简册，此图属于将拜谒和就学综合刻画的类型（图 3.39 下左）。⑤ 1984 年四川广汉市东南乡出土的"庠序画像砖"，上层六人皆戴冠著袍，或持牍静候，或彼此叙谈，下层著帻者三人，有两人持牍等候，该砖可能描绘地方学校接学童入学

---

① 赖非主编《中国画像石全集 2·山东汉画像石》，济南：山东美术出版社，2000，图版说明第 30 页，图版八七。
② 焦德森、杨爱国主编《中国画像石全集 3·山东汉画像石》，济南：山东美术出版社，2000，图版说明第 4 页，图版十一。
③ 汤池主编《中国画像石全集 4·江苏、安徽、浙江汉画像石》，济南：山东美术出版社，2000，图版说明第 59 页，图版一七六。

第三章　赞勋述己与碑祠刊立的主事

图 3.39　上左：讲经画像砖，东汉，39.2×46 厘米，1954 年四川成都市羊子乡出土；上右：问难画像砖，东汉，28.5×48 厘米，四川彭州市太平乡出土；下左：拜谒画像砖，东汉，25×37.5 厘米，四川省广汉市砖厂搜集；下右：讲经画像砖，东汉，25.5×39.5 厘米，1953 年四川德阳市柏隆乡出土。均藏四川博物院。

的场景。①

在汉代，掾史群体兼具学生和教师两重身份，通常他们早期要拜谒硕学名儒请教经典，学成后，部分掾史便负责地方教育，担任郡、县文学掾等职官，或居家开席讲授，是官学和私学教育的重要力量。此类图像便是这一历史风貌的呈现。

二、组合关系及图像意义

属吏图像有单幅形式，更多的则是组合形式。要了解其图像意义，前提是理清图像的组合关系。组合关系有两层含义：一是画面构图关系，是它与文字榜题及神话、瑞兽、故事、战争、狩猎、庖厨、宴饮、劳作、图案等组合，形成一个特定的画面，表达具体或泛指的意义；二是墓祠图像结构关系，即它在整个墓祠中所处的位置、与其他画面的组合关系或结构关系，体现墓祠雕饰的整体理念或方法，呈现某种单元性含义。

1. 画面构图关系与属吏图像的意义

首先，带榜题的属吏图像，既有为墓主纪实的，也有表现历史故事或其他含义的。上文所述画像石、墓室壁画，在题署文字根据墓主人实情而拟定时，图中人物和场景，便与墓主人的生活和经历相联系，尽管这些图像在墓门封闭以后，仅为亡灵享用，但在创作时，有可靠的现实依据，因而再现或纪念含义相对清晰。同时，一些榜题虽传达人物身份，但与墓主人无关，它所表达的含义要根据其他内容确定，如：图 3.26 所示武氏祠前石室西壁下画像，以往称为"水陆攻战图"，有学者将其与同类图像联系，重释为"七女为父

---

① 俞伟超、信立祥主编《中国画像砖全集·四川画像砖》，成都：四川美术出版社，2005，图版一三七——一四〇、一五五、一五六，图版说明第 58—60、66—67 页。

报仇图"①,无论哪种,图中出现的车骑和人物,都是某个历史故事或场景的表现,或许与墓主人关系不大。再如:图3.27所示武氏祠前石室后壁小龛后壁画像,共分两层:上层右部为二层阁楼和重檐双阙,楼顶有猴、瑞鸟、仙人喂食双凤等点缀,楼阙上层为女主人及女仆侍奉,阁楼第二层为属吏门人拜谒男女主人;以阙为分界,画面上层左端绘射爵射侯图,人物、朱雀等与右端的侍奉、拜谒图像彼此连接;画面下层为车骑出行图,有属吏的榜题。整个画面既有神仙灵瑞出现,似乎又有现实场景,还有得中侯爵的拟设场景,已经超越为墓主纪实的意图,而更多含有祈求福佑的意义。

其次,无榜题的属吏图像与之类似,通常和神话人物、历史故事、战争、宴乐、庖厨等进行组合。要确定该类属吏图像的意义,也必须考察画面中共在的其他图像的主题。以图3.32为例,画面自上而下共分八层:第一层,西王母端坐于中,左右各有一个蛇尾仙人持便面侍奉,左端又有龙和仙兽,右端为捣药的玉兔;第二层画九尾狐二、怪兽四;第三层为执简讲经;第四、五、六层,中部设建鼓,两旁有羽葆、击鼓者、倒立者、戏六博者,其余为观者;第七、八层为车骑出行。上文已指出,该图人物均为兽面,则全图为仙界场景,建鼓上方六个兽面人物,似为护卫,与马王堆帛画中升仙迎护者类似。这样,无论车骑出行,还是侍奉、拜谒或讲经,都是升仙主题下对人间景观的挪用。

2. 墓祠图像结构与属吏图像的意义

确定属吏图像的意义,还需关注它在墓祠中的位置。这样做有两个前提:一是各画像石保留在它原来的位置上,没有被打散,

---

① 邢义田《画为心声:画像石、画像砖与壁画》,北京:中华书局,2011,第92—137页。

墓室内的壁画也没有脱落。二是假设所有的画像都经过精心设计，包含各自的意义，形成一个稳定而普遍的语言系统。这个假设难免诱使我们化约一些异质因素或细节，因为，除一些保存较好的大型墓葬，可以见证墓主家族以充裕的人力和物力，实现一个系统的构想，其他一些小型墓葬，难免因工期、人力、物力原因，出现拼凑或草率现象。此外，当石块原来的位置模糊不清，或同墓的其他构件遗失不存时，一些异质因素便容易被忽略，它的意义也便难以有效厘定。故而，我们只能根据部分保存较好的墓葬及题铭来探讨。

将属吏题材与其在墓葬中的分布位置相联系，大体呈现三个特征：(1)当属吏图像出现在墓门、石柱上时，其意义倾向于护卫与看守。与之组合的，有四神、铺首、神怪、云气纹、几何纹等。最为常见的，是将其刻画成跽坐或侧立的门吏，这在陕西画像石、河南画像砖上尤为明显。图3.40为绥德杨孟元墓前室后壁组合画像，图中绘有类似于立柱的部分，其上有两个门吏拥彗对立。(2)当属吏图像出现在门楣、横额、墓室顶部，亦即墓室上方部位时，往往是与日月、星象、神仙、瑞兽、云气纹及其他装饰图案组合，其意义便相应转换为升天或仙界主题。图3.40横额上方及左右边框，为连绵的卷云纹，横额中刻画狩猎、出行、舞者图像，两侧分别为日、月，显然，属吏图像隶属于亡灵超升仙界的主题；再如，陕西神木保当乡出土的门楣画像，车马出行图与日、月、金乌一同分布于上方，则其中的属吏伴游和出猎，暗示的也是仙界出行场景(图3.41)。① (3)当属吏图像出现在墓室墙壁、甬道等部位时，往往与

---

① 汤池主编《中国画像石全集4·陕西、山西汉画像石》，济南：山东美术出版社，2000，图版说明第23、62页，图版九二、二二三、二二四。

图 3.40　绥德杨孟元墓前室后壁组合画像，96 年，268×172 厘米，1982 年陕西省绥德县苏家圪征集，绥德县博物馆藏。

神话、历史故事、宴饮、乐舞、战争、狩猎、庖厨、劳作、庭院等图像进行组合，无论它是否符合墓主人的实际身份，其意义，都是主事者乃至工匠对墓主人升仙之路的祈福，暗含对其生前世界的追纪和死后世界愿景的表达：生前权势显赫的，需要通过图像进行纪述，并达成福祉的延续（如图 3.42）；生前位不副德的，借助图像表达其心志（如武梁祠东壁第五层所绘县功曹下轺车跪迎处士牛车的场景，象征的便是墓主人武梁安衡门之陋、辞官不就的节气，图 5.3）；生前平凡无名的，也企图借助图像，祈求神灵护佑墓主人在仙界得享荣华富贵，并庇荫其家族成员。

可以说，在升仙、祈福的整体意义下，属吏图像形成一式多用、意随境迁的特征。苍山元嘉元年（151）汉墓出土的题铭，便包含工匠对它的总体构想：

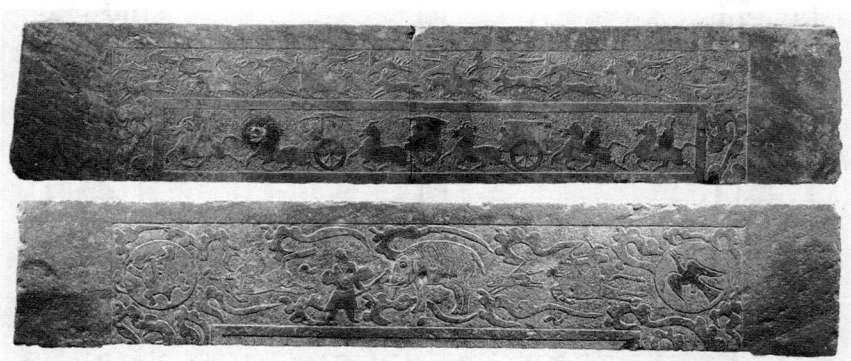

图 3.41　神木大保当墓门楣画像石,东汉,上方石 39×205 厘米,下方石 36×190 厘米,彩绘,1996 年陕西省神木县大保当乡出土,陕西省考古研究所藏。

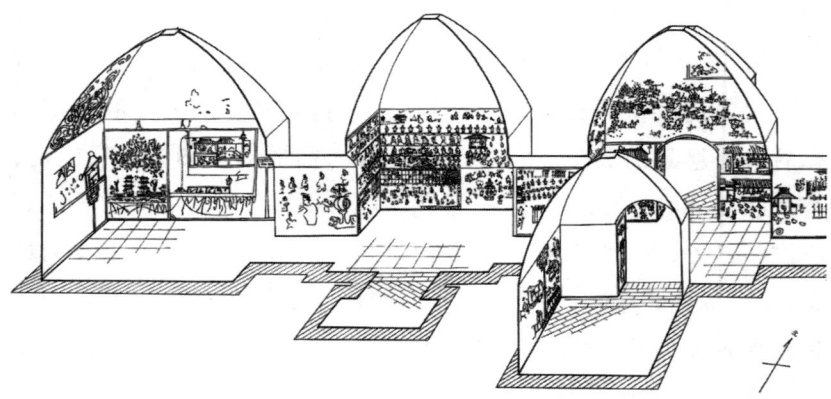

图 3.42　内蒙古和林格尔墓壁画位置示意图,140—177 年。

元嘉元年八月廿四日,立郭(椁)毕成,以送贵亲,魂零(灵)有知,柃(怜)哀子孙,治生兴政,寿皆万年。薄(簿)踈(疏)郭(椁)中画观:‖后当:朱爵(雀)对游哭(戏)扷(仙)人,中行白虎后凤皇(凰)。‖中直柱,只(双)结龙,主守中雷辟邪殃。‖室上硤:五子舉(举),使(僮?)女随后驾鲤鱼,前有白虎青龙车,后即被轮雷公君,从者推车,乎桾冤厨(狐狸鹕雉?)。‖上卫(渭?)桥,尉车马,前者功曹后主薄(簿),亭长骑佐(左?)胡便(使)弩,下有深水多鱼(渔)者,从儿刺舟渡诸母。‖便坐上,小车耕,驱驰相随到都亭,游徼候见谢自便,后有羊车橡(象)其槾,上即圣鸟乘浮云。‖其中画,橡(像)家亲,玉女执尊杯桉(案)栟(盘),局秋稳抗好弱貌(?)。‖堂硤(央)外:君出游,车马道从骑吏留,都督在前后贼曹,上有虎龙衔利来,百鸟共持至钱财。‖其硤内:有倡家,生(笙)汧(竽)相和仳(比)吹庐(芦),龙爵(雀)除央(殃)䳊(鹤)噣(啄)鱼。‖堂三柱:中直□龙非详(飞翔),左有玉女与扷(仙)人,右柱□□请丞卿,新妇主待(侍)给水将(浆)。‖堂盖花好,中瓜叶□□包,未有盱(鱼)。‖其当饮食就夫(太)仓,饮江海。学者高迁宜印绶,治生日进钱万倍。长就幽冥则决绝,闭圹之后不复发。①

---

① 释文主要参见[美]巫鸿《超越"大限":苍山石刻与墓葬叙事画像》,载巫鸿著,郑岩、王睿编《礼仪中的美术:巫鸿中国古代美术史文编》上册,北京:生活·读书·新知三联书店,2005,第213—224页;一些存疑的字句,或参用学界早期释文(尤见方鹏钧、张勋燎《山东苍山元嘉元年画像石题记的时代和有关问题的讨论》,《考古》1980年第3期),或标为问号;据巫鸿先生研究成果,释文所述十幅画面,用双竖线分隔;与本书研究有关的句子,另加虚线表示。

文中划线处，以三幅车骑出行图为主，据铭文和出土遗存，巫鸿先生还原为：前室西侧室上方的"上卫桥"、前室东壁小龛上方的"驱都亭"和墓门横梁正面的"君出游"，显然，三幅画面都处于墓室上方，其意义倾向于趋升仙界，其中的"桥"，可看作升仙必经之路的象征，为阴阳两界的通道，但其中的"亭"，与其看作坟墓，莫如说是仙界的门户，相应的，"亭长"由坟墓看守者，变为仙路驿站门户的管理者，似更恰当。同时，由于苍山墓出土前石块位置已有打乱，题铭所述的"雷公出游"等部分画像，以及前室四壁的图画，已经不存，若将后室图像看作保存死者尸体的微型宇宙，将前室两壁图像看作借由葬礼过程迈向另一个世界的象征，而前室内外画像呈现彼世情景，似乎还缺少关键部位的图画。① 与之年代相近的安丘汉墓和沂南汉墓（均为147—220年间），车骑出行图同样见于中室和前室，不见于后室，但沂南汉墓前室还有祭祀、迎谒吊唁、武器库等图像，中室有乐舞、丰收、庖厨、历史故事等图像，② 和林格尔壁画墓前室和中室也都有墓主人生前历职场景和四神、庖厨、宴饮、谷仓、农牧、历史故事等题材，车骑出行图反倒多见于前室。③ 因此，墓主人由后室出发，经中室（或前室）图绘物象通向仙界或彼世，在

---

① 出土情况见山东省博物馆、苍山县文化馆《山东苍山元嘉元年画像石墓》，《考古》1975年第2期；王恩田先生据部分图像缺失和错乱问题，认为该墓为西晋人利用汉画像石改建。见王恩田《苍山元嘉元年汉画像石墓考》，《四川文物》1989年第4期。
② 蒋英炬、吴文祺主编《中国画像石全集1·山东汉画像石》，济南：山东美术出版社，2000，图版说明第43—71页，图版一二九—二三五。
③ 内蒙古自治区博物馆文物工作队编《和林格尔汉墓壁画》，北京：文物出版社，1978，第32—35页。

前室享受彼世荣华的理念,或只是苍山墓营建工匠的构思。①

无论怎样,属吏图像兼具状述墓主生前行状和祈福亡灵超升的双重意图,进而与其他题材组合,形成跨越仙界、人世的子题。

三、属吏图像与墓主身份的关联

上文所举例证已经初步表明:有榜题的属吏图像,在同时标注墓主信息时,可将掾史归认为汉代中高级官吏的属员,尽管他们的容貌体征仅是一个象征;无榜题的属吏图像,一部分出自地方长吏墓葬,情况与前一种类似;而出自地方掾史和平民墓葬,且无榜题的,则大多是工匠创作惯例的一部分,以表达愿景为主,不具备纪实意义。这样,围绕墓主人,② 我们可以把属吏图像粗分为纪实兼祈愿和祈愿两类,前者大多出现于二千石或地方长、令的墓葬中,而后者则多见于掾史和平民墓葬。③ 同时要指出,即便在长吏墓葬中,也有后者出现;而掾史、平民的墓葬,效仿高官墓葬营建规格的,也有不少例子,如:1978年嘉祥县满硐乡宋山出土的汉墓(147—189年),墓主为卒史许安国,除西王母、东王公等神话题材,其墓还

---

① 有关图像位置的还原、"桥"与"亭"的象征意义、墓室图像结构及含义的论述,参见[美]巫鸿《超越"大限":苍山石刻与墓葬叙事画像》,载巫鸿著,郑岩、王睿编《礼仪中的美术:巫鸿中国古代美术史文编》上册,北京:生活·读书·新知三联书店,2005,第213—224页。
② 杨爱国先生认为,墓祠建筑和装饰是一个理想化的世界,装饰内容中,对吉祥事物的关注、无羁的想象、生活的人情、对历史人物故事的钟爱,无不说明它是以墓主人为中心。参见杨爱国《幽明两界:纪年汉代画像石研究》,西安:陕西人民美术出版社,2006,第210—215页。
③ 有关汉代画像石墓和壁画墓墓主人身份、墓葬规格及其与图像内容关联的研究,参见杨爱国《幽明两界:纪年汉代画像石研究》,西安:陕西人民美术出版社,2006,第171—192页;黄佩贤《汉代墓室壁画研究》,北京:文物出版社,2008,第140—156页。

雕绘有胡汉交战图、两幅规模较大的车骑出行图（有四维轺车，且属吏下车迎拜）、厅堂拜谒图等，图像内容已经与长吏墓葬接近。① 再如，微山县两城镇出土的一块画像石（139年），上有执笏拜谒属吏二人，据该墓题记，墓主人似为普通百姓。② 由于东汉以后墓葬礼制已经松动，地方官僚僭越礼法效仿诸侯、地方掾史和平民效仿长吏，而大兴厚葬的做法，已成事实，除有确切的题记，要从属吏图像区分墓主人身份等级，划分墓葬及装饰类型，必须十分慎重。

此外，较之乡绅百姓和各级掾史，中枢官僚、地方长吏人数毕竟有限，所建墓祠整体数量要小于前者，因此，掾史以确切的身份出现在长吏墓祠雕绘中，呈现于工匠刀笔之下，只占汉代墓祠修饰的一部分。同时，汉代有不少着意简葬的官僚和名儒，现有史料，又相对集中在今山东、江苏、四川、河南、陕西、内蒙古等几个省区，故属吏图像或许只能反映两汉后期官僚政治、人情交游、墓葬风俗的部分特征，或者说，它是整个两汉掾史政治、社会、文化、经济处境，延伸至部分地域工匠艺术创作传统的一个支脉。

无论碑主功德是否与碑诔相副，立碑之事是否符合礼乐制度，抑或撰文刊刻是否受制于强权豪族、人情世故等外力因素，掾史为师长、自身和家族刊碑，已成为东汉中后期官僚豪族交游期会、个体自我彰显的一种重要途径，而刊碑的意图，用《文心雕龙》的话

---

① 赖非主编《中国画像石全集2·山东汉画像石》，济南：山东美术出版社，2000，图版说明第34—36页，图版九八——一〇五。
② 赖非主编《中国画像石全集2·山东汉画像石》，济南：山东美术出版社，2000，图版说明第17页，图版五二。

说,一是"赞勋",二是"述己"。① 依此,本章将各类碑刻与碑主相联系,区分为两大类予以描述(前两节)。尽管很多碑刻兼具两种意图,刊刻事宜各不相同,有时难以有效划分,但就各碑具体情境的分析,仍可勾勒椽史群体在汉碑刊立中主事者、捐资者、撰文者、书写者、受赞者几个角色身份;而对一些以往被忽视的细节的描述,也有利于我们透过石碑,寻绎汉代艺术创作丰富多样的历史情境,体察艺术创作中主事者、工匠、资金等运作情形,切近艺术创作所赖政治、社会、文化活动的立体图景(第三节)。

本章第四节所述属吏图像,是椽史为长吏赞勋活动的一个衍生。尽管它大多出自墓主人家族的构思和工匠之手,但其呈现于墓穴中的前提,一是在现实生活中,属吏是长官理事的协助者、获取荣华富贵的助理,是其地位、身份的衬托者;二是在墓葬观念中,属吏还将陪伴他们的升仙和彼世生活,作为另一个世界福利获取的帮手和见证人。因此,见于墓祠中的属吏图像,可看作那时的人们,面对生死大限时,借椽史赞治长吏的言行,化用为图,以表述墓主人的功德、经历、情志,传达子弟、门生、故吏既有地位和美好心愿的创作活动。

---

① 原文为"是以勒石赞勋者,入铭之域;树碑述己者,同诔之区焉",见[南朝梁]刘勰著,黄叔琳注,李详补注,杨明照校注拾遗《增订文心雕龙校注》卷三,北京:中华书局,2012,第156页。

第四章　修身问学与音乐诗文的雅作

除书法印章的日用、碑祠刊立的主事,部分汉代掾史也投身音乐、诗歌、文赋创作,一些喜好学术研究者,还有著述流传。倘若说前两章所述,为掾史的日常工作和处世立身,那么,本章所论,则关乎他们个人的修养。

艺术创作者的修养,可粗分为两个层次:一是具体的创作技能或技巧;二是保证技能技巧举用通变、意蕴深远的涵养,即通常所说的广泛的审美实践、文化知识、人生观和价值观等。满足前一个层次的,为粗通一艺者;兼备两个层次的,方能达至由技入道、卓尔不群的境界。显然,当汉代掾史作为创作者时,其中大部分人属前一类型,本着实际应用需要,他们精通应用文写作,是汉简帛书、汉碑的书写者之一,也是汉代印章的使用者,然大多未能兼通诸艺,我们称其为"文法吏"或"文吏";在此基础上,少量掾史或游学名师,或闭门苦读,接受了系统的知识技能训练,为吏时坚守信念,退隐后授徒著书,雅好音乐、诗赋,或有文章著述传世,博通数艺,创述悠游,他们被后世当作艺术名家,我们称其为"儒吏"。这个区分,可以约略标识掾史群体艺术修养和创作能力的分层。本章即以"儒吏"为主要研究对象,兼论"文吏"的诗赋创作。

第一节　汉代掾史艺术修养的分层

受力于察举制度和儒家学说的推行,自西汉中期开始,掾史群体在文化上呈现两个特征:一是文吏的儒生化;二是在群体内部,文吏和儒吏彼此分化而又趋于融合。至东汉中后期,儒生为掾的情况已十分普遍,掾史群体整个文化艺术修养也得到提升。

一、文吏与儒吏的分化与融合

汉代的"文吏"即"文法吏",通常与"武吏"相对应。史籍中,西汉"文法吏""文吏"兼用,到东汉,多简用"文吏"。"文吏"主职治狱执法,课牍奏,职责多涉刑罚,常有"刻害"之诟病。

史籍中"儒吏"一词,泛指为掾的儒生。据《汉书》,出身武吏的朱博任琅琊太守时,齐郡掾史"舒缓养名",门下掾赣遂为耆老大儒,与众吏皆有闲等新任长官存问致意后,方就职行事的习惯,朱博以律令为准,罢免闲职病吏,改地方习俗,期间引起"文学儒吏"的抗议,认为他"不爱诸生"。[1]事实上,通读传文可知,朱博厌恶的,是不守节度的儒生,无论文吏还是武吏,他只辟用实干家——其中既有文法吏,也有儒生,因此,传文所指"儒吏",只是与上令下行的文吏相对应的一个泛指群体。这个用法还见于《汉书·何武传》:

> (何)武为人仁厚,好进士,奖称人之善。为楚内史厚两龚,在沛郡厚两唐,及为公卿,荐之朝廷。此人显于世者,何侯

---

[1]《汉书》卷八十三《薛宣朱博传》,北京:中华书局,1962,第3399—3401页。

力也,世以此多焉。然疾朋党,问文吏必于儒者,问儒者必于文吏,以相参检。欲除吏,先为科例以防请托。其所居亦无赫赫名,去后常见思。①

何武辟用属僚兼顾文吏和儒生,两者重合后即我们所说的"儒吏"。同时,这条材料还说明,至少在西汉晚期,掾史群体中"文吏"和儒生已出现某种潜在分化。②对此,王充《论衡》专设数篇予以论述。他将儒生和文吏设为明确对应的概念,认为儒生、文吏"皆为掾史,并典一曹","俱有才能,并用笔墨",且"俱以长吏为主人",但"以儒生修大道,以文吏晓簿书,道胜于事,故谓儒生颇愈文吏也",又因儒生有学问、仁义之养,而文吏有为奸、少德之嫌,则"儒生能为文吏之事,文吏不能立儒生之学",从而倡导公卿长吏以儒化吏的风气。③王充曾任会稽郡功曹,因与长官不和,退而著书,他的论述,带有自身偏见和意图,④然其所述东汉政治文化中儒生、文吏的分化趋势,有一定的依据,并且其后进一步发展。永元十五年(103),尚书郎樊准上书汉和帝:

今学者盖少,远方尤甚。博士倚席不讲,儒者竞论浮丽,

---

① 《汉书》卷八十六《何武王嘉师丹传》,北京:中华书局,1962,第3485页。
② 文吏与学士的分化,自春秋时便存在。汉武帝推行儒术后,文吏的儒士化步伐加快,到西汉晚期开始有了明显的区分。相关研究见阎步克《士大夫政治演生史稿》3版,北京:北京大学出版社,2015,第13—24、110—126页。
③ 黄晖《论衡校释》卷十二、卷十三,北京:中华书局,1990,第533—589页。
④ 对王充心理的讨论参见徐复观《两汉思想史》第二卷,上海:华东师范大学出版社,2001,第355—356页。

忘謇謇之忠，习諓諓之辞。文吏则去法律而学诋欺，锐锥刀之锋，断刑辟之重，德陋俗薄，以致苛刻。昔孝文窦后性好黄老，而清静之化流景武之间。臣愚以为宜下明诏，博求幽隐，发扬岩穴，宠进儒雅，有如孝、宣者，征诣公车，以俟圣上讲习之期。公卿各举明经及旧儒子孙，进其爵位，使缵其业。复召郡国书佐，使读律令。如此，则延颈者日有所见，倾耳者月有所闻。伏愿陛下推述先帝进业之道。①

樊准的论调较为客观，他不满儒生"竞论浮丽"的现象，也批评文吏荒废律令学习而治事苛刻的做法，从而谏言帝王"宠进儒雅"，倡导文吏重修律令。显然，樊准之论，针对的已是掾史辟用的旧疾。任用儒士，是帝王、长吏爱才任贤的举措，然经过公卿士夫的反复倡导，它也会带来文吏不习律令而标榜儒士身份、儒生充斥公府而不愿实干的弊端。汉桓帝初期，尚书令黄琼上书说：

（黄）琼以前左雄所上孝廉之选，专用儒学文吏，于取士之义，犹有所遗，乃奏增孝悌及能从政者为四科，事竟施行。②

事实上，与其说黄琼与樊准是在劝进儒士，莫如说是在既有风气下，平衡官僚中文吏与儒士的分布结构：有"言语侍从之臣"，也有垂范吏民的孝德之才，还须有大量的执法干吏，这是保证行政高效运行的关键。当然，最好的情况，是文吏兼通经典、修习儒

---

① 《后汉书》卷三十二《樊宏阴识列传》，北京：中华书局，1965，第1126—1127页。
② 《后汉书》卷六十一《左周黄列传》，北京：中华书局，1965，第2035页。

雅,或儒生兼通律令、勤于治事,两者殊途同归,如王粲《儒吏论》所述:

> 士同风于朝,农同业于野,虽官职务殊,地气异宜,然其致功成利,未有相害而不通者也。至乎末世,则不然矣。执法之吏,不窥先王法典,搢绅之儒,不通律令之要。彼刀笔之吏,岂生而刻察哉?起于几案之下,长于官曹之间,无温裕文雅以自润,虽欲无察刻,弗能得矣。竹帛之儒,岂生而迂缓也?起于讲堂之上,游于乡校之中,无严猛断割以自裁,虽欲不迂缓,弗能得矣。先王见其如此也,是以博陈其教,辅和民性,达其所壅,祛其所蔽,吏服训雅,儒通文法,故能宽猛相济、刚柔自克也。①

可见,"文吏"与"儒吏"两个概念的分化,是汉代法律统治与儒学教化两种政治理念及其行为模式交替作用的产物。王粲认为,两者之"相害而不通",以末世特显,且属情势必然,而大多数时候,两者并不相害。事实也是如此,文吏中有儒雅之士,儒吏中也有学问道德低劣之人,在具体的掾史案例中,两者并不能截然二分,分而论述者,或是突出政弊而旨在谏言,或有标榜自身、层次划界的意图。

因此,对"儒吏"之名实,亦如"文吏"之得失,我们都要客观看待,既不能将两者看作对立的概念,也不能因为崇信载于史册的儒吏名家,而忽视几百年间文吏在汉代政治、文艺上的基底作用。将

---

① [汉]王粲《儒吏论》,载[唐]欧阳询撰,汪绍楹校《艺文类聚》卷五十二,上海:上海古籍出版社,1982,第939—940页。

之统统归入"刀笔小吏""俗吏",或者固守精英成见,将作品悉数对应名儒大吏,都是不合历史事实之举。

二、掾史才艺价值观的分层

汉代掾史艺术修养的层次差异,既受个体现实生存需求的促动,也有精神追求的动因。我们知道,除一些家族势力庞大、个人进取意识强烈的掾史以外,很多出身寒微的个体,要掌握书写、计算和律令等实用才能,获得吏职,才能逐渐改变命运。当他们步入掾职以后,一方面被繁杂的政务和人情交往所羁绊,倘若兼修经传以提升才艺,就要付出更多的心力;另一方面,获得相应的利益以后,安守现状而止步不前的不在少数。

与才艺的实用心理、入职后的安乐者不同,还有一些人,如西汉枚乘、东汉初的李通,性喜悠游而不乐郡吏,或像东汉初王霸一样,"慷慨不乐吏职"①,像蔡邕、郑玄等不就公府征召的,也大有人在。短期放弃吏职的举动,除了避免世俗纷争以外,亦是转师名家、成就自身才艺、获得声名的必要选择。王充指出:"说一经之生,治一曹之事,旬月能之;典一曹之吏,学一经之业,一岁不能立也。"② 当这些博通之士任职为掾后,他们同样也擅长公府刀笔工作,具备"典一曹之吏"的才能,只是随着经学雅艺兴趣的提升,而不屑于案牍劳形之事,不再以精通律法、擅长文书为能;他们看重的,是六艺传统的申述、诗赋音乐才能的展现和政治抱负的实施。

---

① 《汉书》卷五十一《贾邹枚路传》,北京:中华书局,1962,第2365页;《后汉书》卷十五《李王邓来列传》、卷二十《铫期王霸祭遵列传》,北京:中华书局,1965,第573、734页。
② 黄晖《论衡校释》卷十二,北京:中华书局,1990,第544页。

班固自言"不任厕技于彼列,故密尔自娱于斯文"①,蔡邕将书画辞赋看作才艺之小者,而又不断提升音乐、诗赋、学问修养,正是这一类型的代表。

相对而言,注重才艺实用价值的,大约可以与"文吏"相对应,而注重才艺审美价值的,则可与"儒吏"相联系。倘若说西汉初注重文吏的实干,掾史才艺的实用价值是形势需求,那么,西汉中后期以至东汉末,文吏对艺术审美价值的重视,对实用价值的淡漠,便成为潜在趋势。到东汉中后期,大批儒吏成长为当时的艺术名家,其创作能力和作品质量,都与同期文吏拉开了距离。

还需指出,汉代典籍中的"儒吏"一词,也包括中枢机构的博士,及儒生化的郎官、大夫等群体,他们的秩次在三百石到千石之间,因与皇帝直接亲近,故而在权能与性质上,与掾史略有差异。此外,汉代音乐、诗歌、辞赋的创作者,除儒吏外,还有儒生、游士、隐士、方士等群体,彼此有区别,也有联系。鉴于我们的重点是中枢和地方掾史,则此处仍取"儒吏"的狭义概念,各群体间的关系,详述于第五章。

第二节　汉代掾史的音乐诗文修养

汉代知识分子的音乐、文学和经术喜好,是先秦"六艺"教育传统的余绪。汉初要恢复国本,取吏重在实际,故"文法吏"占得先机。到汉武帝独尊儒术以后的三百多年间,先秦典籍的辑录、研究蔚然成风,无论古文还是今文学派,无不以孔子所定六经为旨

---

① [汉]班固《答宾戏》,载[梁]萧统编,[唐]李善注《文选》卷四十五,上海:上海古籍出版社,1986,第2022页。

归,以"六艺"为个人修养的准则,相沿传授,以博通为能。风气所及,汉代掾史学习音乐、书法、诗歌、文赋创作的便逐渐增多;同时,期会、宴饮、交游等,促成不少音乐表演需求,生发大量书、奏、记、檄、碑、诔、铭等应用文的创作机遇,加上自适性的点染发挥,汉代掾史个人艺术修养便更受举荐者和同道的青睐。

一、音乐修养与表演

1. 汉代音乐人才的类型

汉代音乐人才,主要有三种类型:一是民间音乐人才,以婚丧、宴饮、娱乐音乐为主,可见于画像石和画像砖。二是服务于宫廷的乐官、员吏和乐工。西汉置太乐和乐府,太乐隶属太常,掌管宗庙祭祀雅乐;乐府统辖于少府,执掌朝廷内的礼仪宴享用乐。武帝以后,乐府扩充,职权增大,在原有的基础上,利用民歌采集成果,还

图 4.1　宴乐画像砖,东汉,43.5×48 厘米,1966 年四川成都市昭觉寺汉墓出土,四川博物院藏。

掌管祭祀雅乐的创作。汉哀帝即位后，乐府大量裁员，罢除"不应经法"的"郑卫之音"，将保留人员并入太乐，① 又称"太予乐"。至东汉，乐府亦不存机构，但汉武帝以来乐府对俗乐的倡行，以郑卫之音改造雅乐的余波，一直持续到汉末。② 据哀帝罢免乐府员吏时的统计，任职于乐府和太乐两个机构中的乐人，凡鼓、钟、竽、笙、磬、弦等，共计829人，保留388人，免除441人，③ 其中乐工为大宗。至于东汉太予乐所属掾史的数量，《汉官》所载约有25人，④ 在帝王喜好音乐且长于音乐的时期，⑤ 员吏人数亦或有所扩充。这些乐官属吏，是后文所述一部分乐府诗歌、宫廷音乐的创作和整理者。三是宫廷音乐机构以外，官僚队伍中通晓音律、善于演奏的士人，他们同样投身音乐和诗歌的创作。属于后两类的，下文还有例举，此处从略。

2. 汉代掾史的音乐学习

通晓音律的官吏，或出自家传，或专意求学，成名后，往往因此而得到选拔。如两汉之际的桓谭，因其父成帝时任太乐令，好音

---

① 《汉书》卷二十二《礼乐志第二》，北京：中华书局，1962，第1072页。
② 关于太乐、乐府在汉初的设置、职能，汉武帝时期乐府的扩充，及"黄门鼓吹"职能的考述，见赵敏俐《汉代乐府制度与诗歌研究》，北京：商务印书馆，2009，第60—89页。
③ 《汉书》卷二十二《礼乐志第二》，北京：中华书局，1962，第1072页。
④ ［汉］佚名《汉官一卷》，见［清］孙星衍辑《汉官六种》，北京：中华书局，1990，第2页。
⑤ 见于史书的，有汉元帝、汉桓帝、汉灵帝。据载：汉元帝"多才艺，善史书。鼓琴瑟，吹洞箫，自度曲，被歌声，分刌节度，穷极幼眇"（《汉书》卷九《元帝纪》，北京：中华书局，1962，第298页）；"桓帝好音乐，善鼓笙"（［汉］刘珍等撰，吴树平校注《东观汉记校注》卷三，北京：中华书局，2008，第127页）；汉灵帝"善鼓琴，吹洞箫"（［吴］谢承《谢承后汉书》卷一《灵帝纪》，见周天游辑注《八家后汉书辑注》，上海：上海古籍出版社，1986，第1页）。

律,善鼓琴,性嗜倡乐,故桓谭亦善鼓琴,宋弘荐之,后常为光武帝演奏。①

擅长音乐的儒吏中,蔡邕最负盛名,据史书:

> (蔡邕)少博学,师事太傅胡广。好辞章、数术、天文,妙操音律。桓帝时,中常侍徐璜、左悺等五侯擅恣,闻邕善鼓琴,遂白天子,敕陈留太守督促发遣。邕不得已,行到偃师,称疾而归。闲居玩古,不交当世。……(董)卓重邕才学,厚相遇待,每集谦,辄令邕鼓琴赞事,邕亦每存匡益。②

胡广是否精于音乐,并传授给蔡邕,史无传载,但我们知道,曾向蔡邕学习音乐的,除其女蔡琰,还有三国吴国名臣顾雍,《三国志》说:"顾雍字元叹,吴郡吴人也。蔡伯喈从朔方还,尝避怨于吴,雍从学琴书。州郡表荐,弱冠为合肥长。"③ 此外,蔡邕门徒中,还有擅长鼓琴的阮瑀,史书仅言他"少受学于蔡邕",未知是否包含学琴,然阮瑀被曹操辟为掾史,能与陈琳等人掌管书记,造写檄文,很大程度上得益于他的音乐特长,晋张隐《文士传》说:"太祖雅闻瑀名,辟之,不应。连见逼促,乃逃入山中。太祖使人焚山,得瑀,送至,召入。太祖时征长安,大延宾客,怒瑀不与语,使就伎入列。瑀善解音,能鼓琴,遂抚弦而歌,因造歌曲曰:'奕奕天门开,大魏应期运。青盖巡九州,在东西人怨。士为知己死,女为悦者玩。恩义

---

① 《后汉书》卷二十六《伏侯宋蔡冯赵牟韦列传》,北京:中华书局,1965,第904页。
② 《后汉书》卷六十下《蔡邕列传》,北京:中华书局,1965,第1980、2004—2006页。
③ 《三国志》卷五十二《吴书七·顾雍》,北京:中华书局,1959,第1225页。

苟敷畅,他人焉能乱?'为曲既捷,音声殊妙,当时冠坐,太祖大悦。"① 阮瑀的儿子阮籍和阮咸,是魏晋时期的名士,有家学积累,两人均通音律,善弹琴。

3. 汉代掾史的音乐修养

整体上,两汉官吏借由音乐技艺入仕升官的,属个别现象。更常见的情况是,士人以之为业余修性、抒情的手段。史书中有不少例子与儒吏相关,如:

> (郑)敬闲居不修人伦,新迁都尉逼为功曹。厅事前树时有清汁,以为甘露。敬曰:"明府政未能致甘露,此清木汁耳。"辞病去,隐处精学峨陂中。阴就、虞延并辟,不行。同郡邓敬因折芰为坐,以荷荐肉,瓠瓢盈酒,言谈弥日,蓬庐苇门,琴书自娱。光武公车征,不行。②

> (马融)善鼓琴,好吹笛,达生任性,不拘儒者之节。居宇器服,多存侈饰。常坐高堂,施绛纱帐,前授生徒,后列女乐,弟子以次相传,鲜有入其室者。③

> 吴人有烧桐以爨者,(蔡)邕闻火烈之声,知其良木,因请而裁为琴,果有美音,而其尾犹焦,故时人名曰"焦尾琴"焉。初,邕在陈留也,其邻人有以酒食召邕者,比往而酒以酣焉。客有弹琴于屏,邕至门试潜听之,曰:"憘!以乐召我而有杀心,何也?"遂反。将命者告主人曰:"蔡君向来,至门而去。"

---

① 《三国志》卷二十一《魏书二十一·王粲》,北京:中华书局,1959,第600页。
② [晋]谢沈《谢沈后汉书·郑敬传》,见周天游辑注《八家后汉书辑注》,上海:上海古籍出版社,1986,第606页。
③ 《后汉书》卷六十上《马融列传》,北京:中华书局,1965,第1972页。

邕素为邦乡所宗，主人遽自追而问其故，邕具以告，莫不怃然。弹琴者曰："我向鼓弦，见螳螂方向鸣蝉，蝉将去而未飞，螳螂为之一前一却。吾心耸然，惟恐螳螂之失之也，此岂为杀心而形于声者乎？"邕莞然而笑曰："此足以当之矣。"①

崔琰字季珪，清河东武城人也。少朴讷，好击剑，尚武事。年二十三，乡移为正，始感激，读《论语》《韩诗》。至年二十九，乃结公孙方等就郑玄受学。学未期，徐州黄巾贼攻破北海，玄与门人到不其山避难。时谷籴县乏，玄罢谢诸生。琰既受遣，而寇盗充斥，西道不通。于是周旋青、徐、兖、豫之郊，东下寿春，南望江、湖。自去家四年乃归，以琴书自娱。②

以上四人，各具代表性：曾任掾史的郑敬和崔琰，面对纷争，以琴书自娱，是他们高洁自好的一种处世方式；马融身为大儒，将音乐舞蹈当作每日愉悦身心的活动，以至于歌舞表演与授徒讲经同列前后；蔡邕具备通达洞明的高深音乐修养，闻桐木火烈之声而巧制"焦尾琴"，甚至可听音解心，堪为传奇。进一步，正是本着人物音乐修养或言行的独特性，史学家才以重笔书写，将逸闻趣事纳入笔端，以突显其品行学养。可以推知，汉代官吏善操雅琴、喜好乐舞的，大概还有很多，只是大多行事平凡，无需着墨而已。类似的例子频繁见于隐士和名儒传记：

……（司马）相如为不得已而强往，一坐尽倾。酒酣，临邛令前奏琴曰："窃闻长卿好之，愿以自娱。"相如辞谢，为鼓

---

① 《后汉书》卷六十下《蔡邕列传》，北京：中华书局，1965，第2004—2005页。
② 《三国志》卷十二《魏书十二·崔琰》，北京：中华书局，1959，第367页。

一再行。是时,卓王孙有女文君新寡,好音,故相如缪与令相重而以琴心挑之。①

(刘昆字桓公,陈留东昏人,梁孝王之胤也。少习容礼。平帝时,受《施氏易》于沛人戴宾。能弹雅琴,知清角之操。②

(梁鸿)乃(与妻)共入霸陵山中,以耕织为业,咏《诗》《书》,弹琴以自娱。仰慕前世高士,而为四皓以来二十四人作颂。③

(羊续)为南阳太守,志在矫俗,裳不下膝,弹琴出肘。④

(张表)遭父丧,疾病旷年,目无所见,耳无所闻。服阕,医药救疗,历岁乃瘳。每弹琴恻怆不能成声,见酒肉未尝不泣,宗人亲厚节会饮食宴,为其不复设乐。⑤

这些经过著述家剪辑而成的史料,同样是一些特殊的案例。我们可以此体悟汉代音乐活动的复杂多样,了解官僚士人高下各异的音乐修养,以及他们对待音乐的态度。而那些具备音乐修养的儒吏,也只有在后人评述其德行才能时,才点染数语:

(钟)皓为郡功曹,会辟司徒府,临辞,太守问:"谁可代卿者?"皓曰:"明府欲必得其人,西门亭长陈寔可。"寔闻之,

---

① 《汉书》卷五十七上《司马相如传》,北京:中华书局,1962,第2530页。
② 《后汉书》卷七十九上《儒林列传上》,北京:中华书局,1965,第2549页。
③ 《后汉书》卷八十三《逸民列传》,北京:中华书局,1965,第2766页。
④ [吴]谢承《谢承后汉书》卷二《羊续传》,见周天游辑注《八家后汉书辑注》,上海:上海古籍出版社,1986,第29页。
⑤ [汉]刘珍等撰,吴树平校注《东观汉记校注》卷十六《张表传》,北京:中华书局,2008,第736—737页。

曰:"钟君似不察人,不知何独识我?"皓顷之自劾去。前后九辟公府,征为廷尉正、博士、林虑长,皆不就。时皓及荀淑并为士大夫所归慕。李膺常叹曰:"荀君清识难尚,钟君至德可师。"……(死后)诸儒颂之曰:"林虑懿德,非礼不处。悦此诗书,弦琴乐古。五就州招,九应台辅。逡巡王命,卒岁容与。"①

　　左琴右书,不倦是□。(《汉子游残碑》)②
　　弹琴击磬,□□□之味,而不改其静。(《孔彪碑》)③
　　治《鲁诗》,兼通《颜氏春秋》……闭门静居,琴书自娱。(《鲁峻碑》)④

诚然,限于环境和个人修养,并非所有掾史都精通音律,其中大部分,或只停留在欣赏者水平。然社会风尚,将其看作才能评价的一个重要内容,倘若他们以此自适,不泥于世故,且有诗文创作成就,则会被视为名士风范,为人推崇。

二、诗歌引录与创作

现存录的汉代诗歌中,有不少篇章直接或间接出自掾史之手,大多保留在他们的章奏、辞赋中,也有一些诗作单篇流传,其中有民间歌谣、俚语,还有楚辞体、四言诗、七言诗和五言诗。简述

---

① 《后汉书》卷六十二《荀韩钟陈列传》,北京:中华书局,1965,第2064—2065页。
② 释文见叶程义《汉魏石刻文学考释》,台北:新文丰出版公司,1997,第504页;拓片见徐玉立《汉碑全集》第六册,郑州:河南美术出版社,2006,第1972—1988页。
③ 高文《汉碑集释》2版,开封:河南大学出版社,2008,第366—367页。
④ 高文《汉碑集释》2版,开封:河南大学出版社,2008,第390—391页。

如下:

1. 引录类的杂歌谣辞

汉代民间杂歌谣辞通过儒吏的辑录,有少量得以传世,如:

> 画地为狱,议不入,刻木为吏,期不对。(《路温舒引俗语》)①
> 苛政不亲,烦苦伤恩。(《薛宣引鄙语》)②
> 千人所指,无病而死。(《王嘉引俚谚》)③
> 王莽秃,帻施屋。(蔡邕《独断》)④

上述四例,除最后一例记史,其余三例为行文修辞,最典型的,是路温舒一例。路温舒出自寒家,早年任县、郡掾史,又粗通《春秋》大意,汉昭帝元凤(前80—前75)中,任廷尉奏曹掾、守廷尉史。宣帝初,他写了一篇很快改变其地位的书奏。文章抚古问今,以秦政之失,劝谏宣帝省法制、宽刑罚、废治狱,得到宣帝认同,转迁广阳私府长。路温舒没有其他诗文传世,从其任职经历看,治狱是他的特长,但他却"舍近求远",以士人为政的批判意识,从丰富的历史典故、经传用语,及寥寥数句民谣中,求证自身、官僚、帝王言行的正误。或许正是因他的文才和胸襟,不久,又被内史举文学高第,迁右扶风丞。⑤

---

① 《汉书》卷五十一《贾邹枚路传》,北京:中华书局,1962,第2370页。
② 《汉书》卷八十三《薛宣朱博传》,北京:中华书局,1962,第3386页。
③ 《汉书》卷八十六《何武王嘉师丹传》,北京:中华书局,1962,第3498页。
④ [汉]蔡邕《独断》卷下,见王云五主编《汉礼器制度及其他五种》,上海:商务印书馆,1939,第27页。
⑤ 《汉书》卷五十一《贾邹枚路传》,北京:中华书局,1962,第2367—2372页。

很大一部分汉代民谣歌辞通过掾史引录得以流传,只是后来随奏章文稿一并遗失。此外,还有一些歌谣俚语,或也经过地方掾史的加工或传录,如:

大冯君,小冯君,兄弟继踵相因循,聪明贤知惠吏民,政如鲁、卫德化钧,周公、康叔犹二君。(《上郡吏民为冯氏兄弟歌》)①

无说诗,匡鼎来。匡说诗,解人颐。(《诸儒为匡衡语》)②

欲为论,念张文。(《诸儒为张禹语》)③

时圣公聚客,家有酒,请游徼饮,宾客醉歌,言"朝亨两都尉,游徼后来,用调羹味"。游徼大怒,缚捶数百。(《刘圣公宾客醉歌》)④

从修辞手法而论,前三例儒生加工的痕迹明显,其中或有掾史的参与;最后一例文意粗浅,是地方掾史醉后的游戏之作。

2. 应制、唱和与呈献类诗作

应帝王之命,或与同僚、友人、门生交游时,应时应事而作的应制、唱和诗,因汉代帝王倡行和文人交游活动的频繁,得到进一步发展。据载,"武帝定郊祀之礼,祠太一于甘泉,就乾位也;祭后土于汾阴,泽中方丘也。乃立乐府,采诗夜诵,有赵、代、秦、楚之

---

① 《汉书》卷七十九《冯奉世传》,北京:中华书局,1962,第3305页。
② 《汉书》卷八十一《匡张孔马传》,北京:中华书局,1962,第3331页。
③ 《汉书》卷八十一《匡张孔马传》,北京:中华书局,1962,第3352页。
④ [晋]司马彪《续汉书》卷二《刘玄传》,见周天游辑注《八家后汉书辑注》,上海:上海古籍出版社,1986,第327页;另见《后汉书》卷十一《刘玄刘盆子列传》,北京:中华书局,1965,第467页注。

讴。以李延年为协律都尉,多举司马相如等数十人造为诗赋,略论律吕,以合八音之调,作十九章之歌"①,这份《郊祀歌》在建始年间(前32—前29)又经过匡衡等人的修订;又称,元封三年(前108),武帝在新建的柏梁台上,命群臣二千石唱和七言诗,即后世所说《柏梁诗》。②大部分汉代唱和诗配乐歌唱,字数、句数和取韵十分自由,武帝《郊祀歌》曾"使童男女七十人俱歌,昏祠至明",令"百官侍祠者数百人皆肃然动心",其中有三言、四言、五言。③

儒吏或历职儒吏者所作的应制、唱和诗数量不多,但形式多样,如:

滔滔五溪一何深,鸟飞不度兽不敢临,嗟哉五溪多毒淫。(马援《武溪深》)④

因露寝兮产灵芝,象三德兮瑞应图,延寿命兮光北都,配上帝兮象太微,参日月兮扬光辉。(班固《论功歌诗·灵芝歌》)⑤

后土化育兮四时行,修灵液养兮元气覆,冬同云兮春霢霂,膏泽洽兮殖嘉谷。(班固《论功歌诗·嘉禾歌》)⑥

---

① 《汉书》卷二十二《礼乐志二》,北京:中华书局,1962,第1045页。
② 今存本或为后世依托之作。见逯钦立辑校《先秦汉魏晋南北朝诗》汉诗卷一,北京:中华书局,1988,第97页。
③ 《汉书》卷二十二《礼乐志二》,北京:中华书局,1962,第1045、1052—1070页。
④ 逯钦立辑校《先秦汉魏晋南北朝诗》汉诗卷五,北京:中华书局,1988,第163页。
⑤ [唐]徐坚等《初学记》卷十五,北京:中华书局,1962,第377页。
⑥ [宋]李昉等《太平御览》卷一,影印宋刻本,北京:中华书局,1960,第1页下。

北山有鸱,不絜其翼。飞不正向,寝不定息。饥则木揽,饱则泥伏。饕餮贪污,臭腐是食。填肠满嗉,嗜欲无极。长鸣呼凤,谓凤无德。凤之所趣,与子异域。用从此诀,各自努力!(朱穆《与刘伯宗绝交诗》)①

遨矣甘罗,超等绝伦。伊彼杨乌,命世称贤,嗟予蠢弱,殊才伟年,仰惭二子,俯媿过言。(桓麟《答客诗》)②

伊余有行,爰戾兹邦。先进博学,同类率从。济济群彦,如云如龙。君子博文,贻我德音。辞之集矣,穆如清风。(蔡邕《答对元式诗》)③

斌斌硕人,贻我以文。辱此休辞,非余所希。敢不酬答,赋诵以归。(蔡邕《答卜元嗣诗》)④

这些例子中,马援《武溪深》是用于和乐的歌辞(据崔豹《古今注》载,公元48年马援南征武陵时,门生爰寄生善吹笛,马援作歌应和之)⑤;班固的两首诗,用楚辞体,唐宋始有传录,为纪诵功德性诗作,或出自应制;朱穆、蔡邕、桓麟几首短诗,是宾客友人之间的诗作应和,均为四言。

这些短篇以外,还有一些长篇呈献类诗作,多以"颂"为篇

---

① 《后汉书》卷四十三《朱乐何列传》,北京:中华书局,1965,第1468页注。
② [唐]欧阳询撰,汪绍楹校《艺文类聚》卷三十一,上海:上海古籍出版社,1985,第544—545页。
③ [唐]欧阳询撰,汪绍楹校《艺文类聚》卷三十一,上海:上海古籍出版社,1985,第545页。
④ [唐]欧阳询撰,汪绍楹校《艺文类聚》卷三十一,上海:上海古籍出版社,1985,第545—546页。
⑤ [晋]崔豹《古今注》卷中,阳山顾氏文房古今逸史秘书本排印本,北京:中华书局,1985,第9页。

名。①崔骃的《东巡颂》《南巡颂》《西巡颂》《北巡颂》,以及马融的《东巡颂》可为代表。②崔骃诸篇,写于汉章帝元和元年(84)巡楚、元和三年(86)礼北岳和幸河东之际,遵循"公举必书"的史官传统,崔骃在序言中明确了以歌诗颂王德的创作意旨。据说,雅好文章的汉章帝,见崔骃"四巡颂"辞甚典美,常嗟叹之,甚至提醒侍中窦宪,认为他爱班固而忽崔骃,是叶公好龙之举,很快,身为处士的崔骃得与窦宪交好,章和二年(88),窦宪任车骑将军,辟崔骃为掾史,任主簿。③马融一篇,是汉安帝延光三年(124)巡狩岱宗后,马融"本以赞述为官"的上诗,安帝奇其文,诏拜侍中。在此之前,元初二年(115),马融还呈报了一篇《广成颂》,但因触怒邓太后和邓骘,滞留东观,十年不得转迁。④无论讽谏抑或赞主,属文者选择楚辞风格,化用四言、五言、六言韵句,意在以文采宏丽打动帝王,但掾史位卑言轻,因文得福或获罪的情况,都有可能发生。

除应帝王言行谋篇呈诗,各郡、国、县的掾史,也向其长吏献诗。汉初,淮南、梁、吴等国的掾属,有不少是文士,他们曾有向王侯呈颂献赋的风气。⑤东汉时期最直接的材料,可见于汉碑颂辞部分,其中,篇名称"诗"的,有《汉故平舆令薛君碑》(163年)、《郙阁颂》(172年)、《费凤别碑》(177年)、《酸枣令刘熊碑》(184—189年)等,其他像《北海相景君碑》(143年)、《石门颂》(148

---

① 程章灿先生将"汉颂"看作汉赋之一类,见程章灿《汉赋揽胜》,上海:上海古籍出版社,1995,第13—25页。
② 各篇全文见[唐]许敬宗编,罗国威整理《日藏弘仁本文馆词林校证》卷三四六,北京:中华书局,2001,第99—112页。
③《后汉书》卷五十二《崔骃列传》,北京:中华书局,1965,第1718—1722页。
④《后汉书》卷六十上《马融列传》,北京:中华书局,1965,第1954—1970页。
⑤ 程章灿《汉赋揽胜》,上海:上海古籍出版社,1995,第16页。

年)、《苍颉庙碑》(162年)、《封龙山颂》(164年)、《孔宙碑》(164年)、《华山庙碑》(165年)、《鲜于璜碑》(165年)、《武荣碑》(167年)、《张寿碑》(168年)、《衡方碑》(168年)、《西狭颂》(171年)、《孔彪碑》(171年)等,都以韵句为赞颂,亦可看作呈献类诗作。其中,出自武都郡从史仇靖之手的两篇颂和一首诗,最能说明掾史诗歌创作的情境与艺术水准:

  ……民歌德惠,穆如清风。乃刊斯石,曰:赫赫明后,柔嘉惟则。克长克君,牧守三国。三国清平,咏歌懿德。瑞降丰稔,民以货殖(殖)。威恩并隆,远人宾服。鐉(镌)山浚渎,路以安直。继禹之迹,亦世赖福。(《西狭颂》)

  ……臣□□□,勒石示后。乃作颂曰:□□□□,降兹惠君。克明俊德,允武允文。躬俭尚约,化流若神。爱氓如□,□□平均。精通皓穹,三纳符银。所历垂熏,香风有邻。仍致瑞应,丰稔□□,□□□乐,行人夷欣。慕君靡已,乃咏新诗:□□□□兮坤兑之间。高山崔嵬兮水流荡荡。地既瘠确兮与寇为邻。□□□□□□以析分,或失绪业兮至于困贫。危危累卵兮圣朝闵怜。髦艾究□兮幼□□□,□□救倾兮全育□遗,劬劳日稷兮惟惠勤勤。黄邵朱龚兮盖不□□。□□充赢兮百姓欢欣,佥曰太平兮文翁复存。(《郙阁颂》)①

  仇靖是李翕的掾史,也应是当时武都郡有名的文士。为太守撰写颂诗时,他一方面引用《诗经》,化用《尚书》《论语》及其他史传

---

① 高文《汉碑集释》2版,开封:河南大学出版社,2008,第357、379—380页。

上的文辞,①将李翕与大禹、文翁作比,极尽溢美;另一方面,诗篇所述,又尽可能切合长官和地方实际情况,力求避免空泛陈套。然而,命题创作日渐繁多后,类似"柔嘉唯则""穆如清风"等辞句,便彼此大量套用,其间,也有儒吏依托经籍知识增饰文章、彼此攀比的心理。②

3. 自适与抒怀类诗作

一些出自汉代儒吏的叙事、抒怀类诗作,大多不用于社会交游,此处归为一类。此类诗作,虽残篇很多,但题材多样,韵律感增强,表现手法或以譬理寓言见长,或以情意感染取胜,意蕴深远,多属上乘之作。如班固《咏史》:

> 三王德弥薄,惟后用肉刑。太仓令有罪,就逮长安城。自恨身无子,困急独茕茕。小女痛父言,死者不可生。上书诣阙下,思古歌《鸡鸣》。忧心摧折裂,晨风扬激声。圣汉孝文帝,恻然感至情。百男何愦愦,不如一缇萦。③

诗歌将历史体验与现实感悟相融合,情感和环境描写便具有时空流变、人世沧桑的厚度。傅毅的《迪志诗》属同类题材,因仿效书、

---

① 诗句出处和注解参见高文《汉碑集释》2版,开封:河南大学出版社,2008,第361—362、384—386页。
② 引用"柔嘉唯则"句的,除《西狭颂》外,还有《河间相张平子碑》(崔瑗撰)、《武都太守耿勋碑》、《汉郎中郭君碑》等;引用"穆如清风"句的,除《西狭颂》外,还有《苍颉庙碑》《武都太守耿勋碑》等。汉魏碑文引述经籍的情况,叶程义先生有详细统计,见叶程义《汉魏石刻文学考释》,台北:新文丰出版公司,1997,第1558—1606页。
③《史记》卷一百五《扁鹊仓公列传》,北京:中华书局,1959,第2795—2796页。

经体式,取象宏大,全篇整饬华美,①但立意和感染力略逊。

以诗人及周边生活为题材的叙事抒情类诗作数量稍多,谋篇立意或依托闺门忧思,或虚拟旅人情怀,或直写个人体验,无不"感于哀乐,缘事而发"②,代表性的如:

> 长安何纷纷,诏葬霍将军。刺绣被百领,县官给衣衾。(班固《诗》)③
> 鸾鸟高翔时来仪,应治归德合望规,啄食拣实饮华池。(崔骃《七言诗》)④
> 年岁晚暮时已斜,安得壮士翻日车。(李尤《九曲歌》)⑤
> 人生譬朝露,居世多屯蹇。忧艰常早至,欢会常苦晚。念当奉时役,去尔日遥远。遣车迎子还,空往复空返。省书情悽怆,临食不能饭。独坐空房中,谁与相劝勉。长夜不能眠,伏枕独展转。忧来如寻(循)环,匪席不可卷。(秦嘉《赠妇诗》其一)⑥
> 暮宿河南,怅望天阴,雨雪滂滂。(蔡邕《初平诗》,或为其

---

① 《后汉书》卷八十上《文苑列传上》,北京:中华书局,1965,第2610—2613页。
② 《汉书》卷三十《艺文志》,北京:中华书局,1962,第1756页。
③ [宋]李昉等《太平御览》卷八百一十五,北京:中华书局,1960,第3626页下。
④ [宋]李昉等《太平御览》卷九百一十六,北京:中华书局,1960,第4059页下。
⑤ [唐]虞世南编纂《北堂书钞》卷一百四十九,影印光绪十四年南海孔氏三十有三万卷堂影宋刊本,北京:学苑出版社,2003,下册,第507页下。
⑥ [陈]徐陵编,[清]吴兆宜注,程琰删补,穆克宏点校《玉台新咏笺注》卷一,北京:中华书局,1985,第30页。

诗残序)①

　　青青河边草,绵绵思远道。远道不可思,宿昔梦见之。梦见在我傍,忽觉在他乡。他乡各异县,展转不可见。枯桑知天风,海水知天寒。入门各自媚,谁肯相为言?客从远方来,遗我双鲤鱼。呼儿烹鲤鱼,中有尺素书。长跪读素书,书中竟何如?上有加餐食,下有长相忆。(《饮马长城窟行》,或曰蔡邕作)②

　　河清不可俟,人命不可延。顺风激靡草,富贵者称贤。文籍虽满腹,不如一囊钱。伊优北堂上,抗脏倚门边。(赵壹《秦客诗》)③

较之讲求篇辞宏伟的诗经体和楚辞体,这些诗作取喻清新,意象完整,因诗的独立性增强,或因演唱曲式的变化,常见的段落、音节重复回环的对称结构,被趋于主次分明的线性结构所替代,句式趋于自由,句意浅显流畅,叠音、顶真等修辞手法的使用,又使之具备一咏三叹的艺术效果;同时,又将真实与深刻的情感,灌注于精微的意象铺陈当中,而富于感染力。《饮马长城窟行》《古诗为焦仲卿妻作》等汉乐府诗歌,秦嘉的三首《赠妇诗》,以及经过儒吏文士加工的《古诗十九首》等,大体都可归入此类。

由萧统命名的《古诗十九首》和留存下来的汉乐府,常将文士游宦、友朋契阔、夫妻离伤、兄弟死别、闺门幽怨等个人命运,置于社会动荡的大环境之中,人生无常、及时行乐、游子思乡、求仙饮

---

① 逯钦立辑校《先秦汉魏晋南北朝诗》,北京:中华书局,1988,第194页。
② [梁]萧统编,[唐]李善注《文选》卷二十七,上海:上海古籍出版社,1986,第1277—1278页。
③ 《后汉书》卷八十下《文苑列传下》,北京:中华书局,1965,第2631页。

酒,是几个最核心的艺术主题,其中不少篇章,都暗含下层知识分子彷徨失意、游离伤感的情怀,传达他们对生命、生存问题的思考与质疑,而与宫廷雅乐诗歌、民间歌谣迥然不同,如:

  青青陵上柏,磊磊涧中石。人生天地间,忽如远行客。斗酒相娱乐,聊厚不为薄。驱车策驽马,游戏宛与洛。洛中何郁郁,冠带自相索。长衢罗夹巷,王侯多第宅。两宫遥相望,双阙百余尺。极宴娱心意,戚戚何所迫。(《青青陵上柏》)
  ……何不策高足,先据要路津。无为守穷贱,坎轲长苦辛。(《今日良宴会》)
  ……昔我同门友,高举振六翮。不念携手好,弃我如遗迹。……(《明月皎夜光》)①

后世常将这些诗作,托名枚乘、傅毅、蔡邕、王粲、曹植等人,事实上,就其题材和主题而论,这些诗歌即便出自民间歌谣,其中一部分,也离不开中下层儒吏的采辑或加工,而后世所托之人,只是其中的代表,多不可信。从一些诗句互见于异篇,以及篇名相同而内容略异的情况看,它们经过了多人的加工和传录。如篇名略同的两首:

  长安有狭斜,狭斜不容车。适逢两少年,挟毂问君家。君家新市傍,易知复难忘。大子二千石,中子孝廉郎。小子无官职,衣冠仕洛阳。三子俱入室,室中自生光。大妇织绮纻,中

---

① [梁]萧统编,[唐]李善注《文选》卷二十九,上海:上海古籍出版社,1986,第1344—1346页。

妇织流黄。小妇无所为,挟琴上高堂。丈人且徐徐,调弦讵未央。(《长安有狭斜行》)[1]

相逢狭路间,道隘不容车。不知何年少,夹毂问君家。君家诚易知,易知复难忘。黄金为君门,白玉为君堂。堂上置樽酒,作使邯郸倡。中庭生桂树,华灯何煌煌。兄弟两三人,中子为侍郎。五日一来归,道上自生光。黄金络马头,观者盈道傍。入门时左顾,但见双鸳鸯。鸳鸯七十二,罗列自成行。音声何噰噰,鹤鸣东西厢。大妇织绮罗,中妇织流黄,小妇无所为,挟瑟上高堂。丈人且安坐,调丝方未央。(《相逢狭路间》,又作《相逢行》)[2]

同为乐府诗歌,前者以叙事为主,不带褒贬色彩,简略但完整;后者叙事、夸饰兼用,极力铺陈,暗含羡艳之情,但意象、结构涣散,或是传抄讹误或拼合所致,[3]或是不断丰富,但词句锤炼、意象裁剪不足的版本。

汉代儒吏创作、加工、抄诵的诗歌,流传下来的很少,但这并不意味着创作者和作品鲜少。相反,我们认为,由于乐府辑录诗作数量有限,而中下层文人相对零散的创作活动,也影响传抄范围和保存情况,从而导致大部分汉诗湮灭不存。在肩水金关和敦煌烽燧出土的两枚简牍上,分别留有基层掾史引诗属文和诗歌创作(或抄录)的材料(图4.2),或能从一个侧面说明问题:

---

[1] [宋]郭茂倩《乐府诗集》卷三十五,北京:中华书局,1979,第514页。
[2] [宋]郭茂倩《乐府诗集》卷三十四,北京:中华书局,1979,第508页。
[3] 曹旭《古诗十九首与乐府诗选评》,上海:上海古籍出版社,2011,第92—93页。

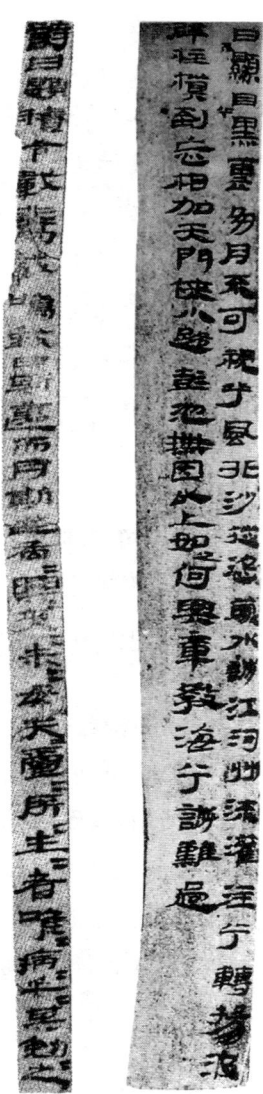

图 4.2　左:《诗经》录句(73EJT31 :102B),1.2 × 23 厘米,1973 年肩水金关出土;右:《风雨诗》(敦 2253),约 16 × 2 厘米,20 世纪初斯坦因发现于敦煌烽燧。

诗曰"题(彼)积令,载鸢载鸣,我日斯迈,而月斯证,蚤兴夜未,毋天玺所生"者,唯病乎,其勉之!勉之!(73EJT31:102B)①

日不显目兮黑云多,月不可视兮风非沙。从悠蒙水诚江河,州流灌注兮转扬波。辟柱模到忘相加,天门徕小路彭池。无因以上如之何,兴章教海兮诚难过。(敦煌汉简2253)②

第一例所引,出自《诗经·小雅·小宛》"题彼脊令,载飞载鸣。我日斯迈,而月斯征。夙兴夜寐,毋忝尔所生",诗歌起兴于鹡鸰飞鸣不曾停息之象,意在告诫为王者当勤于政务,日有所决,月有所行,早起夜卧,不辱没父祖。③书写简牍的掾史,无疑深受诗句感染,诵写时,他以自己生病不能勤务而自省自勉。第二例是一首汉代佚诗,从开篇所写意象看,很可能是河西汉塞儒吏的诗作,这支残简,或是诗稿,或是抄本。无论怎样,边塞掾史尚且抄诵经传、引诗属文,则我们对汉代文化教育普及和艺术创作队伍,当有新的认识。敦煌汉简481A"故建明堂,立辟雍,设学校详序之。官兴礼乐,以风天下。诸生、庶民,翕然响应,食胼目时,走步自然"④之残句,便是汉代文化教育政策流播边塞的见证。推而论之,在文化相对发

---

① 自"蚤兴夜未"以下皆有重文符号,此处省去并加标点。释文与图版见甘肃简牍保护研究中心等编《肩水金关汉简(三)》中册,上海:中西书局,2014,第223页。
② 中国简牍集成编辑委员会编《中国简牍集成·甘肃省》第三册,兰州:敦煌文艺出版社,2001,第310页。
③ [汉]毛亨传,[汉]郑玄笺,[唐]孔颖达疏《毛诗正义》卷第十二,北京:北京大学出版社,2000,第871—872页。
④ 中国简牍集成编辑委员会编《中国简牍集成·甘肃省》第三册,兰州:敦煌文艺出版社,2001,第61页。

达的地区,地方儒吏的诗歌创作活动,亦当更为频繁。

三、赋的创作与传抄

1."言语侍从之臣"与"儒吏"的关系

得益于帝王喜好和制度支持,汉赋的创作,西汉武、宣时期和东汉灵帝时期最为活跃。[①] 班固《两都赋序》论赋的源流、功能和西汉创作盛况云:

> 或曰:"赋者,古诗之流也。"昔成、康没而颂声寝,王泽竭而诗不作。大汉初定,日不暇给。至于武、宣之世,乃崇礼官,考文章。内设金马、石渠之署,外兴乐府、协律之事,以兴废继绝,润色鸿业。是以众庶悦豫,福应尤盛,白麟、赤雁、芝房、宝鼎之歌,荐于郊庙。神雀、五凤、甘露、黄龙之瑞,以为年纪。故言语侍从之臣,若司马相如、虞丘寿王、东方朔、枚皋、王褒、刘向之属,朝夕论思,日月献纳。而公卿大臣御史大夫倪宽、太常孔臧、太中大夫董仲舒、宗正刘德、太子太傅萧望之等,时时间作。或以抒下情而通讽谕,或以宣上德而尽忠孝。雍容揄扬,著于后嗣,抑亦《雅》《颂》之亚也,故孝成之世,论而录之。盖奏御者千有余篇,而后大汉之文章,炳焉与三代同风。[②]

显然,汉赋的首要功能,是为帝王颂功述德,次之,才是个体情志的

[①] 龚克昌、苏瑞隆等评注《两汉赋评注》,济南:山东大学出版社,2011,序言。
[②] [梁]萧统编,[唐]李善注《文选》卷一,上海:上海古籍出版社,1986,第1—3页。标点另参见龚克昌、苏瑞隆等评注《两汉赋评注》,济南:山东大学出版社,2011,第464页。

传达,这个特征,与汉碑刊立相同。值得注意的是,班固将西汉赋作者,分为"言语侍从之臣"和"公卿大臣"两类,并指出,前者"日月献纳",后者"时时间作",似有"专职"与"业余"之别。依照他的逻辑,东汉灵帝时期鸿都门学辞赋人才,及与其职能相近的兰台令史、校书郎、侍郎、博士、侍御史等,也属于前者。如此划分,从创作者职务高下和职司差异上看是合理的,但从作品、作者、创作的具体细节而论,又是含混的。由于很多篇章诞生时作者职务和创作情境已难以一一对应,况且像公卿萧望之、袁安、张奂等,还有郡吏、公府掾等经历,有侍从和公卿职务的流动,且各时期都有作品诞生,因此,班固的区分,正如本书所论"掾史"或"儒吏"一样,都是相对意义上的概念。

同时,由于班固立论围绕帝王,因此,他所说的"言语侍从之臣",还不包括侯国、郡、县等行政机构中辞赋作者。若将其加以延伸,则凡中枢、地方的"言语侍从"之臣、属,就与"儒吏"的广义趋于接近。当然,两者都难以涵盖偶尔为赋的公卿、隐居的名儒等群体。不过,现存汉赋的作者,儒吏和历职儒吏者占大半,他们大多政治地位不高,或在中枢侍伴帝王,或在五府或郡县担任掾史,[①]其作品数量为汉赋的大宗也是事实。

[①]《两汉赋评注》所录汉赋作者70余家,曾任掾史的至少有28人(贾谊、王褒、扬雄、崔篆、班彪、冯衍、杜笃、傅毅、崔骃、王充、袁安、班固、李尤、张衡、崔瑗、马融、皇甫规、王逸、朱穆、崔寔、张奂、桓麟、赵岐、赵壹、边让、蔡邕、郑玄、祢衡),他们中有终生为掾的,有升至三公的,大多终职于三百到六百石左右的官职;其次,可广义上看作儒吏的、秩次在三百石到六百石左右的郎中、侍郎、博士、议郎、谏议大夫、刺史、诸侯相等,又占近一半,帝王、诸侯、后宫和才女,仅有数人。见龚克昌、苏瑞隆等评注《两汉赋评注》,济南:山东大学出版社,2011。

2. 儒吏的汉赋创作

儒吏所作汉赋,有歌颂功德、讽谏箴劝、风物状写、抒情言志几个主要主题,前两者是汉代儒吏以文参政的产物,后两者是儒吏观物察世的结晶,或者说,它们都是儒吏仿效先圣"立德""立言"的结果。正因如此,儒吏所作汉赋,与古代经传保持最为密切的联系:一方面,像班固一样,他们把自己纪颂、箴劝类赋作,看作三代史臣职责的延续,把自身览物抒怀之言,看作"斟酌群言,麁其是而矫其非"(蔡邕《释诲》)①、"通灵感物,写神喻意"(马融《长笛赋》)②的活动;另一方面,他们通常以儒家思想为依据,以经史典故为材料,以古论今,以古证我,并将其贯穿在修辞、立意、立论等诸方面,普遍体现依尊经典的意识。基于这些心理,先秦已经流行的四言、骚体、散文,尤其是四言和骚体,被优先选用和广泛演绎,且集各文体之长,不断丰富、融合,提升各体的形式空间和艺术表现力,而存世作品较多的儒吏,也大多博采各题、兼长诸式。如短暂担任过门下史的扬雄,出蜀前以散体写就《蜀都赋》,游历京师后,以骚体为主要形式,写成《甘泉赋》《河东赋》《河水赋》《太玄赋》《反离骚》,以散体写成《羽猎赋》《长杨赋》《解嘲》《解难》,以四言写成《逐贫赋》《酒赋》,其中的《长杨赋》《太玄赋》《解嘲》等,又是诸体的综合;从题材和主题上看,《蜀都赋》为风物状述类,《甘泉赋》《河东赋》《羽猎赋》《长杨赋》为歌颂汉德类,其余诸篇,则可归入抒情言志类。再如,以掾史为主要职务的傅毅,曾以散体写过讽谏箴劝类的《七激》,以及风物状述类的《洛都赋》《舞赋》《琴赋》《扇

---

① 《后汉书》卷六十下《蔡邕列传》,北京:中华书局,1965,第 1980 页。
② [汉]马融《长笛赋》,见[梁]萧统编,[唐]李善注《文选》卷十八,上海:上海古籍出版社,1986,第 821 页。

赋》等。

秉持"不歌而诵谓之赋,登高能赋可以为大夫"① 的信念,儒吏将汉赋的写作,看成自身修养高下的见证,而诗赋创作能力,一定程度上,便是身份自我认同的一个依据。这一动机,甚至可以看作儒吏自主创作的核心动力,它使得儒吏不仅对前代政治论题、文赋创作问题有持续的热情,也对王政时事保持密切的关注,通过撰赋立言,在选题、谋篇、立意等方面,彼此效仿或超越,展现汉代士夫风雅。例如:当光武新朝伊始,着手选定都城时,杜笃的《论都赋》,傅毅的《洛都赋》《反都赋》,崔骃的《反都赋》等便应事而出。同样,仿效西汉枚乘讽谏性的《七发》,后世傅毅作《七激》,刘广世作《七兴》,崔骃作《七依》,李尤作《七款》,张衡作《七辩》,崔瑗作《七苏》,马融作《七厉》,崔琦作《七蠲》,刘梁作《七举》,桓麟和桓彬各作《七说》,诸篇或谏讽长吏,或箴劝弟子,或抒怀言志,为同一文式的演绎。而同一儒吏的作品,也往往可以见出他们各自纪言纪行的兴趣范围,如名儒马融存世赋篇(含存目)中,有状述音乐艺术的《长笛赋》《琴赋》,有状写汉代游戏的《围棋赋》《樗蒲赋》,还有为长吏颂写的《梁将军西第赋》等,在《长笛赋》序言中,他表明该篇是"追慕王子渊、枚乘、刘伯康、傅武仲等萧、琴、笙颂,唯笛独无,故聊复备数"② 而作。

部分汉赋家曾走过以文仕进的道路,但大多数儒吏,挟技而无闻。文豪扬雄,任黄门郎等职达二十年,只有到晚年,才"以耆老久次转为大夫"③;文史兼善的班彪,在两汉之际的动乱中,辗转任隗

---

① 《汉书》卷三十《艺文志》,北京:中华书局,1962,第1755页。
② [汉]马融《长笛赋》,见[梁]萧统编,[唐]李善注《文选》卷十八,上海:上海古籍出版社,1986,第808—809页。
③ 《汉书》卷八十七下《扬雄传下》,北京:中华书局,1962,第3583页。

嚣、窦融、司徒府的掾史,其《览海赋》《游居赋》《北征赋》,都是流离奔波时叙事言志的作品;而抒发怀才不遇、进退无措的心志,也成为儒吏作品的重要主题,可见于扬雄《逐贫赋》、赵壹《穷鸟赋》和《刺世疾邪赋》、蔡邕《释悔》等作品中。总体上,当文谏之路不断阻塞后,呈献类鸿篇巨制的创作热情逐渐降低,到东汉以后,言志抒情类赋篇的创作动力增强。由此,研究者曾将汉赋分为三个时期:汉初至武帝初为丽则骚赋时期(陆贾、贾谊、淮南王及门客等);汉武帝初期至东汉初为丽淫大赋时期(司马相如、枚皋、东方朔、司马迁、董仲舒、王褒、刘向、扬雄、刘歆等);东汉初至汉末为抒情小赋时期(冯衍、班彪、班固、杜笃以至汉末诸家)。① 无论如何描述分期和特征,两汉赋是从依靠政治和经学的支撑,到逐渐摆脱它们的约束,又向题材和形式更为自由、个体情志传达日益高扬的方向发展的,期间,儒吏是至关重要的一个创作群体。

3. 底层掾史的《神乌赋》

与碑刻刊立工史协作不同,汉赋的创作者,一般是一人,但完成后的作品,还要经过传抄,期间也会有改编或修订问题,能从辑录先后和篇章完整程度进行作品接受问题的考察,但迫于原物不存,大多只限于文字内容的校订。能够见证汉代掾史撰写、抄录汉赋的实例,是1993年3月从江苏省连云港市东海县尹湾六号汉墓出土的《神乌傅(赋)》(图2.28、图4.3)。

《神乌赋》是一篇佚赋,其创作年代,应不晚于墓主(东海郡功曹师饶)下葬的元延三年(前10),上限在汉成帝置"贼曹"以后。②全赋以乌为寓,讲述了一个悲剧故事:雌雄二乌建巢官府,而被盗

---

① 姜书阁《汉赋通义》,济南:齐鲁书社,1989,第74—278页。
② 伏俊琏《俗赋研究》,北京:中华书局,2008,第187—188页。

第四章　修身问学与音乐诗文的雅作　　　　　　　　　　　　　351

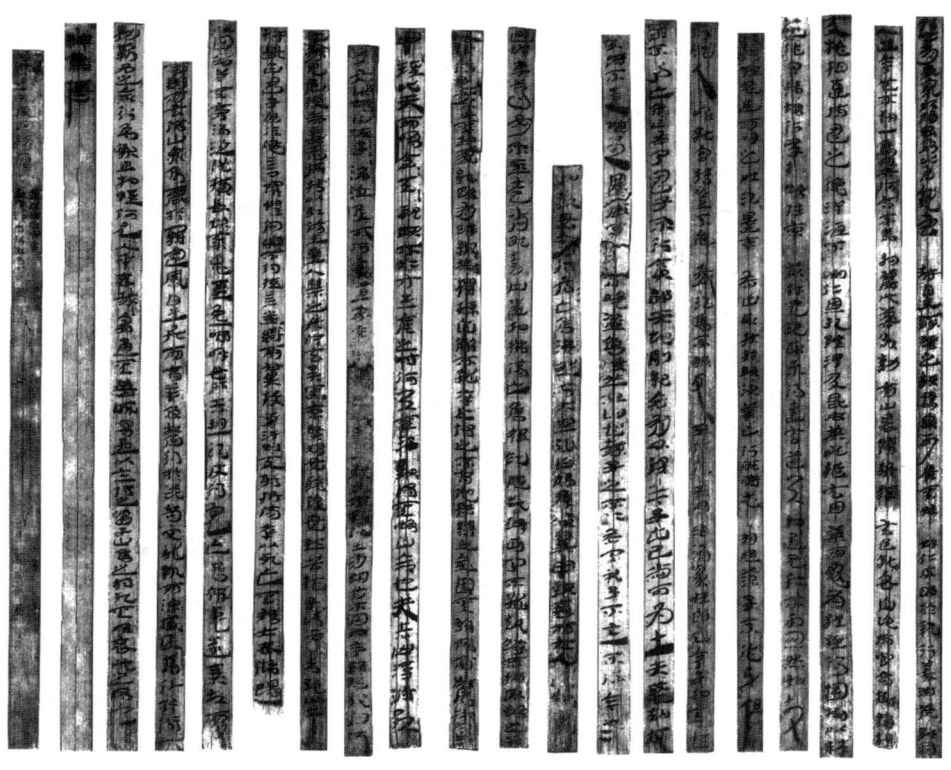

图 4.3　《神乌赋》(M6 竹简 114—133),约前 10 年左右,22.5—23 × 0.8—1 厘米,1993 年连云港尹湾汉墓出土。

乌偷窃,雌乌与盗乌搏斗受伤,且为官府拘捕,不能逃脱,雄乌欲同赴死,而雌乌不许,嘱其另寻贤女,养育幼子,而后投地而死,雄乌哀告无门,只得飞离。

　　与其他掾史墓葬品一样,师饶的文书葬品,除《神乌赋》外,都是实用文书:写在竹简上的《元延二年日记》《刑德行时》《行道吉凶》与写在木牍上的七份官文书、两份占卜书、两份历谱、两份《衣物疏》、一份名谒。从笔迹上看,抄写《神乌赋》所用的草书,与同墓出土的《集簿》(YM6D1)、《赠钱名籍》(YM6D7、YM6D8)、《元延二年日记》(竹简1—76,尤见14—73)极为相似,由此我们认为,《神乌赋》由师饶抄写的可能性最大。抄写正文、标题的宽简共有19支,第20枚墨迹漫漶,有"□书佐凤阳□□,兰陵游徼□□/故襄贲□沂县功曹□□"①之句,一般认为是此赋作者或抄写者的信息,其职务为一名少吏。② 同时,赋文中还有一些段落,可以间接说明作者的身份:

　　　　……欲勋南山,畏惧猴猨。去色就安,自诧府官。高树纶棍,支格相连。府君之德,洋溢不测。仁恩孔隆,泽及昆虫。莫敢抠去,因巢而处。

　　　　……亡乌曰:"吾闻君子,不行贪鄙。天地刚(纲)纪,各有分理。今子自已,尚可为士。夫惑知反,失路不远。悔过迁

---

① 连云港市博物馆、东海县博物馆等《尹湾汉墓简牍》,北京:中华书局,1997,第130页。
② 连云港市博物馆、东海县博物馆等《尹湾汉墓简牍初探》,《文物》1996年第10期。

臧,至今不晚。"……①

上引第一段"自诧府官"建巢而居,第二段雌乌引句以士比况,表明赋作者或为地方小吏兼知识分子。综合起来,本书认同万光治先生的意见:《神乌赋》的作者"或为当地人,且曾任东海郡署的中下级吏员,对东海的民情,有相当的了解",并且,"尹湾汉墓墓主无论是否为该赋的作者,其独以《神乌赋》殉葬,实出于他对当时的现实,有深切的忧患;对中下层士人的命运,也有更深刻的思考"②。

《神乌赋》以叙事为主,兼状物、抒情、寓言等手法,属中下层儒吏借鉴口语、俗文学进行创作,而未能彻底雅化的作品,③与名家赋作相比,虽艺术水准略逊,但或能反映地方掾史汉赋创作、抄诵和收藏的风气。

最后,师饶(或亲友)以流畅飞动的草书,将喜爱的赋作抄写下来,从而将书法和文赋合为一体。与其类似的抄诵、学习行为,在汉代中下层儒吏身上最为普遍。同时,史载的著名儒吏,则本着修养六艺和晋升士夫的信念,将音乐、诗、赋及书法,贯穿于他们的日常生活中,形诸文字,付之翰墨,调为音声,艺术创作活动便彼此互生。诸如马援和唱而成《武溪深》,蔡邕录汉代琴家四十余篇集成

---

① 抄本有大量异体和通假字,此处仍按原简用字,释文见裘锡圭《〈神乌赋〉初探》,《文物》1997年第1期;又载连云港市博物馆、中国文物研究所编《尹湾汉墓简牍综论》,北京:科学出版社,1999,第1—7页。
② 万光治《尹湾汉简〈神乌赋〉研究》,《四川师范大学学报(社会科学版)》1997年第3期。
③ 该篇常归入俗赋,相关研究见万光治《尹湾汉简〈神乌赋〉研究》,《四川师范大学学报(社会科学版)》1997年第3期;伏俊琏《俗赋研究》,北京:中华书局,2008,第187—192页。

《琴曲歌辞》,① 以及王褒《洞箫赋》,傅毅《舞赋》《琴赋》,李尤《平乐观赋》,马融《长笛赋》《琴赋》,蔡邕《笔赋》《弹琴赋》《瞽师赋》《霖雨赋》等作品的诞生,便是例证。他们或涉足音乐、舞蹈、书法、民间曲艺,或状述器具制作、门类艺术的特征,在先秦和秦代基础上,推进了门类艺术的分化和研究。

第三节 汉代掾史的艺术理论著述

在音乐、诗歌、文赋辑录、创作之外,汉代掾史修身问学的另一个重要方面,是关注和讨论艺术问题:叙其源流和功用,述其门类和作品,论其原理与特征。故汉代艺术理论著述较前代丰富,在专门性文体、所及问题上,也有新的突破。不过,由于艺术与政治、经学研究关系密切,因此,相关著述还混杂在政论文和史传中,零星见于子书、文赋和碑刻,故专著、专论不多。本节即梳理其中的儒吏著述,以分析两汉人眼中"艺术"的概念、常见的理论和批评术语以及儒吏的艺术理论创见。

一、两汉时"艺术"的概念

两汉时,"术艺"与"艺术"兼用,仅检汉碑碑文,便有大量例证,如:

> 君幼□颜、闵之懋质,长敷游、夏之文学,慈惠宽□,孝友玄妙。苞罗术艺,贯洞圣□,博兼□□,耽综典籍。(《敦煌长

---

① 逯钦立辑校《先秦汉魏晋南北朝诗》汉诗卷八,北京:中华书局,1988,第281—324页。

史武斑碑》,147年)①

耽乐术艺,文雅少畴。治《易》《韩诗》,垂意《春秋》。(《汉广汉蜀国都尉丁鲂碑》,151年)②

敦诗悦礼,殚心术艺。(《汉封丘令王元宾碑》,161年)③

耽艺乐术,恬忽世荣。(《汉故金乡守长侯成碑》,169年)④

恢廓术艺,以道苽民。(《安平相孙根碑》,181年)⑤

有时,也用作"典艺""六艺"或"雅艺",例如:

习父东光君业,兼综六艺,博物多识,略涉传记。(《汉故竹邑侯相张寿碑》,168年)⑥

张仲孝友,雅艺攸载。天挺留侯,应期佐治。(《冀州从事张表碑》,168年)⑦

研综典艺,实好斯文。(《幽州刺史朱龟碑》,185年)⑧

---

① 高文《汉碑集释》2版,开封:河南大学出版社,2008,第77页。
② [宋]洪适《隶释》卷十七,《石刻史料新编》第一辑09册,台北:新文丰出版公司,1977,第6924页上。
③ 叶程义《汉魏石刻文学考释》,台北:新文丰出版公司,1997,第558页。
④ [宋]洪适《隶释》卷八,《石刻史料新编》第一辑09册,台北:新文丰出版公司,1977,第6841页上。
⑤ [宋]洪适《隶释》卷十,《石刻史料新编》第一辑09册,台北:新文丰出版公司,1977,第6864页下。
⑥ [宋]洪适《隶释》卷七,《石刻史料新编》第一辑09册,台北:新文丰出版公司,1977,第6836页下。
⑦ [宋]洪适《隶释》卷八,《石刻史料新编》第一辑09册,台北:新文丰出版公司,1977,第6839页下。
⑧ [宋]洪适《隶释》卷十,《石刻史料新编》第一辑09册,台北:新文丰出版公司,1977,第6870页上。

> 六艺虞精,孔流怀远。(《汉督邮斑碑》,东汉)①
> 君长子称孝存,姿操敦良,耽志好学,博览雅艺。(《曲红长熊君碑》,东汉)②

更宽泛时,用作"文艺"或"艺",例如:

> 根道核艺,抱淑守真。(《北海相景君碑》,143年)③
> 履孝悌之性,怀文艺之才,包洞典籍,刊摘沉秘,知机达要,通含神契。(《琅琊王傅蔡朗碑》,158年)④
> 治《诗》《尚书》,兼览群艺,靡不寻赐。(《夏承碑》,170年)⑤
> 弘此文艺,耽怡是宁。(《彭城姜伯淮碑》,东汉)⑥

上述用法,又可印证于班固《汉书·艺文志》和刘熙《释名》。《汉书·艺文志》依循儒家传统,分汉代藏书为六艺、诸子、诗赋、兵书、数术、方技六大类,⑦ 其中的"六艺",实指六经(《礼》《乐》《书》《诗》《易》《春秋》),与《周礼·地官·保氏》所述教国子之"六艺"不同,后者指五礼、六乐、五射、五驭(御)、六书、九数,为六种学问

---

① [宋]洪适《隶释》卷十二,《石刻史料新编》第一辑09册,台北:新文丰出版公司,1977,第6889页上。
② 叶程义《汉魏石刻文学考释》,台北:新文丰出版公司,1997,第787页。
③ 高文《汉碑集释》2版,开封:河南大学出版社,2008,第62页。
④ 叶程义《汉魏石刻文学考释》,台北:新文丰出版公司,1997,第533页。
⑤ 高文《汉碑集释》2版,开封:河南大学出版社,2008,第348页。
⑥ 叶程义《汉魏石刻文学考释》,台北:新文丰出版公司,1997,第769页。
⑦《汉书》卷三十《艺文志》,北京:中华书局,1962,第1701—1781页。

或技艺。① 班固"六艺"承自孔子的经典修订和教授,然随着文艺创作的发展,到汉代,战国和秦代的诗、赋已有新的成果,故"诗赋"一类可看作孔子以后的"诗",再将它们与"数术"综合起来,则前汉时期的"艺术",泛指六经典籍研习及其相关技艺的应用或创作。上述碑文中的"六艺"或"术艺",也大多是这层意思。

刘熙《释名》有书契、典艺、乐器三篇与艺术关系密切,他将三者作为并列单元,分条训义,又按名、物、用等差异区分子类:

书契:笔、研、墨、纸、板、奏、札、简、簿、笏、启、椠、牍、籍、橄、检、玺、印、谒、符、节、传、券、莂、契、策、册、示、诣、书、画、刺、题、署、告、表、约、谓。

典艺:三坟、五典、八索、九丘、经、纬、图、谶、易、礼、仪、传、记、诗雅颂、尚书、春秋、国语、尔雅、论语、法、律、令、科、诏书、论、赞、叙、铭、诔、谥、谱、统、碑、词。

乐器:钟、磬、鼓、鞉、𪔐、簧、瑟、筝、筑、箜篌、枇杷(琵琶)、埙、箎、箫、笙、竽、簧、搏、柷、敔、舂、篴、篪、铙、歌、吹、吟。②

《释名》成书于汉末,分类方法延续《尔雅》,而更为细致,可反映东汉末期人们对"艺术"的认识。按其分类,"书契"为文字的书写、封署等名物,与我们第二章所述大体相合;"典艺"是典籍和"艺

---

① [汉]郑玄注,[唐]贾公彦疏《周礼注疏》卷十四,北京:北京大学出版社,2000,第410—416页;陈国庆编《汉书艺文志注释汇编》,北京:中华书局,1983,第8页。
② [汉]刘熙《释名》卷六、卷七,见[清]王先谦撰集《释名疏证补》,影印光绪二十二年原刻本,上海:上海古籍出版社,1984,第294—320、329—336页。

术"的综合,还包括刘熙新纳入的汉代碑、铭等,同时,他将东汉流行的谶纬图经置于前列;"乐器"是《尔雅·释乐》的延伸,从现存版本来看,刘熙新加了筝、筑、箜篌、琵琶等多个乐器,所及种类较《尔雅》大大丰富,且区分了歌、吹、吟几种艺术活动。抛却刘熙个人学派见解,至少我们可以说,东汉末期理论视域中的"艺术",边界已大大扩展,其中既有典籍,也有与之相关的学问、技艺,还包括与典籍、艺术活动相关的器物和行为。

总之,两汉时"艺术"的概念,依托的是经学,在先秦贵族子弟教育制度日渐瓦解后,《周礼》所述"六艺"中的"礼""射""御"逐步淡出,而音乐、文字事关王政,故仍然保留其地位。这样,在汉代人看来,诗歌、音乐、文字及书法,是地位优先的门类艺术;汉代盛行的赋、碑、铭、诔等文学形式,及武帝以后经过改编的民间音乐等,亦逐渐纳入正统,可看作地位上升的门类艺术;最后,与典艺相关的数术,及宫廷和民间的百工技艺,可看作关联或外延的门类艺术。这些概念的关系,大体如图4.4。同时,由于"六艺"本身是知

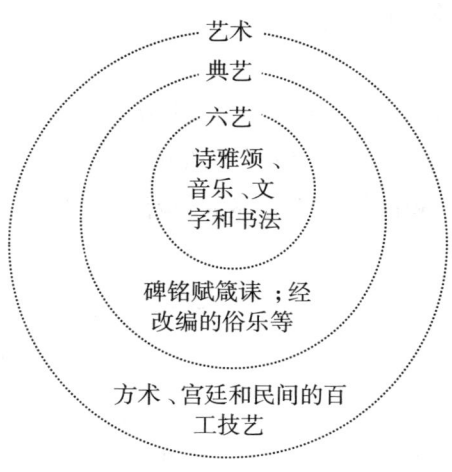

图4.4 汉代艺术概念的层级关系

识、技能及其载体(典籍)的综合,故又以"道艺"指六艺、学问和道术,具体应用时,"艺术"包含的内层对象和外层对象往往也彼此融合,对此,可举两则碑文来印证:

> 君天姿睿哲,敏而好学,如川之逝,不舍昼夜。是以道德漫流,文章云浮,数术穷天地,制作侔造化,瑰辞丽说,奇技伟艺,磊落焕炳,与神合契。(崔瑗撰《河间相张平子碑》,139年)①

> □修习典艺,既敦《诗》《书》,悦志《礼》《乐》,由复研机篇籍,博贯史略,雕篆六体,稽呈前人,吟咏成章,弹翰为法,虽杨、贾、班、杜,弗为过也。是以休声播于远近。(《三老掾赵宽碑》,180 年)②

无论崔瑗综论张衡文章、数术、制作、辞赋、技艺诸方面的成就,还是《赵宽碑》所述经史、文字、诗赋、书法几大类的"典艺",均是"艺术"诸类别的并陈,还没有严格的界定。而到晋夏侯湛再为张衡撰碑时,就十分明确:

> 若夫好学博古,贯综谟藉,坟典丘索之流,经礼训诂之载,百家九流之辩,诗赋雅颂之辞,金匮玉板之奥,谶契图纬之文,音乐书画之艺,方技博弈之巧,自洪范彝伦,以逮于若郯子之所习,介卢之所识者,罔不该罗其情,原始要终。故能学为人

---

① [清]严可均《全上古三代秦汉三国六朝文·全后汉文》卷四十五,北京:中华书局,1958,第 719 页。
② 高文《汉碑集释》2 版,开封:河南大学出版社,2008,第 434 页。

英,文为辞宗。(晋夏侯湛撰《张平子碑》)①

换言之,"音乐书画"在张衡那里样样皆备,但将几个后世共识的门类独立区分出来,称为"音乐书画之艺",是汉代以后的事。

二、对艺术传统与时弊的评述

秦汉著述承春秋战国诸子百家之余波,在思想传承和国家意识形态确立的过程中,吸收、阐发、融合了儒家、墨家、道家等诸子学说,其中,六经又是根本。历西汉初黄老之学,到西汉中期转向儒家经学以后,尊经崇儒的意识日益明显,且持续数百年之久。汉代著述的主旨,仍然是政治理论和人生理论,对艺术问题的探讨,大体围绕礼乐制度、王权统治、经典正误展开,艺术论著仍处于依附地位,甚至,更多的时候,艺术诸问题和现象,只是著述者用来表述道统和古典,求证自身思想合法性的材料或论据,阐述经籍是这样,批判时弊亦是如此。

同时,各类著述也暗含著述家自身的志趣,他们的职务、身份、学养和著述环境,决定了著述的目的、形式、类型和论调。例如:班固身处兰台、刘珍就职东观时,不仅是名儒,也是帝王宠近的"言语侍从之臣",在为儒道发言时,还兼为王道正声;耿介傲慢的王充,是不甘为掾而又难以释怀的儒生,只能隐退闲居,著一家之言;从乡啬夫、乡佐、郡吏起步,转拜诸家,中年才跻身名儒的郑玄,深谙东汉官场现状,遂潜心学问,注经授徒,他的著述,要少却很多时政的干扰。基于著述情境,我们对儒吏的艺术见解,或能有宏观的

---

① [清]严可均《全上古三代秦汉三国六朝文·全晋文》卷六十九,北京:中华书局,1958,第1858页下。

把握。

1. 相关著述中的艺论

（1）贾谊《新书》论艺

《新书》诸篇，并非贾谊任门下史时所作，但因汉初儒吏所论，以他为代表，此处作简要考察。见于《新书》的文章，主要有两个主题，一是过秦，二是强权，其中，《傅职》一篇强调六艺、数术对于王储教育和王政运行的功能，《六术》一篇阐述六艺对个体的教化意义：

> 是以先王为天下设教，因人所有，以之为训；道人之情，以之为真。是故内法六法，外体六行，以与《书》《诗》《易》《春秋》《礼》《乐》六者之术以为大义，谓之六艺。令人缘之以自修，修成则得六行矣。六行不正，反合六法。艺之所以六者，法六法而体六行故也，故曰六则备矣。①

在前代的基础上，贾谊以"六"为度，阐释了个体学习与德行之间的关系，由此，建立了六德（道、德、性、神、明、命）、六行（仁、义、礼、智、信、乐）与六艺的关系，并将之推衍到阴阳、天地、人所遵循的"六法"层面，即所谓"阴阳之六节""天地之六法""人之六行"。②

（2）《盐铁论》兼及篇句

西汉桓宽辑纂的《盐铁论》，录有汉昭帝始元六年（前81）"盐铁会议"上中枢公卿与郡国儒吏的部分言论。参加这次会议的60

---

① ［汉］贾谊著，阎振益、钟夏校注《新书校注》卷八，北京：中华书局，2000，第316页。
② ［汉］贾谊著，阎振益、钟夏校注《新书校注》卷八，北京：中华书局，2000，第317—318页。

余位选自郡国的贤良、文学,是传统政治文化理论的持守者,他们秉持董仲舒尊儒循经、回归王道的治政理念,与桑弘羊为代表的、力主均输和平准政策的实干家,展开激烈争论。贤良、文学一方企图否定汉武帝的政策,主张回归文帝休养民生的王道路线;而桑弘羊一方则肯定武帝的文治武功,求证均输、平准政策的实效,而被贤良文学一方视为"霸道"。① 在此议题下,艺术问题几乎不跻厅堂,仅仅在《遵道》篇中,两方举文艺活动为论:

> 谓丞相史曰:文学结发学语,服膺不舍,辞若循环,转若陶钧。文繁如春华,无效如抱风。饰虚言,以乱实,道古以害今。从之,则县官用废,虚言不可实而行之;不从,文学以为非也,众口嚣嚣,不可胜听。……
> 文学曰:师旷之调五音,不失宫商。圣王之治世,不离仁义。故有改制之命,无变道之实。……②

显然,无论批判文学的无用,还是依托师旷调音申述王道,双方都是在拿艺术说事,倘若说在他们略带意气的争论中,③ 有一件事关乎艺术,那就是艺术的社会价值,但显然,双方并没有新的解答。

(3)扬雄《太玄》《法言》论艺

扬雄晚年所著《太玄》和《法言》,同样是尊述儒学的著作。

---

① [汉]桑弘羊撰,王利器校注《盐铁论校注》,北京:中华书局,1992,前言第8—30页。
② [汉]桑弘羊撰,王利器校注《盐铁论校注》卷五,北京:中华书局,1992,第291—292页。
③ 这种意气,一方面或是会议上的实情,一方面可能与桓宽著述时的取向有关。

《太玄》仿效《易经》体例,又创自家语法,历来以简奥著称,限于学力难以纲举,仅以浅见,全书81首中,"乐""文""饰"等,术语、取象和阐理均来自儒家,其中涉及人的身心愉悦与音乐欣赏关系、文与质的辩证依存等问题。在《太玄·玄摘》一文中,扬雄对《易经》阴阳互生理论有进一步阐发:

> 夫天宙然示人神矣,夫地他然示人明矣。天地奠位,神明通气。有一、有二、有三,位各殊辈,回行九区,终始连属,上下无隅。察龙虎之文,观鸟龟之理。运诸七政,系之泰始,极焉以通璇玑之统,正玉衡之平。圆方之相妍,刚柔之相干。盛则入衰,穷则更生。有实有虚,流止无常。①

《太玄》融合儒、道、易各家学说,不仅丰富了儒家思想的内容,且他对宇宙、人生问题的思辨,启迪了后世王充、张衡以及魏晋玄学等诸家学说。②

成书晚于《太玄》的《法言》,是扬雄文化思想的集成。该书仿效《论语》,是为了匡正诸子儒生解经谬误,③ 有多处论述艺术,如:

> 或问:"吾子少而好赋。"曰:"然。童子雕虫篆刻。"俄而,曰:"壮夫不为赋也。"或曰:"赋可以讽乎?"曰:"讽乎!讽则

---

① [汉]扬雄撰,[宋]司马光集注,刘韶军点校《太玄集注》2版,卷七,北京:中华书局,2013,第217页。其余所论,参见卷二、四、五,第57—59、111—113、146—149页。
② [汉]扬雄撰,[宋]司马光集注,刘韶军点校《太玄集注》2版,北京:中华书局,2013,前言第1—3页。
③《汉书》卷八十七下《扬雄传下》,北京:中华书局,1962,第3580页。

已,不已,吾恐不免于劝也。"……

或问:"景差、唐勒、宋玉、枚乘之赋也,益乎?"曰:"必也淫。""淫、则奈何?"曰:"诗人之赋丽以则,辞人之赋丽以淫。如孔氏之门用赋也,则贾谊升堂,相如入室矣。如其不用何?"

或问:"交五声、十二律也,或雅,或郑,何也?"曰:"中正则雅,多哇则郑。"请问:"本。"曰:"黄钟以生之,中正以平之,确乎,郑、卫不能入也!"

或曰:"女有色,书亦有色乎?"曰:"有。女恶华丹之乱窈窕也,书恶淫辞之淈法度也。"①

或问:"铭。"曰:"铭哉!铭哉!有意于慎也。"②

通天、地、人曰儒,通天、地而不通人曰伎。③

这些句段,分别涉及赋的功能、赋作家评判、音乐雅俗之辨、缘饰之度、题勒铭刻之功能、儒与伎的区分等问题。其中,对诗人与辞人赋作"丽以则"和"丽以淫"风格差异的把握,对铭刻慎戒功能的点醒,尤其是将创作者(或表演者)的通达人文、融会原理,作为艺术技巧层次之上的素养,而揭示出艺术的人文特征,可谓扬雄的超迈之论。④

此外,扬雄还有一篇《琴清英》,他追述器乐的功能说:"昔者神

---

① 汪荣宝撰,陈仲夫点校《法言义疏》卷二,北京:中华书局,1987,第45、49—50、53、57页。
② 汪荣宝撰,陈仲夫点校《法言义疏》卷三,北京:中华书局,1987,第88页。
③ 汪荣宝撰,陈仲夫点校《法言义疏》卷十二,北京:中华书局,1987,第514—515页。
④ 扬雄天道观中对"人"的地位的树立,见许结《汉代文学思想史》,北京:人民文学出版社,2010,第197—198页。

农造琴,以定神,禁淫嬖,去邪欲,反其真者也。"又以一则不见史传的轶事,表明生活阅历对艺术欣赏的影响:

> 晋王谓孙息曰:"子鼓琴能令寡人悲乎?"息曰:"今处高台邃宇,连屋重户,藿肉浆酒,倡乐在前,难可使悲者。"乃谓:"少失父母,长无兄嫂,当道独坐,暮无所止,于此者,乃可悲耳。"乃援琴而鼓之。晋王酸心哀涕曰:"何子来迟也。"①

(4)班固《白虎通义》《汉书》论礼乐

由班固辑纂的《白虎通义》,是东汉建初四年(79)章帝和群臣诸儒稽核五经异同的部分成果。参加这次五经考订的,有不少中枢和地方的儒吏,当时或任郎官,或为博士,或为地方长令,见于史籍的有鲁恭(时任中牟令)、贾逵(时任郎官)、杨终(明帝时任职兰台,后为郎)、李育(时任博士)、丁鸿(时任射声校尉)、班固(时任玄武司马)、赵博(时任博士)等。②与群儒论证盐铁政策类似,白虎堂论经也是政治文化传统的一次求证,其中《社稷》《礼乐》等篇,零星涉及礼乐传统的阐释:

> 祭社稷有乐乎?《礼记》云:"乐之施于金石,越于声音,用于宗庙社稷。"③

---

① [汉]扬雄著,张震泽校注《扬雄集校注》,上海:上海古籍出版社,1993,第233—234页。
② [清]陈立撰,吴则虞点校《白虎通疏证》附录二,北京:中华书局,1994,第606—608页。
③ [清]陈立撰,吴则虞点校《白虎通疏证》卷三,北京:中华书局,1994,第92页。

>　　礼乐者,何谓也? 礼之为言履也。可履践而行。乐者,乐也。君子乐其得道,小人乐得其欲。王者所以盛礼乐何? 节文之喜怒。……闻角声,莫不恻隐而慈者;闻徵声,莫不喜养好施者;闻商声,莫不刚断而立事者;闻羽声,莫不深思而远虑者;闻宫声,莫不温润而宽和者也。……乐所以必歌者何? 夫歌者,口言之也。中心喜乐,口欲歌之,手欲舞之,足欲蹈之。故《尚书》曰:"前歌后舞,假于上下。"
>
>　　歌者在堂上,舞在堂下何? 歌者象德,舞者象功,君子上德而下功。《郊特牲》曰:"歌者在上。"《论语》曰:"季氏八佾舞于庭。"《书》曰:"下管鼗鼓","笙镛以间"。①

白虎堂论题,大部分是五经原典,少部分是当时要解决的现实问题,解决办法则是广泛征引儒家经典,上引第二则,便是《周礼》《礼记》《公羊传》《尚书》等典籍词句的改编。

　　自董仲舒倡议推行儒术,到白虎堂讲经,儒家学说在东汉官吏儒生中已深入人心,即便有经学上的古今之争,但有关礼乐制度的阐释,已不似盐铁会议时那样胶着。作为传统儒学的代表,班固辑录诸儒言论时,必经过了一定程度的加工,体例和旨意较《盐铁论》要完善许多。待到完成《汉书》写作时,班固承述西汉以来的礼学、乐律学成果,将其时儒家对礼乐废兴,制度沿革,乐曲舞式的传录、功能、类型等问题的认识,更为完备地体现在《礼乐志》中;将刘向、刘歆以来经学家对六艺传统,汉代文艺藏书类型,艺术的范围、功能、特征,及诸子学说流变等问题的认识,撮要于《艺文志》

---

① [清] 陈立撰,吴则虞点校《白虎通疏证》卷三,北京:中华书局,1994,第93—96、115—116页。

中。尽管他着意于政治和文化,且没有超出《白虎通义》的正统立场,也没有讨论一些汉代新兴的艺术现象,但班固二志,显然是司马迁《史记》"礼书"和"乐书"之后,汉代最为完备和系统的艺术文献,历代注解、研究已多,此处不赘。

(5)王充《论衡》之兼论

王充《论衡》一书在汉代著述中较为独特。一方面,他追求知识,崇尚客观,全书体现知性、疑古、求真的风格;另一方面,他的观点和方法,或因求一家之言,而难免偏颇,在非难前人文字、不满时人儒学的同时,既有雄见卓识,也有驳杂之处。王充是一个矜才负气而屈居乡邦的儒士,在数次为掾(历县、都尉府、太守府)而难以升迁的官宦生涯中,他将为官的渴望和艰难、对命运的理解、对谗佞的痛恨、对文吏的鄙夷,表露于陆续写就的篇章中。他本人似乎并不重视艺术,虽不能说艺术修养不高,至少也可以说,他看待艺术的态度是刻板的,甚至缺少相应的感受能力和浪漫情怀。① 他的《语增》《儒增》《艺增》诸篇,主要讨论前人著述文字语言的虚饰问题,例如,他从人的听力和视力范围,以及视听的角度入手,对《小雅·鹤鸣》"鹤鸣九皋,声闻于天"的分析:

> 诗云:"鹤鸣九皋,声闻于天。"言鹤鸣九折之泽,声犹闻于天,以喻君子修德穷僻,名犹达朝廷也。
>
> (言)其闻高远,可矣;言其闻于天,增之也。
>
> 彼言声闻于天,见鹤鸣于云中,从地听之,度其声鸣于地,当复闻于天也。夫鹤鸣云中,人闻声仰而视之,目见其形。耳目同力,耳闻其声,则目见其形矣。然则耳目所闻见,不过十

---

① 徐复观《两汉思想史》第二卷,上海:华东师范大学出版社,2001,第64页。

里,使参天之鸣,人不能闻也。何则?天之去人以万数远,则目不能见,耳不能闻。今鹤鸣,从下闻之,鹤鸣近也。以从下闻其声,则谓其鸣于地,当复闻于天,失其实矣。其鹤鸣于云中,人从下闻之;如鸣于九皋,人无在天上者,何以知其闻于天上也?无以知,意从准况之也。

诗人或时不知,至诚以为然;或时知,而欲以喻事,故增而甚之。①

王充把诗句意象当作客观现实来考察,无疑是按图索骥。尽管他认同诗人感时、伤民、高洁等精神主旨,但却将他们的修辞方法,确立为一个"问题",对这个"问题"的讨论,只能显示王充博学、好问、求真的一面,而无益于诗歌创作求美的一面。更重要的是,他对这些"问题"的思索,建基于一个客观现实的"人",而忽略了艺术中以主观求客观的"人"。这种倾向,实际上贯穿在他的全书之中,因而时常割裂著述原境,混淆修辞与现实的差异,在求正求实的同时,走向另一种偏离和保守。他说:

世俗所患,患言事增其实,著文垂辞,辞出溢其真,称美过其善,进恶没其罪。何则?俗人好奇,不奇,言不用也。故誉人不增其美,则闻者不快其意;毁人不益其恶,则听者不惬于心。闻一增以为十,见百益以为千,使夫纯朴之事,十剖百判;审然之语,千反万畔。墨子哭于练丝,杨子哭于歧道,盖伤失本,悲离其实也。②

---

① 黄晖《论衡校释》卷八,北京:中华书局,1990,第384—385页。
② 黄晖《论衡校释》卷八,北京:中华书局,1990,第381页。

本段所引典故,一见《墨子·所染》:"子墨子言见染丝者而叹,曰:'染于苍则苍,染于黄则黄,所入者变,其色亦变。五入必,而已则为五色矣。故染不可不慎也'。"① 一见《荀子·王霸》:"杨朱哭衢涂,曰:'此夫过举跬步而觉跌千里者夫',哀叹之。"② 两者取象不同,但均以人的正邪表王政之正邪。两个典故同样有增饰之语,却成为王充立论之据。依其说,似乎人的操行,会因听信史传诗赋的修辞,出现正途和歧路之分,而混淆了艺术欣赏与现实观照的差异,显然是牵强的。

王充警惕于修饰之辞,而主张朴实的风格,他对扬雄、班彪、班固等人文风的评价,主要也由此出发。③ 顺着他的思路,很多溢美之辞频见的汉碑、仿本逐侈的墓祠雕绘、争显丽辞的汉代辞作、文吏所为的书法和印章,大概也不被他看好。不过,王充与扬雄一样,没有固守汉儒厚古薄今的成见,④ 而且对一些艺术现象有深刻的体察,他说:

> 画工好画上代之人,秦、汉之士,功行谲奇,不肯图今世之士者,尊古卑今也。贵鹄贱鸡,鹄远而鸡近也。使当今说道深于孔、墨,名不得与之同;立行崇于曾、颜,声不得与之钧。何

---

① 吴毓江撰,孙启治点校《墨子校注》卷一,北京:中华书局,1993,第16页。
② [清]王先谦撰,沈啸寰、王星贤点校《荀子集解》卷七,北京:中华书局,1988,第218—219页。
③ 黄晖《论衡校释》卷二十,北京:中华书局,1990,第864—870页。
④ 扬雄《法言》篇末写道:"汉兴二百一十载而中天,其庶矣乎!辟雍以本之,校学以教之,礼乐以容之,舆服以表之,复其井、刑,勉人役,唐矣夫。"见汪荣宝撰,陈仲夫点校《法言义疏》卷十三,北京:中华书局,1987,第562页。

则？世俗之性,贱所见,贵所闻也。①

当然,他讨论画工之事,意在批判世俗之性,无关艺术本体。然而,王充对经艺文字的辨析,可能是汉代学术最为密致的成果之一,无论初衷何在,他已经触及到艺术创作的意图、艺术欣赏的主客观关系、艺术与现实生活的关联等问题,只是无意且未曾深究而已。

(6)蔡邕《独断》论礼乐制度

蔡邕《独断》一书,研究汉代书契、职官、礼乐、舆服等制度问题,既有源流、名物的阐释,也有对时代特征的概括。其中涉及艺术问题的有:玺印的材料、规制和等级,策书的尺度、书体规范,制书的起草、使用和封署,诏书的体式与名物规范,章、奏、表、驳议的功能与形式区分;太祝的职责,歌诗的别名,传世《清庙》《维天》等31首天子祭祀乐曲的句数和功能,四夷乐之别名;天子、三公、九卿及以下卤簿车驾和冠服的样式、制度等。②蔡邕的记述,是胡广、卫宏汉官著述的整合,又可与同期应劭的《汉官仪》等彼此参证,对文书和冠服制度、名物的考察是其优胜之处,为后世广泛引证。

除以上著述,汉代儒吏讨论艺术的,还有郑玄注解《毛诗》时写的《诗谱序》、王逸为《楚辞章句》各篇所写的17篇序论等。

总体上,汉代著述家对艺术传统的阐述,是经史诸子研究的一部分,祖述孔子、以古证今是基本特征,在崇古卑今的倾向下,除诗赋、音乐外,汉代新兴艺术门类,还处于艺术实践先于艺术理论的

---

① 黄晖《论衡校释》卷十八,北京:中华书局,1990,第810—811页。
② [汉]蔡邕《独断》,见王云五主编《汉礼器制度及其他五种》,上海:商务印书馆,1939,第3—5、7、13—14、24—29页。

状态之下。

2. 对艺术创作时弊的评判

汉代儒吏持守艺术传统的另一个重要表现,是以正统观念评判时弊。如马援上奏校正印章文字:

> 援上书:"臣所假伏波将军印,书'伏'字,'犬'外向。城皋令印,'皋'字为'白'下'羊';丞印'四'下'羊';尉印'白'下'人','人'下'羊'。即一县长吏,印文不同,恐天下不正者多。符印所以为信也,所宜齐同。"荐晓古文字者,事下大司空正郡国印章。奏可。①

马援的评判依据,不是印章书写篆刻的审美,而是代表文化正统的文字正讹。推衍开来,凡不合先圣传统的艺术创作或艺术现象,都会遭到汉代儒士的批评。另一个典型例子是蔡邕于熹平六年(177)对汉灵帝招诸"尺牍及工书鸟篆者"数十人的谏言:

> 夫书画辞赋,才之小者,匡国理政,未有其能。陛下即位之初,先涉经术,听政余日,观省篇章,聊以游意,当代博弈,非以教化取士之本。而诸生竞利,作者鼎沸。其高者颇引经训风喻之言;下则连偶俗语,有类俳优;或窃成文,虚冒名氏。……昔孝宣会诸儒于石渠,章帝集学士于白虎,通经释义,其事优大,文武之道,所宜从之。若乃小能小善,虽有可

---

① [汉]刘珍等撰,吴树平校注《东观汉记校注》卷十二《马援传》,北京:中华书局,2008,第430页。

观,孔子以为"致远则泥",君子故当志其大者。①

蔡邕以经学和国政为大,以书画辞赋为小,他举重抑轻的思路未被采纳。次年,汉灵帝置鸿都门学,尽管"画孔子及七十二弟子像"之举合乎众愿,但这个机构,却为一些"士君子皆耻与为列"的人,提供了获得高官厚爵的机会。② 不久,尚书令阳球奏罢鸿都门学:

> 曰:"伏承有诏敕中尚方为鸿都文学乐松、江览等三十二人图象立赞,以劝学者。臣闻《传》曰:'君举必书。书而不法,后嗣何观!'案松、览等皆出于微蔑,斗筲小人,依凭世戚,附托权豪,俯眉承睫,徼进明时。或献赋一篇,或鸟篆盈简,而位升郎中,形图丹青。亦有笔不点牍,辞不辩心,假手请字,妖伪百品,莫不被蒙殊恩,蝉蜕滓浊。是以有识掩口,天下嗟叹。臣闻图像之设,以昭劝戒,欲令人君动鉴得失。未闻竖子小人,诈作文颂,而可妄窃天官,垂象图素者也。今太学、东观足以宣明圣化。愿罢鸿都之选,以消天下之谤。"书奏不省。③

阳球的评判标准有二:一是跻身鸿都门学的,出身卑微,得势过甚;二是他们的书画辞赋创作,不仅有"妖伪",而且僭越礼制,不能达到昭鉴君主的功能。这种持守艺术教化功能和等级差别的批评,围绕着王权统治而展开,有时还会涉及艺术品的陈列环境、鉴赏效

---

① 《后汉书》卷六十下《蔡邕列传》,北京:中华书局,1965,第1996页。
② 《后汉书》卷六十下《蔡邕列传》,北京:中华书局,1965,第1998页。
③ 《后汉书》卷七十七《酷吏列传》,北京:中华书局,1965,第2499页。

应、艺术主题的道德高下、艺术创作的成本等问题：

> 故时齐三服官输物不过十笥，方今齐三服官作工各数千人，一岁费数钜万。蜀广汉主金银器，岁各用五百万。三工官官费五千万，东西织室亦然。厩马食粟将万匹。臣禹尝从之东宫，见赐杯案，尽文画金银饰，非当所以赐食臣下也。东宫之费亦不可胜计。①

> 宋弘尝燕见，御坐新施屏风，图画烈女，帝数顾视之。弘正容言曰："未见好德如好色者。"上即为撤之。②

严格地说，以上史官辑采的零星片段，属于政论和志传的论据，算不上艺术批评，这些材料得以传世的前提，是为了表述史志人物忠君爱民的品格。换言之，投身汉代各门类艺术创作的人，无论工匠、俳优，还是掾史或士夫，一定也有不少关于艺术创作具体问题的讨论，只是它们离王政稍远，史籍不载或佚亡不存而已。

赵壹的《非草书》算是一个例外。赵壹所论，主要有两点：一是草书"上非天象所垂，下非河洛所吐，中非圣人所造"，其起源、发展和功能，皆"非圣人之业"，"且草书之人，盖伎艺之细者耳。乡邑不以此较能，朝廷不以此科吏，博士不以此讲试，四科不以此求备，征聘不问此意，考绩不课此字。善既不达于政，而拙无损于治"，故草书研习与王政教化没有直接利害关系；二是学习杜度、崔瑗、张芝草书的人，所费心力巨多，偏于滞缓，不合草书本意，人人倾心，又

---

① 《汉书》卷七十二《王贡两龚鲍传》，北京：中华书局，1962，第3070页。
② [汉]刘珍等撰，吴树平校注《东观汉记校注》卷十三《宋弘传》，北京：中华书局，2008，第493页。

不合个性优长,风气所染,终将废弃《苍颉》和《史籀》正体的学习,他说:

> 而今之学草书者,不思其简易之旨,直以为杜、崔之法,龟龙所见也。其攀扶挂挃,诘屈㕚乙,不可失也。龇齿以上,苟任涉学,皆废《仓颉》《史籀》,竟以杜、崔为楷,私书相与,庶独就书,云适迫遽,故不及草。草本易而速,今反难而迟,失指多矣。凡人各殊气血,异筋骨。心有疏密,手有巧拙。书之好丑,可为强哉?……夫杜、崔、张子,皆有超俗绝世之才,博学余暇,游手于斯,后世慕焉。专用为务,钻坚仰高,忘其疲劳,夕惕不息,仄不暇食。十日一笔,月数丸墨。领袖如皂,唇齿常黑。虽处众座,不遑谈戏,展指画地,以草刌壁,臂穿皮刮,指爪摧折,见鳃出血,犹不休辍。然其为字,无益于工拙,亦如效颦者之增丑,学步者之失节也。①

赵壹对草书源流和功用的偏见,无疑是保守的,但他对草书基本特征、研习目的、优劣标准的把握,却是敏锐的。他并没有指责草书大家杜度、崔瑗、张芝,反而认为他们博学多识,在闲暇之际悠游艺事,是绝世之才。他的批评对象,是那些不通小学、修养不足,而费心于字画工拙的草书学习者。东汉末期以至后世很长时间内,以士夫自居的艺术家或批评家,将艺术家的综合修养和系统的专业学习,尤其是"游手于斯"的创作状态,看作艺术创作的正统,蔡邕认为"书画辞赋,才之小者",且当时的士人,亦不愿与鸿都门学艺

---

① [汉]赵壹《非草书》,见上海书画出版社、华东师范大学古籍整理研究室选编《历代书法论文选》,上海:上海书画出版社,1979,第1—3页。

术家为伍,说明赵壹的观念,为当时儒士所普遍持守,并非个别现象(另见第五章"游艺")。

三、儒吏艺论创见及历史意义

子书史传以外,汉代儒吏也留下一些探讨艺术创作问题的文赋,涉及一些重要的门类艺术。其间,有关艺术创作的材料、环境、功能,及艺术的主客观因素等问题得到探究,赋象式艺论到东汉中期形成。这些成果,是两汉掾史职司文艺、不断参与的结果。

1. 状述门类艺术的文赋

(1)状写音乐、歌舞的,有王褒的《洞箫赋》,傅毅的《舞赋》《琴赋》,马融的《长笛赋》和《琴赋》,蔡邕的《瞽师赋》《弹琴赋》等。

王褒《洞箫赋》是存世最早的全篇描绘乐器的赋作。全文以细腻的铺陈,将乐器当作君子一般,赋予其形体和精神,塑造其高雅品质。文章依次写洞箫的制作、装饰、调试、名家演奏和艺术效果,① 最终,从制作、演奏到欣赏感受,达至人器合一、物我相融的境地。例如他写箫乐欣赏:

> 时奏狡弄,则彷徨翱翔,或留而不行,或行而不留。悼栗澜漫,亡耦失畴。薄索合沓,罔象相求。故知音者乐而悲之,不知音者怪而伟之。故闻其悲声,则莫不怆然累欷,撆涕抆泪。其奏欢娱,则莫不惮漫衍凯,阿那腰䐜者已。是以蟋蟀蚸蠖,蚑行喘息。螻蚁蝘蜒,蝇蝇翊翊。迁延徙迤,鱼瞰鸡睨。

---

① 该赋或仿效枚乘《七发》部分文字而作。见龚克昌、苏瑞隆等评注《两汉赋评注》,济南:山东大学出版社,2011,第181页。

垂喙蜿转,瞪瞢忘食。况感阴阳之和,而化风俗之伦哉！①

尽管作者也强调洞箫演奏的教化功能,但所占篇幅极少,而着重关注于音乐演奏的美感特征。受王褒的影响,后世为乐器写赋蔚然成风,其中篇幅完整的,还有马融的《长笛赋》。

《长笛赋》所涉内容与《洞箫赋》相似,但对调式和节奏变化、与其他乐器的和声、洞箫演奏手法的描述,要更为深入：

> 取予时适,去就有方。洪杀衰序,希数必当。微风纤妙,若存若亡。荩滞抗绝,中息更装。奄忽灭没,晔然复扬。或乃聊虑固护,专美擅工。漂凌丝簧,覆冒鼓锺。或乃植持纰缦,佁儗宽容。箫管备举,金石并隆。无相夺伦,以宣八风。律吕既和,哀声五降。曲终阕尽,余弦更兴。繁手累发,密栉叠重。蹞蹴攒仄,蜂聚蚁同。众音猥积,以送厥终。
>
> 然后少息暂怠,杂弄间奏。易听骇耳,有所摇演。安翔骀荡,从容阐缓。惆怅怨怼,窴窴窴報。聿皇求索,乍近乍远。临危自放,若颓复反。蚡缊翻纡,䋏冤蜿蟺。筤莍抑隐,行入诸变。绞概汩湟,五音代转。授挈挍臧,递相乘邅。反商下徵,每各异善。②

其中"衰序""中息""复扬""五降""曲终""间奏",是笛曲吹奏的完整环节；"箫管备举,金石并隆"是器乐和声；"行入诸变""反

---

① [梁]萧统编,[唐]李善注《文选》卷十七,上海：上海古籍出版社,1986,第782—790页。下引不另注。

② [梁]萧统编,[唐]李善注《文选》卷十八,上海：上海古籍出版社,1986,第807—823页。下引不另注。

商下徵"为调式变化;"繁手累发,密栉叠重""筦笏抑隐""按拏捘臧"为演奏指法。马融博通经籍,因此,赋文中还大量使用典故,以"放臣逐子"的悲叹述吹笛传情之需,以"悠闲公子"的喜乐写听笛达意之兴,又以先贤品行取喻曲式风格,以前人遭遇比况听者感受,从而赋予笛子深厚的历史和审美质感。类似的手法,还约略见于蔡邕《弹琴赋》:

> 尔乃清声发兮五音举,发清商兮动角羽,曲引兴兮繁弦抚。然后哀声既发,秘弄乃开,左手抑扬,右手徘徊,指掌反覆,仰按藏摧。于是繁弦既抑,雅韵乃扬,仲尼思归,鹿鸣三章,梁甫悲吟,周公越裳,青雀西飞,别鹤东翔,饮马长城,楚曲明光,楚姬遗叹,鸡鸣高桑,走兽率舞,飞鸟下翔,感激兹歌,一低一昂。①

因后世类书截取一些段落,难窥全文,但以王褒、马融的赋作来看,蔡邕原文应不止此段所述的乐段、调式变化、演奏手法、历代琴曲几个问题。

可以说,汉代辞赋家状写乐舞活动时,对艺术特征、代表作品、表演过程、演奏方法、表演效果等,已有深刻认识,并且谋篇立意彼此生发,从而不断推进艺术的理论化进程。再以傅毅的《舞赋》为例。赋文依托宋玉口吻,先述舞蹈的源流、功能、风格和曲式,再写舞蹈的过程:

---

① [唐]欧阳询撰,汪绍楹校《艺文类聚》卷四十四,上海:上海古籍出版社,1982,第783页。下引不另注。

于是蹑节鼓陈,舒意自广。游心无垠,远思长想。其始兴也,若俯若仰,若来若往。雍容惆怅,不可为象。其少进也,若翱若行,若竦若倾。兀动赴度,指顾应声。罗衣从风,长袖交横。骆驿飞散,飒擖合并。鶣鷅燕居,拉㧺鹄惊。绰约闲靡,机迅体轻。姿绝伦之妙态,怀悫素之洁清。修仪操以显志兮,独驰思乎杳冥。在山峨峨,在水汤汤,与志迁化,容不虚生。明诗表指,喟息激昂。气若浮云,志若秋霜。观者增叹,诸工莫当。

于是合场递进,按次而俟。埒材角妙,夸容乃理。轶态横出,瑰姿谲起。眄般鼓则腾清眸,吐哇咬则发皓齿。摘齐行列,经营切儗。仿佛神动,回翔竦峙。击不致策,蹈不顿趾。翼尔悠往,暗复辍已。及至回身还入,迫于急节,浮腾累跪,跗蹋摩跌。纤形赴远,漼似摧折。纤縠蛾飞,纷猋若绝。超逾鸟集,纵弛殟歾。蜲蛇姌袅,云转飘曶。体如游龙,袖如素霓。黎收而拜,曲度究毕。迁延微笑,退复次列。观者称丽,莫不怡悦。①

自"始兴""少进""合场递进",到"回身""急节",再到"曲度究毕""退复次列",各环节中舞者神情、舞蹈动作、人体动作的韵律、舞蹈意象,既有"不可为象"的玄想,也有与飞鸟、山水、浮云、秋霜、飞蛾、盘蛇、游龙等多种意象的比拟。在"观者称丽,莫不怡悦"的表演结束后,赋文最后描写宾客车马相次离去的场景。《舞赋》虽以楚襄王夜宴云梦为题材,但透露着傅毅对汉代雅俗乐舞的细

---

① [梁]萧统编,[唐]李善注《文选》卷十七,上海:上海古籍出版社,1986,第795—802页。下引不另注。

致观察(图4.5),其立意和手法,又成为张衡《观舞赋》、边让《章华赋》、曹植《洛神赋》的先声。

(2)描写百戏杂技的,以李尤《平乐观赋》为代表。"平乐观",又称"平乐馆",高祖始建于上林苑,为汉代重要的宴会、乐舞、迎送场地。汉武帝又加增修,且常携宠臣"游戏北宫,驰逐平乐,观鸡鞠之会,角狗马之足"①,元封六年(前105)与"京师民观角抵于上林平乐馆"②,又曾令枚皋作《平乐馆赋》;汉宣帝元康二年(前64),"天子自临平乐观,会匈奴使者、外国君长大角抵,设乐而遣之"③。到东汉,明帝取长安飞廉、铜马,移东都洛阳西门外,置平乐观,④举办宴会之余,也用于讲武、军事出征和官僚祖饯。李尤赋文,先写洛阳平乐观周边的环境和功能,再述百戏活动:

> 方曲既设,秘戏连叙,逍遥俯仰,节以鼗鼓。戏车高橦,驰骋百马,连翩九仞,离合上下。或以驰骋,覆车颠倒。乌获扛鼎,千钧若羽。吞刃吐火,燕跃鸟峙。陵高履索,踊跃旋舞。飞丸跳剑,沸渭回扰。巴渝隈一,逾肩相受。有仙驾雀,其形蚴虬。骑驴驰射,狐兔惊走。侏儒巨人,戏谑为耦。禽鹿六驳,白象朱首。鱼龙曼延,蜒延山阜。龟螭蟾蜍,挈琴鼓缶。⑤

---

①《汉书》卷六十五《东方朔传》,北京:中华书局,1962,第2855页。
②《汉书》卷六《武帝纪》,北京:中华书局,1962,第198页。
③《汉书》卷九十六下《西域传》,北京:中华书局,1962,第3905页。
④《后汉书》卷七十二《董卓列传》,北京:中华书局,1965,第2326页注[三]。
⑤[唐]欧阳询撰,汪绍楹校《艺文类聚》卷六十三,上海:上海古籍出版社,1982,第1134页。

图 4.5 乐舞百戏画像石,拓片,东汉,130×39 厘米,1957 年河南南阳宛城区七孔桥出土,河南南阳汉画馆藏。

围绕韬鼓节奏,共有十余种杂艺项目,不少是远邦邻国献艺,即赋文所谓"习禁武以讲捷,厌不羁之遐邻"。从这篇残赋现有段落看,李尤还应有百戏表演更深入的描写,可惜已经佚失。不久,张衡在《西京赋》中描写长安百戏表演,应受李尤的启发。① 百戏也是汉画最常见的题材(图4.6),李尤的描述,当以大量现实观察作基础。

(3)描写书法体势和工具的,有崔瑗的《草书势》,蔡邕的《笔赋》《篆势》等。

《笔赋》一文已有阙佚,现存段落,先述毛笔对书契翰墨之事的意义,再写毛笔制作材料、制作过程、形体特征,进而,与王褒将洞箫拟人化相似,蔡邕也赋予毛笔四种精神内涵:"上刚下柔,乾坤位也。新故代谢,四时次也。圆和正直,规矩极也。玄首黄管,天地色也。"② 又历数它写图画赞、记文叙典、传经表意等职能,从而将汉代毛笔广泛的实践经验,推衍到器物审美和哲学存在的高度。

《草书势》和《篆势》俱载于晋卫恒所撰《四体书势》,是现存较为可靠的汉代书论材料。从文体上说,"书势"是汉晋南朝时期论述、赞美书体形势、体貌、状态的文章,以四言为主,兼备赞、赋行文特征,讲究铺陈,辞藻华丽,以短篇见大赋之气象,是书法理论探讨热情与辞赋风气交互作用的产物。③ 崔瑗和蔡邕的两篇,虽然短小,但对草书和篆书各自的源流、功能、形体、笔法,及书体特有的审美意象等,都有精到的论述,为后文方便探讨,全引如下:

---

① 龚克昌、苏瑞隆等评注《两汉赋评注》,济南:山东大学出版社,2011,第573页。
② [唐]徐坚等《初学记》卷二十一,北京:中华书局,1962,第515—516页。
③ 丛文俊《中国古代书法论著的文体、文学描写与书法研究》,载《揭示古典的真实:丛文俊书学学术研究文集》,郑州:中州古籍出版社,2003,第305页。

图 4.6　乐舞杂艺画像石，拓片，147—220 年，236×50 厘米，1954 年山东沂南县北寨村出土，临沂沂南北寨汉墓博物馆藏。

书契之兴,始自颉皇。写彼鸟迹,以定文章。爰暨末叶,典籍弥繁。时之多辟,政之多权。官事荒芜,剿其墨翰。惟作佐隶,旧字是删。草书之法,盖又简略。应时谕指,周于卒迫。兼功并用,爱日省力。纯俭之变,岂必古式。观其法象,俯仰有仪。方不中矩,圆不副规。抑左扬右,望之若敧。竦企鸟跱,志在飞移。狡兽暴骇,将奔未驰。或𪗱黕点𪒠,状似连珠,绝而不离,畜怒怫郁,放逸生奇。或凌邃惴栗,若据槁临危,旁点邪附,似蜩螗揭枝。绝笔收势,余綖纠结,若杜伯揵毒,看隙缘巇,螣蛇赴穴,头没尾垂。是故远而望之,摧焉若沮岑崩崖;就而察之,一画不可移。机微要妙,临时从宜。略举大较,仿佛若斯。(崔瑗《草书势》)①

鸟遗迹,苍颉循。圣作则,制斯文。体有六,篆为真。形要妙,巧入神。或龟文斜列,栉比龙鳞。纤体放尾,长短副身。颓若黍稷之垂颖,蕴若虫蛇之棼缊。扬波振擎,龙跃鸟震。延颈协翼,势似凌云。或轻举内投,微本浓末,若绝若连,似水露缘丝,凝垂下端。纵者如悬,衡者如编,杳杪邪趣,不方不圆,若行若飞,跂跂翾翾。远而望之,若鸿鹄群游,络绎迁延;迫而视之,端际不可得见,指㧑不可胜原。研、桑不能数其诘屈,离娄不能睹其隙间,般、倕挥让而辞巧,籀、诵拱手而韬翰。处篇籍之首目,粲斌斌其可观。摘华艳于纨素,为学艺之范先。喜文德之弘懿,愠作者之莫刊。思字体之俯仰,举大略而论旃。

---

① 此篇以中华书局点校本《晋书》为主,参酌《初学记》本而定,见拙文《崔瑗〈草书势〉略校》,载《徐州书法论文集》,郑州:河南美术出版社,2019,第137—142页。原文参见《晋书》卷三十六《卫恒传》,北京:中华书局,1974,第1066页;[唐]徐坚等《初学记》卷二十一,北京:中华书局,1962,第507页。下引不另注。

（蔡邕《篆势》）①

将二文与前述描写乐舞百戏的文赋综合起来，我们可以得出三个结论：一是东汉时期辞赋家对艺术活动的关注，已经上升到理论自觉高度，有关各门类艺术的起源、发展、审美特征、经典作品和艺术家，是相关文赋的基本内容，艺术理论在此期进入发展的关键时段；二是从著述的意图和行文特征而论，汉代艺论与文学、经学的关系十分密切，或者说，这些艺论最初就是祖述经学、展示才艺的文学作品，无论将它们列入文赋，还是归入杂论，当时以至后世很长时间内，著述家对艺术的理论表述，往往都持守述艺、显文、载道的传统，且承前传后，彼此推衍，正如嵇康《琴赋》所说："八音之器，歌舞之象，历世才士，并为之赋颂。其体制风流，莫不相袭。"② 仅书法论文方面，崔、蔡三文以后，又有西晋傅玄《笔赋》、卫恒《四体书势》、索靖《书势》、刘邵《飞白书势》、杨泉《草书赋》和南朝王僧虔《书赋》等相继出现。概言之，后世艺论文体由赋、颂，而为势、铭、序、传、品等，无不以之为滥觞；三是汉代讨论艺术问题的文赋，儒吏所述所作是大宗，这一现象表明，东汉以后掾史政治地位、文化艺术的创造力，较之西汉已发生重要变化，从那时起，中下层文官、儒士、艺术家等几个身份，在掾史身上有了更多重合（详见第五章）。

---

① 以《晋书》点校本为主，参《蔡中郎集》《初学记》《艺文类聚》等酌定。见［汉］蔡邕《蔡中郎集》外传，四部丛刊明兰雪堂活字本，第 7—8 页；《晋书》卷三十六《卫恒传》，北京：中华书局，1974，第 1063—1064 页；［唐］欧阳询撰，汪绍楹校《艺文类聚》卷七十四，上海：上海古籍出版社，1982，第 1267 页；［唐］徐坚等《初学记》卷二十一，北京：中华书局，1962，第 507—508 页。下引不另注。

②［梁］萧统编，［唐］李善注《文选》卷十七，上海：上海古籍出版社，1986，第 836 页。

2. 赋象式艺论的勃兴

既然汉代艺论最初以赋为体,便具备刘勰《文心雕龙·诠赋》所说"赋者,铺也;铺采摛文,体物写志"①的特征。同时,描述具体的艺术用器,尤其是状写感性体验较多的艺术活动和现象,就必须采用一套相应的语汇和方法,将感性认识提升到理性认识,并为当时和后世认可通行。汉代艺论完成这些任务,依靠的便是赋论铺陈和意象比拟,亦即:通过铺陈赋写,将难以捉摸的、感性的艺术形象和情感体验,比作普遍可见或可感的、典型的,在感觉、意趣、性质等方面相近或相似的形象或情感,通过意象间的对比或联系,揭示艺术形象或艺术活动的特征,我们将其称为"赋象式艺论"。试述两种常见的情形:

(1)形与势的比拟。即对形体、动作、态势、节奏、风格等的意象赋写。如王褒《洞箫赋》、马融《长笛赋》以人之德行、风貌、学术派别等,喻声音变化及音乐风格:

> 故听其巨音,则周流泛滥,并包吐含,若慈父之畜子也。其妙声,则清静厌瘱,顺叙卑达,若孝子之事父也。科条譬类,诚应义理,澎濞慷慨,一何壮士!优柔温润,又似君子。(王褒《洞箫赋》)

> 故论记其义,协比其象:彷徨纵肆,旷瀁敞罔,老、庄之概也。温直扰毅,孔、孟之方也。激朗清厉,随、光之介也。牢剌拂戾,诸、贲之气也。节解句断,管、商之制也。条决缤纷,申、韩之察也。繁缛络驿,范、蔡之说也。剺栎铫㦒,晰、龙之惠

---

① [南朝梁]刘勰著,黄叔琳注,李详补注,杨明照校注拾遗《增订文心雕龙校注》卷二,北京:中华书局,2012,第95页。

也。(马融《长笛赋》)

或以自然意象状述艺术形象。除上文所述傅毅《舞赋》外,另如:

> 乱曰:状若捷武,超腾逾曳,迅漂巧兮。又似流波,泡溲泛 淲,趋巘道兮。哮呷呟唤,跻踬连绝,涠汃沌兮。搅搜澤捎,逍 遥踊跃,若坏颓兮。(王褒《洞箫赋》)
>
> 尔乃听声类形,状似流水,又象飞鸿。泛滥溥漠,浩浩洋 洋。(马融《长笛赋》)

或以意象陈述形式法则,如:

> 观其法象,俯仰有仪。方不中矩,圆不副规。(崔瑗《草书 势》)
>
> 或轻举内投,微本浓末,若绝若连,似水露缘丝,凝垂下 端。纵者如悬,衡者如编,杳杪邪趣,不方不圆,若行若飞,跂 跂翾翾。(蔡邕《篆势》)

赋象式艺论借助的是艺术创作和鉴赏中的通感现象。傅毅以水流轻漾、微波、击拍、翻滚的流动特征,状述音乐意象,马融则直接以具体形象比拟声音。用文学意象传达抽象的乐音、人体节律、书法运笔节奏时,并不强求情景内容的对应,而是着眼于形式因素的相通,其中,人们对自然和艺术共有的动静、快慢、行止、大小、远近、多少、平险等的情感体验,是统摄各类意象的内在逻辑,随着赋象的对应与联系,艺术形象的细节变化也能获得精微传达。如上引崔瑗《草书势》中,"竦企鸟跱,志在飞移"与"狡兽暴骇,将奔未驰"两句,均是对草书笔法蓄势将行的描述,但飞鸟停立环望之态显得轻巧而闲静,狡兽受惊之形显得厚重而迅猛。进而,崔瑗以三组意象,述草书笔势的连断、险正和收放:以"状似连珠"比喻草书笔势"绝而不离"的特征,其中又有"畜怒怫郁"和"放逸生奇"的节奏变化;以"或凌邃惴栗,若据槁临危,旁点邪附,似蜩螗捐枝"几个意象,比喻质量感互异的险峻形势中笔画的虚实应变;以毒蝎摆尾("杜伯揵毒")和"腾蛇赴穴"比喻收笔时"余綖纠结"的态势,两个意象又包含干润、软硬、快慢的细节差异。显然,这些意象只有彼此对举或联系,才能显示其意义,即马融所谓"协比其象",而读者自会在草书笔画、形体、章法中寻找相应的意象(图 4.7)。同样,蔡邕"颓若黍稷之垂颖,蕴若虫蛇之棼缊""纵者如悬,衡者如编"数句,也是意象辩证互存、彼此协比的例子。

(2)鉴赏效果的比拟。一是以自然界生物的感知效应状述艺

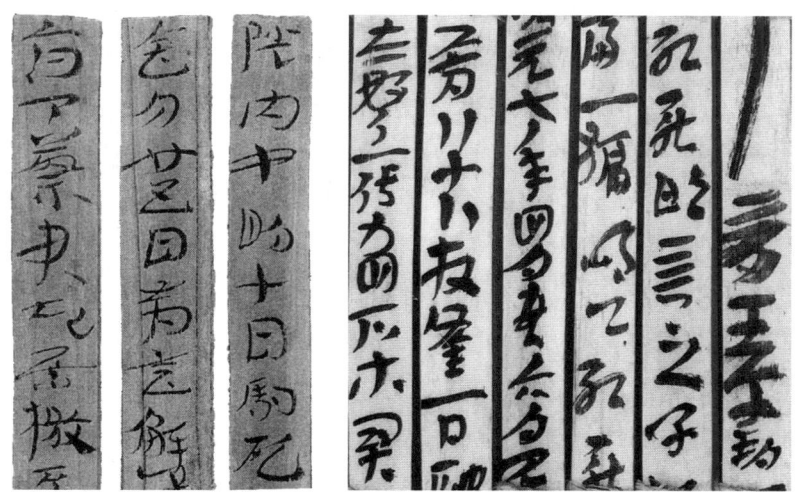

图 4.7　左:《驹罢劳病死册》,局部(EPF22·191—193),28 年,23×1.2 厘米,1973 年甲渠候官遗址出土;右:《永元器物簿》(128.1A),局部,93—95 年,全册 91×23.1 厘米,1930 年 A27(查科尔帖)出土。

术感染力之深远,如王褒《洞箫赋》、马融《长笛赋》在列述欣赏者听音怡情的变化后,又举动物闻乐感化之象,以增饰其艺术效果:

> 是以蟋蟀蚸蠖,蚑行喘息。蝼蚁蝘蜒,蝇蝇翊翊。迁延徙迤,鱼瞰鸡睨。垂喙蜒转,瞪瞢忘食。况感阴阳之和,而化风俗之伦哉!(王褒《洞箫赋》)
>
> ……鱼鳖禽兽,闻之者莫不张耳鹿骇。熊经鸟伸,鸱视狼顾。拊噪踊跃,各得其齐。人盈所欲,皆反中和,以美风俗。……王公保其位,隐处安林薄。宦夫乐其业,士子世其宅。鳟鱼喁于水裔,仰驷马而舞玄鹤。(马融《长笛赋》)

二是以自然物象赋写观者对作品欣赏的体验。如:崔瑗以"隓焉若沮岑崩崖"形容草书作品笔势破立相承、宏阔连绵、磊落生动的整体观感,以"一画不可移"描述笔画、形体的精准给欣赏者带来的近观体验。类似的,蔡邕《篆势》"远而望之,若鸿鹄群游,络绎迁延;迫而视之,端际不可得见,指㧑不可胜原"之句,也是远观气象、近察笔迹两种感悟的对举。

赋象式艺论,源自《易经》以"象"论理,丽泽于诗赋铺陈比况,因此,它便兼具哲理思辨和文学修辞的特征。得益于前者,它可以包罗各种审美辩证范畴,留下人们体味、推演的空间;由于后者,视觉、听觉形象能够彼此协比,艺术通感现象、艺论经典意象的锤炼,尤其是门类艺术间的联系,得到一定程度的揭示。当然,文学修辞难免有含混不清、陈陈相因的缺点,但借助意象的哲理思辨,又能增益其优势,这也是赋象式艺论盛行数百年且余波不断的原因。

3. 个性情志传达的初扬

在重视艺术伦理教化功能的同时,东汉中晚期儒吏艺论也开始关注个体情志意趣的传达。首先,他们认为艺术具有宣泄个人郁闷悲愤情绪的作用,如傅毅《琴赋》说:"尽声变之奥妙,抒心志之郁滞。"① 蔡邕《瞽师赋》又言:"抚长笛以摅愤兮,气轰锽以横飞。咏新诗之悲歌兮,舒滞积而宣郁。"② 从作曲者、演奏者,到欣赏者,个体情志获得共鸣,使听者能够产生"何此声之悲痛,怆然泪以隐恻"的移情现象。

其次,他们认为艺术能够净化心灵、陶冶情操,如:马融《长笛赋》:"是故可以通灵感物,写神喻意。致诚效志,率作兴事。溉盥污秽,澡雪垢滓矣。"蔡邕《弹琴赋》也说操琴听音可以"通理治性,恬淡清溢"。

当然,以上所引都是针对音乐艺术的,且很多艺术概念至此还没有正式确立下来,也没有贯穿于其他门类艺术的论述之中,但像"通灵感物,写神喻意""通理治性"等,诚为启迪之见,它一方面是汉代末期艺术的集体意志减弱、主体个性增强的反映,另一方面,又被继续兴起的儒吏所继承,是魏晋时期艺术个性张扬的理论和实践基础。

第四节　才艺世家与艺术流派的形成

尽管秦汉两代改变了先秦文艺主体的世袭制度,很多寒门子弟获得文化教育机遇,上升为新兴的艺术创造群体,但随着他们政治地位的巩固和财富的积累,权力和资源的垄断再次出现。东汉

---

① [唐]欧阳询撰,汪绍楹校《艺文类聚》卷四十四,上海:上海古籍出版社,1982,第783页。
② [唐]虞世南编纂《北堂书钞》卷一百一十一,影印光绪十四年南海孔氏三十有三万卷堂影宋刊本,北京:学苑出版社,2003,下册,第203页下。

初朱浮谏言光武帝宽待旧吏时说:"大汉之兴,亦累功效,吏皆积久,养老于官,至名子孙,因为氏姓。"① 官宦世族的兴起,于西汉中晚期已趋分明,到东汉末期日益加剧,最终导致魏晋门阀政治的形成。汉代掾史艺术创造才能的培养、创作能力的展现,以及群体风气的感染,既是这个进程的原因,也是这个进程的结果。期间,他们或受父祖师长的启蒙与扶持,或承姻亲友朋的推崇与举荐,在成长为博学才艺之士后,又带动家族文化的传承,促成地方经艺的繁盛,艺术世家便由此形成。本节从家族、地域角度讨论掾史的文艺雅好及艺术创作的群体和流派现象。

一、才艺家传与艺术世家

汉代掾史童蒙教育和六艺修养的初乳,主要来自家族。在政治、文化资源聚拢于地方大姓豪族的情况下,家族成员个人才艺的培养和社会声誉的获得,便有先天优势,宗亲友朋的请托举荐更容易发生。进而,当豪族成员充任地方吏职、把持行政农商以后,除非有从政失误或党锢祸事,进一步的垄断势必加深。这种情形,可以从两类史料来考察:一是汉代碑刻士吏列名所见的姓氏和籍贯分布,它可反映地方掾史所在家族的政治和经济实力,然除孔子后人、赵宽世系等相对清晰,大部分掾史的世系已不可考,因此,只能从同一碑刻署名上作共时性分析,前文已述(见第三章第一、二节),此处不赘;二是见载于史籍的一些才艺世家,可反映家族成员才艺传承的历时性变化,试以东汉时期扶风班氏、涿郡崔氏、敦煌张氏为案例,列表略作分析(表4.1):

---

① 《后汉书》卷三十三《朱冯虞郑周列传》,北京:中华书局,1965,第1142页。

表 4.1　东汉时期扶风班氏、涿郡崔氏、敦煌张氏家族成员才艺传承略表

世系		人物	时间或生卒	察举、历职	师学、才艺和著述	备注
扶风班氏（自楼烦迁至）①	1	班况	活动于前32—前7	举孝廉为郎、上河农都尉、左曹越骑校尉		秦末以来班氏历班壹—班孺—班长（上谷守）—班回（长子令）四世，至班况，期间当有数代遗漏。
	2	班伯	约前47—前10	中常侍、奉车都尉、定襄太守、前12年任水衡都尉与侍中	少学诗于左将军史丹，后受诏金华殿中从郑宽中、张禹学《尚书》《论语》。	
		班斿	约前45—哀帝前期	举贤良方正、议郎、谏大夫、右曹中郎将	博学有俊材；受赐皇室秘书副本	
		班婕妤	约前46—16年	成帝时婕妤	存赋2篇，诗1首	
		班稚	约前44—天凤地皇间	黄门郎中常侍、西河属国都尉、广平相		

---

① 主要参见《汉书》卷一百《叙传》，北京：中华书局，1962，第 4197—4271 页；《后汉书》卷四十《班彪列传》、卷四十七《班梁列传》、卷八十四《列女传》，北京：中华书局，1965，第 1323—1386、1571—1590、2784—2792 页；[汉]班固撰，[清]王先谦补注《汉书补注》卷一百《叙传》，上海：上海古籍出版社，2008，第 6219—6240 页；[唐]张怀瓘《书断》，见上海书画出版社、华东师范大学古籍整理研究室选编《历代书法论文选》，上海：上海书画出版社，1979，第 173、193 页。另外：（1）有关班彪伯、父、姑的长幼、生卒年考证，参见邓桂姣《汉代扶风班氏家族文化与文学研究》，扬州大学博士学位论文，2014，第 81—89、240—241 页；（2）班固、班超的生卒年学界尚有争议，故在旧说前加"约"；（3）班固、班超子孙本表仅列班超二子，其余名不显著者未列，其谱系见[唐]林宝著，曾仲勉校记，郁贤皓等整理《元和姓纂》卷四，北京：中华书局，1994，第 526 页。

续表

世系	人物	时间或生卒	察举、历职	师学、才艺和著述	备注
3	班嗣	稍长于班彪，卒年不详	未详	幼与班彪共游学，习赐书；修儒学，贵老、庄之术。	班斿之子
	班彪	3—54年	隗嚣掾属、窦融从事、司隶茂才、徐令、司徒府掾、举司徒廉、望都长	幼与班嗣共游学，家有赐书，好古之士，父党扬雄以下皆至；著汉史；作赋、论、书、记、奏事合9篇。	班稚之子；授徒王充
4	班固	约32—92年	兰台令史、郎、玄武司马、中护军	所学无常师；成《汉书》百篇，著诗、赋、铭、颂、书、记等凡41篇；善大、小篆。	班彪之子
	班超	约32—102年	兰台令史、假司马、将兵长史、西域都护、定远侯、射声校尉	幼常为官佣书供养；后弃笔从戎。	班彪之子
	班昭	约45—117年	同郡曹世叔妻	续补《汉书》八表；作《女诫》7篇，著赋、颂、铭、诔、问等16篇。	班彪之女；授马融《汉书》
5	班雄	不详	屯骑校尉、京兆尹		班超之子
	班勇	?—127	军司马、西域长史		

续表

世系		人物	时间或生卒	察举、历职	师学、才艺和著述	备注
涿郡安平崔氏（后归博陵）①	1	崔朝	汉昭帝时期	幽州从事、侍御史		
	2	崔舒	宣元前后？	历四郡太守		
	3	崔发	王莽时期	大司空	以佞巧幸于王莽。	母师氏通经学、百家之言，王莽赐号"义成夫人"
		崔篆	？—建武初	郡文学、征明经、建新大尹、举贤良	自惭门宗受莽所制，辞归客居荥阳，著《周易林》64篇；传赋1篇	
	4	崔毅	约明帝前后	以疾隐身不仕		崔篆之子
	5	崔骃	？—92	窦宪主簿、长岑长（未到官而归）	年十三通《诗》《易》《春秋》及古今训诂百家之言，博学善属文，少游太学；著诗、赋、铭、颂、书、记、表及《七依》《婚礼结言》《达旨》《酒警》，合21篇	与班固、傅毅同时齐名。

---

① 《后汉书》卷五十二《崔骃列传》、卷八十上《文苑列传上》，北京：中华书局，1965，第1703—1733、2619—2623页。另外：（1）崔朝之前的世袭关系为：仲牟—融—石—廓—通—寂—钦—朝；（2）自崔朝至崔篆约百年而有三代，似遗漏一代，史载不详；（3）崔氏东汉以后成员此处省略，诸房世系见《新唐书》卷七十二下《宰相世系二下》，北京：中华书局，1975，第2773—2817页。

续表

世系	人物	时间或生卒	察举、历职	师学、才艺和著述	备注
6	崔瑗	78—143①	涿郡郡吏（120年左右）、度辽将军邓遵掾（?—121）、车骑将军阎显府掾（125）、大将军梁商府掾（未到）、举茂才、汲令（135—141）、济北相（142）	锐志好学，传其父业。年十八至京师游学，明天官、历数、京氏易、六日七分，诸儒宗之；从东郡狱掾学《礼》；擅草书；著赋、碑、铭、箴、颂、《草书势》、七言等凡57篇。	崔骃中子，与马融、张衡相友；兄长崔盘事迹不详。
	崔琦	约桓帝前后	举孝廉、郎、临济长	少游学京师，以文章博通称；著赋、颂、铭、诔等凡15篇。	崔瑗同宗，与梁冀同期，不知辈分。
7	崔烈	?—192	历位郡守、九卿（太尉、城门校尉等）	少有英名，居公卿后卖官毁誉；有文采，著诗、书、教、颂等4篇。	崔盘之子。
	崔寔	?—建宁（168—172）年间	郎、大将军司马、五原太守、议郎、辽东太守、尚书	少沉静，好典籍；著有《政论》，著碑、论、箴、铭、答、七言、祠、文、表、记、书凡15篇；曾参与《五经》杂定；善草书。	崔瑗之子；母有淑德，博览书传，曾训导崔寔为政。

---

① 崔瑗生卒年有 77—142、78—143 二说。按，杜乔等八人分行州郡，始于汉安元年（142）八月廿一日（《后汉书》卷六《顺帝纪》，北京：中华书局，1965，第272页），从举劾崔瑗等人，到崔瑗征至廷尉，再到自讼归家和因病去世，则崔瑗去世的时间或在143年，因此本书取后者。

续表

世系		人物	时间或生卒	察举、历职	师学、才艺和著述	备注
	8	崔均	不详	议郎	以忠直称	崔烈之子；崔钧为"诸葛四友"之一。
		崔钧	不详	汉虎贲中郎将、西河太守等	少结英豪，献帝初与袁绍举兵讨董卓	
敦煌张氏（后迁弘农华阴）①	1	张惇		汉阳太守		
	2	张奂	104—181	梁冀府掾、举贤良、议郎、安定属国都尉、遣使匈奴中郎将、武威太守、度辽将军、大司农、护匈奴中郎将、少府、大司农、太常	少游三辅，师事朱宠，习《欧阳尚书》；删定《牟氏章句》；晚年养徒千人，闭门著《尚书记难》30余万言；著铭、颂、书、教、诫述、志、对策、章表24篇。	武威吏民为之生立祠。
	3	张芝	?—约192	太尉辟，公车有道征，皆不至，号张有道。	少持高操，以名臣子勤学，文为儒宗，武为将表。好草书，学崔、杜之法，韦诞谓之"草圣"。	西晋书家敦煌索靖为其姊之孙；卫觊、卫瓘、王羲之等学之。

---

① 《后汉书》卷六十五《皇甫张段列传》，北京：中华书局，1965，第2138—2144页；[北魏]郦道元著，陈桥驿校证《水经注校证》卷十九，北京：中华书局，2007，第466—467页；[南朝宋]羊欣《采古来能书人名》、[唐]张怀瓘《书断》，均见上海书画出版社、华东师范大学古籍整理研究室选编《历代书法论文选》，上海：上海书画出版社，1979，第45—46、177、183页。

续表

世系	人物	时间或生卒	察举、历职	师学、才艺和著述	备注
	张昶	？—约206	黄门侍郎	善章草，工八分与隶；建安中曾撰书华阴北庙《段煨更修碑》。	羊欣谓时传张芝草者多是昶作。
	张猛	？—建安中	武威太守	杀武威刺史邯郸商后自死。	

通过表格和史料，我们可以得到三方面的认识：

1. 家族成员官宦地位、父母修养、家族藏书、游学名师和个人兴趣，是艺术名家产生的几个相关条件，其中家族成员官宦和父母修养又最为重要。班氏一族中，班彪、班嗣的成才，与班斿获赐皇室秘书副本，及班伯、班婕妤、班稚的政治地位密不可分，班氏成员与当时儒士名流的友党关系，新莽动荡之际家族势力的稳固，都得益于此。在两代人的努力下，班嗣跻身名士，班彪成长为"通儒上才"①，两人虽兴趣略异，但言行中正，独立无闷。班彪具有文武才略：任河西大将军窦融从事史时，为其献策对抗隗嚣；任司徒掾时，他本着对边地实况的了解，于建武九年（33）谏议光武帝复置蛮夷骑都尉、护羌校尉、乌桓校尉；②任望都长时深受吏民爱戴。只因时事危乱，军政才能无法尽显，史著未能结篇。他的文武兼修为子女所继承，班固和班昭秉笔著史、雅好诗赋，班超都护西域，实际上是班彪才略的两种延续。同样，崔氏和张氏门宗的绵延，也得益于家族文士累世从政和著述，崔骃、崔瑗、崔寔，以及张芝、张昶的文

---

① 《后汉书》卷四十上《班彪列传上》，北京：中华书局，1965，第1329页。
② 《后汉书》卷一下《光武帝纪下》、卷四《孝和孝殇帝纪》、卷八十七《西羌传》，北京：中华书局，1965，第55、179—180、2878页。

章、书法才艺,离不开父祖一代代的文艺雅好,崔篆、崔寔的母亲还是当时的才女,在家族文化风气的熏染和社会交游条件下,才能厕列名家。简言之,家族文化底蕴的高下,是汉代掾史才艺层次分差、涉猎范围广狭的重要原因。

2. 汉代史籍所载世族成员,是以职官高下和影响大小为依据而采辑取舍的,由于汉代艺术家的地位不高,便会出现几种情况:(1)象崔琦、张芝、张昶等,虽为后世认可的文艺名家,但因当时隐居不仕,或官职卑微,而过于简略;(2)崔篆、崔瑗、张奂等人,也只交代经籍研究和诗赋篇章,不及书画之事,而无法明确子女才艺与父辈的联系;(3)围绕文章、政治、德行,班固、崔瑗等与同期其他名家的交游虽有交代,但多涉逸闻,艺术创作相关的记载不多,至于张芝与同郡儒生的文艺来往、崔篆同胞兄崔发的行迹,则付之阙如;(4)三个家族一些时段的世袭关系存在断裂,失载的成员是否有艺术创作才能和作品,也难以得知。换言之,世族中的才艺之士,有些是失载的;见载的人物,也无法整体见出其艺术创作活动,有零碎支离之憾。正因如此,早期艺术史上有很多作品无法确知作者,依托名家而意见不同、彼此讹误的也有不少,像华阴北庙《西岳华山堂阙铭》,郦道元记为张昶撰写,《古文苑》录文时则注"一作张旭"。① 然而,这些仅有的线索,仍有助于我们理解汉代艺术创作的社会历史情境:才艺世家的艺术活动,与地方官绅撰文刊碑等事,只有创作面向和作品多寡优劣的差异;扬雄、班固、刘向、傅毅、崔瑗、张衡、蔡邕等人为师长题铭、彼此应和、相互熏染的风气,与居延掾史的书信往来、东海郡功曹师饶同僚友朋的诗赋雅好,只有

---

① [宋]章樵注《古文苑》卷十八,丛书集成本,上海:商务印书馆,1937,第397页。

名声显隐、载体多少之别。根本上,几种行为不仅相互关连,且艺术创作的动力、功能、观念、形式等,亦彼此互通。

3. 同样是得自家传,名家才艺与工匠技艺的养成也有差异。这种差异,可以用扬雄"儒"与"伎"的区分来说明:艺术名家以经典研习和六艺技能为学习内容,以"士"为培养目标,精通技艺,深察人文,但不以工匠劳作为目标,而是以"游手于斯"为主要创作模式。史籍中才艺名家的不少创作,都是从政、问学的"副产品"。

当然,才艺世家的成员,亦非各得艺名,表格中班超父子、崔发、崔烈二子、张猛等,以征战武功显著,才艺之事或为史笔所略,或因个人志趣悬殊而各有不同。在重视士人道德品学的情况下,史籍亦多不载人物才艺情况,钱穆先生据史传材料,将久丧、让爵、推财、避聘、报仇、借交报仇、报恩、清节看作东汉士族的风尚,[①] 而不计才艺一类,一方面是研究取材有限,另一方面也反映了汉史本来的倾向。

二、艺术世家与艺术流派

艺术世家凝聚邻近地区的人才和艺术创作活动,加上作品和风气的引领与传播,会促成不同种类的群体现象,推动诗赋、书法、乐舞、汉画等的流派形成。

西汉前期,梁王、淮南王、楚王、吴王等的幕府,聚拢一大批文士,形成创作群体,以服务于藩国,作品有一定的地方特色,虽传承多于创新,[②] 但可看作一种因地方行政而出现的不自觉的文学流派。《文心雕龙·诠赋》述西汉文赋创作群体说:"汉初词人,顺

---

① 钱穆《国史大纲》,《钱宾四先生全集》27—28册,台北:联经出版事业股份有限公司,1998,第209—214页。
② 许结《汉代文学思想史》,北京:人民文学出版社,2010,第78—82页。

流而作,陆贾扣其端,贾谊振其续,枚马同其风,王扬骋其势,皋朔已下,品物毕图。"①刘勰所述辞赋家,活动时间虽不尽前后衔接,但也是对群体或流派现象的概述。两汉之际以至汉末,以扬雄、班固、崔骃、傅毅、张衡、崔瑗、蔡邕等为代表的儒士,引领诗赋铭颂的探索,或彼此相承,或相互崇让,加之他们或在秘阁校书,或在公府共职,或为公卿长吏的幕僚,客观上形成创作风气浸染的局面。如班固作《典引篇》,以为"相如《封禅》,靡而不典,扬雄《美新》,典而不实",又在《汉书·艺文志》中说:"其后宋玉、唐勒,汉兴枚乘、司马相如,下及扬子云,竞为侈丽闳衍之辞,没其讽谕之义。"②这些理念,多少与扬雄晚年对文质关系的反思、儒道学说的融合,及刘向的尊经观念有渊源关系。如班婕妤曾作《扇诗》,其后,傅毅作《扇赋》《扇铭》,崔骃又作《扇铭》,班固作《竹扇赋》《白绮扇赋》,张衡作《扇赋》,蔡邕作《团扇赋》,相似的赋题,甚至为其后徐幹、陆机等续用。期间,班氏、崔氏家族不仅占得先机,也是文士情趣和创作风范的引领者之一。尽管这些创作群体组织松散,艺术面貌不尽一致,但仍是艺术流派的表现形式,后人或以姓氏概括(如班扬、班张),或以时代风貌概括(如建安文学),或以世家命名(如三崔③)。

东汉中后期,书法流派也出现几个分支:(1)汉章帝时期曹喜长于小篆,善悬针垂露法,后为班固、蔡邕、邯郸淳等继承;(2)章

---

① [南朝梁]刘勰著,黄叔琳注,李详补注,杨明照校注拾遗《增订文心雕龙校注》卷二,北京:中华书局,2012,第96页。
② 见《后汉书》卷四十《班彪列传》,北京:中华书局,1965,第1375页;《汉书》卷三十《艺文志》,北京:中华书局,1962,第1756页。
③ 指崔骃、崔瑗、崔寔。见朱培高《中国文学流派史》,合肥:黄山书社,1998,第24页。

帝时杜度善草书,风格瘦硬,为崔瑗、张芝所继承;(3)汉末张芝的章草书,盛行于西州,有其弟张昶承用,当时的追随者有梁宣、姜诩、罗晖、赵袭等,后来又为汉晋之际的韦诞、索靖、皇象、卫氏及王、谢、郗、庾等门宗继承;(4)汉灵帝时期刘德升长于行书,为钟繇和胡昭所承;(5)蔡邕等刊立五经者所写的篆书和隶书,为当时的正体,天下学子摹习者众多,蔡邕又创飞白书,后世学习者多有沾染。① 很明显,这些书法流派,大多是围绕艺术世家聚合、发展的。当然,围绕世家的,还有艺术的传布,既有家族成员的地域流动,也有慕名而来的学子,还有搜求法书的雅士。上述张芝、张昶书法的学习热潮就是典型的例子。此外,还可以南朝庾肩吾对崔瑗(字子玉)、张超(字子并)、崔寔(字子真)等人的评论为例:

> 崔子玉擅名北中,迹罕南度,世有得其摹书者,王子敬见而称美,以为功类伯英……子并,崔家州里,颇相仿效,可谓酱咸于盐,冰寒于水。伯道里居朝廷,远讨其迹。德升之妙,钟、胡各采其美。子真俊才,门法不坠。李妻卫氏,出自华宗。②

崔瑗、崔寔形成"门法",同郡张超受其感染,郭伯道远求墨迹,在彼此仿效中,崔氏书法虽不能南渡,但传播范围很广。引文末句"李

---

① 黄惇《论东汉文人书法流派及其流派现象》,载上海书画出版社编《二十世纪书法研究丛书·历史文脉篇》,上海:上海书画出版社,2000,第606—622页;华人德《中国书法史·两汉卷》,南京:江苏教育出版社,1999,第179—194页。

② [南朝梁]庾肩吾《书品》,见上海书画出版社、华东师范大学古籍整理研究室选编《历代书法论文选》,上海:上海书画出版社,1979,第88—89页。

妻卫氏,出自华宗",指卫夫人(卫铄)书法出自世家,其父祖卫觊、卫瓘均善书,族弟卫恒、卫庭亦知名,族侄卫璪、卫玠承之,唐张怀瓘称"四世家风不坠"①,庾肩吾则以"华宗"喻其为书法豪族,这是汉晋艺术世家中又一个典型的例子。

公卿长吏辟用属僚,是汉代才艺之士凝聚、创作群体形成的基本模式。通常,各地才士游宦京畿,因此名家云集,如:东汉窦宪平匈奴以后,"班固、傅毅之徒,皆置幕府,以典文章"②;出自窦宪府掾的邓骘,升任大将军后,又以朱宠、杨震、张晧、马融等为属僚;同为外戚的大将军梁冀,又有属吏杨赐、崔寔、张奂、赵岐等人;东汉末期,曹操幕府中的才艺之士,则有王粲、徐幹、陈琳、阮瑀、应玚、刘桢、孔融等人。事实上,公卿幕府也是艺术世族名家展现才艺、立身得名并扩展家族声望的阵地。

外郡州县的行政管理通常依靠当地士绅,属僚便以当地世族成员为主,如鲁国长吏倚重孔门后裔,谷城长张迁多用韦、范族员(见第三章),其例甚多。但很多家族的才艺,可能由于时间过短、人员凋零、声名不显等原因,既不见载于史,也因材料缺失,无法考察其规模,很难将群体的艺术创作归入流派。如《安平相孙根碑》碑阴所列"故吏、门生、邦人"244人,孙姓占绝大多数,异姓很少,孙姓族员中,任掾、郎、长、令、舍人等的几十人,但不见于史传,碑文云其祖上"各以文宪将相诸国",孙根"诵诗习籍,研综其真,讲□□□",表明孙根为儒士,且"恢廓术艺",其家族子弟亦当有才艺

---

① [唐]张怀瓘《书断》,见上海书画出版社、华东师范大学古籍整理研究室选编《历代书法论文选》,上海:上海书画出版社,1979,第186页。
② 《后汉书》卷二十三《窦融列传》,北京:中华书局,1965,第819页。

之续,惜多不知详。①再如汉灵帝初期武都郡长吏幕府中的仇靖、仇绋,从姓氏和籍里来看,两人为同宗,与当地大姓李氏、王氏等共职郡府,《武都太守李翕天井道题名》(171年)为仇靖书,《郙阁颂》(172年)为仇绋书,两人风格虽有差异,但结体方正、方圆并用是共同点,《西狭颂》(171年)、《武都太守耿勋碑》(174年)的书风又与《天井道题名》类似,若不出自仇靖或仇绋之手,亦可看作书风彼此感染的掾史所为(图4.8)。然而,这四通摩崖刊立于几年之间,又缺少其他文章、简牍、碑刻的佐证,艺术流派应有的群体规模和历史延续性便无法显现出来。在这个意义上,类似武都郡仇氏、李氏等掾属的创作,只能看作初具轮廓的流派,很多内容还有待新材料的印证。

图4.8　武都郡掾史的书迹。自左向右:《西狭颂》《武都太守李翕天井道题名》《郙阁颂》《武都太守耿勋碑》,局部,公元171—174年,均为摩崖刻石,甘肃成县。

与之不同,居延、敦煌、楼兰、长沙走马楼等地出土的汉晋简纸,晚至敦煌、西域出土的魏晋南北朝、隋唐书迹,亦有大量掾史书写的官私文书,尽管他们没有体现艺术世家的规模,但均在同一地

---

① [宋]洪适《隶释》卷七,《石刻史料新编》第一辑09册,台北:新文丰出版公司,1977,第6863—6867页。

域活动,有持续的艺术实践,最终形成独特的群体风格。除上文所述居延汉简掾史书迹风格类型以外,还可举两个例子:一是长沙走马楼三国吴简,虽以旧体隶书和草隶为基础,但也出现了楷书和行书的雏形,通过半个世纪数代掾史之手,楷书和行书的笔法、结构特征,正在逐步确立。如果再将其与钟繇、王羲之等同期魏晋名家法书,及碑刻、砖木、佛经、典籍上的写经和铭石书法加以比较,则掾史群体的书写,可视为汉晋时期一个新旧书风混杂的流派。当然,走马楼吴简亦有新妍、朴拙、简率、厚重等风格差异,对掾史群体内部书法流派的划分,也只有在深入体察书者诸信息的情况下才能实现;二是公元4世纪上半叶的楼兰简纸,既有张济逞等人清丽雅致的新体楷书和行草书,也有使用广泛、质朴恣肆的旧体草隶和章草书,前者体现掾史弃旧取新的一面,后者透露掾史因循守旧的一面,因师学渊源和风格取向彼此迥异,可看作两个不同的流派。

根据汉画材料,研究者也区分出汉代乐舞的几种区域风格:(1)持守儒家传统的苏鲁豫皖地区,以深沉厚重的风格见长,乐舞图像多位于墓主画像下层,礼乐重器和乐伎编制还有先秦遗风,以孝堂山石祠、沂南画像石墓(图4.6)等官僚墓葬最为典型;(2)承楚文化遗韵的南阳地区,以迤逦灵动、迷离浪漫的乐舞风格为特征,长袖舞、建鼓舞和相和歌为其主要题材,多用夸张、变形手法,展现乐舞的神秘气息与优美韵姿,乐队多在室内,编制较小,以南阳七孔桥(图4.5)、石桥、军帐营等东汉墓为代表;(3)以巴蜀文化为内核的四川地区,广泛吸收中原乐舞和西域鼓吹、琵琶、驼舞等内容和形式,乐队规模因墓葬规格大小不一,但粗犷奔放、灵活多样是基本风格,以成都羊子山1号墓(图4.9)、乐山虎头湾崖墓等

图 4.9　羊子山汉墓乐舞图(《出行乐舞图》拓片局部),东汉,全图 45×1130.3 厘米,1954 年成都羊子山 1 号汉墓出土,重庆中国三峡博物馆藏。

为典型。① 我们知道,地方上的乐舞展演,多是州郡官绅宴饮期会之际的礼仪娱乐项目,长吏、属僚、乡土既是主事者,也是观赏者,而汉画所见的曲目舞式,既有民间艺人的编排改造,也有官绅幕僚乐舞观念和喜好的传达,主事者地位越高,他们对艺人的影响也会越大。

与之类似,汉代画像石和画像砖,也因地域不同,而出现风格差异:(1)分布地域最广、产生时间早、延续时间长、遗存数量多的鲁南、苏北、皖北、豫东区,是鲁文化和楚文化故地,受儒家、方术、楚巫风尚影响,厚葬之风浓郁,形式上,早期以单椁墓和小石祠为主,多见神仙、灵瑞、历史故事、车骑出行、宴乐等题材,风格粗犷,以阴线刻和凹面线刻为主;新莽东汉初以后,墓葬、石祠的形制由

---

① 冯建志、吴金宝、冯振琦《汉代音乐文化研究》,开封:河南大学出版社,2009,第 267—275 页。

小增大,至东汉中晚期,地下多室墓形似府邸,地上石祠、石阙雕饰日益丰富,通过神仙瑞兽、历史故事、孝子义士、庖厨宴乐、车马出行等题材,塑造种种仙界神灵福佑、现世繁华依稀的场景,依傍儒家典故的构图也复杂多样,加上浅浮雕、减地平面线刻等手法的综合运用,使艺术形象深沉厚重、凝练饱满。其中,孝堂山石祠、武梁祠(图3.26、3.27)、金乡朱鲔祠等最为典型。(2)分布集中、数量巨大的南阳、鄂北区,是光武发迹之地,物产丰饶,工商富庶,该区盛行的几何纹、楼阁人物、门吏拜谒、乐舞百戏、四神、斗兽等,更多体现升仙、五行、天象观念,历史故事和生产生活内容较少,手法上以凿纹地浅浮雕为主,偶用剔地浅浮雕、凿纹地阴线刻、凿纹地凹面线刻和透雕。整体上,构图简洁舒朗,富于雄浑豪放之风,以南阳石桥墓、军营帐墓等为代表。(3)以中下级官吏和富绅墓葬为主的陕北、晋西北区,处于边地,与匈奴相邻,盛行砖石砌筑墓,顶部很少刻画前两个区常见的日月和四神,历史故事题材亦不流行;相反,表现现实生活的车骑出行、楼阁人物、庖厨乐舞、农牧狩猎题材最富特色,常用剔地平面刻和剔地平面线刻手法,有时加彩绘,风格粗犷而自然生动,以绥德四十里铺墓、杨孟元墓(图3.40)、神木大保当墓(图3.41)等为代表。(4)巴蜀故地四川、滇北区,盛行洞室墓、崖墓、画像石棺,兼存石阙,东汉早期以日月、伏羲、女娲、启门、奉谒、对饮、乐舞百戏、龙虎穿环等为主要题材,晚期也有采桑、纺织、酿酒、车马出行等少量现实题材和历史故事画,线刻、浮雕、透雕兼用,简洁明快,以羊子山1号墓(图4.9)、曾家包1号墓等为代表。同样,我们认为汉画的创作,既有工匠的格套,也有家族的参与,尤其是一些世家大族,会干预或引领画像整体的设计,山东孝堂山石祠、朱鲔祠的祠主都是二千石长吏,武氏祠祠主也是地方大姓,且武梁和武荣均为敦守儒家传统的地方才士,即便他们不是墓祠的设计人,墓主及家人对生死、孝德、历史、生活的理解,也会左右工匠的创作。与孔耽预治墓冢(《梁相孔耽神祠碑》,见第三章)类似,张衡《冢赋》也曾构思其兆域幽宅:

> 载舆载步,地势是观。降此平土,陟彼景山。一升一降,乃心斯安。尔乃隳巍山,平险陆,刊丛林,凿盘石,起峻垒,构大椁。高冈冠其南,平原承其北,列石限其坛,罗竹藩其域。系以修隧,洽以沟渎,曲折相连,迤靡相属。乃树灵木,灵木戎戎。繁霜峨峨,匪雕匪琢。周旋顾盼,亦各有行。乃相厥宇,乃立厥堂。直之以绳,正之以日。有觉其材,以构玄室。奕奕将将,崇栋广宇。在冬不凉,在夏不暑。祭祀是居,神明是处。修隧之际,亦有披门。披门之西,十一余半,下有直渠,上有平岸。舟车之道,交通旧馆。寒渊虑弘,存不忘亡。恢厥广坛,祭我兮子孙。宅兆之形,规矩之制,希而望之方以丽,践而行之巧以广。幽墓既美,鬼神既宁,降之以福,如水之平,如春之卉,如日之升。①

博通儒学方术的张衡,不仅熟悉筑墓所经选址、平险、刊林、凿石、起垒、构椁、限坛、修隧、洽沟、树木、立堂、构室等工序,而且对墓冢地理位置、附属设施功能、墓葬形制法则等,都有深刻的理解,因而释者以为:"汉之人主多预为陵庙,则士大夫必有预为冢兆者。详观此赋,其平子预筑之冢邪?"② 将张衡、孔耽的构思,与前引苍山

---

① [宋]章樵注《古文苑》卷五,丛书集成本,上海:商务印书馆,1937,第133—134页。

② [宋]章樵注《古文苑》卷五,丛书集成本,上海:商务印书馆,1937,第133页。

元嘉元年墓工匠题铭联系起来(第三章),我们可以区分出墓祠建筑装饰的两种构思:墓主及家族成员谋划墓祠整体规制和样式,工匠应制完成地上和地下雕绘装饰设计,前者着眼于整体,后者负责细节实施与传达。同时,因墓主生活时间、所在地域文化风俗的差异,导致墓祠规制、图像选择、组合方式、意义传达的不同。张衡为南阳人,其墓冢碑刻亦在南阳,南阳出土墓葬多传达天文五行观念,而此类数术正是张衡所长;孔耽碑祠在安徽亳州永城,地处皖北,墓祠中雕绘图像更为盛行,且孔耽的构思晚张衡40多年,因此除"定吉兆于天府"外,还有"图千载之洪虑"的构想。综合这些因素,汉代画像石和画像砖的地域风格各具脉络,又相互融合,可以看作汉代绘画、雕刻的地域性流派,其中,地方世族是潜在的艺术参与者和阐释者。

大部分汉代掾史以文字书写、章奏属文为基本才能,史书称为"文吏";少部分出自官宦富绅家族的掾史,以儒生身份任职为掾,两汉之际始称其为"儒吏"。文吏和儒吏的划分,是西汉中期以后,儒家治国理念不断推进、法家实政举措不断淡化、经学研究日渐纵深的产物,它含有体认、区别个人文艺修养高下的意图,以个体经典掌握、文章济世、才艺修身为根本旨归。自那时起,掾史对诗歌、辞赋、音乐的雅好,便成为跻身"儒士"的重要标准,风气所感,投身音乐诗赋创作,兼及艺术理论探讨的儒吏日渐增多,他们的文艺述作,代表当时的最高水平,也是今天所说汉代文学家、书法家、音乐家和理论家的主体。

掾史个人文艺雅好往往启蒙于家族,文艺创作得益于家族,斩获声名后又加誉于氏族,由此形成艺术世家。借助艺术世家的聚合力和影响力,艺术家扩展为艺术群体,他们通过师徒、同僚、友朋等关系，探讨艺术观念、语言、风格等问题，通过官宦交游，传布艺术风格或样式，从而发展为不同世族、不同地域、不同风貌的艺术流派。从单个艺术家到艺术世家，我们对掾史个人才艺培养方式、艺术创作的风气、作品评判标准及其历史情境也有更为清晰的认识。

最后，尽管历史上有过区分，但客观地说，文吏和儒吏的分野是著作家不断追述的结果。两者均职司官私文案书牍、主事长吏和乡绅的碑铭刊立。对才士而言，凡碑、铭、章、奏、书、表、议等，后世都着意收集，以文学、法书看待（事实上，即便名家如傅毅、崔寔者，尚且有不少作品佚亡）；而基层佐史所著所写，当时不受重视，后世也便忽略不计，甚至将佐史作品贴上名家的标签。然而，就艺术创作而言，两者性质是相同的，具备同样的功能，使用同样的形式，且都是文章、辞赋、书法等门类的综合。

第五章　汉代掾史的司艺、游艺及影响

在讨论两汉掾史的艺术创作时,我们曾多次涉及个体职官、身份的流动或迁移问题。的确,自掾史入职,是汉代官僚最基本的仕进路线,大部分基层佐史没有机会升迁至令、长及以上,但史籍中也有很多由掾跻身长吏公卿的案例,有一些从隐士、儒士蜕变为掾,或由掾退身为处士、隐士的例子;此外,掾史群体中还有武吏,以及官僚的家臣仆从,他们中,有的具备才艺,有的只做实务而几乎与艺术无涉,个体情况千差万别。将掾史笼统地看作汉代中下层文官,表面上看问题变得简单,但实质上,相关问题,诸如掾史职官的迁移、群体地位的历时性变化、身份体认、掾史与士的关系,尤其是自春秋战国以至魏晋,两汉掾史职司文艺且游手于艺的传承脉络,无形中就被忽视。换言之,掾史职官和身份的迁移,正是汉代艺术创作主体、创作情境、创作模式等诸因素变化的反映。

第一节　两汉掾史与士的关系

承六艺风气,以"士"为处世立身的目标与准则,是两汉掾史的潜在取向。它使得一些居官的掾史,往往喜好与士交游、以士自居;当他们遭遇仕途坎坷或心生厌倦后,通常又变身处士,远离公堂,著书教授,此时,除官奉不再,"士"的身份不但不会损害其形象，反而更受故友乡绅的尊重。这样，从历时性的个体经历而论，掾史与士有重合，也有转换；而从共时性的群体角度观察，掾史与士或是宗亲、师友等连带关系，或是地方官吏与乡绅的依存与合作，此时，两者有重合，有分立，彼此间的关系更为复杂。本节即对此予以简论，进而探讨两者艺术创作模式的关联。

一、汉代"士"的称谓和类型

"士"，本义事，《说文》："士，事也。数始于一，终于十。从一，从十。孔子曰：'推十合一为士'。"① 在古代，"士"的主要引申义有四：（1）年不满20岁或未婚的青少年男子，《字汇·士部》："士，未娶亦曰士。"② （2）指具备一定知识、官职的社会阶层。又可分：① 先秦时期最低等级的贵族，地位次于大夫，《礼记·王制》："诸侯之上大夫卿、下大夫、上士、中士、下士，凡五等。"③ ② 因"士"为诸侯官，故又引申为官吏之统称，《诗·周颂·清庙》："济济多士，秉文之德。"孔颖达疏："济济之众士，谓朝廷之臣也。"④ ③ 指学习道艺者。在官而地位低下的士，与"庶民"相区别，为"四民"之一，《春秋穀梁传·成公元年》："古者有四民：有士民，有商民，有农民，有工民。"晋范宁解"士民"为"学习道艺者"⑤。④ 因学习道艺，又引

---

① [汉]许慎撰，[宋]徐铉校定《说文解字》卷一上，北京：中华书局，1963，第14页下。
② [明]梅鼎祚《字汇》丑集，明万历四十三年（1615）刊本，第53页下。
③ [汉]郑玄注，[唐]孔颖达疏《礼记正义》卷十一，北京：北京大学出版社，2000，第386页。
④ [汉]毛亨传，[汉]郑玄笺，[唐]孔颖达疏《毛诗正义》卷十九，北京：北京大学出版社，2000，第1507页上。
⑤ [晋]范宁集解，[唐]杨士勋疏《春秋穀梁传注疏》卷十三，北京：北京大学出版社，2000，第242页下。

申为知识分子,王充《论衡·实知》:"故智能之士,不学不成,不问不知。"①是问学古今圣贤知识者的总称,亦即读书人。⑤指执掌察狱诉讼的治事者,《尔雅·释诂下》:"在、存、省、士,察也。"晋郭璞注:"士,理官,亦主察听。"②(3)古军制之种类,一指战车上的"甲士",与步卒相区别,《吕氏春秋·简选》:"晋文公造五两之士五乘,锐卒千人。"汉高诱注:"在车曰士,步曰卒。"③二指卫士和骑士,《汉仪注》:"民年二十三为正,一岁为卫士,一岁为材官骑士,习射御骑驰战阵。"④两者常用为"士卒""军士""战士"等。(4)泛指品学、才艺、技术优秀且能治事者,《白虎通·爵》:"通古今,辩然否,谓之士。"⑤《汉书·高帝纪》:"吾与天下贤士功臣,可谓亡负矣。"⑥又有武士、勇士、壮士、谋士、博士、秀士等称谓,实际上是前述(2)和(3)的衍生。

汉代的"士",已经失去低级贵族的含义,但其职官、地位、文化素养的含义仍在,史籍所见相关称谓,大体上便是第(2)(3)(4)三种含义的延续。由于汉代掾史与甲士、卫士、骑士、武士关系不大,因此,本书只讨论第(2)(4)两种含义的引申。

与掾史关系最紧的"士",大体有学术、身份两类划分标准。

---

① 黄晖《论衡校释》卷二十六,北京:中华书局,1990,第1076页。
②[晋]郭璞注,[宋]邢昺疏《尔雅注疏》卷二,北京:北京大学出版社,2000,第58页下。
③ 许维遹《吕氏春秋集释》卷八,北京:中华书局,2009,第185—186页。
④《史记》卷七《项羽本纪》,北京:中华书局,1959,第324页注[三]。
⑤[清]陈立撰,吴则虞点校《白虎通疏证》卷一,北京:中华书局,1994,第18页。
⑥《汉书》卷一下《高帝纪下》,北京:中华书局,1962,第78页。

1. 学术源流：儒士和方士

（1）儒士。又泛作"儒生"，起源于春秋，指研习儒家经典文献、遵循儒家政治文化理念的知识分子，如《史记·封禅书》："（秦始皇）即帝位三年，东巡郡县，祠驺峄山，颂秦功业。于是征从齐鲁之儒生博士七十人，至乎泰山下。"①《史记·公孙弘传》："太常令所征儒士各对策，百余人，弘第居下。策奏，天子擢弘对为第一。召入见，状貌甚丽，拜为博士。"②《汉书·鲍宣传》："齐栗融客卿、北海禽庆子夏、苏章游卿、山阳曹竟子期皆儒生，去官不仕于莽。"③是以儒生与儒士同义，即便不任官职，但掌握儒家经典。《后汉书·舆服志》又载儒生服饰："进贤冠，古缁布冠也，文儒者之服也。前高七寸，后高三寸，长八寸。公侯三梁，中二千石以下至博士两梁，自博士以下至小史私学弟子，皆一梁。"又"缝掖其袖，合而缝大之，近今袍者也。今下至贱更小史，皆通制袍，单衣，皂缘领袖中衣，为朝服云"④，则进贤冠和长袍为儒士的常见服饰，有时还要佩剑（如图3.34、图3.39、图5.1）。

（2）方士。又称"术士"，源自战国或更早，⑤秦汉盛行，指拥有"方技"和"数术"技能的人。"数术"与"天地之道"有关，含天文历算、占星候气、式法选择、风角五音、龟卜筮占、占梦、厌劾、祠禳、相术等；"方技"与医药养生有关，主要包括医学、服食、房中、行气导引等。从《史记·秦始皇本纪》所述嬴政语"吾前收天下书不中

---

① 《史记》卷二十八《封禅书》，北京：中华书局，1959，第1366页。
② 《史记》卷一百一十二《平津侯主父列传》，北京：中华书局，1959，第2949页。
③ 《汉书》七十二《王贡两龚鲍传》，北京：中华书局，1962，第3096页。
④ 《后汉书》志第三十《舆服志下》，北京：中华书局，1965，第3666页。
⑤ 有关方术的起源，参见赵洪联《中国方技史》，上海：上海人民出版社，2013，第3—25页。

图 5.1 讲经、车骑出行画像,拓片,东汉,176.5×51 厘米,1972 年山东临沂市白庄出土,临沂市博物馆藏。

用者尽去之。悉召文学方术士甚众,欲以兴太平,方士欲练以求奇药"① 来看,秦代的士,主要是两类:方士为帝王求长生之方,以占星望气、寻仙访药为主职;"文学"为帝王制略兴太平,主要是精通"中用"经籍的儒生,两者所学不同,职责不同。西汉国政最初崇黄老,武帝以后推儒学,加上六艺经典本身包含方术内容,以至汉末,儒士与方士便逐渐融合,所学所用彼此渗透,但也有基本取向:儒士所学方术,主要是天文历算、图谶、风角占候、数术易几类,与职官和经籍研究关系密切,从而促成很多"艺术"或"术艺"兼修的士(见第四章);而医术、服食、行气、导引、房中、幻化、符箓、厌劾等方术,则多散布于民间,在实用功能的推动下,最终演变为道教,"方士"也便称为"道士"。方士的装扮,化为儒生的,当为儒士服;求仙问药的方士则异乎寻常,"或鳞身蛇躯,或金车羽服"②,同乎众人的,也会因服药而出现变化,或不着衣,或无常服。民间方士,又因所持技术各异,持不同器物,如图 5.2 右端导引方士,便手持角形器。

---

① 《史记》卷六《秦始皇本纪》,北京:中华书局,1959,第 258 页。
② 王明《抱朴子内篇校释》2 版,卷二,北京:中华书局,1985,第 15 页。

图 5.2　方士·升仙·斗兽画像,拓片,东汉,165×44厘米,1966年河南南阳宛城区军营帐墓出土,河南南阳汉画馆藏。

（3）具体用法类举。从称谓的具体使用看,汉代史籍中的"士",有时泛指才能优异者,如元封五年（前106）,汉武帝初置刺史部十三州,急需人才,便下诏征举：

> 盖有非常之功,必待非常之人,故马或奔踶而致千里,士或有负俗之累而立功名。夫泛驾之马,跅弛之士,亦在御之而已。其令州郡察吏民有茂材异等可为将相及使绝国者。①

依引文,一般意义上的"士"不仅茂才异等,且不负俗累,但出于时政需要,不遵法度的"跅弛之士"亦需选纳,则"士"只能为才能优异者,不分儒士、方士。其次,以士指官吏,包含儒士、治事者等义,如《汉书·宣帝纪》：

> 赞曰：孝宣之治,信赏必罚,综核名实,政事文学法理之士咸精其能,至于技巧工匠器械,自元、成间鲜能及之,亦足以知吏称其职,民安其业也。②

---

① 《汉书》卷六《武帝纪》,北京：中华书局,1962,第197页。
② 《汉书》卷八《宣帝纪》,北京：中华书局,1962,第275页。

精通政事、文学、法理的三类士,是汉代官吏的主体,其中有公卿,有掾史,且倚重儒林。再有,以"士"指儒士,如河平二年(前27)汉成帝在诏书中说:

> 儒林之官,四海渊原,宜皆明于古今,温故知新,通达国体,故谓之博士。否则学者无述焉,为下所轻,非所以尊道德也。①

鸿嘉二年(前19)成帝再次下诏选士:

> 朕既无以率道,帝王之道日以陵夷,意乃招贤选士之路郁滞而不通欤,将举者未得其人也?其举敦厚有行义能直言者,冀闻切言嘉谋,匡朕之不逮。②

两相比较,则汉成帝所言"士",主要指儒士。汉碑中也有不少例子,如:

> (鲁峻)体纯和之德,秉仁义之操,治《鲁诗》,兼通《颜氏春秋》,博览群书,无所不看。学为儒宗,行为士表。(《鲁峻碑》,173年)③

鲁峻通儒学,则"士"为儒士的代称,这种用法,两汉史籍最为常

---

① 《汉书》卷十《成帝纪》,北京:中华书局,1962,第313页。
② 《汉书》卷十《成帝纪》,北京:中华书局,1962,第317页。
③ 高文《汉碑集释》2版,开封:河南大学出版社,2008,第390页。

见,故《字汇·士部》说:"士,儒者。"①

2. 身份地位:吏与士

汉代以"士"为文官名的,主要是博士,但士任文官的很多,如议郎、校书郎、侍御史等,此外还有文职掾史,可泛称为"儒吏"(见第四章);与官吏身份对应的,是处士和隐士。儒吏和不为官的处士,又大体与执掌刑法律令的"文吏"相对应,可统称为"学士"。②

(1)博士。兴起于春秋战国,最初指博学之士,并非官名。战国后期,秦国和山东六国始设博士一官。秦代,博士所长含儒家、诸子、诗赋、数术、方技等,主要用于帝王政治礼制的咨询,即"博者,通博古今;士者,辨于然否"③。西汉初,博士复为官,职能沿用秦代,汉文帝时,待诏博士达70人,"朝服玄端,章甫冠"。建元五年(前136),武帝设四科,擢"明经"科优异者,以"学通行修,博识多艺,晓古文《尔雅》,能属文章"④者为"经中博士",即"五经博士"。五经博士最初不足10人,宣帝时又增置12家,平帝复立古文经学博士,增员达30人;光武帝立14家博士,形成儒家分经专治的格局。为保证博士选拔质量,又限年50以上,⑤博士制度日趋

---

① [明]梅鼎祚《字汇》丑集,明万历四十三年(1615)刊本,第53页下。
② 阎步克先生讨论士夫演变时,将"文吏"与"学士"对举,并讨论了两者的分化和融合现象。见阎步克《士大夫政治演生史稿》3版,北京:北京大学出版社,2015,第12—24、110—126、395—411页。
③ [汉]应劭《汉官仪》,见[清]孙星衍辑,周天游点校《汉官六种》,北京:中华书局,1990,第128页。
④ [汉]卫宏《汉官旧仪》,见[清]孙星衍辑,周天游点校《汉官六种》,北京:中华书局,1990,第57页。
⑤ [汉]应劭《汉官仪》,见[清]孙星衍辑,周天游点校《汉官六种》,北京:中华书局,1990,第129页。

完备。两汉五经博士也稍有不同：①官奉上，西汉五经博士秩六百石，东汉比六百石。②政治地位上，西汉五经博士参与议政、制仪、定律、断狱、改历、巡行等，容易致身卿相；东汉博士则执掌太学，以讲经授徒为主，政治参与能力下降，且大多转拜郎中、刺史等，难以升迁高职。③建制上，西汉经学博士一家数人，而东汉经学博士则一家一人。④内容上，五经博士所研习的经典，西汉以今文经学为主，与时事政治密切相关；自王莽以后古文经学盛行，东汉博士则兼备古今两派，分庭相抗又彼此融合，且与政治相对疏远。①

（2）处士。亦称隐士，是有学问、道德而不担任官职的人，无论隐居山林，还是闲养在家，都可统称为"逸民"。文人隐逸传统由来已久，《史记·殷本纪》："或曰，伊尹处士，汤使人聘迎之，五反然后肯往从汤，言素王及九主之事。"② 商末叔齐、伯夷让位不争，不食周粟，隐居首阳山，又为后世祖述。鉴于这种传统，处士和隐士不仅是汉代地方乡绅庶民的发言人，更是朝廷征求、郡吏咨询或笼络的对象，如《荆州刺史度尚碑》（167年）："及其典牧，必招振贤才，抽拔幽逸，选召所任，极当世之秀士。"③ 相应的，隐士多寡，便成为考量政治成败的依据之一，《三公山碑》（181年）历述长吏冯巡政

---

① [汉]应劭《汉官仪》，见[清]孙星衍辑，周天游点校《汉官六种》，北京：中华书局，1990，第125、128—129页；另参见王国维《汉魏博士考》，载王国维《观堂集林》卷四，石家庄：河北教育出版社，2001，第84—91页；蒋晓华《从经学博士看汉代社会》，《四川大学学报（哲学社会科学版）》1989年第1期；葛志毅《今古文经学合流原因新探：汉代博士制度与今古文经学合流之渊源》，《北方论丛》1995年第1期。
② 《史记》卷三《殷本纪》，北京：中华书局，1959，第94页。
③ [宋]洪适《隶释》卷七，《石刻史料新编》第一辑09册，台北：新文丰出版公司，1977，第6832页下。

绩时说:"山无隐士,薮无逸民。"① 但事实上,中枢和地方所任用的士,只是其中一部分,从官位隐退或未任官职的文士、儒生,数量很大。《酸枣令刘熊碑》(184—189年)碑阴可辨者近180人,处士就有55人。② 作为地方乡绅的代表,处士及其家族事宜,也往往会牵动地方各界,刘桢在《汉处士国文甫碑》中描述碑主去世后的情况:"于时龙德逸民,黄发实叟,缀文通儒,有方彦士,莫不拊心长号,如丧同生。"③ 表明当地儒士、方士、隐士、耆老都有参与。

此外,史料中还有"义士"称谓,除指侠义之士外,还指碑刻出资人之一种。洪适《孔宙碑》跋语总结各类称谓说:

> 其亲受业,则曰弟子;以久次相传授,则曰门生;未冠则曰门童;总而称之,亦曰门生;旧所治官府,其掾属则曰故吏;占籍者则曰故民;非吏非民则曰处士;素非所莅,则曰义士。④

不用说,这些群体,与本书讨论的掾史关系紧密:首先,从学术源流上,儒学和方术,构成掾史个体人文修养的基础,满足其从政、理事技能需求,居延官文中零星的儒家文献、日书、占卜、刑德等残篇,表明低级文吏在公务之余,也在力图掌握六艺与方术,到东汉以后,掾史为官为学同样需要研习儒学或方术,只是儒学更为盛

---

① [宋]洪适《隶释》卷三,《石刻史料新编》第一辑09册,台北:新文丰出版公司,1977,第6790页上。
② [宋]洪适《隶释》卷五,《石刻史料新编》第一辑09册,台北:新文丰出版公司,1977,第6812—6815页。
③ [唐]欧阳询撰,汪绍楹校《艺文类聚》卷三十七,上海:上海古籍出版社,1985,第658页。
④ [宋]洪适《隶释》卷七,《石刻史料新编》第一辑09册,台北:新文丰出版公司,1977,第6831页下。

行。其次,从社会身份而言,在官的掾史与学问精深的博士,与在民的处士,要么相互依存,要么有宗亲师友联系,从个体角度看,还有身份的重合与转换。

二、掾、士的融通和身份体认

两汉时的公卿硕儒,时常鄙视起于刀笔的文吏,或不屑与掾史为伍,或以出身文吏为耻。但我们已经指出,这种偏见是当时儒生和著作家不断追述而成的,并不完全合乎实情。元代史学家马端临《文献通考》列叙西汉以吏入官的29个公卿案例,认为西汉公卿士夫或出文学,或出吏道,二途并举,最初没有抑扬偏废,至西汉后期,"儒自许以雅,而诋吏为俗,于是以剸繁治剧者为不足以语道;吏自许以通,而诮儒为迂,于是以通经博古为不足以适时",以至"儒与吏判为二途",加上帝王公卿有了抑扬轻重的导向,使"二途皆不足以得人矣";又考察东汉选举,引南宋徐天麟《东汉会要》说:"东京入仕之途虽不一,然由儒科而进者,其选亦艰,故才智之士多由郡吏而入仕。以胡广之贤,而不免为郡散吏;袁安世传《易》学,而不免为县功曹;应奉读书五行并下,而为郡决曹吏;王充之始进也,刺史辟为从事;徐稚之初筮也,太守请补功曹。盖当时仕进之路有如此者,初不以为屈也。"① 宋元史家的论述,距汉千载,相对客观。当然,他们多少有自己的历史情怀,徐天麟倾服三代,认为两汉士人由小吏屈入仕途,已见政事之荒废,而北宋史家刘敞则又与之相反,在《送焦千之序》中,他树立两汉为标杆:

---

① [元]马端临著,上海师范大学古籍研究所、华东师范大学古籍研究所点校《文献通考》卷三十五,北京:中华书局,2011,第1021—1024页。

> 夫东、西汉之时,贤士长者未尝不仕郡县也。自曹掾、书史、驭吏、亭长、门干、街卒、游徼、啬夫,尽儒生学士为之,才试于事,情见于物,则贤不肖较然。故遭事不惑,则知其智;犯难不避,则知其节;临财不私,则知其廉;应对不疑,则知其辩。如此,则察举易,而贤公卿大夫自此出矣。今时士与吏徒异物,吏徒治文书,给厮役,憨愚无智,集诟无节,乘间窥隙,诡法求货,笞僞僇辱,安以为己物,故无可以兴善者;而儒生学士之居于乡里,不过闭门养高,其外则游学四方,以崇名誉,然后可以出群过人矣。而欲法前世,一使郡县议其行实,而察举之,固难矣。①

无论后世如何评述,汉代士人自掾史入仕,且吏与士彼此重合、联通,又不断体现身份体认的微妙心理,是一个客观史实。此处以具体案例略作分析。

1. 掾史与士的重合

东汉永平(58—75)初,东平王刘苍幕府新开,揽四方之士,班固力荐六人:

> 窃见故司空掾桓梁,宿儒盛名,冠德州里,七十从心,行不逾矩,盖清庙之光晖,当世之俊彦也。京兆祭酒晋冯,结发修身,白首无违,好古乐道,玄默自守,古人之美行,时俗所莫及。扶风掾李育,经明行著,教授百人,客居杜陵,茅室土阶。京兆、扶风二郡更请,徒以家贫,数辞病去。温故知新,论议通

---

① [宋]刘攽《彭城集》卷三十四,丛书集成本,上海:商务印书馆,1934,第458—459页。

明，廉清修洁，行能纯备，虽前世名儒，国家所器，韦、平、孔、翟，无以加焉。宜令考绩，以参万事。京兆督邮郭基，孝行著于州里，经学称于师门，政务之绩，有绝异之效。如得及明时，秉事下僚，进有羽翮奋翔之用，退有杞梁一介之死。凉州从事王雍，躬卞严之节，文之以术艺，凉州冠盖，未有宜先雍者也。古者周公一举则三方怨，曰"奚为而后已"。宜及府开，以慰远方。弘农功曹史殷肃，达学洽闻，才能绝伦，诵《诗》三百，奉使专对。此六子者，皆有殊行绝才，德隆当世，如蒙征纳，以辅高明，此山梁之秋，夫子所为叹也……苍纳之。①

班固所荐六人均为儒士，又为掾史，其中，任中枢掾史的一人（桓梁），郡吏五人（京兆两人，扶风、凉州、弘农各一人），而除同郡李育见载于史，其余均无史传。据载，因班固推崇，李育受到"京师贵戚争交往之"和"州郡请召"的礼遇，十余年后，又察举方正，任议郎，后征拜博士，于白虎观议五经，再迁尚书令、侍中。② 至于其余五人，则不知所终，桓梁当时已为耆老，很可能终职于掾史。进而可以设想，即便刘苍悉数招至，使他们跻身王侯幕僚，得与权贵交通，然其政治地位和身份，并无根本改变。

汉代方士也有自郡吏入仕的例子。以记述部分东汉方士的《后汉书·方术列传》为例：（1）《方术列传》述 50 余人，曾任郡县掾史的，便有任文公、许杨、谢夷吾、杨由、李郃、公沙穆、费长房，征拜博士的有郭宪、樊英，此外，还有任县令的王乔，举孝廉的单飏，

---

① 《后汉书》卷四十上《班彪列传上》，北京：中华书局，1965，第 1331—1333 页。
② 《后汉书》卷七十九下《儒林列传下》，北京：中华书局，1965，第 2582 页。

任侍中的韩说、董扶,其中,郭宪、谢夷吾、李郃、公沙穆、单飏、韩说等还升迁至公卿或郡守。①(2)除纯粹的民间方士,兼通儒学和方术者不少,如:谢夷吾学风角占候,通儒学;李郃善河洛风星,又游太学,通五经;樊英受业三辅,习《京氏易》,兼明五经,又善风角、星算、河洛七纬、推步异灾;杨由通《易》、七政、元气、风云占候;其他还有公沙穆、韩说,及不为官的高获、段翳、廖扶、唐檀等。(3)无论为吏还是隐逸,开席讲授是培养地方掾史、儒生、方士的重要举措,如:廖扶习《韩诗》《欧阳尚书》,教授数百人;唐檀习《京氏易》《韩诗》《颜氏春秋》,好灾异星占,教授常百余人,其他如公沙穆、董扶等亦有授徒,杨由任郡文学掾,也负责教育。(4)儒学和方术兼通者,依次以巴蜀、汝南、会稽、北海四地人数最多,一定程度上,这些地区不仅民间方术盛行,也是学术研究的重镇,其中,杨由、樊英、唐檀、许曼有著作行世。②(5)汉代方士与官吏儒生交游频繁,如:谢夷吾与第五伦、班固相好,韩说与蔡邕友善,名儒陈寔师从樊英,蓟子训流名京师后"士大夫皆承风向慕之",乃至朝廷也引导风尚,待樊英、杨厚"若待神明"。(6)方士往往受地方百姓的崇拜,其中,许杨、高获、王乔、徐登死后,吏民为之起庙建祠或图画形像。③

再综合前述汉碑中历职为掾或终职于掾的案例(第三章),我

---

① 《文献通考》对此已有论述。见[元]马端临著,上海师范大学古籍研究所、华东师范大学古籍研究所点校《文献通考》卷三十五,北京:中华书局,2011,第1041页。
② 载籍里的方士30余人,巴蜀8人(任文公、杨由、李郃、段翳、折像、樊志张、董扶、郭玉),汝南6人(郭宪、许杨、高获、廖扶、许曼、费长房)、会稽2人(谢夷吾、韩说),北海2人(公沙穆、王和平),其余河东、颍川、丹阳、豫章、琅琊、山阳、沛国、庐江、河南、上党、闽中等,均为1人。
③ 《后汉书》卷八十二《方术列传》,北京:中华书局,1965,第2707—2751页。

们可以确认,汉代掾史与士的重合关系,不仅表现在大多致身术艺融合的学术取向上,体现在普遍沉沦下僚的身份地位上,还体现在两者彼此融通,且承担或主成文艺创作的角色互动上。

2. 掾史与士的转换

从个体的角度看,掾史与士彼此转换:或由儒生、方士进为郡县掾史,或由吏退隐为处士。史书和碑刻中案例很多,个体情况亦各不相同,但大体上,掾史职位的升降,是政局稳定程度、政策导向的反映,也是长吏政治地位及两者关系的折射,当然,也有掾史个人志趣和命运的差异。依据情理,在职官人数相对稳定的情况下,升迁人数与罢黜人数应大致持衡,或者说,一部分掾史的仕进,伴随一部分掾史的隐退。

掾史自下而上逐级升迁虽分外艰难,但在既定的职官制度下,其基本模式却容易把握(见第一章);而掾史职位的中断,或自吏职转为处士,往往没有制度约束,情况也很复杂,只能归纳出几个常见的情境:(1)战乱造成的选拔或行政中断,以两汉始末及新莽时期为多;(2)政变、坐事或长吏失势导致的连带性罢黜,几乎分布于各个阶段,又以东汉中晚期党锢争斗时期最多;(3)因守孝服义而造成的职务中断,为史志人物最常见的惯例,通常一次守孝不过三年,影响较小;(4)因年老或疾病隐退,有些为实情,有些则以老病为托辞;(5)个人志趣、品行差异造成的滞留、罢免或逃遁,多见于儒林、方士、隐逸等类型的掾史或士人。这五类情境因人而异。

个体在掾史和处士之间的转换,很多时候不止一次,短期的丁忧、赋闲,是所有官吏都要面对的情形,有时,还会因此斩获孝行美德的声誉。相对而言,影响掾史升迁或身份转换的首要因素,是其长吏或同盟的政治地位。试以不见史传的鲁峻为例。据其碑刻,鲁峻为山阳郡昌邑县人,早年治《鲁诗》和《颜氏春秋》,度过了约12年时间的地方儒士生活后,大约于汉安(142—144)年间,他32—34岁时任郡佐,① 不久举孝廉,除郎中、谒者、河内太守丞,自此以后,他经历了三次职务中断和三次复官:

表5.1 司隶校尉鲁峻的官宦与隐退经历

身份	擢选和升迁	中断或隐退
儒士(约130—141年,自冠礼后12年左右)		
官吏(约142—168年左右)	举孝廉,除郎中、谒者、河内太守丞	守父丧(三年?)
	司徒府掾、侍御史、东郡顿丘令(四年)、九江太守	公事告官(不到一年)
	司空王畅举,拜议郎、太尉长史、御史中丞、司隶校尉(164年)	母忧自乞
	议郎、屯骑校尉(未到)	以病逊位
处士(约169—172年,在家约3—4年)		

鲁峻为父守丧完毕,为司徒府所辟,之后,他进入官宦生涯的第一次高峰,经历中枢掾史和地方长吏的四次升迁,在九江太守任上"以公事告官",很可能,这是他牵涉某次政治斗争的结果。经过不到一年时间的"休神家巷",他很快被官高声重的王畅所举。王畅是王粲的祖父,与鲁峻均为山阳郡人,两人都曾任御史中丞、司隶校尉,尽管,我们很难确知鲁峻是否为王畅的接任者,但在政治上,鲁峻一定程度上有对王畅的依赖。当鲁峻为母丁忧时,"八俊"之首的王畅和李膺在党锢之争中或被免职,或被打死,鲁峻大概失去

---

① 因碑石断裂,与其早期经历相关的"汉□始佐,佐职牧守"之句难以断定,但从上下文看,"汉□"应为年号,合乎推测的,唯有汉顺帝汉安,此时鲁峻32—34岁。

政治靠山,我们认为也是在这个时候,鲁峻不得不"以病逊位",度过"琴书自娱"的几年处士生活,于熹平元年(172)去世。[①]纵观鲁峻一生,早期为儒士,中期进官宦,晚年做处士,大部分时间都裹挟在东汉后期政治风云中,即使他早期的儒士生活出于志趣,晚年的处士身份也是情势所迫。按理,他的官职不低,如果碑文所述其才学术艺和循吏作为可信的话,那么,他便是大量未入正史的士人中的一个。汉代官僚与之类似的很多,再如东汉陈寔:

> 会遭党事,禁锢二十年,乐天知命,淡然自逸,交不谄上,爱不黩下,见机而作,不俟终日。及文书敕宥,时年已七十,遂隐丘山,悬车告老。四门备礼,闲心静居。(蔡邕《陈太丘碑》一)[②]

总之,自汉代以来,吏、士通常兼于一身,且不断转换,无论在官还是隐逸,文艺赞治和文艺修身两条道路,都为大部分个体所沿袭,其间,"士"的风范并不以职官高下论定。抛开那些贪官污吏和沽名钓誉之徒,对持守传统的士人而言,为帝王公卿献言献策,为地方百姓尽心尽责,是个体的政治抱负,也是他们文化品格的显性基因;相应的,隐逸山林或处居陋巷,为道艺尽智,为后学示范,则是个体的求全之策,是他们文化品格的隐性基因。个体后天显隐基因发挥虽各不相同,但两种道路,都深刻影响了艺术创作的模

[①] 高文《汉碑集释》2版,开封:河南大学出版社,2008,第390—394页。
[②] [汉]蔡邕《蔡中郎集》卷二,四部丛刊明兰雪堂活字本,第3页。

式、观念、功能、内容与形式。①

3. 掾史与士的身份体认

山东嘉祥武梁祠东壁第五层左端,绘县功曹下车跪迎处士的场景,在汉画属吏图像中较为独特。祠主武梁的经历,见于洪适释录的《汉从事武君碑》:

图 5.3　功曹与处士(拓片与洪适摹本),武梁祠东壁,局部,全图 139.5×184 厘米,151 年,1786 年山东嘉祥县武宅山村北出土,嘉祥县武氏墓群石刻博物馆藏。

　　□故从事武掾。掾讳梁,字绥宗。掾体德忠孝,岐嶷有异。治《韩诗经》,□帻传讲,兼通河洛、诸子、传记。广学甄

---

① 文青云(Aat Vervoorn)先生将察举制度下士人的隐退,称为"儒家典范性隐逸",并认为隐逸文化与历史、政治、文化艺术关系密切,参见[澳]文青云《岩穴之士:中国早期隐逸传统》,徐克谦译,济南:山东画报出版社,2009,第 101—107、157—162 等页。

彻,穷综典□,靡不□览。州郡请召,辞疾不就。安衡门之陋,乐朝闻之义。诲人以道,临川不倦。耻世雷同,不窥权门。年逾从心,执节抱介。始终不二,弥弥益固。大位不济,为众所伤。……①

由此我们知道,武梁曾任从事掾,但他任掾的时间我们并不知道,鉴于碑文称"掾"以外不著一字,很可能,任职时间非常短暂。无论如何,刊碑时,"从事掾"是比处士更显尊贵的身份,撰文者便以此开篇,这种做法,与武梁安贫乐道、不窥权门的作风不同,很可能是子弟和撰文者的追述,可看作官方和世俗观念的体现。依碑文的说法,武梁喜好的是他的第二个身份:处士,不仅持续时间长,且没有内心的焦虑。洪适注意到,此碑与《武荣碑》(167年)一样,均有"□帻传讲"之文,表明武梁和侄子武荣在20岁以前,均能开席讲授经典。②撰碑者可能不无溢美,但武家为才艺世族是没有异议的:武梁之弟武开明于永和二年(137)举孝廉,除郎、谒者,汉安二年(143)迁大长秋丞、长乐太仆丞,永嘉元年(145)丧母去官,复拜郎中、吴郡府丞,57岁时逝世;③武开明的两个儿子,武斑长于儒学,初仕济阴郡,25岁举孝廉,任敦煌长史,英年早逝;武荣未冠授经,后游太学,历州书佐、郡曹史、主簿、督邮、五官掾、功曹、守从

---

① [宋]洪适《隶释》卷六,《石刻史料新编》第一辑09册,台北:新文丰出版公司,1977,第6822页。
② [宋]洪适《隶释》卷六,《石刻史料新编》第一辑09册,台北:新文丰出版公司,1977,第6822页;高文《汉碑集释》2版,开封:河南大学出版社,2008,第295页。
③《武开明碑》存部分释文,见[宋]赵明诚《金石录》卷十四,《石刻史料新编》第一辑12册,台北:新文丰出版公司,1977,第8886页上。

事,36岁由汝南蔡府君举孝廉,迁郎中、执金吾丞,亦殁于英年。① 若武梁从未冠时讲经授徒,到74岁去世,则他的门生中必有很多担任吏职,因此,画面上县功曹下车跪迎的情景,即便不是某次遭遇的再现,也符合他的声誉和地位,符合地方掾史尊崇豪族耆儒的礼仪。借助画像,武梁及其子弟对儒士、处士、掾史诸关系的体认,掾史崇让处士、处士培育儒生、儒生进仕为掾的关联,也便得以呈现。

当然,人们对掾史和士的政治、文化地位的表述,因时因境而有差异。官史中,史家围绕人物政治作为,侧重名儒大吏,顺及儒士艺林,仅在列传中点缀掾史言行,忠奸贤愚互见,整体上,轻视低级文吏,是难以避免的"传统",其例甚多,不再例举。相应的,汉代碑刻多为私立,可裨补人物史事与视角,其间包含地方各阶层对掾史、士人地位的体认,试述三类:

(1)按职官次第,叙列一个时期内某地区的人才,暗含主事者对士、吏地位的认识。洪适所录《酸枣令刘熊碑》(184—189年)碑阴残存人名,即以此为据,依次可分六类:①中枢旧吏(故征试博士)1人;②故县令、长及郡吏35人(华长2人,郡上计掾1人,郎中1人,州从事2人,数县守令6人,郡五官掾1人,郡督邮6人,郡曹史7人,郡列掾1人,郡文学掾1人,县守丞、尉4人,河堤从事2人,州书佐1人);③酸枣县旧吏25人(功曹23人,主簿2人);④酸枣县现吏,即从掾位15人;⑤处士55人;⑥好学40余人,德行1人。洪适评述说,碑阴"不书郡邑,皆酸枣人也。其称'故华长''故雍丘令'之类,则邑之荐绅大夫也;其称'故郡文

---

① 武氏家族成员信息,主要见《武斑碑》《武氏石阙铭》《武荣碑》,释文见高文《汉碑集释》2版,开封:河南大学出版社,2008,第77—79、86、295—296页。

学''故郡督邮'之类,则尝吏于郡者也;其称'从掾位',则酸枣之吏,而不称'故吏',则可见刘君之在官也;处士之后,有好学四十余人,必泮宫之后进,以处士为丈人行者,其间有'德行'一人,必是尝贡孝察廉者"①。无疑,洪适揭示的该碑列名逻辑,实际上就是主事者对博士、郡掾、县掾、处士、儒生的等级体认。类似的另如《孙叔敖碑》(160年),碑文依次列固始县丞、尉、掾、史数人,祈愿句"县兴士炽"中的"士",主要指他们。② 当然,像《礼器前碑》(156年)和《礼器后碑》(157年)一样,大多数碑刻不以秩次列名,而将各地公卿侯相、地方长吏、郡县掾史、地方处士彼此混列,而又在碑文中统称为"四方士仁"③。

(2)门生称掾史为士夫的,以《童子逢盛碑》(181年)为典型。在该碑阴面,撰文者将两位县五官掾、五名督邮称为"县中士大夫",将主事的"家门生"列于后面。逢盛之父为县五官掾,则前列七人为其同僚,是县掾史中地位稍高者。显然,出于"家门生"对师长地位的体认,才有"县中士大夫"的说法,并有列名次序的安排。④

(3)掾史家族辑录地方士人的,见于《绥民校尉熊君碑》(216年)。据碑文,熊君祖、父、弟、子数代为掾,熊君治《欧阳尚书》和六日七分,兴平元年(194)任桂阳曲红长,建安四年(199)为荆州

---

① [宋]洪适《隶释》卷五,《石刻史料新编》第一辑09册,台北:新文丰出版公司,1977,第6812—6815页。
② [宋]洪适《隶释》卷二十一,《石刻史料新编》第一辑09册,台北:新文丰出版公司,1977,第6783—6786页。
③ 高文《汉碑集释》2版,开封:河南大学出版社,2008,第182页。
④ [宋]洪适《隶释》卷十,《石刻史料新编》第一辑09册,台北:新文丰出版公司,1977,第6862—6863页。

牧刘表举荐任绥民校尉。他死后,刊碑主事者除详述宗族子弟功德政绩外,还在碑阳末尾补录了两位地方士人:一是治天官日度、风角列宿的茶陵长文春,一是治《梁丘易》《公羊春秋》的重安侯相杜晖,前者"宗胤不纪",后者"族后□术",洪适以为两人"似是同郡盛德之士。作文者惜其无所记录,故附之左方也"①。尽管《熊君碑》碑阴没有录文存世,②难以考察主事者的详情,但这个例子至少说明地方吏、士相互崇让的风气。

总体而言,汉代人眼中的"士"相当复杂:若以学高、德范、行率作为核心意义,则只有部分儒士、方士、公卿、长吏和掾史符合要求,两汉官史大体用此义,又沿用先秦惯例,将公卿长吏称为"卿士",视为士的主体;若以汉代碑刻主事者的眼光和跻身士夫的意图而论,则他们的职官和地位,就是士的界限,从中枢公卿、掾史,到地方长吏、掾史和处士,往往都要争相进入士的行列。

三、掾史与士创作模式的关联

由于汉代掾史与士存在重合与转换关系,两者艺术创作的条件和情境,共性多于个性:(1)掾史与士同样有师友和宗族活动,在行政事务和人情交游中,借助名刺、文牍、碑刻等形式,在宴饮、期会等场合,展示书法、文章、诗赋、音乐才艺,一些学问精深的,还有著作撰写和传抄,有门徒课授。概言之,两者艺术创作的社会情境、主要动因是相同的。(2)两者才艺学习的路径相同。具体

---

① [宋]洪适《隶释》卷十一,《石刻史料新编》第一辑09册,台北:新文丰出版公司,1977,第6879—6881页。
② 赵明诚存目碑阴,但无题跋,洪适无碑阴录文。存目见[宋]赵明诚《金石录》卷一,《石刻史料新编》第一辑12册,台北:新文丰出版公司,1977,第8804页。

而言,一是研习小学、六经、方术典籍,二是继承口手相传的技艺,三是观览前人流传的尺牍、碑刻等作品。(3)两者学习、收藏、观摩艺术作品的风气接近。两汉之际东海郡功曹师饶入藏墓穴的佚赋(见第四章),时人收藏陈遵尺牍的喜好,[①]以及东汉末学子涌集以观《熹平石经》,祢衡、王粲及同学观碑诵文的风气,[②]就可说明。借助这些形式,同一时期通行的艺术样式、风格、作品、著述等,得到一定程度的传播与观摩,为吏士创作提供参照,促成新作品和新风格的产生。

若抛开两者的重合关系,则其创作情境与模式的差异,主要有三个方面:

(1)创作情境上,掾史有公文案牍工作,要为长吏及其家族的刊碑交游主事,因此,很多时候带有应制创作的特征;而同期在官的卿士和不为官的处士,虽也有请托、应制及呈献类创作,但刀笔事务的羁绊相对较少,在应制创作之外,较前者稍多自主创作特征。

(2)掾史与士创作才能和优长不同,也便有作品类型的差异,有个体创作和联合创作的不同情况。粗略而论,掾史长于案牍书写,卿、士长于诗赋文章,尽管两者重合时包含多个门类,但也有很多掾史仅涉刀笔,没有其他才艺优长。因此,掾史主事碑诔题铭时,有时需要延请士人撰文或书写,而形成联合创作的情形;反过来,士人属文作赋为个体创作,但若用于官方政务或名士交游,也便形成创作的联合。当然,这种区分是相对的,卿士也有擅长书法

[①]《汉书》卷九十二《游侠传》,北京:中华书局,1962,第3711页。
[②]《后汉书》卷八十下《文苑列传下》,北京:中华书局,1965,第2657页;《三国志》卷二十一《王粲传》,北京:中华书局,1959,第599页。

者,有不少碑刻的撰写也出自掾史之手。

（3）因政治文化资源不同,两者创作的形式、规模和作品数量也有悬殊。具体又分三种情况:①同期同地的官僚系统中,掾史较卿士地位低下,碑铭刊刻、庙堂建筑、著作修撰等大型创作活动,往往依附于长吏而出现,不仅作品归属有主次、层级关系,且类似碑刻、墓葬等的体量,也有一定程度的差异。②同期同地的掾史和处士,学习、创作的资源同中有异。通常,地方掾史和处士早年大都凭借家族文化的滋养,师从当地名师。入职以后,掾史执掌官文、官印、官学,更容易获取官方资源,同僚中也不乏俊才,技艺传习更为集中、通畅,但他们中很多人耽于职务,创作才能便难以提升,创作活动也大多围绕地方官吏、政务及宗族展开,牵涉面相对较小,除儒吏作品数量较多,大部分文吏仅限于文艺技能的应用。相应的,不为官的地方儒士距官方资源稍远,但一部分人可游学他处,从而提升创作才能,又因师友交往面的扩增,艺术创作活动形式较为丰富,其规模往往也不限于一县一郡,部分名士作品数量也会相应增多。③同期异地的吏士,因地域间文化风气浓淡、资源多寡,导致彼此间出现才艺的整体差距,尤其是边郡掾史和士人,难以与京畿、富庶地区的吏士抗衡。这种差异,自西汉初确定边郡选吏人数为内郡一半的制度以来,① 便逐渐形成,在其后的发展过程中,教育和文化资源富者日富,贫者愈贫,加上选举时"州郡相党,人情比周",一些偏远和不发达地区便陷入人才不济的境地。为扭转这种局面,东汉施行"婚姻之家及两州人士不得对相监临"的三互法,其后果是举吏者瞻前顾后。建宁三年(170),时任司徒府掾的蔡邕上书陈述政策之弊,指出文化不算落后的"幽冀二州,久缺不

---

① 《汉书》卷八十八《儒林传》,北京:中华书局,1962,第3594页。

补"①，应予以适当平衡，但未被采纳。地域间文化资源的不平衡，使得发达州郡不断吸纳各地才艺之士，偏远之地的掾史又很难获得升迁，没有带动地方吏士繁荣文艺的可能，而地域间文艺创作活动和规模，自然也便出现不平衡现象。

总之，由于掾史与士的身份难解难分，两者创作情境和模式要么重合，要么彼此渗透。以上考察，一方面表明掾史个体虽有文化修养的层次差异，但均有跻身士夫的心理，这是创作风气彼此感染的前提；另一方面，两者在政治、社会、文化职能上的重合交错，赋予汉代艺术创作多样的外部动力，并借由制度和风气，既能观照现实需求，又可达成对先秦艺术传统的继承与发扬。

第二节　汉代掾史的司艺与游艺

作为公卿士夫助手、官府治事者和家族的骨干，汉代掾史的职官职能，促成汉代书法、印章、实用文体、艺术教育、艺术人才的发展，促生师长和个人碑祠的刊立；其个人雅好，促动汉代文赋、音乐、诗歌创作，推动理论、批评、收藏风气的形成。前者依托政治文化制度，后者侧重个体自觉，我们分别取史籍中的"司艺""游艺"来概括："司艺"基于职务行为，对应于第二章所述日用情境下的艺术活动；"游艺"基于个体行为，对应于第四章所论雅作情境下的艺术活动；当职务行为和个体行为在公共事务纪念、宗亲师友交往中彼此渗透时，便出现第三章所述主事情境下的诸多艺术现象。换言之，司艺和游艺，是两汉掾史三种创作情境彼此区分而又相互融

---

① 所引数句均见《后汉书》卷六十下《蔡邕列传》，北京：中华书局，1965，第1990页。

合,且各具特征的逻辑出发点。

一、汉代掾史的司艺

"司艺"即职司文艺。先秦时职司文艺的,主要是大小史臣和百工,《尚书·胤征》:"官师相规,工执艺事以谏。"①《尚书·立政》:"立政,任人,准夫、牧,作三事,虎贲、缀衣、趣马小尹,左右携仆、百司庶府,大都小伯、艺人表臣、百司,太史、尹伯、庶常吉士。"②综合起来,即选任道艺表干之臣,为侯伯公卿和百官有司,其属吏,主掌券契藏书,等级更低的百工各治技艺。其中,"艺"既指文艺或技术,也有培育、教化之义,前者主要是各级史官属吏之责,后者为公卿百官之用。故东汉崔瑗《东观箴》"史臣司艺,敢告侍后"③,李尤《东观铭》"书籍林泉,列侯弘雅,治掌艺文"④句,均是对先秦、秦汉史臣文艺职责的表述。

本书第一章已阐述了汉代掾史职司文艺的传统,本节分事务、机构、人才三个方面,补述汉代掾史司艺情况。

1. 文书案牍赞治

文书案牍是掾史最主要的日常事务,前文已述居延简牍文书类型、生成和功能,但它仅是边郡军政的产物,一些中枢和州郡掾史文案工作的类型与流程,此处略作补充。

中枢和地方官吏上报帝王的文书,有四大类。刘勰《文心雕

---

① [汉]孔安国传,[唐]孔颖达疏《尚书正义》卷七,北京:北京大学出版社,2000,第217页。
② [汉]孔安国传,[唐]孔颖达疏《尚书正义》卷十七,北京:北京大学出版社,2000,第557页。
③ [唐]徐坚等《初学记》卷十二,北京:中华书局,1962,第296页。
④ [唐]欧阳询撰,汪绍楹校《艺文类聚》卷六十三,上海:上海古籍出版社,1985,第1135页。

龙·章表》说:"汉定礼仪,则有四品:一曰章,二曰奏,三曰表,四曰议。章以谢恩,奏以按劾,表以陈情,议以执异。"① 在具体使用时,"章"除了向帝谢恩,有时还泛指公卿百官的各种书奏,而涵盖其他三类,如汉卫宏《汉旧仪》:"(中垒校尉)尉一人主上书者狱。上章于公车,有不如法者,以付北军尉,北军尉以法治之。"② 通常,御史、尚书、中书谒者等,是转呈书奏的职能部门。围绕国家行政事务,这四类,传达的是公卿牧守的各类情报咨议,包含有司公文和个人上奏,其核心意旨当然归于公卿牧守,但起草和书写,绝大多数出自掾史属佐。章表呈奏不仅事关意愿传达正误、行政运行效能和礼乐制度的实施,更与呈奏者个人命运相连,因此,公卿牧守选任的掾史,往往在属文书写才能以外,要求更多综合修养,这也是汉代士人充任掾史职位最重要的动因。据载,西汉张汤任廷尉时,"请博士弟子治《尚书》《春秋》,补廷尉史,平亭疑法"③,其后,三公五府乃至贵戚新宠辟用才士蔚然成风。无疑,掾史若深谙帝王和长吏意旨,借由他们的刀笔,上行下令自然便利。在这个意义上,我们可以把中枢和地方各级公府的掾史,均看作"言语侍从",而属文书写各类章奏以佐助长吏,是他们的首要职能。然而,奏议获得帝王认可,其功多归于公卿牧守,掾史直接获得赞赏的不多,史载者如:

及(窦)融征还京师,光武问曰:"所上章奏,谁与参之?"

---

① [南朝]刘勰著,黄叔琳注、李详补注,杨明照校注拾遗《增订文心雕龙校注》卷五,北京:中华书局,2012,第302页。
② [汉]卫宏《汉旧仪》,见[清]孙星衍辑,周天游点校《汉官六种》,北京:中华书局,1990,第91—92页。
③《汉书》卷五十九《张汤传》,北京:中华书局,1962,第2639页。

融对曰:"皆从事班彪所为。"①

　　和帝问曰:"在郡何以为理?"(陈)宠顿首谢曰:"臣任功曹王涣以简贤选能,主簿镡显拾遗补阙,臣奉宣诏书而已。"帝大悦。涣由此显名。②

若非帝王询问、长吏称许,掾史文治武功便寂寂无闻,因而,中枢和地方诸掾政绩,汉史所见仅为片语。反过来,当公卿罹罪时,掾史往往又是他们的盾牌,其例甚多,也有善意回护而暗藏凶咎的例子,如:

　　奏事即谴,(张)汤摧谢,向上意所便,必引正监掾史贤者,曰:"固为臣议,如上责臣,臣弗用,愚抵此。"罪常释。间即奏事,上善之,曰:"臣非知为此奏,乃监、掾、史某所为。"其欲荐吏,扬人之善解人之过如此。③

　　(明)帝问(寒朗)曰:"谁与共为章?"对曰:"臣自知当必族灭,不敢多污染人,诚冀陛下一觉悟而已。"④

张汤"深刻吏多为爪牙用者,依于文学之士"⑤,既受实干家公孙弘的赞美,也受性好黄老的汲黯的非议,以其"文深小苛",感叹"刀

---

① 《后汉书》卷四十上《班彪列传上》,北京:中华书局,1965,第1324页。
② 《后汉书》卷七十六《循吏列传》,北京:中华书局,1965,第2468页。
③ 《汉书》卷五十九《张汤传》,北京:中华书局,1962,第2639页。
④ 《后汉书》卷四十一《第五钟离宋寒列传》,北京:中华书局,1965,第1417页。
⑤ 《汉书》卷五十九《张汤传》,北京:中华书局,1962,第2639页。

笔吏不可为公卿"①。无论如何褒贬,两汉行政运营的基础,正是掾史每日投身且不无风险的文书案牍。

中枢下达公卿和地方的文书,又有四大类,东汉胡广《汉官解诂》说:"帝之下书有四:一曰策书,二曰制书,三曰诏书,四曰诫敕。策书者,编简也,其制长二尺,短者半之,篆书,起年月日,称皇帝,以命诸侯王;三公以罪免,亦赐策(书),而以隶书,用尺一木,两行,惟此为异也。制书者,帝者制度之命,其文曰'制诏三公',皆玺封,尚书令印重封,露布州郡也。诏书者,诏告也,其文曰'告某官云如故事'。诫敕者,谓敕刺史、太守,其文曰'有诏敕某官'。他皆仿此。"② 帝王下达的四类文书,通常仍由御史、尚书、中书、郎等负责,③ 其中,治书侍御史、尚玺、符玺郎等为直接责任人。诏令等拟定后,还要由御史、丞相、尚书等有司分职传抄下达,经过邮驿传递,便生成种类丰富的官文。

中枢机构中,御史、尚书及其掾史,与文书案牍呈报、启奏、草拟、封缄最为攸关,人员配置、职能分工明确清晰。地方行政机构的书奏,则由主簿、功曹、上计掾、督邮、主记史、书佐等完成(图5.4)。

汉代帝王诏令和公卿牧守的奏书,既是典章文物,又是国史材料,既是王权象征,又含机要秘闻,故先后与其他典籍库存于石渠阁、兰台、东观等地。《后汉书·儒林列传》云:"及董卓移都之际,吏民扰乱,自辟雍、东观、兰台、石室、宣明、鸿都诸藏典策文章,竞

---

① 《汉书》卷五十《张冯汲郑传》,北京:中华书局,1962,第2318页。
② [汉]胡广《汉官解诂》,见[清]孙星衍辑,周天游点校《汉官六种》,北京:中华书局,1990,第23页。标点已重订。
③ 永平中,韦彪上疏请置尚书令史以助郎,"郎主文案,与令史不殊"。[晋]华峤《华峤汉后书》卷二《韦彪传》,见周天游辑注《八家后汉书辑注》,上海:上海古籍出版社,1986,第531页。

图 5.4 主簿和主记史（上：原图；下：测绘润饰图），壁画，东汉后期，高约 60 厘米，1952 年河北望都 1 号墓出土。

共剖散,其缣帛图书,大则连为帷盖,小乃制为縢囊。及王允所收而西者,裁七十余乘,道路艰远,复弃其半矣。后长安之乱,一时焚荡,莫不泯尽焉。"[1]地方州郡、侯国文书案牍的库藏,可从长沙古井、居延烽燧等出土物得以窥测,大体上,各级机构均设库存档,由各级库吏专职典藏,掾史清点查验。其中,史籍和出土简牍中的"阁""库",应是郡、县及下属机构存档的主要场所。

2. 文艺机构执掌

汉代两京所设的石渠阁、太学、辟雍、东观、兰台、鸿都门学等,与文艺创作关系紧密。其中,辟雍多用于礼乐祭祀,太学主事教育,石渠阁、天禄阁、兰台、东观以图书典藏和学术研究为主,唯有选任辞赋书画人才的鸿都门学,可看作正式的文艺创作和教育机构,但它晚至汉灵帝光和元年(178)才设立。此处先述西汉三阁、兰台、东观,将太学和鸿都门学置于"文艺人才培养"部分。

(1)西汉三阁。据汉魏之际成书的《三辅黄图》,西汉初萧何创建石渠阁、天禄阁、麒麟阁,兼备藏书和纳贤两个功用:

> 石渠阁,萧何造,其下礲石为渠以导水,若今御沟,因为阁名。所藏入关所得秦之图籍;至于成帝,又于此藏秘书焉。天禄阁,藏典籍之所。《汉宫殿疏》云:"天禄、麒麟阁,萧何造,以藏秘书、处贤才也。"刘向于成帝之末,校书天禄阁,专精覃思……麒麟阁,《庙记》云:"麒麟阁,萧何造。"《汉书》:"宣帝思股肱之美,乃图霍光等十一人于麒麟阁。"[2]

---

[1]《后汉书》卷七十九上《儒林列传上》,北京:中华书局,1965,第2548页。
[2] 何清谷《三辅黄图校释》卷六,北京:中华书局,2005,第339—342页。

石渠和天禄二阁也是西汉儒林博士修订经籍、辩论义理的场所,东汉张衡《西京赋》说:"天禄石渠,校文之处。"① 宣帝甘露三年(前51),宣帝临决、萧望之平议,令儒士辩五经异同,立《梁丘易》、大小夏侯《尚书》、《穀梁春秋》博士,即"石渠阁奏议",② 参加奏议的薛广德,当时就是御史大夫萧望之的掾属。③ 又《汉书·扬雄传》言,王莽收杀甄丰父子,"时雄校书天禄阁上",恐受牵连,"乃从阁上自投下,几死"④。则《三辅黄图》所谓"处贤才",主要指儒士校书。然而,史籍没有三阁员吏的详细记载,依其性质,与兰台相近,又有巨量的文书档案,⑤ 当有阁令史管理。新莽时,石渠阁和天禄阁均毁于战火。

(2)兰台。隶属于御史府,藏汉代图书秘籍、诏令章奏、律令计簿等。东汉初,减省御史大夫官属,并入兰台,由御史中丞领15人,其中,兰台令史6人,"掌奏及印工文书"。兰台令史的选拔,以"能通《仓颉》《史篇》"为标准。永元三年(91),又增尚书令史员,自兰台选拔,兰台令史任职后,每以一年为期,考绩后依次迁补尚书令史、尚书郎、尚书郎中,郎中任满3年升侍郎。⑥ 兰台令史是帝

---

① [南朝梁]萧统编,[唐]李善注《文选》卷二,上海:上海古籍出版社,1986,第54页。
② 《汉书》卷八《宣帝纪》,北京:中华书局,1962,第272页。
③ 《汉书》卷七十一《隽疏于薛平彭传》,北京:中华书局,1962,第3046—3047页。
④ 《汉书》卷八十七下《扬雄传下》,北京:中华书局,1962,第3584页。
⑤ 武帝时"文书盈于几阁,典者不能遍睹"。《汉书》卷二十三《刑法志》,北京:中华书局,1962,第1101页。
⑥ 《后汉书》志第二十六《百官三》,北京:中华书局,1965,第3598页注[十二],3600页;[汉]胡广《汉官解诂》、[汉]应劭《汉官仪》卷上,均见[清]孙星衍辑,周天游点校《汉官六种》,北京:中华书局,1990,第16、142、145页。

王中枢诏令的撰写者,可看作当时雅颂诗文、正体文字和书法、印章的创作者代表。公元56年,光武帝至岱宗,行封禅事,宿奉高,便"遣侍御史与兰台令史,将工先上山刻石"①,史载班固善篆书,亦当不虚(见表4.1)。同时,兰台令史又精通经籍,负责校书或撰史,任职兰台的班固、班超、孔僖、傅毅、贾逵、李尤、马严、杨终等,就是活动于汉章帝前后的一批文艺才士,他们推动了此期书法、辞赋等的变革与繁荣。

(3)东观。自东汉章、和以后,经籍秘书的收藏和学术研究逐渐转到南宫东观。永元十三年(101),汉和帝"幸东观,览书林,阅篇籍,博选术艺之士以充其官"②。永初三年至四年(109—110),邓太后和汉安帝先后"博选诸儒刘珍等及博士、议郎、四府掾史五十余人","校定东观五经、诸子、传记、百家艺术,整齐脱误,是正文字",自幼善史书、通经籍的邓皇后,还诏宫人近臣到东观学习,③东观由此成为东汉中后期最重要的文艺学术场所。曾在东观校书、著述或学习的,有宗室刘騊駼、刘毅,及士人伏无忌、延笃、朱穆、边韶、万章、崔寔、杨彪、马融、蔡邕、马日磾、卢植、韩说、孔僖、黄香、李胜、高彪、班昭、刘洪等,他们中,很多以文赋、诗歌、琴曲、书法见长,且出身掾史。

此外,汉代少府中乐府(见第四章)、尚书、符节、黄门等,也有职司艺术的员吏,负责帝王后宫所用文物典造和管理,不再详述。

3. 文艺人才培养

文艺人才培养不外官学、私学两个途径。官学主要是太学、郡

---

① 《后汉书》志第七《祭祀上》,北京:中华书局,1965,第3165—3167页。
② 《后汉书》卷四《孝和孝殇帝纪》,北京:中华书局,1965,第188页。
③ 《后汉书》卷五《孝安帝纪》、卷十上《皇后纪》,北京:中华书局,1965,第215、418、424页。

府文学、鸿都门学;私学即家族、个人的才艺授受,形式相对分散,前文已有散论。此处述官学。

（1）太学与郡、府文学。太学隶属太常,为两汉的大学,由博士培养人才。汉武帝即位之初,董仲舒以"太学者,贤士之所关也,教化之本原也",谏议帝王兴太学、置名师,又认为地方长吏为民之师帅,应重其贤能,而不过分凭依日月积功。①《汉书·儒林传》言:"太常择民年十八以上仪状端正者,补博士弟子。郡国县官有好文学,敬长上,肃政教,顺乡里,出入不悖,所闻,令相长丞上属所二千石。二千石谨察可者,常与计偕,诣太常,得受业如弟子。一岁皆辄课,能通一艺以上,补文学掌故缺;其高第可以为郎中,太常籍奏。即有秀才异等,辄以名闻。其不事学若下材,及不能通一艺,辄罢之,而请诸能称者。"又说:"昭帝时举贤良文学,增博士弟子员满百人,宣帝末增倍之。元帝好儒,能通一经者皆复。数年,以用度不足,更为设员千人,郡国置《五经》百石卒史。成帝末,或言孔子布衣养徒三千人,今天子太学弟子少,于是增弟子员三千人。岁余,复如故。平帝时王莽秉政,增元士之子得受业如弟子,勿以为员,岁课甲科四十人为郎中,乙科二十人为太子舍人,丙科四十人补文学掌故云。"②东汉于建武五年(29)在洛阳城故开阳门外复设太学,建武七年(31),太仆朱浮建议光武帝揽才四方、广开士路,以为"诏书更试五人,唯取见在洛阳城者,臣恐自今以往,将有所失"③。永建六至七年(131—132),汉顺帝又下令修缮学馆,落成后,从明经下第者增补甲、乙科各10人,除郡国耆儒90人补

---

① 《汉书》卷五十六《董仲舒传》,北京:中华书局,1962,第2512—2513页。
② 《汉书》卷八十八《儒林传》,北京:中华书局,1962,第3594、3596页。
③ 《后汉书》卷三十三《朱冯虞郑周列传》,北京:中华书局,1962,第1144—1145页。

郎和舍人。本初元年(146),汉质帝"令郡国举明经,年五十以上、七十以下诣太学。自大将军至六百石,皆遣子受业,岁满课试,以高第五人补郎中,次五人太子舍人。又千石、六百石、四府掾属、三署郎、四姓小侯先能通经者,各令随家法,其高第者上名牒,当以次赏进"①。熹平五年(176),又课试年60以上的太学生百余人,除郎中、太子舍人、王家郎及郡国文学史。② 总体上,太学诸生兼有冠族后裔和寒家子弟,以地方儒生、五府掾史、地方郡吏为主,通常限年18岁以上,以一年为期,但实际并不以此为限,入学年龄有12—13岁的,③ 学期不限于一年的也很多。太学诸生是汉代名儒士夫的主要来源,而游学太学,也是汉代文艺创作者提升才艺能力的重要途径。

太学从州郡选任一部分博士和诸生,同时,向中枢和郡国输送人才,以文学卒史或郡文学掾的身份,执掌地方文化教育,一部分学成后的诸生,也常回到地方,举办私学,加上很多从地方成长起来的郡文学掾,便形成中枢太学、地方郡学、私学三种教育形式。西汉赵绾、王臧、倪宽、梅福、隽不疑、韩延寿、王章、盖宽饶、诸葛丰、匡衡、张禹、郑崇、翟公(翟方进父),两汉之际的崔篆、崔篆,东汉杨伦、魏应、杜笃等,都曾任郡文学掾,名吏王尊早年师事郡文学掾,至于汉史不载而偶见于碑刻的,甚至无从考稽的,当更多。

太学生、公府和郡国的文学掾,大多是汉代公卿士夫的门人故吏,是经学研究和儒家政治理念的新生力或实践者,也是两汉四百

---

① 《后汉书》卷六《孝顺孝冲孝质帝纪》,北京:中华书局,1965,第281页。
② 《后汉书》卷八《孝灵帝纪》,北京:中华书局,1965,第338页。
③ 如:杜根年十三入太学,臧洪年十五知名,任延年十二为诸生,见《后汉书》卷五十七《杜栾刘李刘谢列传》、卷五十八《虞傅盖臧列传》、卷七十六《循吏列传》,北京:中华书局,1965,第1839、1885、2460页。

多年间文艺人才的主要培养者。同时,由于他们各有来源,各承师门,朋比交游关系也异常复杂,在传承经籍艺术之余,他们往往作为一种潜在的政治文化力量,议论政事或参与师长政治风波。例如:汉哀帝时,司隶校尉鲍宣纠察丞相孔光越礼而下狱,太学生千人集会请愿;① 汉灵帝时,有人在朱雀阙书"天下大乱,公卿皆尸禄",宦官讽司隶校尉段颎捕太学生千余人;② 元嘉三年(153),朱穆案验宦者,被施刑徒,诸生数千人诣阙上书,朱穆得释;③ 延熹五年(162),皇甫规举劾李翕及宦者,坐系廷尉,诸公、太学生三百余人诣阙以救。④ 到东汉晚期,太学生人数急剧扩增,门派纷争也日益明显,他们既有对抗帝王和宦官的正义之举,也因学术分野和政治门派,搅入党锢祸乱的漩涡,桓帝时的乡谣能感染三万诸生,令他们为公卿编颂歌谣,彼此依托而强化党派分化,⑤ 这些举动,无形中加速了党锢之祸的发生。当士夫集团在党锢之争中连续遭受重创以后,文艺人才与国家命运的关联,艺术与政治的关系,就难免出现两种趋势:一是中枢和地方的文艺教育,将出现名师零落、生徒不济的难题,甚至,相关机构濒临瘫痪,而无法再为中央和地方持续输送贤才;二是忠言直臣道路行将堵塞,很多诸生文学不再坚守文学艺术的讽谏教化功能,而倾向于个人志趣的传达,至此,政治对文艺的钳制放松,文艺部分地摆脱政治的束缚和干预,相应地,个体抒情写志的创作动力和空间,将不断增生。

---

① 《汉书》卷七十二《王贡两龚鲍传》,北京:中华书局,1962,第3093—3094页。
② 《后汉书》卷八《孝灵帝纪》,北京:中华书局,1965,第333—334页。
③ 《后汉书》卷四十三《朱乐何列传》,北京:中华书局,1965,第1470—1471页。
④ 《后汉书》卷六十五《皇甫张段列传》,北京:中华书局,1965,第2135页。
⑤ 《后汉书》卷六十七《党锢列传》,北京:中华书局,1965,第2185—2186页。

（2）鸿都门学。汉灵帝光和元年（178）始置鸿都门学,敕州、郡、三公,举召擅长尺牍辞赋及工书鸟篆者课试,诸生一度达千人。① 因鸿都门学诸生或出任刺史、太守,或迁升尚书、侍中,乃至有赐爵封侯的,故其地位要高于五府掾史、博士、郎官等,而与士人迁除模式不同；同时,凭借技艺入仕,也违背士夫以道统艺的观念,因此,灵帝设置和宠爱鸿都门学,引起杨赐、蔡邕、阳球等的非议。② 表面上,鸿都门学是帝王兴趣的产物,实质上,它是艺术不断发展,官僚诸生书画辞赋能力普遍提升的情况下,帝王借此平衡诸政治力量的结果之一。由于史家着墨不多,我们对鸿都门学的教学详情所知有限,以选拔条件,其中当有不少掾史,但可以确认的鸿都门学名家,如擅长八分的师宜官及其徒梁鹄,都与掾史无关。③

二、汉代掾史的游艺

"游艺",出自《论语·述而》："志于道,据于德,依于仁,游于艺。"④ 又见于《礼记·少仪》："士依于德,游于艺。工依于法,游于说。"⑤ 郑玄、何晏等人注"道"为三德三行（至德、敏德、孝德；孝

---

① 《后汉书》卷八《孝灵帝纪》,北京：中华书局,1965,第340—341页。另,《蔡邕列传》言召至数十人,当是最初人数。同前引书,第1992页。
② 《后汉书》卷五十四《杨震列传》,北京：中华书局,1965,第1780页；卷六十下《蔡邕列传》,第1996页；卷七十七《酷吏列传》,第2499页。
③ ［唐］张怀瓘《书断》,见上海书画出版社、华东师范大学古籍整理研究室选编《历代书法论文选》,上海：上海书画出版社,1979,第182页。
④ ［魏］何晏注,［宋］邢昺疏《论语注疏》卷七,北京：北京大学出版社,2000,第94页下。
⑤ ［汉］郑玄注,［唐］孔颖达疏《礼记正义》卷三十五,北京：北京大学出版社,2000,第1196页。

行、友行、顺行),注"艺"为"六艺"(礼、乐、射、御、书、术)。①孔子据仁游艺的说法,又可见于《礼记·学记》:"大学之教也,时。教必有正业,退息必有居。学不学操缦,不能安弦。不学博依,不能安诗。不学杂服,不能安礼。不兴其艺,不能乐学。故君子之于学也,藏焉,修焉,息焉,游焉。夫然,故安其学而亲其师,乐其友而信其道,是以虽离师辅而不反也。"②综合起来,"游于艺",意指士人以"六艺"饰身修性,不以之为能,不以之为据,而将其统归于道,故以"道艺"涵括士人学养的范围与主次,以"游艺"表明士人游习、涵泳艺术的方式、原则与境界。

汉代著述虽不直用"游艺",但化用其意的不少,如贾谊《新书》论六艺说:"令人缘之以自修,修成则得六行矣。"赵壹《非草书》以杜度、崔瑗、张芝皆雅好书法,"游手于斯"(俱见第四章)。晋唐以后,将"游于艺"简用为"游艺"的屡见史籍,如《晋书》赞"临湘县公"孙惠时说:"临湘游艺,才识英法。"③又引晋安帝下孔安国诏书,有"领军将军孔安国贞慎清正,出内播誉,可以本官领东海王师,必能导达津梁,依仁游艺"④之句,大都祖述孔子,不再赘举。

---

① [汉]郑玄注,[唐]孔颖达疏《礼记正义》卷三十五,北京:北京大学出版社,2000,第1187—1188页;[魏]何晏注,[宋]邢昺疏《论语注疏》卷七,北京:北京大学出版社,2000,第94—95页。
② [汉]郑玄注,[唐]孔颖达疏《礼记正义》卷三十六,北京:北京大学出版社,2000,第1232—1233页。
③《晋书》卷七十一《孙惠传》,北京:中华书局,1974,第1896页。
④《晋书》卷七十八《孔安国传》,北京:中华书局,1974,第2054页。

1. 士夫游艺的传统

汉代士人的心手游艺，承自先秦诸子的"内圣外王之道"。依据《庄子·天下篇》的论述，六艺道术齐备于古，分裂于天下大乱的春秋，百家众技从此进入莫衷一是的境地，面对纷乱之世，士夫也开始面临主客观协调的难题：

> 天下大乱，贤圣不明，道德不一，天下多得一察焉以自好。譬如耳目鼻口，皆有所明，不能相通。犹百家众技也，皆有所长，时有所用。虽然，不该不徧，一曲之士也。判天地之美，析万物之理，察古人之全，寡能备于天地之美，称神明之容。是故内圣外王之道，闇而不明，郁而不发，天下之人各为其所欲焉以自为方。悲夫，百家往而不反，必不合矣！后世之学者，不幸不见天地之纯，古人之大体，道术将为天下裂。①

诸子面对的，一方面是礼崩乐坏、道术断绝、"外王"之路难以为继的政治文化现实，另一方面是曲于一技、各持己见、"内圣"之途不能阐明的个体修身困境。由此，他们提出了各自的应对之方，庄子将其分为五类：

> 刻意尚行，离世异俗，高论怨诽，为亢而已矣；此山谷之士，非世之人，枯槁赴渊者之所好也。语仁义忠信，恭俭推让，为修而已矣；此平世之士，教诲之人，游居学者之所好也。语大功，立大名，礼君臣，正上下，为治而已矣；此朝廷之士，尊主

---

① [清]郭庆藩撰，王孝鱼点校《庄子集释》卷十下，北京：中华书局，1987，第1067—1069页。

强国之人,致功并兼者之所好也。就薮泽,处闲旷,钓鱼闲处,无为而已矣;此江海之士,避世之人,闲暇者之所好也。吹呴呼吸,吐故纳新,熊经鸟申,为寿而已矣;此道(导)引之士,养形之人,彭祖寿考者之所好也。①

大体上,追求自身安逸闲处的"山谷之士""江海之士"即隐士,重视养生安神的"导引之士"为方士,两者大约属于道家;而重视道德教诲、政治功名的"平世之士""朝廷之士"等同儒士,为儒家。

无论如何应对,对社会现实的观照和个人情操的持守,都必须往而能反、合于一体。孔子的方案,依尊的是西周政治文化传统,既是保守的做法,也有积极的一面。借助道艺观念,士夫可以切近王政与社会,并完善个体人格,兼顾社会与自身的利益,其间,艺术是助益政治伦理教化的手段,同时也是个体修养的途径。孔子爱好音乐、诗歌,不少弟子也擅长琴诗,他们就艺术政治、伦理功能的探讨,对音乐、诗歌中雅俗风格的辨析,对艺术涵泳心性、感染情绪、愉悦感官的关注和持续践行,赋予艺术应有的人文价值,由此,个体生命与艺术修养相生相得,孔子的道艺理论,也便建基于"为人生而艺术"之上。②孔子学琴,有习其曲、得其志、得其为人三个阶段,是由技艺锤炼到人格升华的历程;③他叹服韶音之盛美,体悟音乐的审美净化意义;授徒时,他指出性格刚勇、学识尚浅的子路鼓瑟不合雅颂,认可曾晳暮春外游、"风乎舞雩,咏而归"的闲适

---

① [清]郭庆藩撰,王孝鱼点校《庄子集释》卷六上,北京:中华书局,1987,第535页。
② 有关孔子艺术观念,参见徐复观《中国艺术精神》,北京:九州出版社,2013,第20—49页。
③《史记》卷四十七《孔子世家》,北京:中华书局,1959,第1925页。

情趣,首肯言偃治理武城弦歌之声相闻的手段,赞同他"君子学道则爱人,小人学道则易使也"的观点,①这些例子,便是孔门垂范后世的游艺行为。

此外,我们还可以与孔子大约同期的晋国盲乐师师旷为例。鲁襄公十八年(前555),晋人闻楚军靠近,师旷听音律辨吉凶,说:"不害。吾骤歌北风,又歌南风,南风不竞,多死声,楚必无功。"②而到晋平公自满君权独尊时,师旷援琴相撞;在平公宴乐卫灵公时,他既不满师涓所奏靡靡之音,认为君主闻听必亡其国,也不愿为晋平公演奏清徵和清角之音,认为只有德义之君才能赏清徵,唯有行比黄帝通神者才可听清角,"今吾君德薄,不足以听"③。尽管师旷最终难拂君意,为之演奏,但他坚守雅乐传统的言行,符合士夫准则。师旷的三个例子,都是以司艺为基础,一方面是恪守其本职,一方面则是以艺讽谏、以艺涵养,其模式,正是汉代掾史的楷则。

概言之,士夫的"游艺",是以生命修养为内核,以礼乐传统为旨归,在艺术牵涉政治文化时,强调雅与正,反对俗与变,不提倡形而下的技艺,而注重技艺由"内圣"而"外王"的品格。这样,"游艺"所标识的,不仅是个体艺术修养的方式方法,也是评判言行品质的标准,更是一种虚闲内心、凝神道术而不拘泥技巧的境界。后人阐释"游于艺",也不断申明其饰身、养性、闲内、净邪、广知的功

---

① [魏]何晏注,[宋]邢昺疏《论语注疏》卷七、卷十一、卷十七,北京:北京大学出版社,2000,第98—99、165—166、172、265—266页。
② 杨伯峻《春秋左传注》第三版(修订本),北京:中华书局,2009,第1043页。
③ [清]王先慎撰,钟哲点校《韩非子集解》卷三、卷十五,北京:中华书局,2003,第62—66、354—355页。

能,确认其内外兼修的原则,强调"涉而不有,过而不存"的状态。①

在汉武帝推行儒术后,士夫游艺的理念便根植于汉代士人当中。同时,他们还有术艺兼通的学术取向,除精通一些方术技艺以外,庄子等人有关"游"的观念,一定程度上也被涵纳进来。心游万物、心游无穷、不泥世俗、不拘利害的主体精神自由状态,由技入道、"游刃有余"的审美境界,"解衣盘礴"的创作状态等,②会直接影响他们的艺术观念和行为方式,司马迁、扬雄、崔瑗等名儒著述中便有不少道家的因子,武梁等处士的言行也是对老庄思想的实践。同时我们还看到,秉持儒道两家理念,在通达时化身儒生,于穷困时凭依道术,已逐渐成为汉代士夫常见的行为模式。这种现象取决于儒道两家就艺术助益"内圣"问题上的深层契合,即相通于"心斋":

> 瞿鹊子问乎长梧子曰:"吾闻诸夫子,圣人不从事于务,不就利,不违害,不喜求,不缘道;无谓有谓,有谓无谓,而游乎尘垢之外。夫子以为孟浪之言,而我以为妙道之行也。吾子以

---

① 宋代张载认为"涉而不有,过而不存,故曰游",范祖禹认为"道不可须臾离也,故志之。德者得于身也,故据之。仁者无不爱也,故依之。艺者可以广业也,故游之",吕大临认为"志所存,据所执,依所行,游所养",游酢认为"至于游于艺,则所以闲邪也",杨时认为"人之于游,则纵而至于放者有矣,故君子之游必于艺焉,所以闲其内也"。诸家注解参见[宋]朱熹《论孟精义》卷四上,《朱子全书》07册,上海:上海古籍出版社;合肥:安徽教育出版社,2002,第249—251页;[魏]何晏注,[宋]邢昺疏《论语注疏》卷七,北京:北京大学出版社,2000,第94页。
② [清]郭庆藩撰,王孝鱼点校《庄子集释》卷二上、卷七下,北京:中华书局,1987,第119、714页。关于庄子艺术精神中"游"的观念,参见徐复观《中国艺术精神》,北京:九州出版社,2013,第69—83页。

第五章　汉代掾史的司艺、游艺及影响　　451

为奚若？"(《庄子·齐物论》)①

　　且夫乘物以游心,托不得已以养中,至矣。(《庄子·人间世》)②

　　(颜)回曰:"敢问心斋。"仲尼曰:"若一志,无听之以耳而听之以心,无听之以心而听之以气！听止于耳,心止于符。气也者,虚而待物者也。唯道集虚。虚者,心斋也。"(《庄子·人间世》)③

　　孔子曰:"鱼相造乎水,人相造乎道。相造乎水者,穿池而养给；相造乎道者,无事而生定。故曰,鱼相忘乎江湖,人相忘乎道术。"(《庄子·大宗师》)④

解放心灵以达自由,摒弃欲望以求虚静,追求心境相合与坐忘,而实现主客观的统一,是孔子和庄子在个体内修问题上的一致处。⑤两者使汉代士人在内圣与外王间转换观念与行为模式成为可能。

2. 掾史游艺的新风

　　汉代贯彻游艺模式的掾史,主要是前文所说的儒吏,其中,仿效、唱和、赠答、谥诔、题勒、箴铭、撰碑、写碑、文物收藏等,是他们引领汉代艺术创作、彼此感染的主要游艺风尚,前文已列举很多例

---

① [清]郭庆藩撰,王孝鱼点校《庄子集释》卷一下,北京:中华书局,1987,第97页。
② [清]郭庆藩撰,王孝鱼点校《庄子集释》卷二中,北京:中华书局,1987,第160页。
③ [清]郭庆藩撰,王孝鱼点校《庄子集释》卷二中,北京:中华书局,1987,第147页。
④ [清]郭庆藩撰,王孝鱼点校《庄子集释》卷三上,北京:中华书局,1987,第272页。
⑤ 徐复观《中国艺术精神》,北京:九州出版社,2013,第79—96页。

证,在此,我们选择扬雄、崔瑗、张衡三人作为案例,进行补充观察。

先说扬雄。元延(前12—前9)初扬雄任黄门侍郎之前,曾为王音(或说王商、王根)辟为门下史,这段府掾经历,或许仅有"岁余",但意义重大:获得成帝母舅王氏家族的支持,先后写奏气格雄世的《甘泉》《河东》《羽猎》《长杨》四赋,入仕为郎,在京城立足,为其后的领俸石室观书、弃大赋创作而潜心问学奠定基础,也为他后期主动疏离政治纷争埋下伏笔。

扬雄传世的作品,主要是赋、颂、箴、诔、章奏、答疏几大类。其著述,或仿效先秦史臣,或尊依先圣体例。《汉书·扬雄传》说他"实好古而乐道,其意欲求文章成名于后世,以为经莫大于《易》,故作《太玄》;传莫大于《论语》,作《法言》;史篇莫善于《仓颉》,作《训纂》;箴莫善于《虞箴》,作《州箴》;赋莫深于《离骚》,反而广之;辞莫丽于相如,作四赋;皆斟酌其本,相与放依而驰骋云。用心于内,不求于外,于时人皆曶之;唯刘歆及范逡敬焉,而桓谭以为绝伦"①。除这些名篇以外,后人还为其辑纂了残篇《蜀王本纪》,几份章奏、对策,两篇与刘歆、桓谭的书答,一篇《赵充国颂》,一篇诔文(《元后诔》),一篇状述音乐教化轶事的残文《琴清英》。② 用今天的学科分类来说,扬雄的创作以文学为主,同时他精通史传、音乐鉴赏,擅长文字、正体篆书、六国奇字,③ 因此,还兼及文字、历史和艺术。随着文名显著,后人便有为之拾遗补阙的做法。据《后汉

---

① 《汉书》卷八十七下《扬雄传下》,北京:中华书局,1962,第3583页。
② 多见于《艺文类聚》《初学记》《古文苑》。合辑见[清]严可均《全上古三代秦汉三国六朝文·全汉文》卷五十一至卷五十四,北京:中华书局,1958,第402—422页。
③ 其传文有"刘棻尝从雄学作奇字"。《汉书》卷八十七下《扬雄传下》,北京:中华书局,1962,第3584页。

书·胡广传》载：

> 初，扬雄依《虞箴》作《十二州二十五官箴》，其九箴亡阙，后涿郡崔骃及子瑗又临邑侯刘騊駼增补十六篇，（胡）广复继作四篇，文甚典美。乃悉撰次首目，为之解释，名曰《百官箴》，凡四十八篇。①

正因如此，现传世《百官箴》中的《司空箴》《尚书箴》《太常箴》《博士箴》，《艺文类聚》归扬雄，《古文苑》归崔骃或崔瑗，若东汉中期已有九箴佚亡，则现存《州箴》和《百官箴》中，不少地方或为崔氏父子甚至胡广的补笔。

无论怎样，作为西汉末期最具才华的创作者，扬雄平生所及艺术门类和创作活动，透露出当时儒吏文艺创作的前沿风气：(1)仿效先圣而述作，以保证学问道德取法高上，保证道艺的传承与创新。扬雄《太玄》《法言》完成后，时人"亲见扬子云禄位容貌不能动人，故轻其书"，甚至讥讽他"非圣人而作经"②，但他仍持守士夫自信、独立、无闷的品格。近百年后，张衡对《太玄》倍加精研与推崇，张衡对崔瑗说："吾观《太玄》，方知子云妙极道数，乃与《五经》相拟，非徒传记之属，使人难论阴阳之事，汉家得天下二百岁之书也。复二百岁，殆将终乎？所以作者之数，必显一世，常然之符也。汉四百岁，《玄》其兴矣。"③我们可以将其与崔氏父子、胡广之补作，看作道艺在士夫间的代际传承。同时，扬雄不好章句，且

---

① 《后汉书》卷四十四《邓张徐张胡列传》，北京：中华书局，1965，第 1511 页。
② 《汉书》卷八十七下《扬雄传下》，北京：中华书局，1962，第 3585 页。
③ 《后汉书》卷五十九《张衡列传》，北京：中华书局，1965，第 1897—1898 页。

视恪守章句之徒为小儒,① 表明他看重的是道艺大体,兼顾的是应时而需的新意,即道艺应有的创造力。纵观汉史,明确记载西汉不好章句的大儒,似乎只有扬雄,但到东汉以后,像马援、桓谭、班固、王充、荀淑、韩融、卢植、梁鸿等,都有不究章句、求其大意的作风,而成为一种与章句学对应的独特现象。应该说,汉代儒吏中研习章句的人,要远远多于不好章句者,汉代儒学是以章句为基础,诸生课试章句,掾史文牍依赖章句,因此,客观而论,章句的修订、疏证、教授和应用,保证的是道艺的原典因循,而像扬雄、班固、王充等不计章句求其大意的儒吏,则保证了道艺捭阖变通的源头活水。
(2)刘歆对扬雄《太玄》时效的喟叹,桓谭对扬雄著述的信服与力荐,班固续成桓谭《琴道》等,是游艺之士的知音之交,他们之间的书牍往来、诗赋对答和前后承启,与同道、门生间的亲和,以及故吏门生的颂功立祠等,② 也确立了后世文士交游的基本模式。文士的交游活动,不一定直接与艺术相关,但大体上是各时代文化艺术观念和行为的反映,是艺术创作、作品接受无法脱离的历史情境。
(3)游艺观念渗透于各门类艺术当中,多以道统阐释名物,以经典考核正变,从而使传统和新兴艺术门类,都纳入汉代道艺范畴当中,相关审美问题趋于系统。前文所述扬雄、班固、傅毅等就诗赋、乐舞的艺论,便是例证(见第四章)。

再看崔瑗。崔瑗40多岁时始任郡吏,为官以前有20年的处

---

① 《汉书》卷八十七下《扬雄传下》,北京:中华书局,1962,第3514、3569—3570页。
② 史载有扬雄家牒,言"子云以天凤五年卒,葬安陵阪上。所厚沛郡桓君山、平陵如子礼、弟子钜鹿侯芭,共为治丧,诸公遣世子朝臣郎吏行事者会送。桓君山为敛赙,起祠茔,侯芭负土作坟,号曰玄冢"。见[唐]欧阳询撰,汪绍楹校《艺文类聚》卷四十,上海:上海古籍出版社,1985,第731页。

士生活,自郡吏到两任将军府掾,任期都不长,前后共约7年;延光四年(125)车骑将军阎显被诛后,崔瑗赋闲居家,又做了大约10年的处士;阳嘉四年(135),因不愿为贵戚梁商所牵制,他推掉了一次就任府掾的机会,这一年他被举茂才,迁任汲令,任职7年,政绩显著,汉安元年(142)迁济北相,不久受梁氏牵连,为杜乔举劾贪污,征廷尉自讼得出,回家后因病去世。① 崔瑗才艺声名远扬,但只有晚年才借此做了县令,那时他大概已经58岁,换言之,他大部分艺术创作,是在大约30年的处士和不到10年的掾史期间所为。家族才艺熏染、闲居问学状态、断断续续的仕途经历,赋予他的艺术创作更为优雅、闲适、自由的风味。倘若说,补编扬雄和乃父《百官箴》、仿效前人著《七苏》,属于道艺传统的承述,数量不多的诗赋、章奏,及《窦大将军鼎铭》《和帝诔》《窦贵人诔》《司农卿鲍德诔》《汲县太公庙碑》《河间相张平子碑》《胡公碑》《南阳文学颂》,属于职务和人情的应制,那么,他的《座右铭》《遗葛龚珮铭》《与葛元甫(龚)书》《三珠钗铭》《杖铭》《柏枕铭》《草书势》和传世杂帖,则是他将士夫日常生活提升到游艺境界的力证。② 以他与葛龚的两则交往为例:

> 禹汤罪己,仲尼多诲。盘盂有铭,几杖有诫。天为刚德,犹不干时。君子妄怒,厥亦生灾。晋厉好虐,栾书作乱。荀瑶

---

① 《后汉书》卷五十二《崔骃列传》,北京:中华书局,1965,第1722—1724页。
② 《后汉书》言其著57篇,今已有佚失,《北堂书钞》《艺文类聚》等多录残篇,合辑见[清]严可均《全上古三代秦汉三国六朝文·全后汉文》卷四十五,北京:中华书局,1958,第717—720页。其中,《杖铭》作者存疑,《书钞》卷一百三十三归崔瑗,《艺文类聚》卷六十九归刘向,《太平御览》卷九百七十四归冯植。

峻戾,韩魏致难。慷恺愤激,动肠伤气。久生百疾,历年不遂。俯览斯珮,柔韦是贵。(《遗葛龚珮铭》)①

今遣奉书,钱千为赘,并送《许子》十卷,贫不及素,但以纸耳。(《与葛元甫书》)②

葛龚,字元甫,汉和帝时以善文记知名,汉安帝永初(107—113)中举孝廉,为太官丞,拜荡阴令,后举茂才,为临汾令。③崔瑗和葛龚均为文苑硕儒,两人以书、玉相赠,以道艺相交,崔瑗又善书法,虽不知十卷纸本《许子》是否由其手抄,但显然,这些活动,将日常的人、事、物,赋予人文意蕴,映射出艺术光泽。当然,这种"升华",并非因为历史人物才高名重,便先天地获得,亦非后世的极力追认,而是在于创作者个人道艺的践行表里如一,为一代风范。试从三方面来观察:

(1)道艺传统的贯彻。《窦大将军鼎铭》《遗葛龚珮铭》仿效先秦礼器作铭,述古证今是其传统,及至崔瑗为其他器物题铭,也用此手法:

元正上日,百福孔灵。鬓发如云,乃象众星。三珠璜钗,镂发鑽(攒)莹。(《三珠钗铭》)④

---

① [唐]欧阳询撰,汪绍楹校《艺文类聚》卷六十七,上海:上海古籍出版社,1985,第1186页。
② [唐]欧阳询撰,汪绍楹校《艺文类聚》卷三十一,上海:上海古籍出版社,1985,第560页。
③《后汉书》卷八十上《文苑列传上》,北京:中华书局,1965,第2617—2618页。
④ [唐]虞世南编纂《北堂书钞》卷一百三十六,影印光绪十四年南海孔氏三十有三万卷堂影宋刊本,北京:学苑出版社,2003,下册,第397页上。首句据《艺文类聚》卷七十补足。

>元首云尊,为乾之精。贻我良材,玄冬再荣。是用为枕,爰勒直铭。(《柏枕铭》)①

这些简短题铭,为寻常物品的材质、造型、功能,勾勒出朴素而崇高的意义——不是源自材质、风格的贵族气息,而是出于士人清雅脱俗而充满诗意的生活,以及他对事物的玄想哲思。这么说是因为崔瑗一向清贫,又安于简陋,据其传记,"瑗爱士,好宾客,盛修肴膳,单极滋味,不问余产。居常蔬食菜羹而已。家无儋石储,当世清之",及至离世,他叮嘱崔寔说:"夫人禀天地之气以生,及其终也,归精于天,还骨于地。何地不可藏形骸,勿归乡里。其赗赠之物,羊豕之奠,一不得受。"②崔瑗的通达超迈,是人格修养的自然流露,既有颜渊曲肱瓢饮的遗风,又有庄子逍遥自得的余影,他在《座右铭》中自道:

>无道人之短,无说己之长。施人慎勿念,受施慎勿忘。世誉不足慕,唯仁为纪纲。隐心而后动,谤议庸何伤。无使名过实,守愚圣所臧。在涅贵不缁,暧暧内含光。柔弱生之徒,老氏诫刚强。行行鄙夫志,悠悠故难量。慎言节饮食,知足胜不祥。行之苟有恒,久久自芬芳。③

崔瑗与扬雄一样,兼通儒道,凡艺术活动,都以道艺阐明,则诸篇取

---

① [唐]虞世南编纂《北堂书钞》卷一百三十四,影印光绪十四年南海孔氏三十有三万卷堂影宋刊本,北京:学苑出版社,2003,下册,第378页上。
② 《后汉书》卷五十二《崔骃列传》,北京:中华书局,1965,第1724页。
③ [梁]萧统编,[唐]李善注《文选》卷五十六,上海:上海古籍出版社,1986,第2409—2410页。

意亦效法先圣。

（2）道艺创新的自觉。崔瑗的艺术创作，并不因袭前人，他投身撰碑述志的风气，有作品流传，他的"《南阳文学官志》称于后世，诸能为文者皆自以弗及"①；书法上，他加强草书笔势的连贯，增益其抒情性，为后世称述，唐代书论家韩方明甚至认为："今言笔法，亦不言自张芝。芝自云比崔、杜不足，则可信乎笔法起自崔瑗子玉明矣。"② 同样，对待友朋张衡的《周官训诂》，他"以为不能有异于诸儒"③ 而加以劝诫，更看重道艺的创新。

（3）游艺风气的积染。东汉中期儒吏日常生活的审美化或诗意化，较之扬雄的年代更趋明显，它既是数代士夫游艺的结果，也是渗透到崔骃、崔瑗、班固、傅毅、李尤等人的日常生活中，促动艺术创作的社会新风。事实上，崔瑗日用物铭文并非首创，其父崔骃传世的《冬至袜铭》《六安枕铭》《刀剑铭》《缝铭》《扇铭》等，④已将游艺活动切近日常物用；此后，李尤以河关、宫殿、门阙、武器、车马等为题的多篇赋、铭，及《漏刻铭》《屏风铭》《书案铭》《经棪铭》《笔铭》《读书枕铭》《错佩刀铭》《金羊灯铭》《金马书刀铭》《卧床铭》《席铭》《几铭》《印铭》《研墨铭》等几乎涉及各类日用物品的题铭，⑤ 则将儒吏日常生活的游艺推向纵深，唐宋类书所录东汉士夫赋、颂、箴、铭很多，不再列举。

---

① 《后汉书》卷五十二《崔骃列传》，北京：中华书局，1965，第 1724 页。
② [唐]韩方明《授笔要说》，见上海书画出版社、华东师范大学古籍整理研究室选编《历代书法论文选》，上海：上海书画出版社，1979，第 286 页。
③ 《后汉书》卷五十九《张衡列传》，北京：中华书局，1965，第 1939 页。
④ [清]严可均《全上古三代秦汉三国六朝文·全后汉文》卷四十四，北京：中华书局，1958，第 716 页。
⑤ [清]严可均《全上古三代秦汉三国六朝文·全后汉文》卷五十，北京：中华书局，1958，第 746—752 页。

进一步,倘若唐宋时所见史料为真,则张奂与延笃、崔瑗、崔寔等的尺牍往来,崔、张等才艺世族风气的浸染,崔氏父子与张芝兄弟草书的传摹相授,张芝在京畿周边的游历,亦有迹可循:

今月三日,举家居来此,非本所规,贪突贼阵。(张奂《报崔子玉书》)①

仆以元年到任,有见兵二百。马如羖羊,矛如锥铁,盾如榆叶。(张奂《与崔子贞书》)②

笃念既密,文章灿烂,名实相副,奉读周旋,纸弊墨渝,不离于手。(张奂《答阴氏书》)③

唯别三年,无一日之忘。京师禁急,不敢相闻。岂不怀归？畏此简书。年老气衰,智尽谋索,每有所处,违宜失便。比为儿辈所仇,中为马循所困,直欲入三泉之下,复镇之以大石。厄乎此时也！且太阴之地,冰厚三尺,木皮三寸,风寒惨冽,剥脱伤骨。但此自非老羸者所堪,而复加之以师旅,因之以饥馑,众难聚集,不可一二言也。聋盲日甚,气力寝衰,神耶

---

① [唐]欧阳询撰,汪绍楹校《艺文类聚》卷八十,上海：上海古籍出版社,1985,第1377页。按,该篇若可信,当作于崔瑗去世的143年以前,未知是否在张奂任梁冀府掾或议郎前后,然"贪突贼阵"殊不可解,或存疑。张奂生平见《后汉书》卷六十五《皇甫张段列传》,北京：中华书局,1965,第2138—2144页。

② [宋]李昉等《太平御览》卷三五三,北京：中华书局,1966,第1626页。该篇若可信,则作于永寿元年(155)张奂任安定属国都尉后不久,数句与《张奂传》相合。

③ [唐]欧阳询撰,汪绍楹校《艺文类聚》卷三十一,上海：上海古籍出版社,1985,第560页。

当复相见者,从此辞矣!(张奂《与延笃书》)①

惟别三年,梦想言念,何日有违。伯英来,惠书盈四纸,读之三复,喜不可言。(延笃《答张奂书》)②

尽管不见原本难考真伪,然就游艺风气而论,这些尺牍的出现大体是可信的。退一步,即便后人有伪托,凭藉的无非是他们彼此积染的游艺风范。

最后说张衡。据研究,张衡大约在26—37岁时,曾任南阳郡主簿9年(约103—111),那段时间他潜心学问和创作,一方面恪尽司艺职守,为民称"神父"的太守鲍德写过《绶笥铭》,完成《南阳文学儒林赞》《司徒吕公诔》《司空陈公诔》等文章,另一方面,精研天文、历算、数术,喜好《太玄》,并写下有名的《二都赋》《南都赋》等作品,为之后征召公车奠定才能声誉基础。③然而,史书和崔瑗为其撰写的《张平子碑》,都略去了他的这段经历。我们能够确认他早期担任掾史,在此期间完成主要作品,奠定艺术创作声誉,是依据他的《绶笥铭》:"南阳太守鲍德,有诏所赐先公绶笥,传世用之,时德更理笥,衡时为德主簿,作铭曰……"④鲍德从黄门侍郎转任南阳太守,他爱好文艺,修复郡学,广交士人,永初二年

---

① [唐]欧阳询撰,汪绍楹校《艺文类聚》卷三十,上海:上海古籍出版社,1985,第533页。该篇与下篇当作于延熹九年(166)张奂任护匈奴中郎将期间,延笃去世于次年,书信往来时,张奂处北塞,延笃在南阳教授(《后汉书》卷六十四《吴延史卢赵列传》,北京:中华书局,1965,第2103—2108页)。
② [唐]欧阳询撰,汪绍楹校《艺文类聚》卷三十一,上海:上海古籍出版社,1985,第560页。
③ 许结《张衡评传》,南京:南京大学出版社,1998,第41—45页。
④ [唐]徐坚等《初学记》卷二十六,北京:中华书局,1962,第626页。

(108)离开南阳,任大司农,不久卒于官。①鲍德去世后,张衡写过《大司农鲍德诔》,②崔瑗写过《司农卿鲍德诔》③,追述其功德。很可能,崔瑗的《南阳文学官志》,也是与鲍德、张衡交游的产物。

史籍中,与张衡一样早年历职掾史的很多,略而不著这一经历的,大概也为数不少。张衡的案例至少可以说明,位居掾史固然卑微,但对于青年时期的士人来说,才艺提升、仕途累进、长吏扶携、友朋凝聚、声誉推广,及游艺活动的出现,却无不与之相关。一些才艺精进者,以此上升为汉代名儒、大吏或艺术名家;一些略显平庸者,至少也能属文书奏,为长吏、地方、家族事务奔忙,留下风格多样的碑铭题勒,追随时代游艺的风尚。

三、司艺与游艺的关系

在汉代政治、文化需求下,掾史的司艺,体现的是国家意志下艺术的分级管理和人才配备;掾史的游艺,则是个体自主的艺术观念倾向和行为风范。前者归属政统,后者依赖道统。余英时指出,政统和道统,是"两个相涉而又分立的系统。以政统言,王侯是主体;以道统言,则师儒是主体"④,两者运行逻辑不同,但又暗含互存与分化关系。

具体来说,两者之依存,体现在两方面。首先,制度性司艺的人员选拔、具体实施、效果评价,很大程度上要倚重游艺。通常,获

---

① 《后汉书》卷二十九《申屠刚鲍永郅恽列传》、卷四十六《郭陈列传》,北京:中华书局,1965,第1023、1553页。
② [唐]欧阳询撰,汪绍楹校《艺文类聚》卷四十九,上海:上海古籍出版社,1985,第886—887页。
③ [唐]徐坚等《初学记》卷十二,北京:中华书局,1962,第303页。
④ 余英时《士与中国文化》2版,上海:上海人民出版社,2013,第92页。

得文学艺术声誉者,往往也是同期游艺之士的代表,前述汉章帝提携崔骃、班固所荐六人(见第四章),及郡文学的选送等,便是例证。这样,中枢和地方文艺机构的运行,必然形成不断吸收、依靠、培养游艺者的局面。其次,游艺之士的成长和创作,也要依赖国家制度、机构设置和文艺教化,没有官方的支持,礼乐文化便形同散沙。地方文化艺术的发展尤为明显。通常,地方文化要么依靠官吏轮换和掾史的持续执掌,要么依靠儒生的游学和教授,武帝时文翁在蜀郡办学育才、桓帝时儒生尹珍从汝南学成还归南域教授,① 可看作两种类型的代表。无论哪种,国家和地方察举选士的政策支持,是地方吏士培养最重要的条件。

进而,两者之分化与调适,归因于各自的主体意识及文化意图。即:从国家文化的宏观层面而论,制度性的司艺,试图涵括官方和私人的各种文艺活动和现象,无论是教化、规范、支持,还是反对或干预。简言之,在司艺系统下,文艺人才要服从和服务于王政。尽管,职司文艺的各级官吏对艺术的理解不一,制度执行的方式和效果也不尽相同,但无不围绕国家制度展开,其潜在意图是资源和人才的集中、管理方式的统一、艺术活动的规范。在汉武帝推行儒术后,政统逐渐吸纳、依从和利用道统,司艺与游艺也由此进入调适关系:游艺之士服务于行政,提升司艺的整体水平,反过来,司艺的制度之门,也逐渐倾向于游艺。前文所引汉成帝所下诏书,便是帝王以道统治政、招选士人的例子。

不过,既谓之"游艺",则还有士夫独立和批判的一面,有与政统不合作、甚至对抗的一面。史籍中,儒生官吏时常以道统讽谏帝王,各时期都有不愿为官、不乐为官者,及至两汉末期,与贵戚、宦

---

① 《后汉书》卷八十六《南蛮列传》,北京:中华书局,1965,第2845页。

官乃至帝王对抗的,更是此起彼伏。游艺之士与王政保持着相应的距离,要么身负直臣忠言责任,要么承担评判或观察角色。概言之,在游艺系统下,艺术人才主要服从道艺传统和个人意志,尽管他们也有德行不一的现象,但整体上,公卿、长吏、掾史、儒士等的游艺,是以个体为基础,有时带有群体倾向的活动,它是消解帝王及宠臣专权、对抗政治文化垄断、打破文艺人才集中、展现艺术创作个性的重要手段。由此,艺术创作与政治和制度的关联松动,创作环境趋于自由宽松,个性风貌容易多元,进而可影响司艺系统,引发艺术变革。

这样,每个时期,司艺与游艺两个系统,在相互依存中,潜在地向彼此施加诉求,经过调适,进入某种程度的平衡。例如:被儒家视为俗乐的郑卫之声,即使得到士夫的持续反对,因武帝和乐官的喜好,以至东汉,都在宫廷中保持着其影响力;原本用于官文书写的篆书,先是被隶书替代,而后在汉魏之际被楷书替代,其中既有文吏儒生的实践基础,也得益于官方的认可、倡导和规范,最终,成为新体的隶书和草书,又成为游艺之士的雅好;汉灵帝许可蔡邕等人刊立正字正经的石碑,着意将大臣胡广和黄琼的画像列入省内,并令蔡邕分别作颂,① 却对他有关鸿都门学的批评意见充耳不闻;再如,先秦时等级森严的墓葬雕饰,及原本由太祝、太史执掌,区分礼乐等级的碑、铭、诔等,在东汉以后,逐渐为私人所持有,即便蔡邕曾自悔平生所作碑铭多有惭德,唯《郭有道碑》"无愧色"②,且虚言增饰、僭越礼制的现象不时出现,也并未受到帝王的明令限制。以至东晋末期,裴松之上书说:

---

① 《后汉书》卷四十四《邓张徐张胡列传》,北京:中华书局,1965,第 1511 页。
② 《后汉书》卷六十八《郭符许列传》,北京:中华书局,1965,第 2227 页。

> 碑铭之作，以明示后昆，自非殊功异德，无以允应兹典。大者道勋光远，世所宗推，其次节行高妙，遗烈可纪。若乃亮采登庸，绩用显著，敷化所在，惠训融远，述咏所寄，有赖镌勒，非斯族也，则几乎僭黩矣。俗敝伪兴，华烦已久，是以孔悝之铭，行是人非；蔡邕制文，每有愧色。而自时厥后，其流弥多，预有臣吏，必为建立，勒铭寡取信之实，刊石成虚伪之常，真假相蒙，殆使合美者不贵，但论其功费，又不可称。不加禁裁，其敝无已。以为诸欲立碑者，宜悉令言上，为朝议所许，然后听之。庶可以防遏无征，显彰茂实，使百世之下，知其不虚，则义信于仰止，道孚于来叶。①

最终，私人树碑风气从制度上得到遏制，正是借助司艺系统对个体游艺行为的规范。

司艺和游艺两个系统，在国家制度与个体（或群体）行为之间不断互动。粗略地说，西汉中期以前，司艺系统的作用要更为明显，从西汉晚期、新莽以后，士人游艺系统的作用日渐显著，个体意识开始不断冲击制度藩篱，国家层面的文艺规范或干预能力逐渐降低。而各时期司艺系统的运作、游艺系统的特征，往往与行政效率紧密相关，行政运行的效能，既影响司艺系统，也能见出游艺系统的情况。对此，我们举正反两个例子。第一个例子是永元十三年（101）十一月汉和帝的诏书：

> 幽、并、凉州户口率少，边役众剧，束修良吏，进仕路狭。抚接夷狄，以人为本。其令缘边郡口十万以上岁举孝廉一人，

---

① 《宋书》卷六十四《裴松之传》，北京：中华书局，1974，第1699页。

不满十万二岁举一人,五万以下三岁举一人。①

这次诏令,是帝王就地域间人才选拔和文化发展的不平衡而做出的主动回应。承东汉"明章之治"余波,汉和帝数次下诏察举选贤,他能将视野投向边郡,表明当时政治、文化的格局,相对来说依然是开放、灵活、均衡的,同期,聚集东都的游艺之士,也仍然保持着一定的活跃度。

与之相反的第二个例子,是汉桓帝时,已经流落为儒生的济北王之后刘陶的上书。刘陶针对当时的异灾,追述汉高祖帝业之艰、理政之勤,又对比秦朝和汉哀、平二帝用人之失,认为桓帝"既不能增明烈考之轨,而忽高祖之勤,妄假利器,委授国柄,使群丑刑隶,芟刈小民,雕敝诸夏,虐流远近,故天降众异,以戒陛下",他形容当时社会现状说:

> 又今牧守长吏,上下交竞;封豕长蛇,蚕食天下;货殖者为穷冤之魂,贫馁者作饥寒之鬼;高门获东观之辜,丰室罗妖孽之罪;死者悲于窀穸,生者戚于朝野;是愚臣所为咨嗟长怀叹息者也。②

党派勾结和宦官专权,加剧阶层分化与贫富差距,官宦世族和地方豪绅尚且危机不断,政治动荡、文化专权的现象,实际已十分严重。在刘陶眼中,当时能够匡扶帝王的,只有朱穆、李膺等士人,因此极

---

① 《后汉书》卷四《孝和孝殇帝纪》,北京:中华书局,1965,第189页。
② 本段所述刘陶之文,均见《后汉书》卷五十七《杜栾刘李刘谢列传》,北京:中华书局,1965,第1843—1844页。

力主张启用,但却没有被桓帝采纳。当李膺、陈蕃、蔡邕等先后被禁锢后,应劭所谓"若德不副位,能不称官,赏不酬功,刑不应罪,不祥莫大焉"①的情况便日益突出,相应地,执掌经籍艺术和天下教化的士人,或陆续被排挤,或陷入官僚内部争斗而委曲求全,②"道艺"再次转入民间,而难跻朝堂。

游艺之士的政治文化诉求是"德"与"位"相配,通过道艺执掌,达到道统对政统的引领;或者反过来说,在汉代士人看来,若司艺之位不是由游艺之士充任,则有"位不副德"的情况发生,道艺的传承和发展,也将步入歧途,公卿士夫对鸿都门学的批评就出于这个动因。据此,我们可以将司艺和游艺的关系用图5.5表示:

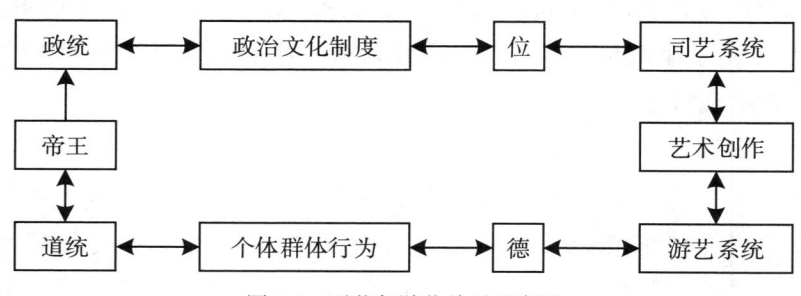

图 5.5 司艺与游艺关系示意图

总之,对汉代艺术来说,司艺和游艺,如同一块玻璃的两面,倘若遮住任何一面,我们看到的,只是部分历史影像和自己投影的交

---

① 《后汉书》卷四十八《杨李翟应霍爰徐列传》,北京:中华书局,1965,第1611页。
② 例如,以理政见长的阳球,既有奏罢鸿都门学的道艺观念,也是公卿中对抗宦官集团的重要干将,但却因家族旧怨,在蔡邕流放朔方后,派客刺杀蔡邕(《后汉书》卷七十八《宦者列传》,北京:中华书局,1965,第2531页注[三])。当然,这种挟私废公的做法,不绝于史书,只是在朝代晚期弊端更甚。

叠,也只有将两者结合起来,我们才能得到同一史实的两个不可分割的立面,而对汉代艺术有相对客观的认识。其中,本书所论各级掾史,是两个系统交集的主要部分,也是调适制度因素和个体因素的关键。

第三节　汉代掾史司艺与游艺的影响

汉代艺术创作承前启后,其文艺制度、艺术观念、创作主体、门类样式等,既与先秦紧密连接,也有诸多变化。总体上,汉代确立的司艺制度和游艺风气,使吏士的艺术创造力普遍提升,才艺世族规模初具,艺术作品形式多样,审美意识趋于自觉,艺术个性崭露头角,这些变化,又是魏晋、隋唐乃至以后艺术发展的基础。其中,主体扩展及创造力提升、艺术门类互生与分化、艺术作品的累积、制度和风气的传导,是几个突出的方面,而两汉掾史,是这一进程不可忽视的推动者。

一、主体扩展与创造力提升

1. 艺术创作主体的下移

我们知道,在传承先秦国家理念和礼乐等级制度的基础上,秦汉两代的帝王集权、郡县分划和察举制度,大大改变了先秦的社会文化结构:先秦时,天子和诸侯共治天下,共得普天之下的王土与庶民,各备公卿大夫及所属士、府、史、胥、徒的行政体系,到秦汉时,变为帝王一人有国,借助中枢公卿和郡、县、乡的行政分级网络,保障其权力运行。同时,相对宽广的、以才能功绩为标准的人才选拔,及公卿长吏的定期轮换,加快了各地人才自上而下、自下而上和平级之间的流动,由此,先秦政治、文化、艺术的世袭特权,以及相对封闭的阶层格局,被帝王以下新兴的、变动性极大的政治文化群体替代(如图5.6)①。在这个过程中,艺术创作主体开始向下位移。

当然,从源头上说,这种下移,自庄子所说道术分裂的春秋时期便已经开始。在西周和春秋前期,艺术创作为诸王、贵族和公卿服务,他们或据封地,或有恒产,或得官爵,六艺教育也主要面向他们的子弟。通过权力世袭,他们不仅是文艺创作的主体,也是道统和政统的阐释者与拥有者。到春秋后期和战国,诸侯贵族的六艺教育在彼此争霸中受到冲击,由低级贵族发展起来的、无恒产、无宗族势力的士,开始承担文艺学习、传授、创作任务,道艺因此转入诸子百家。其中,兴起最早的儒、墨两家,都传承了此前的诗书礼乐传统,且都通过授徒游学,扩大和改变这一传统在民间的意义:孔子以温和的方式,从士夫内圣外王的情怀出发,赋予诗书礼乐以新的精神内涵;墨子从工商农无产者利益出发,转而批判诗书礼乐不适其时之处。诸家学士游转于各诸侯和公卿之间,一方面以师友而非臣子身份,成为文艺传统的阐明者和政统的顾问,另一方面,又是诸侯公卿争取拉拢的对象,是尚贤用人需求和争霸事业的保障,因而获得爵比大夫的礼遇。尽管如此,在春秋战国大部分时期,士阶层仍处于游学状态。从公元前4世纪后半叶齐宣王稷下学宫的制度性养士,到六国末年所设"博士"一官,士阶层向职官制度逐步靠近:部分选召为博士的,恢复官师合一的身份,行君臣之礼,为秦汉博士之制的源头;大部分未获选召的士,为公卿长吏自行辟用,便是秦汉掾史的前身。进入秦汉以后,士不再是低级贵

---

① 本图在张法先生西周和汉代天下秩序图基础上修改而成。见张法《中国艺术:历程与精神》,北京:中国人民大学出版社,2003,第98页。

第五章　汉代掾史的司艺、游艺及影响　　469

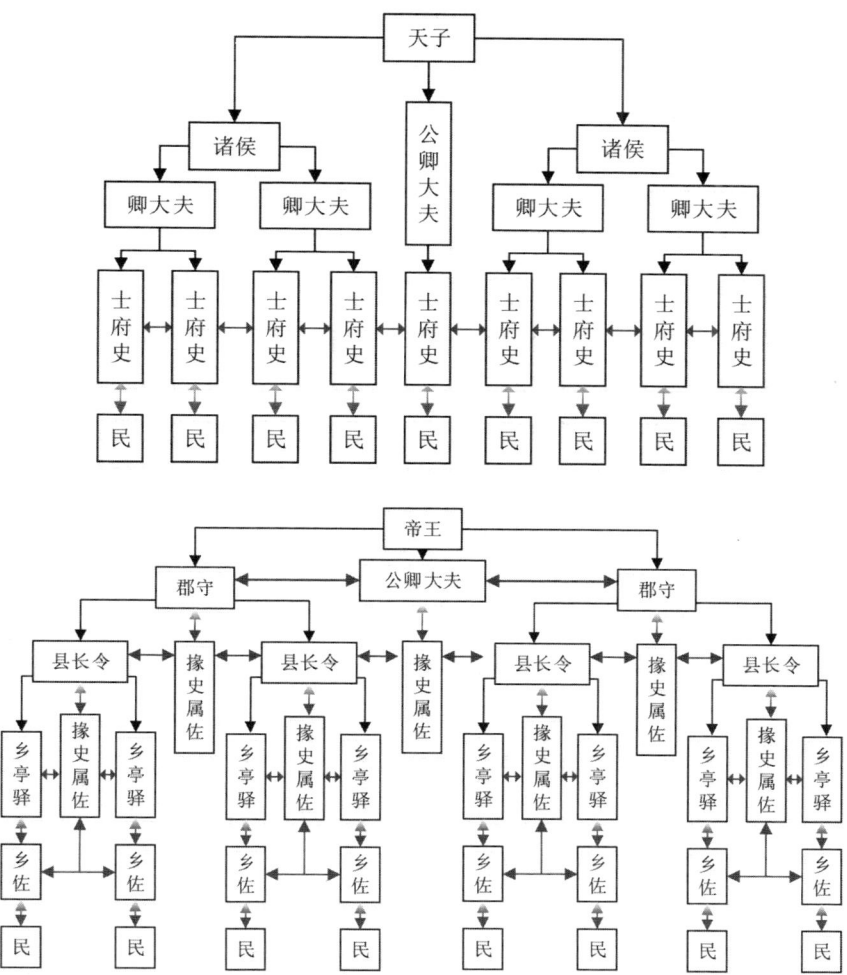

图 5.6　西周（上）和汉代（下）的行政体系略图。黑色连线与箭头表示大的隶属关系与流动方向，箭头颜色深浅表示升降难易程度。

族,而是拥有田产、不断提升世族势力、分享政治文化权力的一个流动群体,余英时称之为士的"恒产化"和"士族化"。① 他们或列官受奉,或游学道艺,与普通百姓、不仕之儒、中下层文官、长吏公卿之间的界限,不仅不再泾渭分明,而且可以凭借自身修养和家族势力相互转换。而士与吏的大面积重合,也意味着艺术与政治再度亲缘,艺术创作与职官制度彼此勾连。

2. 艺术创造力的提升

在受教育权被及普通百姓以后,寒门子弟获得较之先秦相对公平的才艺培养和入仕机会,故人才来源贯通汉代各个阶层;当选才标准向个体才能孝德倾斜后,凡平民和世族,都要从求师问学开始,力图完善个人素质以求取功名,汉代知识分子便身处相对开放的社会格局当中,世袭特权不再举世独尊;在分享政治和文化权力以后,个体表述道艺、纪颂功德、传达志趣的意图潜滋暗长,官宦世族和乡绅的诉求不断上升,使得艺术在服务于帝王的同时,开始兼顾个体和家族,在政治统治以外,艺术发展获得多主体、多向度的动力,包华石先生将这些现象,概括为儒家学者及新兴地主的"政治表达"②;在个体意识和地方经济能力上升后,知识分子、官僚、乡绅的联系增多,艺术创作便与民间工匠艺人发生最直接的联系,艺术创作活动贯通官民与雅俗的现象日渐普遍,官吏、士绅、工匠的创造力,无形中都被大大激发。

权力下移和诉求提升的直接受益者,就是汉代掾史。在社会生活的横向面上,掾史是具备相应才艺的知识分子,为家族俊彦,

---

① 余英时《士与中国文化》2 版,上海:上海人民出版社,2013,第 16—52 页;李向平《西周春秋时期士阶层宗法制度研究》,《历史研究》1986 年第 5 期。
② Martin J.Powers.*Art and Political Expression in Early China*. New Haven: Yale University Press, 1991.PP.2-9.

又处居官列,是地方政务、宗亲活动、学士交往及文艺活动的主要承担者,也是帝王、长吏、乡绅、普通民众联系的纽带,可以看作两汉政治和文化发展的基石。基于这些条件,他们也很容易成为地主、富绅或官宦世族,故而,又可看作一个有政治、文化、经济资源的阶层。

上文从出土材料、传世作品出发,将官私简牍、碑刻题铭、墓祠雕绘、诗歌文赋、音乐歌曲中的大部分作品,与掾史联系起来,分别考察其主职文案、主事碑铭刊刻、雅创诗文音乐的情况,初步勾勒出这一群体职司文艺和游涉文艺的轮廓。诸多案例表明,正是文化教育权利下移和文艺创作主体的扩展,才使得汉代掾史,从汉初文法小吏,逐渐发展为传承道统、术艺兼修、进可任公卿长吏、退可为隐士名师的一个新兴群体。

从掾史视角观察,汉代艺术创造力的提升,与获取功名利禄直接或间接相关。即:在司艺系统下,为官受奉的实际利益是直接促动因素,其意在于摄"位";在游艺系统下,学问德行的声誉、才艺修养的高下、文化身份的自我区分和社会体认,是潜在动力,其意在于积"德"。两者交相作用,使汉代掾史乃至整个官僚系统、知识阶层,都有标榜官职、家族、才学、德行、技艺的倾向,在士不当位时,便称述其术艺德行,身居台阁后,亦不忘加誉道艺本色,这种现象,在史书和汉碑中十分普遍。概言之,居其位、有其德的政治文化情怀,是促动汉代士人借以区分文化身份和修养高下,不断提升汉代艺术的审美层次,最终推动文化艺术发展的核心动力之一。

法国思想家皮埃尔·布尔迪厄(Pierre Bourdieu)在研究 17 世纪以来西方文化贵族的审美问题时指出,感知和辨认特定艺术风格的审美倾向(aesthetic disposition),与通过不断学习而具备的艺术才能密不可分,而这种才能,不仅来自特定阶层既定的社会条

件,也用以聚合和区分不同条件下生成的人与事物,他说:

> 审美倾向是与他人世界预设客观保障与间隔,关乎彼此疏离、自我确认的一个维度。相对于经济需求的约束而言,它是不同生活条件下的特定阶层,于既定时刻,采取可能的最自由的矛盾形式时,与之关联的社会制约引发的倾向系统的一种体现。同时,它也是那些社会空间特权者,基于不同条件生成不同表达的关联,而客观确立特有价值的一种区分性表达。如同任何一种趣味,它聚合且分隔。作为与特定社会阶层关联的社会条件的产物,它聚合所有那些相同条件下产生的人,并且,由于趣味是某人全部所有物(人和事物)和全部待人之物的基础,它以其根本特性与其他所有人区分,借此,某人可自我区分,也被他人区分。①

布尔迪厄把这种审美意识上的自我体认和划分,以及与之相关的生活趣味、文化艺术品味和消费、政治言行等的倾向,称为"区分"(distinction)。我们发现,尽管他所研究的对象,与我们所面对的两汉吏士相差一千多年,但两者却颇多相似。诚然,从史料看,汉代吏士中,只有一部分才艺世族或以道统自居者,才约略等同于"文化贵族",且他们就学问、才艺、家世、出身、道德、政见、资产等的区分,也与西方近代文化贵族有类型、情境、意图、特征等差异,但从接受

---

① 该段自英译本修订。见:Pierre Bourdieu.*Distinction: A social Critique of the Judgement of Taste*. Translated by Richard Nice.Cambridge, Massachesetts, Harvard University Press, 1984.P.50,56. 中译本将 aesthetic disposition 译为"审美配置",似有不妥。见[法]皮埃尔·布尔迪厄《区分:判断力的社会批判》,刘晖译,北京:商务印书馆,2015,第 83、92—93 页。

系统的知识技能学习,通过执掌、从事艺术创作而引领时代艺术风气来说,又有原理的相通性。至少,西汉中期以后,自许高雅、拥有政治文化资源、以"弘清淳之风"①为己任的士人,是汉代艺术创作、知识技能传授的主要承担者,也是审美意识自觉的引领者。

3. 艺术主体精神层次的构建

在艺术主体向社会中下层扩展的同时,艺术主体应有的知识、技能、精神境界无形中也不断提升。倘若说,熟知文字、精通书写和计算、具备应用文写作才能,是汉代掾史的基本知识和技能,博览经史、旁通艺术、兼涉雅乐诗赋,是他们较高层次的文艺涵养,那么,有关艺术主体的个人精神境界,便是自西周以来,尤其是诸子确立游艺模式以后,中国古代艺术主体精神构建,乃至艺术本体构建的重大问题。

艺术的存在方式离不开人的存在方式,人是艺术的主体,因此,只有在人的本体和艺术本体的关联中,才能领悟艺术的精神意义。中西方艺术理论史上,都有一个从人的本体论到艺术本体论的演进过程:西方曾有古典时期的模仿本体论、浪漫主义时期的表现本体论、20世纪以来的语言(形式)本体论和文化本体论四大类型,它们或观照主客观关系,或着眼于艺术作品,或关注社会文化环境;②中国自春秋时期,便有"心斋""坐忘""解衣盘礴""天人合一"等一系列命题,从而完成艺术主体与客体统一观照的探究,更重要的是,个人生活方式和精神状态,被视为艺术主体的重要组成部分,甚至,即便有些个体没有艺术创作,但其言行风度高标风雅,往往也以"道艺"相称。换言之,在中国古代艺术本体问题上,

---

① 《后汉书》卷八十四《列女传》,北京:中华书局,1965,第2781页。
② 王岳川《艺术本体论》,上海:三联书店,1994,序言第3页、第17—28页。

个体精神一直处于重要位置,其中,既有主体围绕自然、历史和作品的审美感知,也有围绕作品和生活的审美体验,还有着意于作品和精神的审美表达。

整个汉代,除少量章奏书表等应用文外,很多士人或官吏并没有经典艺术作品传世,我们可以不列入讨论,但却很难说他们不是艺术家。以汉代入仕条件,他们至少精通章奏书算,不少人也熟知经籍,为名儒之师,只是他们作品有多寡、创意有高下、传布有远近完残而已,而孔子"述而不作"、曾皙悠游山川、庄子游而不泥的状态和境界,实际上是这一类士人"游艺"的核心理念。故而,上文所述扬雄、班固、傅毅、崔瑗、张衡等艺术名家,只是这个游艺群体中作品较多、史书有载的一部分。东汉中后期以后,士人作品传世增多,到魏晋隋唐,着眼于艺术作品的本体研究成为趋势,但对主体精神层次的重视,以及作品品评对它的依傍,依然是中国古代艺术本体论的重要传统。

二、门类艺术的互生与分化

1. 艺术门类的同源分流

功能和形式上,汉代的简帛书奏是先秦甲骨、简册的延续,碑刻题勒是铜器铭刻的转化,墓祠庙阙是先秦宗庙祭祀的衍生。与先秦一样,诸门类以实用性为主,主要满足礼乐制度、政治运行和伦理教化,同时,在作品媒介、功能呈现、形式风格等方面,又彼此互生,具有综合和亲缘关系。当然,也有几个重要变化,与门类艺术的分化相关。

一是材料改良和新兴材料的替代。其中,礼祭类建筑中石、砖潜能的发展,文字书写中竹、木、纸的相沿更替,最为突出。石头用于建筑和雕刻,大大提升石料加工和雕刻的工艺技术,石雕、画像石、碑刻，也成为汉代最具标志性的艺术门类；雕刻技术进而又应用于木、玉、铜等材料，汉代木雕、玉雕、砖雕、印章亦各具风范。同时，竹木简牍加工技术的提升和纸张兴起，不仅改变文字书写和阅读的习惯，促生文书形式、内容和类型的分化，也加快了字体、书体、文体的演进，在秦代官私文书的基础上，汉代简策、章奏、书檄、案牍、表记、符券、笺牒、签牌等应运而生，既可综合承载文字、书法、文体，也在属文、书写、传录过程中，促成它们的逐步分化。

二是因权力下移和制度松动，艺术作品的服务对象、存在环境、存在方式和精神意义相应变迁。两汉时，先秦礼乐制度下用以加威君王、取信万民的文书、典章、工艺、器物、建筑等，既存活于汉代宫廷，也不断转向民间。除官方行政公文和礼乐性的建筑、乐舞，其他各类艺术活动的材料、规格、内容、形式，受礼乐制度的规范或约束力降低。随之，主事的官吏、富豪、乡绅、儒士、平民等，出于自身政治文化意志，又因社会地位、经济能力、自然环境、地方风俗、民间信仰等差异，便有艺术活动因时、因地、因人而异的情况。或者说，因主体下移和制度松动，推衍应用既有艺术门类和形式风格，张扬主事者的（个人、故吏、宗亲、师友）创作意图，融合地方风俗和民间信仰，形塑地方人文艺术发展环境，就获得便利之机。由此，以往肃穆神秘的王官文物，开始以更为多样的形态、更为自由的价值、更具活力的风格，呈现于社会各阶层的日常生活和地下墓葬中，意义传达，也兼顾神灵先圣祭祀、感官娱乐、地位和功绩宣扬、世俗生活纪念、生死信仰传达等多个维度。汉代纪念性建筑中墓、祠、阙、坛及附属装饰的繁简，石刻中摩崖、碑、碣、铭、志、券、记、约等的形式区别，就是上述诸因素的产物。

三是知识阶层凭借制度实现"雅艺"的理论和实践引领。上文已述，儒家所倡导士夫六艺修养，春秋时从贵族阶层向士阶层扩展，但没有形成制度保障;到汉代,因察举制度的支持,在儒家文化推行以后,六艺成为官僚士人必修课业,诗歌、音乐是知识阶层审美活动的主要领域,汉赋、碑铭、章奏、书记、玺印等,是这个领域内的进一步衍生。这些门类围绕典籍研究、礼乐制度和王政运行展开,诸门类彼此互存,是依托于整个文化传统的"大艺术",汉人或袭称"六艺",或称为"典艺"或"雅艺"(见第四章,图4.4)。到汉末魏晋时期,诗赋、章奏、碑铭等文字类创作,逐渐归于文学,与之互生的书法、碑刻、音乐、绘画、雕塑等,因士人游艺所及,也逐渐趋于独立分化,而大体相近于现今所说的"艺术"。萧统《文选·序》说:

> 诗者,盖志之所之也。情动于中而形于言。《关雎》《麟趾》,正始之道著;桑间濮上,亡国之音表。故《风》《雅》之道,粲然可观。自炎汉中叶,厥途渐异。退傅有"在邹"之作,降将著"河梁"之篇;四言五言,区以别矣。又少则三字,多则九言,各体互兴,分镳并驱。颂者,所以游扬德业,褒赞成功。吉甫有"穆若"之谈,季子有"至矣"之叹。舒布为诗,既言如彼;总成为颂,又亦若此。次则箴兴于补阙,戒出于弼匡。论则析理精微,铭则序事清润。美终则诔发,图像则赞兴。又诏诰教令之流,表奏笺记之列,书誓符檄之品,吊祭悲哀之作,答客指事之制,三言八字之文,篇辞引序,碑碣志状,众制锋起,源流间出。譬陶匏异器,并为入耳之娱;黼黻不同,俱为悦目之玩。作者之致,盖云备矣! ①

这段话,不仅指出"《风》《雅》之道"自两汉中叶的"渐异",也明确

---

① [梁]萧统编,[唐]李善注《文选》序,上海:上海古籍出版社,1986,第2页。

了颂、诗、箴、戒、论、铭、诔、图像、赞、诏告教令、表奏笺记、书誓符契、祭悼、答事、引序、碑碣等各子类功能相类、形式相生、意义相存的事实,即所谓"源流间出"。

2. 六艺经学与核心门类

同时,我们必须看到"渐异"背后的连续:自汉代中叶以至清末的两千多年间,传统文化中以六经为根基、文艺诸门类互存的"大艺术",一方面通过知识阶层职司文艺、践行游艺,不断追述六艺原典而绵延不绝;另一方面,又通过作品收藏、流传、著录、批评、风气传承等,形成以"典艺"或"雅艺"为主流的传统。受儒家文化的熏染,后世学者常把西周六艺传统,看作以政教法典为载体的,含知识、技能教育在内的一个完整体系,他们认为这个体系在春秋战国时期中断,汉代及以后的人文教育,只能围绕经过整理的先秦原典展开,逐渐地,以经学为主的六艺传承,就转而成为传统延续的核心方式,且渗透到古代每个知识分子的生命中。清代章学诚对此反复论证说:

> 异学称经以抗六艺,愚也;儒者僭经以拟六艺,妄也。六经初不为尊称,义取经纶为世法耳,六艺皆周公之政典,故立为经。(《经解下》)
>
> 三代以前,《诗》《书》六艺,未尝不以教人,不如后世尊奉六经,别为儒学一门,而专称为载道之书者。盖以学者所习,不出官司典守、国家政教;而其为用,亦不出于人伦日用之常,是以但见其为不得不然之事耳,未尝别见所载之道也。(《原道中》)
>
> 夫六艺者,圣人即器而存道;而三家之《易》,四氏之《诗》,攻且习者,不胜其入主而出奴也。不知古人于六艺,被服如衣食,人人习之为固然,未尝专门以名家者也。后儒但即

一经之隅曲,而终身殚竭其精力,犹恐不得一当焉,是岂古今人不相及哉? 其势有然也。古者道寓于器,官师合一,学士所肄,非国家之典章,即有司之故事,耳目习而无事深求,故其得之易也。后儒即器求道,有师无官,事出传闻,而非目见,文须训故而非质言,是以得之难也。(《原道下》)①

章氏对周公礼乐制度、六艺教育体系、教育普及程度的信服,显然有理想化成分,不过,他指出文化艺术教育由知识技能合一,转为后世依傍经学的趋势,无疑是正确的。同时,六艺之学归于儒家,主事者自民间身份恢复为官师合一,且文化艺术再次用于国政、施于有司,也是秦汉时的重大变化。以至清末,由于政治制度没有根本性改易,孔子祖述的西周古制,及与之联系的经典,便为后世经学家、艺术家、著作家不断追述,除上文所引汉代例证(第四章)外,另如:

> 盖文章,经国之大业,不朽之盛事。(魏曹丕《典论·论文》)②
>
> 爰自风姓,暨于孔氏,玄圣创典,素王述训,莫不原道心以敷章,研神理而设教,取象乎河洛,问数乎蓍龟,观天文以极变,察人文以成化;然后能经纬区宇,弥纶彝宪,发辉事业,彪炳辞义。故知道沿圣以垂文,圣因文而明道,旁通而无滞,日用而不匮。(南朝梁刘勰《文心雕龙·原道》)③

---

① [清]章学诚著,叶瑛校注《文史通义校注》卷一、卷二,北京:中华书局,1985,第 110、132、138 页。
② [魏]曹丕《典论·论文》,见[梁]萧统编,[唐]李善注《文选》卷五十二,上海:上海古籍出版社,1986,第 2271 页。
③ [南朝梁]刘勰著,黄叔琳注、李详补注、杨明照校注拾遗《增订文心雕龙校注》卷一,北京:中华书局,2012,第 2 页。

周公孔氏之教,存之而不行于代。天下之文,糜不坏矣。(唐王勃《上吏部裴侍郎启》)①

然则古之所谓文者,乃所谓礼乐之文、升降进退之容、弦歌颂雅之声,非今之所谓文者也。今之所谓文者,古之辞也。孔子曰:"辞达而已矣。"明其足以通意,斯止矣,无事于华藻宏辩也。(宋司马光《答孔文仲司户书》)②

无论汉代,还是后世,艺术创作以个体为最小单元,其面向也不仅限于政统和道统,在依存政治、文化发展的路径之外,还有个体情趣信仰传达、艺术语言探究的道路与其比踵而行,且六艺之外,绘画、雕塑、工艺、戏剧等门类的独立发展,也有知识阶层的大量参与,但六艺核心门类,一直被视为古代艺术之首,且以之为阐释其余门类的依据。清刘熙载《艺概》论艺,便不述绘画、雕塑等门类,而着意于文、诗、赋、词曲、书法、经义六类,认为"艺者,道之形也。学者兼通六艺,尚矣"③,仍然沿袭六艺尊经的传统。

总之,无论艺术门类的分立,还是六艺尊经传统的形成,两汉都是一个关键时期。而汉代掾史,是这一阶段知识群体中人数最多的部分,他们的司艺和游艺行为,上承先秦史官百家之事,下启汉代以后官僚士人的艺术创作,既是六艺教育的主体,也是"雅艺"诸门类的主要实践者。宋代欧阳修曾追述说:"传记、小说,外暨方言、地理、职官、氏族,皆出于史官之流也。"④ 依此,我们也可以说,

---

① [唐]王勃著,[清]蒋清翊注《王子安集注》卷四,上海:上海古籍出版社,1995,第130—131页。
② [宋]司马光著,李文泽、霞绍晖校点整理《司马光集》卷六〇,成都:四川大学出版社,2010,第1254页。
③ [清]刘熙载《艺概·叙》,上海:上海古籍出版社,1978,第1页。
④《新唐书》卷五十七《艺文一》,北京:中华书局,1975,第1421页。

书法、印章、碑刻、题铭、赋颂、箴铭、章奏、表记等,亦多得成于秦汉及其后的掾史属佐。

三、经典作品的累积

两汉跨时四百余年,文治武功雄视历代,辽阔的版图,昂扬的气质,开放的胸襟,相对稳定的政治文化环境,造就了汉代艺术沉雄豪放、宏伟精深的整体风貌,为后世称道的汉唐气象确立了基调。从这四百余年间的政治文化和人伦日用中衍生出来的艺术作品,诸如诗赋、奏章、碑铭、画像石、画像砖、雕塑、建筑、工艺美术、简牍等,都取得了辉煌的成绩。历经两千多年的散佚、存录、收藏、出土和研究,现今所知所见,只是一少部分,其中,出自两汉掾史之手的,主要是诗赋、汉碑和简牍。

据班固《两都赋序》,在他写成此篇之前的二百多年间,赋家"奏御者千有余篇"①,加上东汉中后期,汉代呈献类诗赋作品当有几千篇,但这些作品佚失很多。以汉赋为例:汉武帝时枚皋所作"凡可读者百二十篇,其尤嫚戏不可读者尚数十篇"②,今存赋2篇;宣帝时刘向"献赋颂凡数十篇"③,且元帝时他当有新作,然今存赋7篇;东汉前期冯衍"所著赋、诔、铭、说、《问交》《德诰》《慎情》、书记说、自序、官录说、策五十篇"④,今存赋2篇;东汉皇甫规所著赋、铭、碑、赞等27篇,⑤今存赋1篇。类似的,像杜笃、崔瑗、蔡邕

---

① [梁]萧统编,[唐]李善注《文选》卷一,上海:上海古籍出版社,1986,第3页。
② 《汉书》卷五十一《贾邹枚路传》,北京:中华书局,1962,第2367页。
③ 《汉书》卷三十六《楚元王传》,北京:中华书局,1962,第1928页。
④ 《后汉书》卷二十八下《冯衍传》,北京:中华书局,1965,第1003页。
⑤ 《后汉书》卷六十五《皇甫张段列传》,北京:中华书局,1965,第2137页。

等,流传下来的赋作只是少量。还有一些作家,史籍中有诗赋作品数目,如西汉末期的薛方"著诗赋数十篇"①,东汉胡广著诗赋铭颂等22篇,②但两人诗赋作品均不存。此外,还有像《神乌赋》一类作者失载的情况。概言之,现存319篇汉赋,③实为汉赋大厦之一隅。同样,诗、颂、碑、铭等文学作品,失传者也不在少数。经过传抄选录的作品,既得益于后人史传、文集和类书编撰,也是两汉文艺承启意义的折射:两汉正史择以述志立传,萧统《文选》稽以充构全书半躯,《初学记》《艺文类聚》《北堂书钞》《太平御览》等唐宋类书以其考源辨章。近世从敦煌石室和吐鲁番发现的《文选》写本(图5.7),与诸蒙学类书一起,表明汉晋文学作品,还是学童、诸生、僧侣等的教学内容,④当然,后世知识分子的创作更以之生发,又以唐宋及其后为显,即所谓文宗两汉。

  集文学、书法、雕刻于一体的碑铭,是汉代艺术的又一大成就。史载和传世的汉碑,现有800余通,主要刊立于东汉中后期。在北魏郦道元有意著录之前的两百多年间,不少汉碑已毁灭不存,一部分离开了它原来的位置,藏列学舍官府,甚或充任他用。到宋代金石学兴起时,汉碑湮灭者当有泰半以上。残泐的古碑记述过去,见证人事沧桑,它既是废墟,也是等待被人唤醒交流的作品,观碑的人,会停驻于一个独特的历史时空,与古人对话,因此,它也是古代

---

① 《汉书》卷七十二《王贡两龚鲍传》,北京:中华书局,1962,第3096页。
② 《后汉书》卷四十四《邓张徐张胡列传》,北京:中华书局,1965,第1511页。
③ 今存汉赋家91人,赋391篇,见费振刚等校注《全汉赋校注》,广州:广东教育出版社,2005,前言第12页。
④ 隋唐《文选》写本,见饶宗颐编《敦煌吐鲁番本〈文选〉》叙录,北京:中华书局,2000,前言、第1—9页及图版。

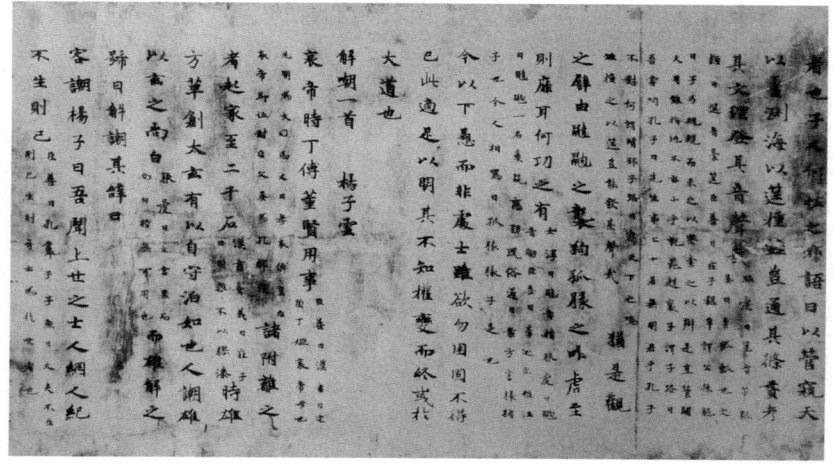

图5.7 《文选》卷四十五"东方朔《答客难》、扬雄《解嘲》",敦煌石室李善注唐写残卷本(法藏P.2527),纸本,局部,法国国家图书馆藏。

诗歌和绘画的一个主题(图5.8)。① 也许正是古碑带来的历史体验和它承载的文化内涵,促使走访和收集汉碑拓片在宋代蔚然成风。欧阳修《集古录》、赵明诚《金石录》所收已较为可观,至洪适《隶释》和《隶续》,共收录汉碑258种(含碑阴),魏晋碑刻17种,汉晋铜铁器物铭文、砖文20余种,兼及汉碑形制、碑文、书体、作者、碑主、门生故吏、史实、功用等的精要论述。自此,访碑、拓碑、录碑、考碑、学碑,成为宋代以降博古之士的雅好。自清代嘉乾学派,以至今天,汉碑都是考古学、艺术学研究的重要对象。研究以外,汉碑还是书法家的范本。从前文所述汉人观诵碑刻风气来看,汉晋书家摹习技艺风格时,经典碑刻便是重要载体,尽管"蔡邕鸿

---

① 有关读碑诗、图及精神意义问题,参见[美]巫鸿《废墟的故事:中国美术和视觉文化中的"在场"与"缺席"》,肖铁译,上海:上海人民出版社,2012,第28—35页。

图 5.8　李成、王晓《读碑窠石图》轴（摹本），宋代，绢本水墨，126.3×104.9 厘米，日本大阪市立美术馆藏。

都《石经》，为古今不刊之典，张芝、钟繇，咸得其道"①的说法不无可疑，王羲之北游观碑的经历——先观李斯、曹喜等书，又到许下看钟繇、梁鹄之迹，再到洛阳见蔡邕《石经》，最后得观张昶《华岳

---

① [元]郑杓、刘有定《衍极并注》，见上海书画出版社、华东师范大学古籍整理研究室选编《历代书法论文选》，上海：上海书画出版社，1979，第 406 页。按：郑杓之说疑点有二：（1）张芝约于汉献帝初平中卒（约 192 年），蔡邕亦卒于 192 年，两人大约同期。张芝隶书入妙，但着意于草书，汉灵帝时已经有名，蔡邕等人 175 年刊立《石经》时，张芝已经形成个人风格，有无转而摹习《石经》的可能？（2）除该文献外，不见他家记述。因此，该说当属郑杓臆断。两人所长及师承关系，见［唐］张怀瓘《书断》，同前引书，第 177—178 页。

碑》,遂改师学,转承众碑①——亦不大可信,但反过来说,后世著述家为魏晋名家寻找师承的意图,实质上暗含各时期学书者追源秦汉碑刻的事实。至宋代,大约在欧阳修收集碑拓的同时,书法家蔡襄还辑录过一些完整的汉碑,成《隶纂》十四卷,以为"可以全见古人面貌"②;其后,黄庭坚、米芾、黄伯思等,在评述和溯源钟、王法书时,也指出后世研习者失却先秦、秦汉篆隶古意的问题,由是,两汉碑刻日渐成为学书者摹习的对象。到明清时期,宗法汉碑的书家渐多,祝允明、王宠、徐渭、张瑞图、黄道周、王铎、倪元璐、陈洪绶、程邃、傅山、朱耷、石涛、翁方纲、何绍基等名家,均有点染,篆隶书研习和对金石意趣的追求,也成为明清书画篆刻发展的一条主线。随着20世纪以来考古发现,汉代碑铭数量略有扩增,一些由识读群体或工匠写就的作品,也因其古朴率意而受人重视,汉碑所代表的传统,也便由此前名碑,向所有石砖铭刻延伸。

  与碑刻不同,近百年考古发现的汉代简牍,保留着墨迹手书的原初形态,自发现以来,便受书法家重视。作为日用书写的产物,它一方面承载各时期书体、书风、技巧的共性因素,另一方面又体现书写者个性因素,其中,既有趋向正体、熟练流畅的,也有走向变体、简率随意甚或稚拙粗劣的。无论站在汉人的立场,还是用今人的眼光,哪些可列入艺术作品,哪些仅是史料,都是历史和审美阐释中见仁见智的事情。对此,宋代朱长文《续书断·序》中的一段

---

① [东晋]王羲之《题卫夫人〈笔阵图〉后》,见上海书画出版社、华东师范大学古籍整理研究室选编《历代书法论文选》,上海:上海书画出版社,1979,第27页。关于王羲之北游许洛的疑点及师学情况,参见刘涛《中国书法史·魏晋南北朝卷》,南京:江苏教育出版社,2002,第188—191页。

② [元]郑枃、刘有定《衍极并注》,见上海书画出版社、华东师范大学古籍整理研究室选编《历代书法论文选》,上海:上海书画出版社,1979,第475页。

话,可以帮助我们理解"作者"之于"作品"的共有心理:

> 若夫尺牍叙情,碑板述事,惟其笔妙则可以珍藏,可以垂后,与文俱传;或其缪恶,则旋即弃掷,漫不顾省,与文俱废,如之何不以为意也。①

的确,在当时,汉简大多是废弃物,少量是珍藏品;但对今人而言,它们都可转变为某种有意识或无意识状态下产生的、优劣不一的"作品"。我们的审视,是章学诚所说的"即器求道",对其存在方式、生成情境、物质和精神功能、历史和审美意义的解读,难免发生观念和视角的错位。倘若说当时的"作者"与今天的"观者",能够达成某种共识的话,其归结点,便是超越其时代功能和物质性,而通于古今的艺术感染力,即朱长文所谓"笔妙"。借助共有的审美感知,我们能够处身"作者"的情境,再次体验一件简牍"作品"所凝聚的文字和书写意义。以图5.9为例。该牍是一位名叫张宣的居延佐史,写给一位长官的私信。最初吸引我们目光的,很可能是张宣的书法:他的用笔张弛随意,结体章法开合自然,很多字法和笔法,都保留了草书定型以前自由、古朴的样式。随着视觉感知,我们也会探究文字内容:

> 宣伏地言:稚万足下,善毋恙。劳道决,府甚善。愿伏前会,身小不快,更河梁难,以故不至门下拜谒。幸财罪,请少偷。伏前因言,累以所市物,谨使使再拜。受幸,愿稚万以遣

---

① [宋]朱长文《续书断》,见上海书画出版社、华东师范大学古籍整理研究室选编《历代书法论文选》,上海:上海书画出版社,1979,第318页。

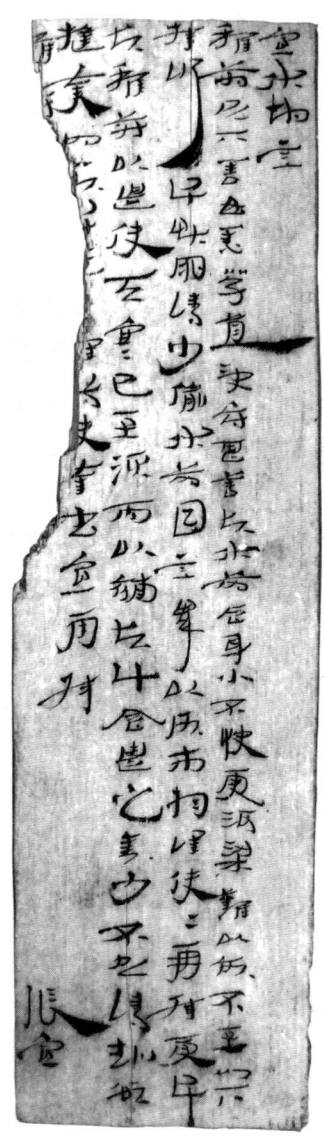

图 5.9 张宣致稚万书（73EJT30:28A），约前 48—前 33 年，木牍墨书，23.2×6 厘米，1973 年肩水金关出土。

使。天寒已至,须而以补,愿斗食遣之,钱少不足。请知数推奏。叩头幸甚。谨持使奉书。宣再拜。□□张宣。①

除致意问候,张宣通过赠送物品,请求长官稚万在年底考绩时,择机推奏他担任斗食职务。鉴于事项特殊,张宣的文辞和书法,便是他着意而为的"笔妙"之作。近世出土简牍和碑刻中,还有不少类似的例子,亦可归入"经典"。而那些无意工拙的书迹,我们也可在充分把握作品原境与意义的基础上,进行历史和审美的有效辨析,确定它们与经典作品的关联。

四、制度和风气的传导

1. 掾史司艺制度的延续

在魏晋至清代的行政系统中,掾史通过职官制度而继续存在,虽然各时期选任办法、社会文化地位略有差异,但其官名、职能大体相沿,在中枢和地方,掾史佐吏也大多与艺术创作产生关联。限于篇幅,本书着重叙述魏晋、隋唐时期的情况。

魏晋南北朝时期的九卿,在东晋以后虽常有省并,②但各朝职官传沿汉制,公卿仍自辟掾史,各时期各机构分曹有多寡变化,掾属数量便有增减浮动,职权地位也有迁移。据载,晋景帝为大将军时,置掾10人(西曹、东曹、户曹、仓曹、贼曹、金曹、水曹、兵曹、骑兵各1人);魏元帝咸熙(264—265)中,相国府置中卫将军、骁骑将军、左右长史、司马、从事中郎4人,主簿4人,舍人19人,参军22人,参

---

① 甘肃简牍保护研究中心等编《肩水金关汉简·三》中册,上海:中西书局,2014,第172页。标点为笔者所加。
② 太常、廷尉、大司农常置,光禄勋、卫尉、太仆、宗正时有省减。见严耕望《中国政治制度史纲》,上海:上海古籍出版社,2013,第108页。

战 11 人，掾史共计 42 人（掾属 33 人，散属 9 人，前者分属东曹、西曹、户曹、贼曹、金曹、兵曹、骑兵掾、车曹、铠曹、水曹、集曹、法曹、奏曹、仓曹、戎曹、马曹、媒曹）。① 至西晋，"（诸公及开府位从公者）置长吏一人，秩一千石；西东阁祭酒、西东曹掾、户仓贼曹令史属各一人；御属阁下令史、西东曹仓户贼曹令史、门令史、记室省事令史、阁下记事书令史、西东曹学事各一人……司徒加置左右长史各一人，秩千石；主簿、左西曹掾属各一人，西曹称右西曹，其左西曹令史已下人数如旧令。司空加置导桥掾一人"②。此外，诸公加兵者或置司马，或为持节都督，根据品秩高下，亦有主簿、记室督、舍人、士曹、令史等掾属建制，受到恩宠的特进、光禄大夫等，有时还有掾史增员的待遇。公卿各曹掾、属秩次，仍为四百至二百石。③

中枢掾史中与艺术职能相关的，首先是尚书部曹，魏晋时期权力地位上升，其机构或分五部，或分六部，各统属若干曹郎中，少者 15 曹，最多达 36 曹，由郎主事文书起草。④ 北魏初，尚书 36 曹兼外署，共置 360 曹，以大夫主之，各有主簿等属官，则尚书员吏近千；⑤ 郎以下有都令史、令史、书令史等。晋初，正令史 120 人，书令史 130 人，是东汉尚书令史的数十倍；晋以后，书令史人员增减不一。其次是侍御史，魏初 8 人，西晋设十曹共 9 人，南朝宋时 10 人，较东汉有所减少；而治书侍御史分掌之前侍御史所掌诸曹，地位相当于尚书二丞。再有，便是符节令，汉末至魏，符节令别为一台，位次

---

① 《宋书》卷三十九《百官上》，北京：中华书局，1974，第 1221—1222 页。
② 《晋书》卷二十四《职官》，北京：中华书局，1974，第 726—727 页。
③ 《宋书》卷三十九《百官上》，北京：中华书局，1974，第 1222、1224 页。
④ 《晋书》卷二十四《职官》，北京：中华书局，1974，第 730—732 页；严耕望《中国政治制度史纲》，上海：上海古籍出版社，2013，第 108—112 页。
⑤ 《魏书》卷一百一十三《官氏志》，北京：中华书局，1974，第 2972 页。

御史中丞,西晋泰始九年(273)省并兰台,置符节御史,则又成专职。① 此外,后汉侍中寺,在南北朝时称散骑省,设散骑常侍、通直散骑各4人,员外散骑侍郎无员,散骑侍郎、通直郎各4人,另有给事中、奉朝请、常侍侍郎等,"掌侍从左右,献纳得失,省诸奏闻文书。意异者,随事为驳。集录比诏比玺,为诸优文策文,平处诸文章诗颂"②,隋朝并入门下省。

隋唐政治制度有北魏和北齐、梁和陈、西魏和周三个源流,③其中枢机构,形成皇帝之下三师、三公为虚尊之位,中书、门下、尚书三省为行政核心,御史台、秘书省、殿中省、内侍省为侍从辅弼,九寺(太常、光禄、卫尉、宗正、太仆、大理、鸿胪、司农、太府)为卿,诸监(国子、少府、将作、北都军器、都水)司职,诸卫领兵的格局。④ 各公卿王府,有掾、属、主簿、令史、录事等属员若干,而行政三省、秘书省、御史台、国子监等,可看作中枢最紧要的司艺机构。(1)尚书省又统都省和六部(吏部、户部、礼部、兵部、工部、刑部,隋为吏部、祠部、度支、左户、都官、五兵),领百官,掌各部文书章表奏事,各有郎、主事、令史、书令史、掌固等员吏若干。(2)门下省有侍中2人、侍郎2人、给事中4人、录事4人、主事4人、令史11人、书令史22人,甲库令史7人,及傅制、亭长、掌固等职,另设谏议大夫、起居郎、左补阙、典仪、城门郎、符宝郎、弘文馆等。起居郎为记事之史,有郎2人、楷书手3人;符宝郎为汉符玺郎之延续,掌玺印符节,有令

---

① 《宋书》卷三十九《百官上》,北京:中华书局,1974,第1237、1250—1252页。
② 《隋书》卷二十六《百官上》,北京:中华书局,1973,第722页。
③ 陈寅恪《隋唐制度渊源略论稿·唐代政治史述论稿》,北京:生活·读书·新知三联书店,2001,第3页。
④ 严耕望《中国政治制度史纲》,上海:上海古籍出版社,2013,第129—139页。

史2人、书令史3人、主宝6人、主符30人、主节18人;弘文馆承汉东观、南齐总明馆、梁士林馆、北齐文林馆、后周崇文馆之制,掌图书缮写考订和学生教授考试,设学士、学生30人、校书郎2人、令史2人、楷书手30人、典书2人、拓书手3人、笔匠3人、熟纸装潢匠9人,另有亭长、掌固等。(3)中书省设中书令2人、中书侍郎2人、中书舍人6人、主书4人、主事4人、令史25人、书令史50人及傅制、亭长等,执掌诏书起草、册命、抄副等,为文采极佳者担任,其他起居郎、通事舍人等,亦兼涉为天子记史、文书治理和文艺教授,设令史等职。中书省下设的集贤殿书院、史馆、翰林院、习艺馆,是汉魏六朝司艺机构的进一步细化,为唐代及以后司艺制度的基础。集贤殿聚集学术才艺之士,掌经籍图书的修撰校订,设集贤学士、学士知院事、副知院事、押院中使、修撰官、校理官、待制官、留院官、检讨官、孔目官各1—4人,知书官8人,书直、写御书100人,拓书6人,画直9人,装书直4人,造笔直4人;史馆掌修国史,设史官、监修国史,有楷书手15人、典书4人、亭长2人、掌固6人、装潢直1人、熟纸匠6人;翰林院充选名士硕儒,设翰林待诏,分词学、经术、合炼、僧道、卜祝、术艺、书奕几个别院,唐初温大雅、魏征、李百药、岑文本、许敬宗、褚遂良,以及中唐书画家薛稷等,都曾任其职,唐玄宗以后有翰林学士和翰林供奉之别,分属翰林学士院和翰林院,此后为历代沿用,唐宋时期的文艺大家,亦多出自翰林;习艺馆为禁内宫人的艺术教育机构。(4)秘书省掌经籍图书,有监、少监和丞,领秘书郎4人、校书郎8人、正字4人、主事1人、令史4人、书令史9人、典书8人、楷书手80人,及亭长、掌固。下设著作局、司天台,又各领属吏若干。(5)御史台掌书奏举劾,以大夫和中丞领,较汉代权力稍有下降,有侍御史4人、殿中侍御史6人、监察御史10人,又有主簿1人、录事2人、主事2人、令史17人、书令史23人;(6)国子监掌诸经教授，设祭酒、丞、主簿、录事各1人，府7人，史13人，亭长6人，掌固8人，又设国子博士2人、太学博士3人、四门博士3人、律学博士1人、书学博士2人、算学博士2人、五经博士各1人、广文馆博士2人，各领助教、学生若干。①

魏晋隋唐的地方行政系统，因都督制度的形成，便有府、州、郡、县四级行政机构的增并，各级机构都有掾史设置，其例亦源自汉代，唐杜佑《通典》总论州佐、郡佐、县佐说：

> 州之佐吏，汉有别驾、治中、主簿、功曹书佐、簿曹、兵曹、部郡国从事史、典郡书佐等官。皆州自辟除，通为百石。职与司隶官属同，唯无都官从事。汉魏之际，复增祭酒、文学从事员。晋又有武猛从事员。历代职员，互相因袭，虽小有更易，而大抵不异。自魏晋以后，刺史多带将军。开府则州与府各置僚属，州官理民，府官理戎。后魏旧以州牧亲人，班九条之制，使前政选吏，以待后人。献文帝革制，刺史守宰到官之日，仰自举择，以为选官，若简任失所，以闻上论。自孝明孝昌以后，四方多难，刺史、太守皆为当部都督，虽无兵事，皆立僚佐，颇为烦扰。高隆之乃表请，自非边要见有兵马者，悉皆断之。北齐上上州刺史属官佐吏合三百九十三人，以下州递减十人。其州郡佐吏，皆州府辟除。及后主失政，赐诸佞幸卖官，分州郡，下逮乡官，多降中旨。故有敕用州主簿、郡功曹者。后周刺史府官则命于天朝，州吏并牧守自置。至隋以州为郡，无复军府，则州府之吏变为郡官矣。大唐无州府之名，而有采访史及节度使。采访史有判官二人，支使二人，推官一人，皆使自

---

① 《旧唐书》卷四十三《职官二》、卷四十四《职官三》，北京：中华书局，1975，第1817—1892页。

辟召,然后上闻。其未奉报者称摄。

郡之佐吏,秦汉有丞、尉,丞以佐守,尉典武职。后汉诸郡各置诸曹掾史,略如公府曹,无东西曹。晋宋以下,虽官曹名品互有异同,大抵略如汉制。北齐上郡太守属官合二百一十二人,以下郡递减之。隋初以州为郡,无复军府,则州府之职,参为郡官。故有长史,司马,录事参军,功、户、兵、法等七曹,稍与今制同。开皇三年,诏佐官以曹为名者,并改为司。十二年,诸州司从事为名者,并改为参军。又制,刺史二佐每岁暮更入朝上考课。炀帝置通守,赞治,东西曹掾,主簿,司功、仓、户、兵、法、士等书佐,各因郡之大小而为增减。改行参军为行书佐。大唐州府佐吏与隋制同,有别驾、长史、司马一人,录事参军,司功、司仓、司户、司兵、司法、司士等六参军。在府为曹,在州为司。大与上府置二员,州置一员,参军事各有差,博士一员,医博士一员,大凡以州府大小而为增减。

汉县有丞、尉及诸曹掾。后汉县诸曹略如郡员。又五官为廷掾,监乡五部,春夏为劝农掾,秋冬为制度掾。晋县有主簿,功曹,廷掾,法曹、金、仓、贼曹掾,兵曹、贼捕掾等员。隋炀帝改县尉为县正,寻改正为户曹、法曹,分司以承郡之六司。其京四县,则加置功曹为三司,司各二人。大唐县有令,而置七司,一如郡制。丞为副贰,主簿上辖,尉分理诸曹,录事省受符历,佐史行其簿书。①

---

① [唐]杜佑撰,王文锦等点校《通典》卷三十二、三十三,北京:中华书局,1988,第 889—890、910—911、920 页。掾史各职官的考述,见该书第 890—892、911—921 页。《通典》所论,又为《文献通考》引录,唯各职官考述更为详备,见[元]马端临著,上海师范大学古籍研究所、华东师范大学古籍研究所点校《文献通考》卷六十二,北京:中华书局,2011,第 1875—1876 页,掾史各职官的考述,见该书第 1876—1911 页。

大体上，掾与史之名，魏晋南北朝时期与汉制更为接近，隋唐及以后，在王侯公卿府属中沿用"掾"名，在中枢和地方行政机构中，主簿、主事或录事等同于"掾"，令史、书令史、佐等官名则袭用汉魏。以唐代州县员吏为例：

> 京兆河南太原等府：三府牧各一员，尹各一员，少尹各二员，司录参军二人，录事四人，功仓户兵法士等六曹参军事各二人，府史、参军事六人，执刀十五人，典狱十一人，问事十二人，白直二十四人。经学博士一人，助教二人，学生八十人。医药博士一人，助教一人，学生二十人。①

很明显，六曹参军事，与汉代诸曹掾相似，而经学博士，约同于汉代文学掾，负责地方教育。另外，这些官职与汉代地方掾史秩次和地位相近。按唐制，六品以上"吏部选拟录奏，书旨授之"②，而州郡所述的司录参军为正七品，录事为从九品上，六曹参军事为正七品下，参军事为正八品下，经学博士为从八品上，都是无需申报帝王而自行辟除的。

最后，汉末及以后察举制度的变迁，也带来掾属阶层的新特征。主要体现在两个方面：一是"以文取人"之路的强化。自汉顺帝阳嘉元年（132）施行"诸生试家法，文吏课笺奏"③的政策以后，之前经术射策、对策、史书、尚书郎笺奏等侧重文化知识考试选拔的方法，以制度稳定下来，选士以经学课试为先、"四科"与"明法"

---

①《旧唐书》卷四十四《职官三》，北京：中华书局，1975，第1915—1916页。
②《旧唐书》卷四十二《职官一》，北京：中华书局，1975，第1804页。
③《后汉书》卷六《孝顺孝冲孝质帝纪》，北京：中华书局，1965，第261页。

并举,是其主要取向。考试制与西汉文、武时形成的察举制彼此补充,形成德、能、文三个取人途径,且不同程度地为魏晋南北朝所延续。这些举措保证了人才相对广泛的来源及普遍较高的文化艺术修养。二是东汉中后期已经形成的"以名取人"和"以族取人"路线,在魏晋南北朝进一步发展,两者借助世族集团和名士群体的彼此依存,以九品中正制的形式,促动士族门阀政治的形成与稳固。①人物品评主要依据家族和行状,才艺德行是核心,这样,为官的名士使得官僚阶层的德行学问具备相应的高度,有利于文化艺术的创造,但也会造成士族政治的垄断。随着隋唐科举制度的实施,这种垄断才被部分地打破。

2. 游艺风气的传染

对后世来说,汉代吏士倡导和践行的游艺风气,至少有两个间接的成果:

(1)魏晋时期玄学清谈、名士风范和艺术楷模的形成。东汉察举制度往往倚重人物声名,而声名的评价,又操持在少数名儒和大吏手里,既然他们的"评语"受人追捧,于是,自东汉以后,逐渐有了清谈与清议之风。人物品评要观其言行,依道德礼教和经术思想而论,清谈内容也出现由儒而道的发展。在这个过程中,肩负清议的,大多是以游艺为原则的士人,如崔瑗、张衡、朱穆、李固、李膺、张奂、陈蕃、蔡邕等人,他们具备文艺才学,但以之为小技,作为反抗帝王和贵戚宦官专制、依仗道艺匡正时事的代表,其士夫情怀、文艺作品和创作风气,便是后世所称汉人风范的主要特征。同时,随着东汉晚期黄巾起义等动荡,一些失意的士人开始反思东汉

---

① 阎步克《察举制度变迁史稿》,沈阳:辽宁大学出版社,1991,第61—91、152—175 页。

名教之治,早期儒、法、名、道家的学说,再次成为他们审视政治文化现实、寻找出路的资源,由此,研究名实问题的名理学产生,再由名理而无名,思想观念发生变化,以何晏、王弼等人为代表的喜好老庄思想的一批士人,最终促成玄学的产生。① 无论是出于政治文化出路的寻找,还是纯粹的学术研究,无形中,它促成了儒道思想在个体行为中的融合转化——对个体而言,"所谓儒,大体指重群体纲纪而言,所谓道,则指重个体自由而言……魏晋南北朝之士大夫尤多儒道兼综者,则其人大抵为尊群体之纲纪而无妨于自我之逍遥,或重个体之自由而不危及人伦之秩序者也"②。上文已经指出,这个传统,正是游艺之士持守的原则和境界。玄学的产生和发展,伴随着士人精神的自我觉醒:喜好山川以怡情,游涉文艺以抒志,日常生活审美化,艺术创作日常化,这也是魏晋时期名士风范的新特征。张芝的淡泊仕途、勤于墨池,王羲之的坦腹东床、游乐山林,谢安的高卧东山、临战闲弈,王献之的不让乃父、旷达不羁,顾恺之的传神阿堵、迁想妙得等,无疑都是成就并传达各自生命体验、审美意识、游艺风格的重要途径,这使得他们与同僚亲友间的创作、观摩、收藏、品评等行为,不仅带有闲适、优雅的风度,更具有超脱、自由、独立的精神内涵,以此形成名家楷模和雅士传统,为其后士夫竞相追学。

(2)确立后世追怀的"两汉之风"。两汉游艺风气的后续,既有魏晋南北朝及其后士人的行为传承,也有观念追述。前者绵延千年以上,后者则在唐宋时期日趋清晰,而又以两宋时期为著,如:

---

① 唐长孺《清谈与清议、魏晋玄学之形成及其发展》,载《唐长孺文集·魏晋南北朝史论丛》,北京:中华书局,2011,第277—298、286—337页。
② 余英时《士与中国文化》2版,上海:上海人民出版社,2013,第340页。

非陛下聪明神圣如尧、舜,如禹、汤,非状元恢闳伟杰如荀、孟、如韩、柳,斯文不复矣!吾知夫三代两汉之风,追还在于朝夕矣,区区李唐,岂足称举哉?(石介《与君贶学士书》)①

天圣中,天子下诏书,敕学者去浮华,其后风俗大变。今时之士大夫所为,彬彬有两汉之风矣。(欧阳修《与荆南乐秀才书》)②

君南来,清节干誉,为有识所称,皆曰:"此东坡弟子由门下客也。"两汉之士,多起于游徼卒史,至公卿者多矣。愿君益广问学,以期远对。(苏轼《与惠州都监一首》)③

伏惟某官学贯百家,身兼数器,文章尔雅追还两汉之风;道德渊源根极中庸之学……(李光《回湖州交代陈侍郎启》)④

恭惟某官渊乎似道,清而有容。古学名家,郁为诸儒之领袖;高文擅世,坐还两汉之风流。(陆游《贺台州曾直阁启》)⑤

这些材料来自宋代文人士大夫的尺牍书信,反映了11—12世纪的知识阶层对两汉吏士群体的文化体认。宋人之追怀两汉,与科举制度下经籍研读促生的历史知识和历史视野有关,与时代久隔以后人们好古的心理有关,也与艺术的古典范畴因时而变的事实

---

① [宋]石介《徂徕集》卷十五,四库全书本,台北:商务印书馆,1986,第1090册,第292页。
② [宋]欧阳修著,李逸安点校《欧阳修全集》卷四十七,北京:中华书局,2001,第661页。
③ [宋]苏轼著,孔凡礼点校《苏轼文集》卷六十,北京:中华书局,1986,第1829页。
④ [宋]李光《庄简集》卷十三,四库全书本,台北:商务印书馆,1986,第1128册,第575页下。
⑤ [宋]陆游《陆游集》卷六,北京:中华书局,1976,第2018页。

有关。基于这些因素,宋代士人很容易将现实问题的考量,与历史资源的探寻结合起来,这样,三代和两汉,便是可供借鉴和效仿的对象,而在三代之事遥不知详时,史传清晰的两汉,自然成为他们文艺创作取法的古典;同时,尽管两汉政治强调文武并举,但随着儒家治国理念的推行,在西汉晚期以后,士人参政能力不断提升,在政治行为、道艺观念等方面,为崇文抑武的宋代,确立了丰富具体的范例。换言之,两个时代文人士大夫历史境遇一定程度的暗合,或是宋人追怀心理的一个重要原因。其间,"两汉之风流"涉及的层面——群体的政治抱负和责任感,尊经守道的个人修身理念,文质统一的艺术观念和艺术风格取向,自游徼卒史问学入仕的人生路线等——都能为宋代知识分子提供某种参照。在这个意义上,宋代文人士夫投身文学、绘画、书法创作,一方面是对汉代及以后士人游艺的扩展,另一方面又是对道统与政统并举理念的倡行。欧阳修《答祖择之书》论师学与尊道时说:"三代之衰,学校废。至两汉,师道尚存,故其学者各守其经以自用。是以汉之政理文章与其当时之事,后世莫及者,其所从来深矣。后世师法渐坏,而今世无师,则学者不尊严,故自轻其道。轻之则不能至,不至则不能笃信,信不笃则不知所守,守不固则有所畏而物可移。是故学者惟俯仰徇时,以希禄利为急,至于忘本趋末,流而不返。夫以不信不固之心,守不至之学,虽欲果于自用,莫知其所以用之之道,又况有禄利之诱、刑祸之惧以迁之哉! 此足下所谓志古知道之士世所鲜而未有合者,由此也。"① 明言他效法汉人的依据,仍然是儒家道艺理念和行为楷则。

----

① [宋]欧阳修著,李逸安点校《欧阳修全集》卷六十九,北京:中华书局,2001,第1009页。

在职官上，汉代掾史是卿士的主要组成部分，与不为官的处士相对应，并且可以与公卿、处士转换；在文化上，他们又是士人群体的主要组成部分，大体与皇族贵戚和不具备识读能力的人相对应。两者重合在一起，构成了汉代掾史处身政统和立据道统的双重角色。前者赋予他们执掌文书案牍、管理文艺机构、培养文艺人才的职能，我们称之为"司艺"；后者促成他们在官私生活中贯彻儒家道艺观念，以文艺修身怡情，以文艺助益政统，我们称之为"游艺"。两个方面在彼此分立中相互依存，使得两汉艺术与政治亲缘，个体精神诉求与国家纲纪需要辩证发展。自西汉中期尊崇儒学以后，儒生入仕提升了艺术人才的整体素养和创造力，进而也促动司艺的效能，两汉门类艺术的分化、艺术作品的累积、游艺风气的形成，就是它们互动的结果。

由孔子确立、由汉代吏士深入践行的司艺和游艺模式，也奠定了中国古代官吏和士人参与艺术创作的基本面貌。由于汉末世族初步奠定了魏晋政治文化格局，加上职官和察举制度大体沿袭两汉，而道统和政统又是历代共同的命题，因此，魏晋、隋唐时期的艺术创作，乃至魏晋以后士人的司艺行为和游艺观念，都与汉代有直接或间接的渊源关系。

结 论

通常,考察一个历史时期的艺术创作活动,要依据传世或出土的艺术作品与相关文献,立足点可以是作品,可以是艺术家,也可以是艺术创作的制度与环境。对两汉四百多年的艺术发展而言,无论作品,还是艺术家,目前还有一些缺环:首先,史传中的汉代名家,大多集中在东汉,若以艺术家为主线来叙述,除文学尚可勉强缀连,其他门类难免留有空白;其次,现出土汉简,主要集中在西汉中后期,史传名家辈出的东汉中后期,几乎没有系统的简纸实物与文献印证,类似的,汉代碑刻主要集中在东汉,西汉例证较少,若以作品来叙史,也有相当大的待堪地带。此外,将这些断线之珠予以串联,我们还会面临历史和审美阐释的问题,诸如简牍与碑刻差异,简牍书迹的优劣区分,民谣俗赋与诗赋名作的联系等。在日益精细的学科分化与研究问题主导下,我们还常常面临对作品、作者的学科性肢解,而无法还原艺术创作情境和主体的内在关联。基于这些考虑,本书力图将原本互生的各类作品联系起来,即将各门类综合起来,从"作者"出发,寻绎汉代简牍、印章、碑刻、画像石、诗赋、歌谣等作品诞生时共有的"作者"或"在场者"。其中重合度最高的,是两汉掾史。

掾史,是秦汉及以后行政机构中属吏的统称。从职官源流来看,掾史是春秋战国时期公卿大夫所辟,主掌有司文书图籍书写、副贰与典藏等事务的士、府、史、胥、徒的转化或延续。在秦代建立皇帝集权统治以后，掾史进入新的职官系统，大体上，士、府对应于掾或属，史、胥、徒对应于更低级的佐史。继承秦代的基础，两汉职官制度中的掾史，分职层序更为精细，从宫廷各府、中枢有司、公卿府治，到地方州郡县乡，形成层序井然、秩次主要在四百石到斗食及以下的庞大队伍，大约占汉代官吏总人数的80%以上。汉代掾史由公卿长吏辟除，西汉初注重文法书算能力和功劳累积，自文、武时期察举制度逐步实施，尤其是汉武帝推行儒家治国理念后，四科取士之法、儒学的复兴，使大量儒生由掾入仕，促成掾史队伍文吏与儒吏并存、且向儒吏发展的格局。同时，由于很多公卿长吏自掾史入仕，他们迁升高职后，辟用的掾史多是宗亲或门人，在事长吏如师的礼法下，公卿长吏与掾史属佐，便形成宗族兼师徒的纽带关系，这种关系，一方面以连坐之责强化察举之实效，另一方面又使得一部分掾史及其师长持续占据政治文化资源，发展为官宦世族和地方富绅。因此，自西汉中期以后，儒生与掾史、掾史与处士、掾史与公卿之间，便有多重转换关系，我们可将其归为两个层面：政治上，掾史是中下阶层的属臣，是汉代政统运行之基，上可为公卿，退可为处士；文化上，他们是寻师问学、研诵经籍、兼涉六艺的儒生或方士，是汉代道统传承之基，其精进者或可授徒，或为名家，平庸者亦熟通文墨，以用为本。由是，两汉掾史与艺术创作发生多方面的联系。

首先，其行政主职是文书案牍草拟、书写、封缄、抄副与库藏，因此，书檄章奏等应用文属写、书法、印章的日用，是两汉掾史最直接的文艺活动。围绕居延汉简的考察显示，汉代掾史逐日及定期性的文案工作，有自下而上的呈报类文书、自上而下的檄告类文书，以及各机构内部的籍簿日记，每次行文，相应生成草稿、正稿和副本,通过邮驿收发和存档,又形成封泥、案录及检楬等关联类型。他们一方面要遵循同期文书制度和书写规范,另一方面要事无巨细地记录备案,以待上级考验。高强度、程式化的文案工作,促使他们通常在官文正稿中取用通行正体,在草拟和抄副的相对宽松状态下,取用草体或变体,在字法、笔法、结构方面加以简化,隶变的完成、八分和草书的形成与定型,以及书法和印章的审美积淀,就是在规范与简化的相互作用中渐次完成的。

其次,两汉碑铭墓祠的刊立,是掾史社会职能的衍生。又可分为两个层面:一是主事师长碑铭墓祠的刊立,他们或捐资助益,或联络门生,或请托名笔,有时负责碑文撰写和书丹。无论公共事务,还是长吏私人活动,无论出于自愿,还是受制于人情,碑祠之刊立,不仅事关师长政绩声誉,也关乎掾史个人前途,在这个意义上,碑铭形制,撰文书刻水平,门生故吏的列名次序、职务高低、义钱多寡,以及借由工匠之手,以属吏身份呈现于墓葬和祠堂的图绘,无非都是纪颂、体现师长及其家族的功德与地位,维系宗亲师门关系的手段,我们将其称为"赞勋"。二是掾史及其家族的碑铭墓祠,他们或主成其事,或为纪颂对象,尽管其碑铭墓祠的形制整体上要略小于师长的碑祠,但碑铭中历数宗族世系、官宦源流、个人功德、资金多寡、工匠选聘,墓祠中呈现荣华富贵图景,随葬品中收纳簿书、印章、书刀等行为,无不传达掾史称述自身功德、祈求官职升迁、企盼家族蒙荫的愿望,我们将其称为"述己"。

再次,音乐诗文雅好,体现掾史个人修养的层次。自儒学和察举制度不断推行以后,汉代知识分子的为学和为官,都要经过经籍术艺的研习。承"六艺"先绪,以道统观念为依据,以音乐、诗颂、书法为内核,以碑、铭、赋、箴等为外核的"典艺",成为汉代士人才艺评价的准则之一,它既是儒家道艺传承的内容,也是个体功名利禄获取的途径，擅长音乐、诗歌、赋颂、碑铭者，可跻身名士，进而攫位显德。基于这种动力，汉代掾史中艺术修养较高的"儒吏"，一方面在章奏、著述中引录和改编民间歌谣、谚语、诗歌，在表演中改编民间俗乐；另一方面，又有独立的诗歌、文赋、碑铭、箴诔等创作，作品数量同样占据汉代传世作品的大宗。此外，历职掾史的贾谊、扬雄、班固、王充、王褒、傅毅、张衡、崔瑗、马融、蔡邕、赵壹等人，还有兼涉诸门类艺术的文赋或论著，他们对创作时弊的批评，对赋象式艺论的创始，对道艺观念的坚持，对个体情志传达的重视，不仅使他们位列名家，也筑建了汉代艺术思想大厦的框架。可以说，尽管修养较低的文吏继续存在，但在掾史普遍儒士化以后，掾史阶层便是艺术名家的主要诞生地。进而，对个体家族的案例考察表明，艺术名家的培养和艺术创作，与地方才艺世族的政治文化活动密切相关，他们的艺术活动和风气，促成了东汉中后期艺术流派的出现。

  总体来看，行政职能、社会职能和个人修养，构成汉代掾史艺术创作的三种情境，并且，无论对群体还是对个体而言，三种情境彼此交融，也互为表里。不过，如此观察，是基于所有对象的"掾史"身份。借助碑刻和史籍我们发现，尽管史家不无鄙夷，但到东汉时期，在地方和同僚当中，掾史往往就是士的代表，其政治文化地位也普遍高于处士；同时，由于很多个体经历掾史、卿士、处士的身份转换，因此，从个体发展层面来看，掾史与士人多有重合。跻身士林，是几乎所有汉代儒生的心理，并且，与先秦不同，汉代儒生得到职官制度的青睐，故而儒家倾心的百工各司其艺、士夫据仁游艺的模式，在西汉中期以后，有了相对深入的实践。借助职官，汉代掾史以文书案牍赞治，执掌文艺机构，负责文艺人才培养；以士人游艺为风尚，使他们注重道统对政统的统摄，不以技艺为能，耻于以之入仕,而将其看作修身怡情的手段,视为个人日常生活的方式、原则或境界,又通过个人创作,不断丰富和扩展士夫游艺活动的类型和意义。司艺倾向于规范制约,游艺倾向于分立多元,但立足于掾史,两者不仅交集于艺术创作活动,且依靠主体的重合,及其"德""位"相副的政治文化诉求,而体现为相互依存与调适,最终,历时性地,两汉司艺和游艺的整体水平都有提升。

回顾两汉掾史的艺术创作,至少有四个方面的成果影响及于后世:一是较之先秦、秦代,艺术创作主体在下移的同时极大扩展,创造力普遍提升,是为魏晋艺术发展的前提;二是在逐渐接纳新兴艺术门类的同时,确立了六艺教育依托经学的方式,将典艺门类作为士夫修养的核心,成为其后千余年间艺术传统的一个主线;三是出现了一大批经典作品与著述,为后世学习和借鉴;四是尽管各代略有改易,但借助儒家文化的延绵,及职官和取士制度的相对连续性,汉代司艺制度和游艺风气,一直延续到魏晋以至清末。

汉代掾史跨居官、学两个领域,故其艺术创作与政治、文化紧密关联。本书对该群体艺术创作的梳理,也力图还原其复杂情境,关联历史上下文,意在求证汉晋时期艺术名家自一个普遍性的群体中脱颖而出的诸多因素,为汉代艺术寻找其应有的底基。本书认为,作为汉代官吏和知识分子中规模最大、人数最多的群体,两汉掾史所持有的艺术知识、技能、观念和行为模式,是汉代艺术的水下暗流,它代表着汉代艺术的普遍状态与水平,也是我们观察中国古代艺术精神和发展历程时难以回避的一个对象。

本书还初步表明,汉代掾史的三种创作情境——日用、主事和雅作,也适用于两汉以至清末的知识分子创作群体和官僚阶层,只是因时因人有主次和轻重差异。宏观地看,三种情境下,创作主体面对不同受众,审美心理不一,创作环境有别,需要遵循不同的功能需要,这样,作者获得多种创作契机,承担相应的角色,作品形态和审美风格也便因境而异;同时,三种情境又相互交融:"日用"促成"主事","主事"吸纳"雅作","雅作"又依托"日用",并且,材料、技能、形式、风格的取用和锤炼,创作风气的濡染,艺术创作环境的改变,作品的收藏、著录、鉴赏和临摹,以及流派的形成和观念的凝聚,也在三个情境中渗透。而我们对古代作品和艺术创作的阐释,也应力图回到相应情境中,在同类情境中作有效比对,体察不同情境及其作品的异同,才能防止主观臆测和过度阐释。

最后,由于资料缺失和学力所限,本书对秦代掾史的艺术创作未作深入讨论,对汉代"文吏"和"儒吏"艺术创作共时性与历时性的比较与联系,亦未允更为细致。

主要参考文献

一、古籍

[汉]司马迁撰,[南朝宋]裴骃集解,[唐]司马贞索隐,[唐]张守节正义《史记》,北京:中华书局,1959。

[汉]班固著,[唐]颜师古注《汉书》,北京:中华书局,1962。

[汉]刘珍等撰,吴树平校注《东观汉记校注》,北京:中华书局,2008。

[汉]贾谊著,阎振益、钟夏校注《新书校注》,北京:中华书局,2000。

[汉]桑弘羊撰,王利器校注《盐铁论校注》,北京:中华书局,1992。

[汉]扬雄撰,[宋]司马光集注,刘韶军点校《太玄集注》2版,北京:中华书局,2013。

[汉]扬雄著,张震泽校注《扬雄集校注》,上海:上海古籍出版社,1993。

[汉]许慎撰,[宋]徐铉校定《说文解字》,北京:中华书局,1963。

[汉]蔡邕《独断》,见王云五主编《汉礼器制度及其他五种》,上海:商务印书馆,1939。

[汉]蔡邕《蔡中郎集》,四部丛刊影印明兰雪堂活字本。

[晋]陈寿撰,[南朝宋]裴松之注《三国志》,北京:中华书局,1959。

[晋]葛洪集,成林、程章灿译注《西京杂记全译》,贵阳:贵州人民出版社,1993。

[晋]崔豹《古今注》,阳山顾氏文房古今逸史秘书本排印本,北京:中华书局,1985。

[北魏]郦道元著,陈桥驿校证《水经注校证》,北京:中华书局,2007。

[南朝宋]范晔撰,[唐]李贤等注《后汉书》,北京:中华书局,1965。

[南朝梁]刘勰著,黄叔琳注,李详补注,杨明照校注拾遗《增订文心雕龙校注》,北京:中华书局,2012。

[南朝梁]萧统编,[唐]李善注《文选》,上海:上海古籍出版社,1986。

[南朝梁]沈约《宋书》,北京:中华书局,1974。

[南朝陈]徐陵编,[清]吴兆宜注,程琰删补,穆克宏点校《玉台新咏笺注》,北京:中华书局,1985。

[北齐]魏收《魏书》,北京:中华书局,1974。

[唐]杜佑撰,王文锦等点校《通典》,北京:中华书局,1988。

[唐]欧阳询撰,汪绍楹校《艺文类聚》,上海:上海古籍出版社,1985。

[唐]徐坚等《初学记》,北京:中华书局,1962。

[唐]许敬宗编,罗国威整理《日藏弘仁本文馆词林校证》,北京:中华书局,2001。

[唐]虞世南编纂《北堂书钞》,影印光绪十四年南海孔氏三十有三万卷堂影宋刊本,北京:学苑出版社,2003。

[唐]房玄龄等《晋书》,北京:中华书局,1974。

[唐]魏征、令狐德棻《隋书》,北京:中华书局,1973。

[唐]王勃著,[清]蒋清翊注《王子安集注》,上海:上海古籍出版

社,1995。

[后晋]刘昫等《旧唐书》,北京:中华书局,1975。

[宋]欧阳修、宋祁《新唐书》,北京:中华书局,1975。

[宋]欧阳修著,李逸安点校《欧阳修全集》,北京:中华书局,2001。

[宋]石介《徂徕集》,四库全书本,台北:商务印书馆,1986。

[宋]苏轼著,孔凡礼点校《苏轼文集》,北京:中华书局,1986。

[宋]李光《庄简集》,四库全书本,台北:商务印书馆,1986。

[宋]陆游《陆游集》,北京:中华书局,1976。

[宋]李昉等《太平御览》,影印函芬楼影宋刻本,北京:中华书局,1960。

[宋]陈槱《负暄野录》,四库全书本,台北:商务印书馆,1986。

[宋]司马光著,李文泽、霞绍晖校点整理《司马光集》,成都:四川大学出版社,2010。

[宋]赵明诚《金石录》,《石刻史料新编》第一辑12册,台北:新文丰出版公司,1977。

[宋]洪适《隶释》,《石刻史料新编》第一辑09册,台北:新文丰出版公司,1977。

[宋]洪适《隶续》,《石刻史料新编》第一辑10册,台北:新文丰出版公司,1977。

[宋]郭茂倩编《乐府诗集》,北京:中华书局,1979。

[宋]刘攽《彭城集》,丛书集成本,上海:商务印书馆,1934。

[宋]章樵注《古文苑》,丛书集成本,上海:商务印书馆,1937。

[元]马端临著,上海师范大学古籍研究所、华东师范大学古籍研究所点校《文献通考》,北京:中华书局,2011。

[明]孙鑛《书画跋跋》,卢辅圣主编《中国书画全书》第三册,上海:上海书画出版社,1992。

［明］汪砢玉《珊瑚网》，卢辅圣主编《中国书画全书》第五册，上海：上海书画出版社，1992。

［清］郭庆藩撰，王孝鱼点校《庄子集释》，北京：中华书局，1987。

［清］王先慎撰，钟哲点校《韩非子集解》，北京：中华书局，2003。

［清］王先谦著，沈啸寰、王星贤点校《荀子集解》，北京：中华书局，1988。

［清］严可均辑《全上古三代秦汉三国六朝文》，北京：中华书局，1958。

［清］朱骏声《说文通训定声》，北京：中华书局，2016。

［清］孙星衍辑，周天游点校《汉官六种》，北京：中华书局，1990。

［清］章学诚著，叶瑛校注《文史通义校注》，北京：中华书局，1985。

［清］刘熙载《艺概》，上海：上海古籍出版社，1978。

［清］欧阳辅《集古求真续编》，《石刻史料新编》第一辑11册，台北：新文丰出版公司，1977。

［清］王先谦撰集《释名疏证补》，影印光绪二十二年原刻本，上海：上海古籍出版社，1984。

［清］陈立撰，吴则虞点校《白虎通疏证》，北京：中华书局，1994。

上海书画出版社、华东师范大学古籍整理研究室选编《历代书法论文选》，上海：上海书画出版社，1979。

王明《抱朴子内篇校释》，北京：中华书局，1985。

周天游辑注《八家后汉书辑注》，上海：上海古籍出版社，1986。

汪荣宝撰，陈仲夫点校《法言义疏》，北京：中华书局，1987。

逯钦立辑校《先秦汉魏晋南北朝诗》，北京：中华书局，1988。

黄晖《论衡校释》，北京：中华书局，1990。

吴毓江撰，孙启治点校《墨子校注》，北京：中华书局，1993。

《十三经注疏》整理委员会整理《十三经注疏》，北京：北京大学出版社,2000。

何清谷《三辅黄图校释》,北京:中华书局,2005。

徐元诰撰,王树民、沈长云点校《国语集解》,北京:中华书局,2002。

许维遹《吕氏春秋集释》,北京:中华书局,2009。

杨伯峻编著《春秋左传注》第三版(修订本),北京:中华书局,2009。

二、考古报告与图册

北京历史博物馆、河北省文物管理委员会编《望都汉墓壁画》,北京:中国古典艺术出版社,1955。

Bo Sommarstrom, Folke Bergman. Archaeological Researches in the Desen-Gol Region Inner Mongolia [M].Stockholm: Statens Etnografiska Museum, 1956。

内蒙古自治区博物馆文物工作队编《和林格尔汉墓壁画》,北京:文物出版社,1978。

中国社会科学院考古研究所编《居延汉简(甲乙编)》,北京:中华书局,1980。

故宫博物院编《古玺汇编》,北京:文物出版社,1981。

睡虎地秦墓竹简整理小组编《睡虎地秦墓竹简》,北京:文物出版社,1990。

高文、高成刚编《四川历代碑刻》,成都:四川大学出版社,1990。

甘肃省文物考古研究所、甘肃省博物馆、中国文物研究所、中国社会科学院历史研究所编《居延新简》,北京:中华书局,1994。

[日]永田英正编《汉代石刻集成(图版·释文篇)》,京都:同朋舍,1994。

连云港市博物馆、东海县博物馆、中国社会科学院简帛研究中心、中国文物研究所编《尹湾汉墓简牍》,北京:中华书局,1997。

简牍整理小组《居延汉简补编》,台北:"中研院"历史语言研究所,1998。

连云港市博物馆、中国文物研究所编《尹湾汉墓简牍综论》,北京:科学出版社,1999。

中国玺印篆刻全集编辑委员会编《中国玺印篆刻全集》,上海:上海书画出版社,1999。

[英]斯坦因著,赵燕等译《从罗布荒漠到敦煌》,桂林:广西师范大学出版社,2000。

中国画像石全集委员会编《中国画像石全集》,济南:山东美术出版社,郑州:河南美术出版社,2000。

中国社会科学院考古研究所编《殷周金文集成释文》,香港:香港中文大学出版社,2001。

中国简牍集成编辑委员会编《中国简牍集成·居延汉简》,兰州:敦煌文艺出版社,2001。

中国简牍集成编辑委员会编《中国简牍集成·居延新简》,兰州:敦煌文艺出版社,2001。

中国文物研究所、甘肃省文物考古研究所编《敦煌悬泉月令诏条》,北京:中华书局,2001。

胡平生、张德芳《敦煌悬泉汉简释粹》,上海:上海古籍出版社,2001。

马建华主编《河西简牍》,重庆:重庆出版社,2002。

俞伟超、信立祥主编《中国画像砖全集》,成都:四川美术出版社,2005。

张家山二四七号汉墓竹简整理小组编著《张家山汉墓竹简[二四七号墓]:释文修订本》,北京:文物出版社,2006。

徐玉立主编《汉碑全集》,郑州:河南美术出版社,2006。

汪涛、胡平生、吴芳思主编《英国国家图书馆藏斯坦因所获未刊汉文简牍》,上海:上海辞书出版社,2007。

王焕林《里耶秦简校诂》,北京:中国文联出版社,2007。

孙家洲主编《额济纳汉简释文校本》,北京:文物出版社,2007。

毛远明校注《汉魏六朝碑刻校注》,北京:线装书局,2009。

荆州博物馆编《荆州重要考古发现》,北京:文物出版社,2009。

朱汉民、陈松长主编《岳麓书院藏秦简》,上海:上海辞书出版社,2010。

湖南省文物考古研究所编《里耶秦简》,北京:文物出版社,2012。

湖北省文物考古研究所编《江陵凤凰山西汉简牍》,北京:中华书局,2012。

容庚编著《秦汉金文录》,北京:中华书局,2012。

马怡、张荣强主编《居延新简释校》,天津:天津古籍出版社,2013。

简牍整理小组《居延汉简》(1—4),台北:"中研院"历史语言研究所,2014、2015、2016、2017。

甘肃简牍保护研究中心等编《肩水金关汉简》(1—5),上海:中西书局,2011—2016。

[日]驹井和爱《最近発見にかかる遼陽の汉代古坟》,《国华》第54编,1944年10月。

王增新《辽阳市棒台子二号壁画墓》,《考古》1960年第1期。

南京博物院、连云港市博物馆《海州西汉霍贺墓清理简报》,《考古》1974年第3期。

甘肃居延考古队《居延汉代遗址的发掘和新出土的简册文物》,《文物》1978年第1期。

天津市文物管理处考古队《武清东汉鲜于璜墓》,《考古学报》1982年第3期。

河北省文物研究所《安平东汉壁画墓发掘简报》,《文物春秋》1989年创刊号。

山西省考古研究所、运城地区文化局等《山西夏县王村东汉壁画墓》,《文物》1994年第8期。

郑州市文物考古研究所、荥阳市文物保护管理所《河南荥阳苌村汉代壁画墓调查》,《文物》1996年第3期。

陕西省考古研究所《陕西旬邑发现东汉壁画墓》,《考古与文物》2002年第3期。

湖南省文物考古研究所等《沅陵虎溪山一号汉墓发掘简报》,《文物》2003年第1期。

陕西省考古研究所等《陕西定边县郝滩发现东汉壁画墓》,《考古与文物》2004年第5期。

四川省文物考古研究所、德阳市文物考古研究所、中江县文物保护管理所《四川中江塔梁子崖墓发掘简报》,《文物》2004年第9期。

何双全《甘肃敦煌汉代悬泉置遗址发掘简报》,《文物》2009年第5期。

三、其他专题论著

Pierre Bourdieu.Distinction: A social Critique of the Judgement of Taste. Translated by Richard Nice.Cambridge, Massachesetts, Harvard University Press, 1984。

Martin J. Powers.Art and Political Expression in Early China.New Haven:Yale University Press,1991。

Jonathan Harris :Art History: The Key Concepts. London and New York: Routledge,Taylor & Francis Group, 2006。

［日］大庭修编《汉简研究的现状与展望》，吹田：关西大学出版部，1993。

［日］大庭修著，徐世虹译《汉简研究》，桂林：广西师范大学出版社，2001。

［美］巫鸿著，郑岩、王睿编《礼仪中的美术：巫鸿中国古代美术史文编》，北京：生活·读书·新知三联书店，2005。

［日］永田英正著，张学锋译《居延汉简研究》，桂林：广西师范大学出版社，2007。

［澳］文青云著，徐克谦译《岩穴之士：中国早期隐逸传统》，济南：山东画报出版社，2009。

［日］富谷至著，刘恒武、孔李波译《文书行政的汉帝国》，南京：江苏人民出版社，2013。

陈垣《二十史朔闰表》，北京：中华书局，1962。

钱钟书《管锥编》，北京：中华书局，1979。

严耕望《中国地方行政制度史·秦汉地方行政制度》，台北："中研院"历史语言研究所，1979。

陈梦家《汉简缀述》，北京：中华书局，1980。

启功《启功丛稿》，北京：中华书局，1981。

陈梦家《殷虚卜辞综述》，北京：中华书局，1988。

阎步克《察举制度变迁史稿》，沈阳：辽宁大学出版社，1991。

程章灿《汉赋揽胜》，上海：上海古籍出版社，1995。

叶程义《汉魏石刻文学考释》，台北：新文丰出版公司，1997。

钱穆《国史大纲》，《钱宾四先生全集》27—28册，台北：联经出版事业股份有限公司，1998。

李零《李零自选集》，桂林：广西师范大学出版社，1998。

许结《张衡评传》，南京：南京大学出版社，1998。

丛文俊《丛文俊书法研究文集》,北京:中国文联出版社,1999。

李均明、刘军《简牍文书学》,南宁:广西教育出版社,1999。

汪桂海《汉代官文书制度》,南宁:广西教育出版社,1999。

陈寅恪《隋唐制度渊源略论稿·唐代政治史述论稿》,北京:生活·读书·新知三联书店,2001。

王国维《观堂集林》,石家庄:河北教育出版社,2001。

徐复观《两汉思想史》,上海:华东师范大学出版社,2001。

葛兆光《中国思想史》,上海:复旦大学出版社,2001。

杜香文《元氏封龙山汉碑群体研究》,北京:文物出版社,2002。

金其桢《中国碑文化》,重庆:重庆出版社,2002。

丛文俊《中国书法史·先秦、秦代卷》,南京:江苏教育出版社,2002。

丛文俊《揭示古典的真实:丛文俊书学学术研究文集》,郑州:中州古籍出版社,2003。

张法《中国艺术:历程与精神》,北京:中国人民大学出版社,2003。

费振刚、仇仲谦、刘南平校注《全汉赋校注》,广州:广东教育出版社,2005。

万光治《汉赋通论》(增订本),北京:华龄出版社、中国社会科学出版社,2005。

杨爱国《幽明两界:纪年汉代画像石研究》,西安:陕西人民美术出版社,2006。

赵昌智、祝竹《中国篆刻史》,上海:上海人民出版社,2006。

任乃强著,任新建编《川大史学·任乃强卷》,成都:四川大学出版社,2006。

孙慰祖《可斋论印三集》,上海:上海辞书出版社,2007。

李零《铄古铸今:考古发现和复古艺术》,北京:生活·读书·新知三联书店,2007。

高文《汉碑集释》2版,开封:河南大学出版社,2008。

黄佩贤《汉代墓室壁画研究》,北京:文物出版社,2008。

伏俊琏《俗赋研究》,北京:中华书局,2008。

冯建志、吴金宝、冯振琦《汉代音乐文化研究》,开封:河南大学出版社,2009。

许结《汉代文学思想史》,北京:人民文学出版社,2010。

唐长孺《唐长孺文集·魏晋南北朝史论丛》,北京:中华书局,2011。

邢义田《天下一家:皇帝、官僚与社会》,北京:中华书局,2011。

邢义田《画为心声:画像石、画像砖与壁画》,北京:中华书局,2011。

曹旭《古诗十九首与乐府诗选评》,上海:上海古籍出版社,2011。

龚克昌、苏瑞隆等评注《两汉赋评注》,济南:山东大学出版社,2011。

裘锡圭《裘锡圭学术文集·甲骨文卷》,上海:复旦大学出版社,2012。

胡平生《胡平生简牍文物论稿》,上海:中西书局,2012。

赵平安《秦西汉印章研究》,上海:上海古籍出版社,2012。

严耕望《中国政治制度史纲》,上海:上海古籍出版社,2013。

余英时《士与中国文化》2版,上海:上海人民出版社,2013。

徐复观《中国艺术精神》,北京:九州出版社,2013。

王晓光《新出汉晋简牍及书刻研究》,北京:荣宝斋出版社,2013。

裘锡圭《文字学概要》修订本,北京:商务印书馆,2013。

阎步克《士大夫政治演生史稿》3版,北京:北京大学出版社,2015。

陈梦家《商代的神话与巫术》,《燕京学报》第20期。

张传玺《东汉雁门太守鲜于璜碑铭考释》,《北京大学学报》1984年第 2 期。

李向平《西周春秋时期士阶层宗法制度研究》,《历史研究》1986 年第 5 期。

李均明《汉代甲渠候官规模考》,载中华书局编辑部《文史》第三十四、三十五辑,北京:中华书局,1992。

裘锡圭《〈神乌赋〉初探》,《文物》1997 年第 1 期。

万光治《尹湾汉简〈神乌赋〉研究》,《四川师范大学学报(社会科学版)》1997 年第 3 期。

图版出处

图 I.1：甲骨文"史"字，采自：郭沫若、胡厚宣《甲骨文合集》，北京：中国社会科学院历史研究所，1978—1982，第 287 页 1022 乙，第 327 页 1251，第 383 页 1672，第 569 页 3295。

图 I.2：文章逻辑和结构示意图，自绘。

图 1.1：战国玺印属吏四例。见：中国玺印篆刻全集编辑委员会《中国玺印篆刻全集》上册，上海：上海书画出版社，1999，图 88、118、169、172。

图 1.2：令史喜抄写的秦代《置吏律》。见睡虎地秦墓竹简整理小组《睡虎地秦墓竹简》，北京：文物出版社，1990，图版第 28 页。

图 1.3、1.7、2.1、2.2、2.3、2.4、2.5、2.6、2.7、2.10、2.11、2.19、2.20、2.21、2.23、2.24、2.25、2.26、2.27、2.29、2.30、2.31、4.7、5.9：河西汉简简例，见中国社会科学院考古研究所编《居延汉简（甲乙编）》，北京：中华书局，1980；甘肃省文物考古研究所、甘肃省博物馆、中国文物研究所、中国社会科学院历史研究所编《居延新简》上册，北京：中华书局，1994；简牍整理小组《居延汉简》（1—4），台北："中研院"历史语言研究所，2014—2017；甘肃简牍保护研究中心等编《肩水金关汉简》（1—4 册），上海：中西书局，2011、2013、2014、2015；马建华主编《河西简牍》，重庆：重庆出版社，2002。各简先选简牍小组和肩水金关红外线扫描图版，或《河西简

牍》彩版，无红外线扫描版的，用甲乙编、新简图版，各简均已标注序号，不再单注页码。

图 1.4：汉代公府掾迁除的一般模式，自绘。

图 1.5、3.1、3.2、3.3、3.4、3.5、3.6、3.7、3.9、3.10、3.11、3.14、3.15、3.16、3.17、3.19、3.20、3.21、3.22、3.23、3.24、3.25、4.9：汉代碑刻拓片，见徐玉立主编《汉碑全集》，郑州：河南美术出版社，2006，第 2219、289、976、678、778、99、1326、1771、1803、1813、1475、1931、455、1560、1606、1084、1643、265、548、736、466、189、1332、1363、1424、1572 页。

图 1.6："力讽诵昼夜勿置苟物"同文习字简例，见汪涛、胡平生、吴芳思主编《英国国家图书馆藏斯坦因所获未刊汉文简牍》，上海：上海辞书出版社，2007，图版 47、78、88、111。

图 2.8、2.32、2.35：河西出土的笔、研、封泥和帛书，见何双全《敦煌悬泉置和汉简文书的特征》，载［日］大庭修主编《汉简研究的现状与展望》，吹田：关西大学出版社，1993，第 144—146 页；甘肃居延考古队《居延汉代遗址的发掘和新出土的简册文物》，《文物》1978 年第 1 期，图 21—6。

图 2.9：张掖都尉棨信，见李学勤《谈"张掖都尉棨信"》，《文物》1978 年第 1 期，图版一；武威柩铭，见《书法》2016 年第 1 期，封底；箭杆分见汪涛、胡平生、吴芳思主编《英国国家图书馆藏斯坦因所获未刊汉文简牍》，上海：上海辞书出版社，2007，图版一一；简牍整理小组《居延汉简》（二），台北："中研院"历史语言研究所，2015，第 162 页。

图 2.12：四时月令诏条，见中国文物研究所、甘肃省文物考古研究所《敦煌悬泉月令诏条》，北京：中华书局，2001，修补图版。

图 2.13、2.14：湖南出土秦汉简例，见张春龙等主编《湖湘简牍书法选集》，长沙：湖南美术出版社，2012，第 38、60、92、224、226、

234 页。

图 2.15、2.17：湖北荆州新出汉简、松柏汉简，见荆州博物馆编《荆州重要考古发现》，北京：文物出版社，2009，第 186、191、206、210—211 页。

图 2.16：江陵凤凰山汉简，见湖北省文物考古研究所编《江陵凤凰山西汉简牍》，北京：中华书局，2012，第 159、164、181、81、111、89、95 页。

图 2.18：走马楼西汉简，见中国文物研究所编《出土文献研究》第七辑，上海：上海古籍出版社，2005，彩版 2。

图 2.22：北大藏汉简，见北京大学出土文献研究所《北京大学藏西汉竹书概说》，《文物》2011 年第 6 期，图 1—2。

图 2.28、4.3：《神乌赋》局部和全图，见连云港市博物馆、东海县博物馆等《尹湾汉墓简牍》，北京：中华书局，1997，第 71—73 页。

图 2.33：与边塞军政相关或类似的封泥，见孙慰祖主编《古封泥集成》，上海：上海书店出版社，1994，第 666、667、167、148、732、146、2055、2140、2135、2143、2163、2121 号。

图 2.34：传世印章见戴青山编《古玺汉印集萃》，南宁：广西美术出版社，2001，第 317、250、364、252 页；墓葬出土实物分见扬州市文物考古研究所《江苏扬州西汉刘毋智墓发掘简报》，《文物》2010 年第 3 期，图三七、四〇；南波《江苏连云港市海州西汉侍其繇墓》，《考古》1975 年第 3 期，图七：4；南京博物院、连云港市博物馆《海州西汉霍贺墓清理简报》，《考古》1974 年第 3 期，图七：3。

图 3.8：《曹全碑》碑阴原石，局部，作者 2009 年 8 月 16 日拍摄。

图 3.12、3.13、3.18：汉阙残影、《鲁峻碑》碑阴拓片、《三老讳字忌日》拓片，见［日］永田英正编《汉代石刻集成（图版·释文篇）》，京都：同朋舍，1994，第 16、60、264、205、19 页。

图 3.26、3.27、4.6：武氏祠画像二、沂南乐舞画像，见蒋英炬、吴文祺主编《中国画像石全集 1·山东汉画像石》，济南：山东美术出版社，2000，图版五六、六七、二〇三。

图 3.28、5.1：山东肥城出土车骑出行图、临沂白庄出土讲经车骑画像拓片，见焦德森、杨爱国主编《中国画像石全集 3·山东汉画像石》，济南：山东美术出版社，2000，图版二二〇、一一。

图 3.29、3.30、3.31、3.35、3.42：和林格尔 1 号墓线描及局部彩图，见内蒙古自治区博物馆文物工作队编《和林格尔汉墓壁画》，北京：文物出版社，1978，第 12—13 页图 27、30，第 56、49 页图版，壁画位置示意图一。

图 3.32：西王母、讲经人物、建鼓、出行画像拓片，见赖非主编《中国画像石全集 2·山东汉画像石》，济南：山东美术出版社，2000，图版二二九。

图 3.33、3.36、5.4 上：安平墓中室北壁西段出行图拓片、宴饮图、主簿和主记史（彩），见贺西林、郑岩《中国墓室壁画全集·汉魏晋南北朝》，石家庄：河北教育出版社，2011，图九二、一〇〇、八八、八九。

图 3.34、5.4 下：河北望都 1 号墓前室西壁属吏图、主簿和主记史（线描），见北京历史博物馆、河北省文物管理委员会《望都汉墓壁画》，北京：中国古典艺术出版社，1955，图版八，章毅然、陈大章摹绘；图版六，潘絜兹测绘，笔者去脱痕润饰。

图 3.37、3.39、4.1：迎谒前驱画像砖、讲经画像砖、宴乐画像砖拓片，见俞伟超、信立祥主编《中国画像砖全集·四川画像砖》，成都：四川美术出版社，2005，图版七六、七七、一三七、一三八、一三九、一五五、九〇。

图 3.38：鲜于璜墓随葬陶灯塑像展开线描图，见天津市文物管理处考古队《武清东汉鲜于璜墓》，《考古学报》1982 年第 3 期，

图六。

图3.40、3.41：绥德杨孟元墓前室后壁组合画像、神木大保当墓门楣画像石，见汤池主编《中国画像石全集4·陕西、山西汉画像石》，济南：山东美术出版社，2000，图版九二、二二三、二二四。

图4.2：《诗经》录句和《风雨诗》，见甘肃省文物考古研究所编《敦煌汉简》，北京：中华书局，1991，图版一六九。

图4.4：汉代艺术概念的层级关系，自绘。

图4.5、5.2：乐舞百戏画像、方士升仙斗兽画像拓片，见王建中主编《中国画像石全集6·河南汉画像石》，郑州：河南美术出版社，济南：山东美术出版社，2000，图版一六六、一八九。

图4.9：羊子山汉墓乐舞图，见高文、高成美主编《中国画像石全集7·四川汉画像石》，郑州：河南美术出版社，济南：山东美术出版社，2000，图版六三。

图5.3：功曹与处士，见蒋英炬、吴文祺主编《中国画像石全集1·山东汉画像石》，济南：山东美术出版社，2000，图版五〇；[宋]洪适《隶续》卷六《碑图下》，《石刻史料新编》第一辑10册，台北：新文丰出版公司，1977，第7127页。

图5.5：司艺与游艺关系示意图，自绘。

图5.6：西周和汉代的行政体系略图，自绘。

图5.7：《文选》卷四十五"东方朔《答客难》、扬雄《解嘲》"，敦煌石室李善注唐写残本（法藏P.2527），见上海古籍出版社、法国国家图书馆编《法国国家图书馆藏敦煌西域文献》第⑮册，上海：上海古籍出版社，1995，第142页。

图5.8：李成、王晓《读碑窠石图》轴，宋摹本，载浙江大学中国古代书画研究中心编《宋画全集》第七卷，杭州：浙江大学出版社，2008，第二册，第6—13页。